Friedrich Vogel
Peter Propping

Ist unser Schicksal mitgeboren?

Friedrich Vogel
Peter Propping

Ist unser Schicksal mitgeboren?

Moderne Vererbungsforschung
und menschliche Psyche

Severin
und Siedler

CIP-Kurztitelaufnahme der Deutschen Bibliothek

Vogel, Friedrich:
Ist unser Schicksal mitgeboren? : Vererbung
u. menschl. Psyche / Friedrich Vogel; Peter
Propping. – Berlin: Severin und Siedler, 1981.
ISBN 3-88680-012-1

NE: Propping, Peter:

© 1981 by Quadriga GmbH
Verlagsbuchhandlung KG, Berlin
Severin und Siedler
Alle Rechte, auch das der fotomechanischen
Wiedergabe, vorbehalten
Ausstattung: Otl Aicher, Rotis
Satz: Alfred Utesch GmbH, Hamburg
Druck und Buchbinder: May & Co, Darmstadt
Printed in Germany 1981
ISBN 3-88680-012-1

Inhalt

Vorwort

Wir Menschen unterscheiden uns alle voneinander in unserem Verhalten, in der geistigen Leistungsfähigkeit, der Fähigkeit, Belastungen zu ertragen – ja ganz allgemein in unserer seelischen Verfassung. Auch im Leben des einzelnen kann sich hier vieles verändern; im großen und ganzen aber bleiben wir uns selbst doch über längere Zeiträume mehr oder weniger ähnlich. Unsere Freunde und überhaupt Menschen, mit denen wir zu tun haben, wissen im allgemeinen, was sie von uns zu halten haben. Natürlich sind diese persönlichen Eigenschaften zum Teil das Ergebnis unserer individuellen Entwicklungsgeschichte. Aber wir kommen auch nicht als unbeschriebene Blätter auf die Welt; wir bringen unsere Erbanlagen mit, und sie bewirken, daß jemand zum Beispiel leichter mit einer Belastung fertig wird als ein anderer; daß uns das Lernen in der Schule verschieden schwer fällt und daß einer sich für diesen, der andere für jenen Beruf besser eignet. Auch der Laie glaubt im allgemeinen zu wissen, daß alle diese Eigenschaften durch die Erbanlagen mitbestimmt werden; oft stellt er sich ihren Einfluß aber zu einfach vor. Wie oft sagen wir: »Das hat er von seiner Mutter«, oder »hier kommt der Großvater wieder durch«. In Wirklichkeit gehört die Frage nach der Vererbung im geistig-seelischen Bereich zu den schwierigsten Problemen der Humangenetik überhaupt, und die Forschung ist hier längst noch nicht zu so eindeutigen Ergebnissen gelangt wie auf anderen Gebieten – etwa bei der Analyse erblicher Erkrankungen. Wo aber die Ergebnisse der Wissenschaft noch nicht eindeutig sind, da ist Raum für subjektive Meinungen; und diese Meinungen sind häufig durch Vorurteile mitbestimmt.

Indessen ist es der Humangenetik und anderen wissenschaftlichen Disziplinen in letzter Zeit gelungen, schon einige Ergebnisse zu erarbeiten, die für viele noch offene Fragen der psychologischen Genetik wenigstens vorläufige Antworten möglich machen. Außerdem aber – und das ist wichtiger – wurden Forschungskonzepte erarbeitet, die für die Zukunft noch genauere Auskünfte versprechen. Wir haben versucht, diese Ergebnisse und Konzepte darzustellen. Dabei wollten wir betonen, daß Wissenschaft nicht ein im luftleeren Raum stehendes abgeschlossenes Gebäude ist, sondern eine Aktivität von Menschen, die ihre Fähigkeiten, aber auch ihre persönlichen Wünsche und Befürchtungen in die Arbeit mit einbringen. Wissenschaftler können deshalb auch in ihren Forschungskonzepten nicht von den

Zeitströmungen ganz unabhängig sein, und man kann die Entwicklung einer Wissenschaft nur dann richtig verstehen, wenn man sie im größeren Rahmen der Zeitgeschichte betrachtet.

Bei unserem Vorhaben wurden wir durch viele Freunde und Kollegen unterstützt. Dankbar erwähnen möchten wir besonders Fräulein Edda Schalt, die in bewährter Zuverlässigkeit alle Zeichnungen herstellte; Frau Adelheid Fengler, die bei Abfassung des Manuskriptes viel Geduld bewies; sowie die Herren Dr. Hans Rössner und Wolf Jobst Siedler, die von seiten des Verlages alles taten, um uns zu unterstützen. Eine besonders wertvolle Hilfe waren für uns in Zustimmung und Kritik die Studenten, die im September 1980 anläßlich einer Ferienakademie der Studienstiftung des Deutschen Volkes in Alpbach eine vorläufige Fassung dieses Buches im Laufe von vierzehn Tagen mit uns durcharbeiteten.

Heidelberg, im Sommer 1981

Friedrich Vogel   Peter Propping

1. »Erkenne dich selbst«

Stellen wir uns vor: Wir stehen in der Halle des Münchener Hauptbahnhofs und betrachten unsere Mitmenschen, wie sie an uns vorüberlaufen. Wie vielgestaltig sind die Bilder, auf die der Blick fällt. Der Mann hier vorn ist groß, der andere neben ihm zart, fast gebrechlich; dort, neben der dicken Frau in mittlerem Alter, steht ein knabenhaftes junges Mädchen. Einige haben dunkle, andere helle Haare, und wieder anderen ist das Haupt gelichtet. Besonders gemütlich sieht jener Glatzkopf aus. Und so geht das mit vielen Einzelheiten: mit der Farbe der Haut und der Augen; der Form von Kopf und Gesicht, Ohren und Händen, Nase und Kinn. Wohin wir auch blicken: Unterschiede über Unterschiede. Gewiß – alle, oder doch die meisten, haben zwei Augen, zwei Arme, zwei Beine; alle haben Kopf, Hals und Rumpf. Sie sind sozusagen nach einem gemeinsamen Grundbauplan konstruiert. Wir können sie als Menschen identifizieren. Aber dieser Bauplan gibt nur ein grobes Muster an. Innerhalb der durch ihn markierten Grenzen besteht ein hohes Maß an Vielgestaltigkeit.

Neugierig fragt man sich: Was mögen die Ursachen all dieser Unterschiede sein? Manchmal liegt die Antwort auf der Hand: Hier läuft ein kleines Mädchen flink an uns vorbei, dort stapft eine alte Frau mühsam vorwärts, jeder Schritt fällt ihr schwer: Das Lebensalter macht sich in Aussehen und Bewegungen bemerkbar. Von der Geburt bis zum Tode durchlaufen wir vielfältige Gestalten. Manche dieser Veränderungen sind naturgegeben als Folge des Alterns; andere hängen offenbar mit der Lebensführung und den verschiedenartigen Belastungen zusammen, denen wir ausgesetzt sind. Jenem gebückt einherschlurfenden Mann dort drüben zum Beispiel glauben wir anzusehen, daß er sein Leben lang körperlich schwer arbeiten mußte. Das hat seine Spuren hinterlassen.

Aber wenn wir genau hinblicken, dann erkennen wir doch sehr viele Unterschiede, die offensichtlich nicht durch das Alter oder die Lebensgeschichte verursacht sein können: denn es scheint sie auch bei Gleichaltrigen und bei Menschen zu geben, die unter vergleichbaren Bedingungen leben. Eben kommen zwei Jungen angelaufen, die einander auf den ersten Blick gleichen wie ein Ei dem anderen. Vielleicht sind die Jungen sogar gleich angezogen, wodurch ihre Ähnlichkeit noch mehr hervorgehoben wird. Also Zwillinge; es ist die Lebenserfahrung, die uns sagt, daß zwei Menschen sonst niemals so ähnlich sein können. Aber jene beiden Frauen dort: Es ist schon erstaunlich, wie sehr Gesicht, Haltung und Art ihrer Bewegungen übereinstimmen, obwohl die eine doch deutlich älter ist. Mutter und Tochter? Ganz sicher sind wir nicht, aber es könnte sein. Schon oft haben wir beobachten können, wie Eltern und Kinder oder auch Geschwister in dem einen oder anderen Merkmal einander ähnlich sind. Nur ist die Ähnlichkeit niemals so groß wie bei manchen Zwillingen. Zwar neigen sich immer wieder stolze Großmütter über das Bettchen des Neugeborenen und stellen fest: »Ganz der Vater!« Nicht selten aber erweist sich dieses Urteil später als voreilig. Und viele Eltern haben auch schon den Kopf geschüttelt: »Unglaublich, daß das unser Junge sein soll!« Die Regeln, nach denen Eigenschaften sich vererben und sichtbar in Erscheinung treten, sind offenbar nicht so leicht zu durchschauen.

Aber das gilt nicht nur für äußere Merkmale, wie sie uns an den Menschen in der Bahnhofshalle begegnen. Es gilt auch für solche Eigenschaften, die nicht ohne weiteres sichtbar sind. Könnten wir uns mit einigen jener Passanten unterhalten, so würden uns zunächst ganz verschiedene Lebensschicksale begegnen. Vielleicht hat die alte Frau, die so mühsam vorwärts stapft, schon einen Schlaganfall erlitten. Möglicherweise litt sie schon in jungen Jahren an hohem Blutdruck und wundert sich manchmal selbst, daß sie noch am Leben ist, denn ihre Mutter und ihre beiden Schwestern sind schon in viel jüngeren Jahren verstorben; beide übrigens auffallenderweise am Schlaganfall.

Das kleine Mädchen ist vielleicht in der Schule gar nicht so flink, wie es hier vorüberläuft. Vielleicht muß es nur schnell in die Nachhilfestunde kommen, damit es endlich die Rechtschreibung lernt. »Schreib- und Leseschwäche«[1] hat der Lehrer konstatiert. Die Mutter kann das gar nicht verstehen, da sie selbst im Schreiben und Lesen immer die Beste in der Klasse war. Der Vater, ein erfolgreicher Ingenieur, erinnert sich kaum noch daran, daß es auch bei ihm mit der Rechtschreibung lange gehapert hat; seine Lehrer hielten ihn deshalb für etwas beschränkt. Jetzt hält er jene Lehrer für töricht; denn sie meinten damals, aus ihm könne nichts Rechtes werden. Dagegen sind die Zwillinge in der Schule immer sehr gut gewesen, allerdings der eine mehr in Physik und Mathematik, der andere besonders in Deutsch und Englisch.

So wie es uns mit Menschen ergeht, denen wir zufällig begegnen, ist es aufmerksamen Menschen schon immer ergangen. Sie stießen bei sich und anderen einerseits auf Unterschiede, andererseits auf Ähnlichkeiten im körperlichen, aber offensicht-

12

lich auch im geistig-seelischen Bereich. Auffällige Ähnlichkeiten fanden sich vor allem zwischen Eltern und Kindern und unter Geschwistern, aber manchmal, wenn auch weniger regelmäßig, zwischen entfernteren Verwandten. Das fiel dann besonders auf, wenn etwa schwere Krankheiten, die man sonst selten oder gar nicht kannte, auf einmal bei mehreren Familienangehörigen auftraten – als ob ein Fluch auf der Familie läge.

Unheimlich genug, wenn dieser Fluch sich in körperlichem Siechtum, vielleicht in zunehmender Hinfälligkeit bis zum frühen Tode zu erkennen gab. Schauerlich aber, wenn Mutter und Sohn, Bruder und Schwester anfingen, wirr zu reden und Unverständlich-Anstößiges zu tun. Lag es so fern zu vermuten, die Familie sei vom Teufel besessen – man müsse sich davor hüten, von ihr berührt zu werden? Derartig Besessene müßten abgesondert, in Ketten gelegt, ja vielleicht vom Erdboden vertilgt werden?

Andere Familien dagegen waren offenbar bevorzugt: Großvater, Vater und Sohn erreichten in Gesundheit ein hohes Alter; alle waren sie erfolgreich und in der Gemeinde geachtet; im Hause ging es heiter zu; über die Wechselfälle des Lebens kam man in gegenseitiger Liebe hinweg; mit einem Wort, ein Segen ruhte sichtbar auf diesem Hause. Gelegentlich fanden sich in einer solchen Familie besondere Talente: Vater und Sohn waren vielleicht besonders musikalisch. Der eine spielte sehr gut Orgel, während der andere zum Geigenvirtuosen wurde. Beide waren auch als Komponisten erfolgreich. Sollte das wirklich nur daran liegen, daß zu Hause so viel Musik gemacht wurde? In einer anderen Musikerfamilie musizierte man genauso viel. Auch hier bekamen die Kinder frühzeitig Musikunterricht, und doch blieb der Erfolg aus. Die Kinder waren eben »unmusikalisch«, ihre Begabung reichte nicht aus. Aber warum war das so?

Da es zu unserer Natur gehört, nach dem Warum zu fragen, und da der Mensch erfahrungsgemäß neugierig auf sich selbst ist, verwundert es nicht, daß Menschen schon lange auch über die Rätsel der Vererbung nachgedacht haben. Zuerst wird man hinter diesen Phänomenen, wie hinter anderen Naturerscheinungen auch, die gute oder die böse Absicht von Göttern und Dämonen gesehen haben. Auch heute noch liegt uns diese Anschauungsweise nicht fern: Wenn mehrere Angehörige einer Familie geisteskrank werden, so empfinden wir das vielleicht nicht mehr als »Fluch der Götter«, aber doch als schweres, von einer höheren Gewalt uns auferlegtes Schicksal. Und bei Lichte besehen: Ist nicht fast jeder lieber mit Menschen zusammen, bei denen das Glück ist, die gesund und schön sind, denen der Erfolg lächelt?

Andererseits gibt es viele, die offenbar schlecht weggekommen sind: Sie sind ganz anders als wir (uns selber sehen) – weniger gesund, oft unglücklicher, manchmal auch weniger sympathisch; sie leisten weniger und haben weniger Erfolg. Ihnen gegenüber können wir, beobachten wir uns genau genug, zwei entgegengesetzte Reaktionen bemerken: Entweder wir blicken auf sie herab. Sie werden schon selbst schuld an ihrem Unglück sein. Sollen sie nun auch sehen, wie sie die Suppe auslöffeln, die sie sich eingebrockt haben! Und wenn sie nicht schuld sind, dann sind sie von Natur aus benachteiligt. Auf jeden Fall meiden wir ihre Nähe, die sich auf die Stimmung legt. Oder sie tun uns leid – unser Gerechtigkeitsgefühl empört sich darüber, daß so etwas in der Welt vorkommt. Irgend jemand oder irgend etwas muß schuld an ihrem Unglück sein: die Juden, die Kommunisten, die Kapitalisten, die Ärzte, die Lehrer, das traditionelle dreigegliederte Schulsystem, die Gemeinschaftsschule, die Chancenungleichheit in unserer Gesellschaft – oder, am einfachsten und pauschal, unser gesellschaftliches System als ganzes.

Beide Denkweisen finden wir auch heute noch in uns – und in unserer Gesellschaft – nebeneinander vor. Vor fünfzig Jahren überwog die erste, heute die zweite. Keine von beiden hilft uns wirklich, mit den vor uns liegenden Problemen fertig zu werden. Irgendwann aber sollte man mit dem Versuch anfangen, die Vielfalt der menschlichen Schicksale nach den Regeln der Vernunft so weit wie möglich zu analysieren, um die ihnen zugrundeliegenden Gesetzmäßigkeiten aufzufinden. Mit einem Wort: Auch die Ursachen für die Unterschiede in den Lebensschicksalen der Menschen sollten zum Gegenstand der *Wissenschaft* gemacht werden.

Allerdings: Diese Unterschiede können nicht mit Hilfe eines *einzigen* wissenschaftlichen Ansatzes erfaßt werden; dazu sind sie zu verschiedenartig. Mehrere Ansätze sind notwendig. So kann man etwa nach den allgemeinen Regeln fragen, nach denen jeder Mensch heranwächst, reift und altert. Man kann sich für die Umweltbedingungen interessieren, die ein Mensch braucht, damit dieser Entwicklung ein möglichst optimales Ergebnis beschieden ist. So muß die Ernährung nach Qualität und Quantität bestimmten Ansprüchen genügen, damit der Mensch körperlich gesund bleibt. Seine seelische Gesundheit hängt unter anderem davon ab, ob die Eltern ihm das notwendige Gefühl der Geborgenheit vermitteln konnten, aber auch davon, ob zur rechten Zeit die geeigneten Anreize zum Lernen geboten wurden. Und dieses Lernen umfaßt nicht nur die Intelligenz, sondern auch das

14

Gefühlsleben und das Funktionieren als soziales Wesen. Schließlich muß man Störungen aller Art erkennen und Fehlentwicklungen, was auch immer ihre Ursachen sein mögen, nach Möglichkeit korrigieren lernen. Alle diese Aspekte, und noch viele andere, fordern systematische Erforschung nach den Regeln der Wissenschaft. Forschungsansätze haben sich entwickelt, indem man versucht, den Menschen unter jeweils *einem* dieser Aspekte besser zu verstehen. Die Wissenschaft von der Vererbung ist nur einer dieser Ansätze – einer unter vielen. Von der körperlichen und geistig-seelischen Vielgestaltigkeit des Menschen ausgehend, fragt sie, ob und inwieweit diese Vielfalt auf vererbte Unterschiede zurückgeht. Diese Unterschiede wiederum benutzt sie, um mit ihrer Hilfe zu analysieren, was die Erbanlagen letztlich sind und auf welchen Wegen sie zu den äußeren und inneren Eigenschaften führen, die wir an unseren Mitmenschen wahrnehmen. Das Motiv des Wissenschaftlers für diese Forschungen ist ein doppeltes: Zunächst bewegt ihn die Neugierde, das intellektuelle Bedürfnis, Zusammenhänge immer tiefer und vollständiger zu verstehen. Diese Neugierde wird dadurch geschärft, daß sie sich auf den Menschen selbst richtet. »Erkenne dich selbst«, so stand es schon am Apollotempel in Delphi geschrieben.

Dazu kommt aber ein zweites Motiv: Eine bessere Kenntnis der Vererbungsvorgänge hilft uns, bestimmte Störungen zu erkennen, ihnen vorzubeugen oder sie zu beseitigen. Besonders erfolgreich war die Vererbungsforschung hier auf dem Gebiet der Medizin. Gerade die letzten Jahre haben in der Kenntnis, Vorbeugung und Behandlung körperlicher, genetisch bedingter Erkrankungen besondere Fortschritte gebracht. Wesentlich weniger weiß man bisher noch über genetische Einflüsse auf die normale geistig-seelische Entwicklung des Menschen und ihre Störungen. Das hat zur Folge, daß gerade auf diesem Gebiet Wissenschaften, die von anderen Voraussetzungen ausgehen, mit ihren Konzepten und Hypothesen weitgehend das Feld beherrschen. Das ist ganz natürlich; denn die absolute Wahrheit ist uns unzugänglich, auch in der Wissenschaft. Wir können ihr nur näherzukommen suchen, indem wir, von einem bestimmten Ansatz ausgehend, die Analyse so weit wie möglich vortreiben. Damit aber das Bild, das so entsteht, nicht einseitig wird, müssen verschiedene derartige Ansätze einander ergänzen und relativieren. Wie Menschen sich geistig-seelisch und warum sie sich verschieden entwickeln – dafür haben Verhaltenswissenschaften wie Psychologie, Psychiatrie und Soziologie wichtige Ergebnisse erarbeitet und Verständniskonzepte entwickelt. Minuziös werden

15

Einflüsse der elterlichen und allgemeinen gesellschaftlichen Umwelt analysiert, und man bemüht sich, die notwendigen Lernprozesse so optimal wie möglich zu gestalten. Diese Konzepte beherrschen heute großenteils die öffentliche Diskussion und auch die Gesellschaftspolitik, von der Kleinkinderfürsorge über Schule und Universität bis zu Familienpolitik und Psychiatrie. Sicherlich sind die Bilder vom Menschen, die so entstehen, großenteils nicht falsch. Aber sie sind einseitig und unvollständig. Sie bedürfen der Ergänzung durch eine Erforschung der Erbanlagen und ihrer Wirkungsweise.

Die wissenschaftlichen Bemühungen um die Anlayse der Erbanlagen sind das Thema der folgenden Kapitel. Den Leser erwarten weniger abgeschlossene Systeme und festliegende Ergebnisse. Die besitzen wir gerade auf diesem Feld noch nicht in ausreichendem Umfange. Dafür aber soll er eingeführt werden in ein spannendes Wechselspiel: Auf der einen Seite steht der Versuch, einen rationalen Zusammenhang an den Erscheinungen zu entdecken und die ihnen zugrundeliegenden Gesetzmäßigkeiten aufzufinden. Dieser Weg ist mühsam, oft langsam und führt meist nicht auf geradem Weg zum Ziel. Er wird immer wieder, und nicht zuletzt von den Wissenschaftlern selbst, durchkreuzt durch den Wunsch, Ergebnisse vorzuweisen. Diese Ergebnisse sollten möglichst den eigenen Wünschen und Vorurteilen entsprechen, und sie sollten sich unmittelbar in praktisches Handeln umsetzen lassen. Gewiß wollen und dürfen wir uns nicht ohne Rücksicht auf praktischen Nutzen im Elfenbeinturm unserer wissenschaftlichen Probleme verschließen. Wir dürfen aber auch nicht voreilig verallgemeinernde Schlüsse ziehen, bei denen der Wunsch der Vater des Gedankens ist. Das ist das Dilemma, das macht aber zugleich die Arbeit so spannend.

1   Legasthenie oder Dyslexie; zur Frage der Vererbung vgl.: Herschel, M., Hum. Genet. 40, 115–134 (1978).

2. Die Anfänge der wissenschaftlichen Humangenetik

Wie entsteht und wie entwickelt sich Wissenschaft? Der Laie stellt sich das oft ähnlich so vor, wie ein Haus gebaut wird. Die einzelnen Forscher bauen an irgendeiner Stelle einige größere oder kleinere Steine ein, hier oder dort wird eine Lücke geschlossen, einzelne bedeutende Forscher planen vielleicht ganze Abschnitte, die dann von ihren Nachfolgern tatsächlich aufgebaut werden, bis endlich der ganze Bau steht. Auch viele Wissenschaftshistoriker haben die Geschichte der Wissenschaften als ein kontinuierliches Wachstum von Wissen und Erkenntnis, als eine Folge größerer und kleinerer Siege, dargestellt. Erst der amerikanische Wissenschaftstheoretiker Thomas Kuhn hat uns mit seinem Buch über die »Struktur wissenschaftlicher Revolutionen«[1] die Augen dafür geöffnet, daß Wissenschaften sich ganz anders entwickeln – komplizierter, weniger folgerichtig und naturnotwendig, aber auch menschlicher. Kuhns Thesen sind von einigen seiner wissenschaftstheoretischen Kollegen angegriffen und auch von ihm selbst später etwas modifiziert worden[2]; das soll an dieser Stelle nicht genauer diskutiert werden. Die Geschichte der Humangenetik und insbesondere die Geschichte der Erforschung genetischer Einflüsse auf die menschliche Psyche wird aber viel besser verständlich, wenn man sie im Lichte der Kuhnschen Thesen betrachtet.

Nach Kuhn entwickelt sich eine Wissenschaft so: Im frühen, vorwissenschaftlichen Stadium besteht eine lebhafte Konkurrenz zwischen verschiedenen Versuchen einer theoretischen Fundierung und Nachprüfung durch praktische Erfahrung. Diese Erfahrung kann man gewinnen auf dem Wege der gezielten Beobachtung oder des Experiments. Eine Reihe von Beobachtungen wirft Probleme auf. Diese Probleme können jedoch noch nicht klar formuliert, geschweige denn gelöst werden. Schließlich wird im Wettstreit der verschiedenen Versuche, diese Probleme einer Lösung näherzuführen, ein bestimmter Forschungsansatz sichtbar, der den übrigen Versuchen überlegen erscheint. Mehrere Wissenschaftler finden sich zusammen, diesen Ansatz weiter zu verfolgen. Ihren gemeinsamen Bemühungen gelingt es, einen oder einige wenige Aspekte des Problemfeldes klarer zu formulieren und Teilprobleme zu lösen. Es ist das entstanden, was Kuhn ein »Paradigma«[3] nennt. Erweist sich dieses Paradigma als erfolgreich, das heißt, erlaubt es die Lösung von Problemen, die zuvor ungelöst waren, so wird es von einer zunehmenden Zahl von

Wissenschaftlern akzeptiert und zur Grundlage ihrer Arbeit gemacht. Die gemeinsamen Bemühungen dieser Forscher führen dazu, daß die Möglichkeiten, die es bietet, erkundet und ausgeschöpft werden. In günstigen Fällen entsteht so eine neue wissenschaftliche Theorie. Diese Theorie kann dann auf weitere Bereiche der Wirklichkeit angewandt werden. Sie wird dazu führen, daß man Zusammenhänge, die bisher unbekannt oder ungeklärt waren, nunmehr besser verstehen und einordnen kann.

Das Konzept eines »Paradigmas« hat drei Bedeutungen:

1. Es bezeichnet eine konkrete wissenschaftliche Untersuchung, die als beispielhaft dafür angesehen wird, auf welchen Wegen ein bestimmtes Problem angepackt werden sollte.

2. Es beschreibt eine Gruppe von Wissenschaftlern, die versuchen, die Möglichkeiten zu erkunden, die dieser Weg bietet, um so weit wie möglich in wissenschaftliches Neuland vorzustoßen.

3. Schließlich wird ein erfolgreiches Paradigma in der Ausarbeitung einer wissenschaftlichen Theorie kulminieren, die nunmehr erlaubt, viele bisher unerklärte Einzelerscheinungen in einen logischen Zusammenhang zu bringen und spezifische Vorhersagen über bestimmte Zusammenhänge zu machen.

In diesem Stadium wird man die grundlegende Theorie mehr und mehr als gesichert ansehen. Es würde nicht weiterführen, jetzt immer wieder an den Grundlagen zu rütteln. Statt dessen dient die Theorie als Leitfaden für die Lösung neuer Probleme. Sie wird dabei selbst fortlaufend erweitert und verfeinert. Kuhn spricht in diesem Stadium von »normaler« Wissenschaft. Er vergleicht diese Art der Forschung mit dem Lösen von Rätseln. Als das klassische Beispiel eines »Paradigmas« in diesem Sinne gilt das Werk »Principia mathematica« von Isaac Newton aus dem Jahre 1687. Im Laufe von mehr als zwei Jahrhunderten wurde durch viele Forscher auf seiner Grundlage das Gebäude der »klassischen« Physik errichtet. Die Geschichte der Physik etwa seit 1900 lehrt uns jedoch auch, was schließlich geschehen kann, wenn ein Paradigma sich erschöpft. Von Zeit zu Zeit treten nämlich im Fortgang der wissenschaftlichen Entwicklung Ergebnisse auf, die unerwartet sind, zu der Theorie nicht passen und sich deshalb der Erklärung entziehen. Man wird zunächst mit Hilfe aller möglichen Tricks versuchen, diese Ergebnisse doch noch mit der Theorie in Übereinstimmung zu bringen, indem man Hilfshypothesen aufstellt. Oft werden diese Versuche gelingen; gelegentlich jedoch

18

führen sie zu immer unbefriedigenderen Ergebnissen. Dann muß eine Erklärung gefunden werden, die mit der bisherigen Theorie nicht in Einklang steht. Von diesem Punkt aus wird die ganze Theorie aufgebrochen. Früher oder später entsteht ein neues Paradigma, welches das alte ablöst, indem es seine Rolle bei der Weiterentwicklung der Wissenschaft übernimmt. Kuhn nennt diesen Vorgang eine »wissenschaftliche Revolution«. In der Physik war es Max Plancks Postulat, daß die Energie des Lichtes nicht kontinuierlich, sondern in Einzelportionen, den »Quanten«, abgegeben wird, welches die wissenschaftliche Revolution einleitete. Dieser »Revolution« verdanken wir die Physik des 20. Jahrhunderts, von Albert Einsteins Relativitätstheorie über die Quantenmechanik bis zur modernen Physik der Elementarteilchen.

Auch die Geschichte der Vererbungswissenschaft wird durch Kuhns Darstellung richtig beschrieben: Bis zur zweiten Hälfte des 19. Jahrhunderts entzogen sich die Phänomene der Vererbung einer systematischen Analyse, wenn auch immer wieder Einzelbeobachtungen gelangen. So beobachtete schon der griechische Arzt Hippokrates, der im 5. und 4. Jahrhundert v. Chr. lebte, die Vererbung von Merkmalen wie Kahlköpfigkeit und Schielen und versuchte, sie durch eine Theorie zu erklären. Sein etwas jüngerer Zeitgenosse Plato entwickelte Regeln zur Menschenzüchtung, wie sie ganz ähnlich um die Wende vom 19. zum 20. Jahrhundert bei den Sozialdarwinisten wieder auftauchten. Und im frühen 19. Jahrhundert beobachteten Ärzte die Vererbung von Krankheiten und bemühten sich, daraus allgemeine Regeln abzuleiten. Versuche, eine umfassende Theorie der Vererbung zu entwickkeln, hatten dagegen keinen Erfolg.

Im selben Jahr 1865 jedoch führten zwei unabhängig voneinander unternommene Versuche zum Entstehen zweier Paradigmen, aus denen sich die moderne Genetik – und speziell die Humangenetik – entwickelte. Diese Paradigmen waren so verschieden wie ihre Schöpfer – ein österreichischer Mönch und ein englischer Großbürger –, Gregor Mendel (1822–1884) und Francis Galton (1822–1911). Beide Ansätze hatten ihre Stärken und Schwächen; die Geschichte der Humangenetik in diesem Jahrhundert – und besonders die Erforschung der genetischen Aspekte im Befinden und Verhalten des Menschen – läßt sich verstehen als Wettbewerb zwischen den Paradigmen von Mendel und Galton, die in zwei Untersuchungen greifbar werden: Mendels »Versuche über Pflanzenhybriden«[4] und Galtons »Hereditary talent and character«[5].

Die »Versuche über Pflanzenhybriden« wurden auf einer Sitzung des Naturforschenden Vereins zu Brünn am 8. Februar 1865 zuerst vorgetragen[4]. Mendel erhielt die Anregung für seine Versuche durch Beobachtungen an Zierpflanzen, bei denen er durch künstliche Befruchtung versucht hatte, neue Farbvarianten zu erzielen. Dabei war ihm die Regelmäßigkeit aufgefallen, mit der bestimmte Hybridformen immer wiederkehrten. Er suchte nun nach einer Pflanze, die 1. konstant differierende Merkmale besitzt und die 2. während der Blütezeit vor der Einwirkung jedes fremden Pollens leicht geschützt werden kann, so daß Kreuzungsversuche kontrolliert durchgeführt werden können, und deren Kreuzungen 3. in den nachfolgenden Generationen voll fruchtbar sind. Die Erbse erfüllte alle diese Voraussetzungen. Vor allen Dingen hatte sie Varietäten, die sich voneinander nur in einzelnen, klar definierten Merkmalen unterschieden. So waren die Samen (eigentlich die Früchte der Pflanze) entweder rund oder kantig-runzelig; ihr Inneres war entweder grün oder gelb gefärbt.

Nach sorgfältigen Vorversuchen, in denen Mendel sich davon überzeugte, daß diese Merkmale bei der gleichen Varietät immer in gleicher Weise ausgeprägt waren, kreuzte er diese Varietäten miteinander und zählte die Merkmale bei den Samen der Nachkommen der ersten und – nach erneuten Kreuzungen – in den späteren Generationen aus. Die gefundenen Zahlenverhältnisse verglich er mit den Ergebnissen, die man aufgrund der Gesetze der Kombinatorik erwarten würde, wenn seine Hypothese über den Mechanismus der Übertragung von Erbanlagen von einer Generation auf die nächste richtig war. Diese *Hypothese* ist das eigentlich Entscheidende an Mendels Untersuchungen. Liest man die Niederschrift seiner Experimente, so hat man zunächst den Eindruck, als ob Mendel zuerst diese Experimente durchgeführt und dann aus den Ergebnissen die Hypothese über den zugrundeliegenden Mechanismus abgeleitet hätte. Mendel folgt mit dieser Darstellungsweise einer Übung vieler Naturforscher vor und nach ihm. In Wirklichkeit war es aber wahrscheinlich umgekehrt: Wie alle genialen Forscher wird auch Mendel seine Hypothese zuerst, vielleicht aufgrund einiger Zufallsbeobachtungen, intuitiv aufgestellt und sodann durch seinen Versuchsansatz gezielt nachgeprüft haben[6]. Daher der geradezu stromlinienförmig, möchte man sagen, genau auf das Ergebnis hinzielende Versuchsansatz.

Was ist der Inhalt der Mendelschen Hypothese? Sie besagt, daß eine etwa für runde Samen reinerbige Pflanze in allen ihren Keimzellen, den weiblichen Samenanlagen und den männlichen

Pollenkörnern, nur die Erbanlage für runde Samen enthält. Eine Hybridpflanze dagegen, die aus der Kreuzung zwischen einer aus runden und einer aus kantigen Samen gezogenen Pflanze hervorgegangen ist, bildet Keimzellen mit der Anlage für runde und kantige Samen im Verhältnis 1:1. Kreuzt man nun zwei derartige Hybridpflanzen miteinander, so kombinieren sich in den Nachkommen die Samenanlagen und Pollenzellen zufällig nach den Gesetzen der mathematischen Kombinatorik:

		Pollenzellen	
		$\frac{1}{2}$ A	$\frac{1}{2}$ a
Samen-	$\frac{1}{2}$ A	$\frac{1}{4}$ AA	$\frac{1}{4}$ Aa
anlagen	$\frac{1}{2}$ a	$\frac{1}{4}$ Aa	$\frac{1}{4}$ aa

Abbildung 1
Mendels Kreuzungsversuche an Erbsen. Man beachte die Unterschiede in den äußerlich sichtbaren Merkmalen – dem Phänotyp – und der genetischen Interpretation – dem Genotyp. F_1, F_2 und F_3 = 1., 2. und 3. Filialgeneration.

SCHEMA VON MENDELS VERSUCH

1. Der Fruchtknoten einer Pflanze mit runden Samen (weiss) wird durch den Pollen einer Pflanze mit kantigen Samen (schwarz) bestäubt.

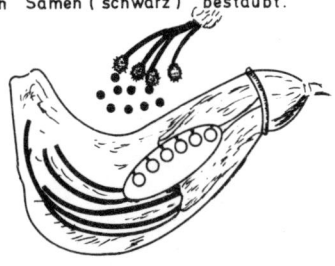

2. Es entstehen Schoten mit ausschliesslich runden Samen.

F_1

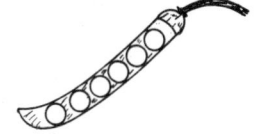

21

3. Aus diesem Samen entstehen Pflanzen, deren (weibliche und männliche) Keimzellen zur einen Hälfte die Erbanlage für runde, zur anderen Hälfte die Erbanlage für kantige Erbsen tragen:

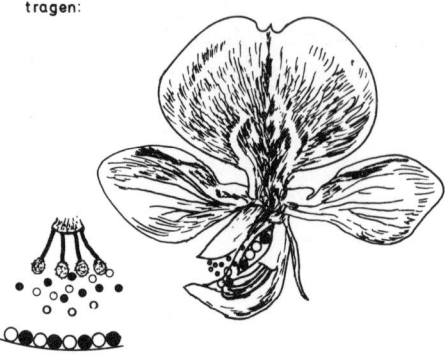

4. Nach Selbstbefruchtung (oder nach Befruchtung mit einer anderen mischerbigen Pflanze) entstehen zu 3/4 runde, zu 1/4 kantige Samen:

F_2

5. Die kantigen (schwarz) Samen entwickeln sich zu Pflanzen, die, wenn man sie rein weiterzüchtet, ausschliesslich wieder Pflanzen mit kantigen Samen hervorbringen.

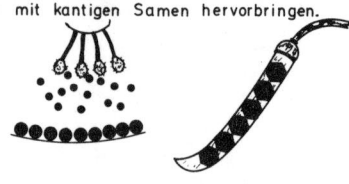

F_3 Ca. 1/3 der runden Samen entwickelt sich zu Pflanzen, die bei reiner Weiterzüchtung ausschließlich runde Samen erzeugen; ca. 2/3 der runden Samen entwickeln sich zu Pflanzen, bei denen 3/4 der Samen rund, 1/4 der Samen kantig sind.

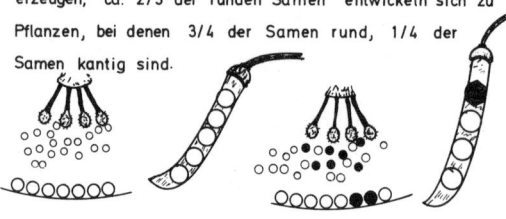

22

Man findet also $^1/_4$ reinerbige AA, $2 \times {}^1/_4 = {}^1/_2$ mischerbige Aa, und $^1/_4$ reinerbige aa.

Man kann die Kreuzung auch anders ansetzen: So ist es möglich, den Mischling nicht mit einem anderen Mischling, sondern mit einer der reinerbigen Ausgangsvarietäten zu kreuzen. In diesem Fall sieht das kombinatorische Schema so aus:

	Pollenzellen		
		$^1/_2$ A	$^1/_2$ A
Samen-	$^1/_2$ A	$^1/_4$ AA	$^1/_4$ AA
anlagen	$^1/_2$ a	$^1/_4$ Aa	$^1/_4$ Aa

Insgesamt findet man also unter den Nachkommen Reinerbige AA und Mischerbige Aa im Verhältnis 1 : 1. Diese Zahlenverhältnisse, 1 : 2 : 1 bei der Kreuzung zweier Mischerbiger und 1 : 1 bei Kreuzung einer reinerbigen mit einer mischerbigen Pflanze, hat Mendel theoretisch gefordert und in seinen Experimenten bestätigt gefunden. Ein weiteres Ergebnis kam hinzu, dessen Nachprüfung den größten experimentellen Aufwand erforderte: Kreuzt man Pflanzen, die sich in zwei verschiedenen Merkmalspaaren voneinander unterscheiden, von denen die eine Varietät also etwa runde und grüne, die andere kantige und gelbe Samen hat, und setzt man dann die oben beschriebenen Kreuzungen zwischen den Hybriden ab, so kombinieren sich Anlagen für die Merkmalspaare, also A, a und B, b, ebenfalls frei nach den Gesetzen der Kombinatorik. So bildet eine mischerbige Pflanze AaBb Keimzellen mit den Anlagepaaren AB, Ab, aB und ab zu gleichen Teilen.

Das ist schon der wesentliche Inhalt von Mendels Entdeckung. Bei der Aufklärung dieser Zahlenverhältnisse hatte er allerdings noch eine zusätzliche Schwierigkeit zu überwinden. Man kann ja einer Pflanze nicht ohne weiteres ansehen, ob ihre genetische Beschaffenheit AA, Aa oder aa ist. Kreuzt man etwa Pflanzen mit runden Samen mit solchen, die kantige Samen haben, so hatten alle Hybridpflanzen ausnahmslos runde Samen, obwohl sie nach Mendels Hypothese mischerbig rund/kantig sein müßten. Das Merkmal rund »dominierte« also über das Merkmal kantig; oder, wie Mendel es ausdrückte, das Merkmal kantig verhielt sich »rezessiv« (Abbildung 1 a–c). Daß die Erbanlage für kantig trotzdem nicht verlorengegangen war, zeigte sich erst, als Mendel Individuen der Hybridengeneration untereinander kreuzte: Jetzt wurden die Pflanzen mit kantigen Samen wieder sichtbar. Von 7324 Samen, die er aus dieser Kreuzung erhielt, waren 5474 rundlich, 1850 kantig. Das entspricht einem Verhältnis von 2,96 : 1 oder angenähert 3 : 1. Dies ist genau das Zahlenverhältnis, das man erwarten muß, wenn unter den Nachkommen ein Verhältnis 1 AA : 2 Aa : 1 aa besteht und wenn außerdem die beiden Klassen (Genotypen) AA und Aa das Erscheinungsbild (Phänotyp) »rundlich« haben. Man kann noch einen Schritt weitergehen: Wenn die Erbanlage für kantige Samen in der Tat rezessiv ist, so daß alle kantigen Samen reinerbig sind, so dürfen bei Rückkreuzung dieser Pflanzen mit Pflanzen der kantigen Varietät nur kantige Samen auftreten. Auch diese Voraussage hat sich bestätigt. In den sehr zahlreichen von Mendel durchgeführten Kreuzungen bestätigten sich überhaupt alle Voraussagen, die sich aus seiner Hypothese hatten ableiten lassen. Deshalb konnte die gesamte Hypothese als experimentell gut fundiert betrachtet werden. Die daraus ableitbaren Gesetze ließen sich folgendermaßen formulieren:

1. Eine Kreuzung zwischen zwei in einem Faktor (oder Gen) reinerbigen Individuen führt zu einer ersten Nachkommen-(F_1-)Generation, deren Individuen alle für das betreffende Gen mischerbig sind, deren Genotyp also gleich ist (Uniformitätsgesetz).

2. Kreuzt man diese Mischerbigen der ersten Nachkommengeneration (F_1) untereinander, so spalten verschiedene Genotypen heraus; ihr Häufigkeitsverhältnis beträgt nach den Gesetzen der Kombinatorik 1 : 2 : 1 (Spaltungsgesetz). Dieses Aufspaltungsverhältnis läßt sich auf die Bildung von zwei verschiedenen Keimzellen im Verhältnis 1 : 1 bei den Mischerbigen zurückführen (Gesetz von der Reinheit der Gameten).

3. Kreuzt man Varietäten, die sich in mehr als einem Faktor unterscheiden, so vererbt sich jedes einzelne Faktorenpaar unabhängig nach dem Spaltungsgesetz (Gesetz der Neukombination der Gene).

Diese drei Mendelschen Gesetze haben sich in der genetischen Forschung auf geradezu atemberaubende Weise bei allen höheren Lebewesen als gültig erwiesen, auch beim Menschen. Sie bilden die Grundlage für die gesamte Vererbungsforschung. Mendels Arbeit wurde so zum Paradigma in allen drei Bedeutungen: Sie gab ein Beispiel, durch welchen experimentellen Ansatz Vererbungsprobleme zu lösen sind. Sie führte zur Bildung einer Sozialgruppe von Wissenschaftlern, eben der Gruppe der Genetiker. Und sie bildete den Kern einer überaus fruchtbaren Theorie – der Theorie des Gens, seiner Struktur, seiner Übertragung und seiner Wirkung.

Bei einer wissenschaftlichen Arbeit, die eine so starke Wirkung hatte, lohnt es sich zu fragen: Was unterschied sie von den vielen anderen Versuchen im 19. Jahrhundert, das Vererbungsproblem zu lösen? Warum hatte Mendel Erfolg, während seine Vorgänger scheiterten? Drei Gründe lassen sich finden:

1. Er vereinfachte den Versuchsansatz, indem er klar alternativ verteilte Merkmale für seine Analysen auswählte, sie zunächst einzeln für sich analysierte und erst dann zu komplizierteren Kombinationen überging.
2. Bei der Auswertung dieser Versuche begnügte er sich nicht mit qualitativen Feststellungen, sondern er zählte die einzelnen Typen. Das setzte ihn in den Stand, die hinter den Phänomenen liegende statistische Gesetzmäßigkeit zu erkennen.
3. Er fand die richtige biologische Erklärung für diese statistische Gesetzmäßigkeit: Die Keimzellen enthalten die Erbanlagen in reiner Form.

Mendels Entdeckung blieb für nicht weniger als fünfunddreißig Jahre in der wissenschaftlichen Welt unbeachtet. Über die Gründe ist viel gerätselt worden. Es ist jedenfalls zu einfach, diese Mißachtung nur mit akademischer Arroganz gegenüber dem Außenseiter zu erklären. Wahrscheinlich war die Aufmerksamkeit der Biologen damals zu ausschließlich auf andere Probleme gerichtet, so auf die heiß umstrittene Theorie von Charles Darwin[7], wonach alle Lebewesen sich aus einfachen Formen unter dem Einfluß der natürlichen Auslese entwickelt haben. Auch wurden in den achtziger Jahren des 19. Jahrhunderts die Chromosomen als regelmäßige Bestandteile der Zellkerne in den Zellen aller höheren Lebewesen entdeckt, und ihr besonderes Verhalten bei der Zellteilung und bei der Keimzellbildung wurde studiert. Man wußte jetzt, daß alle Körperzellen eines Individuums einen doppelten Chromosomensatz enthalten, während man in Keimzellen nur den einfachen Chromosomensatz, also nur halb so viele Chromosomen, findet. Man hatte gelernt zu verstehen, auf welchem Wege die Reduktion der Chromosomenzahl bei der Bildung von Keimzellen so erfolgt, daß jede Keimzelle nur einen Paarling jedes Chromosomenpaares bekommt. Genauso, wie die Chromosomen sich hier verhielten, mußten sie sich verhalten, wenn sie Träger von Erbanlagen waren.

Einige Jahrzehnte nach dieser unbemerkten Revolution machten sich um die Jahrhundertwende mehrere Forscher daran, auch die Vererbungserscheinungen erneut zu untersuchen. Die Zeit war reif für die Wiederentdeckung der Mendelschen Gesetze. Im Jahre 1900 berichteten drei Forscher, der Holländer Hugo de Vries, der Deutsche Carl Erich Correns und der Österreicher Erich Tschermak, daß sie im Zusammenhang mit Literaturstudien für ihre eigenen Untersuchungen Mendels Arbeit wieder aufgefunden hatten.

Von diesem Jahr 1900 an datiert die Entwicklung der modernen Vererbungswissenschaft, der Genetik. Mit ihr entwikkelte sich auch die Genetik des Menschen. Man hätte annehmen können, daß sich das von Mendel aufgestellte Paradigma auf den Menschen leicht übertragen lasse. Und in der Tat fanden sich schon sehr bald Beispiele menschlicher Stammbäume, für die sich eine Erklärung nach den Mendelschen Gesetzen anbot (Kap. 9). Ein überzeugendes Ergebnis hatten derartige Stammbaum-Analysen aber fast nur bei einigen seltenen Krankheiten und Fehlbildungen. Bei häufigen und »normalen« Merkmalen, besonders aber auch bei geistig-seelischen Eigenschaften wie Intelligenz, Leistungsfähigkeit, Charaktermerkmalen und auch bei geistigen Erkrankungen schienen Mendels Prinzipien zu versagen. Die Verteilung dieser Eigenschaften in den Familien fügte sich nicht in die Voraussagen aufgrund der von Mendel gefundenen Erbgänge. Wo einzelne Forscher trotzdem versuchten, Familienbefunde in das Prokrustesbett eines Mendel-Schemas zu pressen, hielt das Ergebnis der Kritik nicht stand.

Dagegen schien eine andere Methode bei allen untersuchten Merkmalen klare Ergebnisse zu versprechen: die Beschreibung und der Vergleich mit Hilfe der mathematischen Statistik. Für diese Methode gaben Francis Galtons Untersuchung »Hereditary talent and character« aus dem Jahre 1865 und seine späteren, aus gleichem Prinzip entwickelten, Analysen das Vorbild.

Galtons Veröffentlichung beginnt so[8]:

»Die Einwirkungskraft des Menschen auf das Leben der Tiere, alle Formvarietäten zu produzieren, die er wünscht, ist enorm groß. Es scheint, als ob die physische Beschaffenheit zukünftiger Generationen unter der Hand des Züchters fast so formbar wäre wie Lehm. Es ist meine Absicht zu zeigen – und zwar deutlicher, als es jedenfalls nach meiner Kenntnis bisher versucht wurde –, daß geistige Qualitäten ebenfalls kontrollierbar sind.

Über die Vererbung von Begabungen scheinen merkwürdige Mißverständnisse zu bestehen. So nimmt man häufig an, die Kinder bedeutender Männer seien dumm; Vererbung bedeutender intellektueller Fähigkeiten erfolge von der mütterlichen Seite her; ein Sohn erhalte in der Regel alle Begabung in einer Familie.

Meine eigenen Unterschungen führten mich zu diametral entgegengesetzten Schlußfolgerungen. Ich finde, daß Begabung in sehr bemerkenswertem Umfange vererbt wird und daß ganze Familien, die aus Begabten bestehen, häufiger sind als solche, in denen nur ein Mitglied begabt ist.«

Nachdem Galton betont hatte, wie wenig man über die Vererbungsgesetze beim Menschen wisse, und einige Gründe anführte, weshalb ihr Studium so schwierig ist (unter anderem wegen der langsamen Generationenfolge), glaubte er doch zu dem Schluß berechtigt zu sein: Die physischen Merkmale der Körperformen, der Physiognomie und so weiter seien weitgehend erblich, wie die häufig zu beobachtende Ähnlichkeit zwischen Eltern und Kindern zeigt. Züchtungen auf Intelligenz wurden bei Tieren jedoch nicht durchgeführt, so daß ein direkter Beweis für Erblichkeit auch beim Tier nicht möglich ist. Beim Menschen hängen Talent und Charakter von vielen noch unklaren Bedingungen ab; der ganze Charakter kann sich ändern, wenn eine dieser Bedingungen sich ändert.

Galton schildert seine eigenen statistischen Erhebungen. Seine Methode besteht darin, daß er verschiedene Biographien-

Tabelle 1: Hervorragende Männer und ihre Verwandtschaftsbeziehungen (nach Galton 1865, aus Vogel, Lehrbuch der allgemeinen Humangenetik. Berlin: Springer 1961)

Zahl der Fälle		Vorkommen von nahen männlichen Verwandten	Prozentsätze	
			bedeutender Vater hatte bedeutenden Sohn	bedeutender Mann hatte bedeutenden Bruder
605	alle Männer von »originellem« Verstand (original mind) aus allen Berufsschichten zwischen 1453 und 1853 (nach Sir T. Phillips).	1 v. 6 Fällen	6mal v. 100	2mal v. 100
85	lebende Berühmtheiten (nach Walfords' »Men of the times« Buchstabe A)	1 v. 3½ Fällen	7mal v. 100	7mal v. 100
391	Maler aller Zeiten (Bryan's Dict. A)	1 v. 6 Fällen	5mal v. 100	4mal v. 100
515	Musiker (Fety's Dict. A)	1 v. 10 Fällen	6mal v. 100	3mal v. 100
54	Lordkanzler (nach Lord Campbell)	1 v. 3 Fällen	16mal v. 100	4mal v. 100
41	»Senior classics« (Beste in den klassischen Sprachen) Cambridge	1 v. 4 Fällen	(zu jung)	10mal v. 100
	Durchschnittswerte:	1 v. 6 Fällen	8mal v. 100	5mal v. 100

sammlungen durcharbeitete und untersuchte, wie häufig die in diesen Sammlungen genannten Personen miteinander verwandt waren. Die verschiedenen Verwandtschaftsgrade wurden getrennt aufgeschlüsselt (Tabelle 1). Das wesentliche Ergebnis dieser Studie war, daß nahe Verwandte von Persönlichkeiten, die wegen ihrer hervorragenden Leistungen in derartigen Biographiensammlungen genannt sind, erstaunlich häufig ebenfalls in diesen Werken auftauchen – jedenfalls viel häufiger, als man erwarten sollte, wenn hervorragende Leistungen nach den Regeln des Zufalls in der menschlichen Bevölkerung verteilt wären.

Galton war sich dessen vollauf bewußt, daß eine Anhäufung hervorragender Persönlichkeiten in bestimmten Familien nicht unbedingt auf entsprechende Erbanlagen hinweisen muß. Auch Einflüsse der Umwelt können zu dem gleichen Ergebnis führen. Insbesondere betonte er, daß Reichtum und hohe Stellung des Vaters die Startbedingungen für den Sohn verbessern. Nach seiner Meinung ist das besonders auffällig bei Staatsmännern und Generälen. Deswegen legte er bei seinen Auswertungen besonderen Wert auf die Befunde bei Wissenschaftlern und Schriftstellern, bei denen diese Fehlerquelle wenig oder gar nicht ins Gewicht falle. Auch bei ihnen fand sich jedoch eine große Zahl berühmter Verwandter. Besonders auffällig war das für die Lordkanzler, die obersten Juristen in Großbritannien – und das, obwohl (nach Galtons Meinung) die Jurisprudenz allen Studenten im wesentlichen die gleichen Aufstiegschancen bot. Dennoch hatten besonders viele Lordkanzler hervorragende Verwandte. Zwei Söhne von Lordkanzlern erreichten das gleiche hohe Amt.

Galton schloß aus diesen Erhebungen auf einen sehr hohen Einfluß der Vererbung auf die geistige Begabung. Dann wies er auf soziale Hindernisse hin, die Eheschließung und Fortpflanzung gerade der Begabtesten und Erfolgreichsten zu seiner Zeit erschwerten, und entwarf die Utopie einer Gesellschaft, »in der man ein System wettbewerbsmäßiger Prüfung für Mädchen wie für junge Männer ausbildet, das jede wichtige Eigenschaft von Geist und Körper umfaßt und in der jährlich eine große Summe dazu bestimmt wird, solchen Ehen eine Aussteuer zu geben, von denen zu erwarten ist, daß die aus ihnen hervorgehenden Kinder einmal zu hervorragenden Staatsdienern heranwachsen werden«. Galton malte dann eine Zeremonie aus, die in dieser Gesellschaft von Zeit zu Zeit stattfinden sollte: Der Oberbeauftragte dieses Aussteuerfonds hält zehn »tief errötenden« jungen Männern eine Rede, in der er ihnen mitteilt, die Kommission habe sie als die besten empfunden und jedem von ihnen eine zu ihm passende

28

Frau ausgesucht; sie gebe ihnen eine Aussteuer und zahle die Ausbildung ihrer Kinder.

Hier klingen bereits die beiden gegensätzlichen Grundmotive an, die Galtons Lebenswerk fortan beherrschten. Einerseits war er der erste, der exakte statistische Methoden auf die Probleme der Vererbung beim Menschen anwandte. Er hat das Prinzip selbst so formuliert[9]: »Allgemeinen Eindrücken soll man niemals trauen. Wenn sie lange bestehen, entwickeln sie sich leider zu festen Lebensregeln und schreiben vor, was richtig ist und nicht in Frage gestellt werden darf. Deshalb hassen und verabscheuen alle, die sich nicht an direkte Untersuchungen gewöhnt haben, die Statistik. Sie können den Gedanken nicht ertragen, daß ihre geheiligten Eindrücke kühl nachgeprüft werden. Aber es ist der Stolz des Wissenschaftlers, sich über derartige Vorurteile zu erheben, Methoden anzustreben, mit deren Hilfe der Wert von Meinungen festgestellt werden kann, und sich soweit selbst zu bemeistern, um all das voller Verachtung aufzugeben, was auch immer sich als unwahr erweist.«

Auf diesen Prinzipien fußend, schufen Galton und seine Nachfolger das zweite große Paradigma, auf das die humangenetische Forschung des letzten Jahrhunderts sich gründete: die Ableitung allgemeiner Gesetzmäßigkeiten aus einer vergleichenden statistischen Analyse von Merkmalen bei Verwandten. Dieser Ansatz wurde auf besonders fruchtbare Weise ergänzt, als Galton die Analyse von Zwillingen vorschlug als einen Weg, die relative Bedeutung von Erbe und Umwelt bei der Entstehung von Merkmalen zu analysieren[10]. Damit wurde er zum Schöpfer der Zwillingsmethode, die insbesondere bei der Analyse erblicher und umweltbedingter Einflüsse im geistig-seelischen Bereich bis heute ihre Stellung bewahrt hat (Kapitel 4).

Daß Galton seine Forschungen gerade in diesem Bereich begann, deutet auf den eigentlichen Antrieb hin, die philosophische Wurzel all unseres Bemühens um die Genetik des Menschen: die immer wieder vor uns aufsteigende Forderung: Erkenne dich selbst[11]! Mit steigendem Erfolg einzelner Methoden wurde der Hauptstrom der humangenetischen Forschung später immer mehr von diesem zentralen Ziel abgelenkt: Je exakter die Methoden und Ergebnisse wurden, desto weniger Bezug hatten sie in der Regel zu diesem Ausgangspunkt und Ziel des Forschens. Erst in letzter Zeit ist bei einigen Forschern eine gewisse Umkehr zu beobachten: Man versucht, die neuen exakten Methoden auf die im geistig-seelischen Bereich wirksamen Erbfaktoren anzuwenden. Das sind dann aber nicht die gleichen Methoden, die Galton vorgeschlagen hatte.

Aus dem philosophischen Antrieb seines Forschens muß man das zweite, auf den ersten Blick völlig andere, Grundmotiv von Galtons Lebenswerk verstehen: den utopischen Gedanken, durch bewußte Züchtung die Qualität der Menschheit zu verbessern. Während des Dritten Reiches haben wir erfahren müssen, wohin es führen kann, wenn derartige Utopien in die Hand bedenkenloser und entschlossener Männer geraten. Die Gefahren solcher Versuche sind deutlich bis zum Unheimlichen und Schaurigen geworden. Um so mehr beunruhigt es, daß in den letzten Jahrzehnten mit der Entwicklung der molekularen Genetik ähnliche Züchtungsutopien wieder aufgekommen sind[12].

Das Problem der biologischen Zukunft der Menschheit ist uns auch heute noch aufgegeben. Die moderne Medizin hilft, Erbkrankheiten, die früher zum Tode geführt haben, wirksam zu behandeln, so daß die erbkranken Patienten jetzt Kinder haben. Auf diese Weise aber können sich krankhafte Erbanlagen in der Bevölkerung vermehren. Außerdem steigt die Häufigkeit von Erbänderungen an, weil wir ionisierenden Strahlen und chemischen Stoffen, die Mutationen erzeugen, vermehrt ausgesetzt sind. Andererseits kann man genetischen Defekten viel besser vorbeugen, als das früher der Fall war. Wie wird sich das alles auf die genetische Zusammensetzung künftiger Generationen auswirken? Und was können wir tun, um schädliche Tendenzen nach Möglichkeit aufzuhalten? Dieses Problem hat Galton zum ersten Male klar gesehen. Gewiß – sein Lösungsvorschlag erscheint uns heute zugleich naiv und gefährlich. Gerade das aber sollte dazu herausfordern, nach besseren Lösungen zu suchen.

Die Arbeiten von Mendel und Galton begründeten die beiden führenden Paradigmen der Erforschung der Vererbungsgesetze beim Menschen. Es liegt deshalb nahe, nach ihrem wesentlichen und grundsätzlichen Unterschied zu fragen. Auf den ersten Blick fällt ja eher eine Gemeinsamkeit ins Auge: Beide haben sich nicht mit allgemeinen Eindrücken begnügt, sondern haben genau gezählt und ihre Zahlen mit Hilfe statistischer Methoden verglichen. Bei Galton jedoch war dieser statistische Vergleich bereits die Hauptsache. Er glaubte, schon seine statistischen Maßzahlen als solche würden ihm die Gesetzmäßigkeiten der Vererbung enthüllen. Mendel dagegen benutzte die statistischen Daten nur als Mittel zum Zweck, um mit ihrer Hilfe eine bestimmte Hypothese nachzuprüfen, die Hypothese, daß die Keimzellen die einzelnen Erbanlagen in reiner Form enthalten und daß diese Erbanlagen sich in dem neuen Individuum nach den Gesetzen des

Zufalls kombinieren. Diese Hypothese war es, die sich in den Jahrzehnten nach 1900 als so überaus fruchtbar erwiesen hat. Heute ist im Prinzip genau bekannt, was diese Erbanlagen chemisch sind und auf welchen Wegen sie das Erscheinungsbild, den Phänotyp, eines Wesens formen. Aus der Hypothese, daß es derartige Erbanlagen oder Gene gibt, ist längst eine wohlbegründete Theorie über Natur und Wirkung der Gene geworden. Diese Theorie sagt etwas über die letzten *Ursachen* der Vererbung aus; sie ist eine *kausale* Theorie. So wie sie in der modernen Genetik ausgearbeitet wurde, sagt sie auch etwas aus über die Strukturprinzipien, nach denen die Gene aufgebaut sind, und über die spezifischen *Mechanismen,* durch welche die Gene den Phänotyp bestimmen. Die Theorie wird dadurch sehr spezifisch; es lassen sich präzise *Folgerungen* aus ihr ableiten, die man dann an der Wirklichkeit überprüfen kann.

Galtons Vererbungstheorie sagt dagegen nur etwas über *quantitative Beziehungen* zwischen bestimmten Erscheinungen aus. Hypothesen über die genauen *Ursachen,* die den Vererbungserscheinungen zugrunde liegen, wurden nicht aufgestellt. Die Methode erlaubt nur die Antwort auf wesentlich *allgemeinere* Fragen, so zum Beispiel, ob Erbanlagen überhaupt darauf Einfluß haben, wie sich bestimmte Merkmale ausprägen oder, etwas genauer formuliert, wie hoch der Anteil von Erbe und Umwelt an der Ausprägung eines bestimmten Merkmals ist.

Es gehört zu den faszinierendsten Problemen der Wissenschaftsgeschichte, sich zu fragen, worin die Ursachen für wissenschaftliche Neuanfänge zu finden sind. Gewiß – die Bemühungen um einen bestimmten Problemkreis müssen ein bestimmtes Stadium erreicht haben, damit ein solcher Neuanfang möglich wird. Welche Menschen erahnen nicht nur die Forderung der Zeit, sondern sind auch in der Lage, auf sie produktiv zu reagieren? Was ist diesen Menschen gemeinsam – über alle Verschiedenheiten hinweg? Eine allgemeine Antwort auf diese Frage gibt es wohl nicht. Aber ein Vergleich der Lebensgeschichte von Mendel und Galton mag helfen, etwas Licht auf den so unterschiedlichen Charakter ihrer Entdeckungen zu werfen.

Johann Mendel wurde am 22. Juli 1822 als zweites Kind von Kleinbauern geboren. Seine Eltern besaßen ein Anwesen in Heinzendorf, einem damals deutschsprachigen Dorf im mährischen Kuhländchen. Diese Landschaft war Teil der österreichisch-ungarischen Monarchie. Mendel hatte zwei Schwestern. Die jüngere, mit der er zeitlebens besonders verbunden war, verzichtete auf einen Teil ihres elterlichen Erbes, um ihm eine gute Schulausbildung zu ermöglichen. Vater Mendel war ein Gartenliebhaber, der auf seine Obstbäume oft Edelsorten aufpfropfte. Schon früh ließ er sich von dem kleinen Johann bei diesen Arbeiten helfen. Die Freude an der Obstkultur blieb Mendel bis in seine letzten Lebensjahre erhalten, als er Abt seines Klosters in Brünn war und die botanische Wissenschaft schon längst an den Nagel gehängt hatte. In diesen frühen Eindrücken darf man wohl die Wurzel seiner Freude auch am botanischen Experimentieren suchen.

Damals hatten die örtlichen adeligen Grundbesitzer noch einen erheblichen Einfluß auf die Schulen »ihrer« Dörfer. Die Grundbesitzerin des Bezirkes, zu dem Mendels Heimatdorf gehörte, eine Gräfin Waldburg, sorgte dafür, daß die Kinder auch in Naturgeschichte und Naturlehre unterrichtet wurden, so in Obstkultur und Bienenzucht – sehr zum Ärger des Schulinspektors, der den Naturkundeunterricht als »Unfug« bezeichnete.

Ein Lehrer namens Makitta erkannte das besondere Talent des kleinen Johann und sorgte dafür, daß dieser mit elf Jahren auf die Hauptschule in der Ortschaft Lipnik kam. Dort war er bald der Klassenbeste, so daß seine Eltern ihn 1834 auf das Gymnasium zu Troppau schickten. Dem Kleinbauern Mendel fiel es schwer, dort den Lebensunterhalt des Sohnes zu bestreiten. In den letzten Jahren mußte Johann sich mit Hilfe von Privatstunden selbst durchbringen. Trotzdem beendete er das Gymnasium mit glänzendem Ergebnis. Unter großen finanziellen Schwierigkeiten und einmal auch durch Krankheit unterbrochen absolvierte er dann die beiden vorgeschriebenen Jahre des Philosophiestudiums an der Philosophischen Lehranstalt in Olmütz, eine Art College, das an die Universität angeschlossen war. Dort interessierte Mendel sich besonders für Physik. Er scheint auch das besondere Wohlwollen des Physikprofessors F. Franz gefunden zu haben; denn Franz empfahl ihn an das Augustinerstift zu Brünn. Mendel hatte sich entschlossen, in den geistlichen Stand einzutreten; nach allem, was wir wissen, nicht aus besonderer Religiosität oder Hinneigung zum geistlichen Leben, sondern weil der geistliche Stand damals für Kinder armer Eltern die einzige Möglichkeit bot, befreit von der Sorge um das tägliche Brot zu studieren und einen entsprechenden Beruf zu ergreifen.

Für Mendel war es ein Glück, daß das Augustinerstift zu Brünn ihn annahm. Fast alle Patres arbeiteten als Lehrer oder Seelsorger und waren nebenher selbständig wissenschaftlich oder künstlerisch tätig. Der Konvent war eines der geistigen Zentren

Mährens[13]. In ihm herrschte ein eher liberaler Geist: In der Klosterbibliothek fand sich zwar ein Exemplar des Index Librorum Prohibitorum; es war aber noch im 20. Jahrhundert unaufgeschnitten[14]. Andererseits enthielt die Klosterbibliothek unter anderem die Werke Charles Darwins – übrigens mit zahlreichen Anstreichungen Mendels. Nach Erzählungen eines Zeitgenossen[15] hatte Mendel anläßlich der Diskussion von Darwins Evolutionstheorie öfter gesagt, das könne doch nicht alles sein, da fehle noch etwas. Vielleicht hoffte er eine Lücke in der Darwinschen Theorie auszufüllen. Jedenfalls hatten seine Arbeiten diesen Effekt.

Im Jahre 1845 begann Mendel sein vierjähriges Theologiestudium und war dann zunächst als Hilfsseelsorger tätig. Bald jedoch holte ihn sein Abt C. Napp, der das Amt des Gymnasialstudiendirektors für Mähren und Schlesien innehatte, als Hilfslehrer für griechische, lateinische und deutsche Literatur und für Mathematik an das Gymnasium Znaim. Schon in den vorhergehenden Jahren hatte sich Mendel viel mit Naturwissenschaften beschäftigt, und als Lehrer ist er nach den vorliegenden Berichten sehr beliebt gewesen. Insbesondere sein Physikunterricht wird als lebendig und durch viele Experimente bereichert geschildert. Sein Schuldirektor wollte ihn als vollangestellten Lehrer haben. Mendel mußte sich deshalb in Wien einer Lehramtsprüfung unterziehen. In dieser Prüfung ist er durchgefallen. Auch die Wiederholungsprüfung nach einigen Studien in Wien bestand Mendel nicht. Er war deshalb lange Zeit hindurch, bis zu seiner Wahl zum Abt seines Klosters im Jahre 1868, nur als Hilfslehrer tätig. Als Abt sollte Mendel nicht nur der absolute Herrscher des Klosters und seiner ausgedehnten Besitzungen werden, sondern auch eine der geachtetsten und einflußreichsten Persönlichkeiten Mährens.

Schon während seiner ersten Zeit als Gymnasiallehrer begann Mendel mit verschiedenen naturwissenschaftlichen Untersuchungen. Insbesondere interessierte er sich für das Problem der Bastardierung. Die Untersuchungsreihe an der Erbse, die ihn unsterblich gemacht hat, wurde bereits geschildert. Mit den Ergebnissen dieser Untersuchungen wandte er sich an einen der berühmtesten Botaniker seiner Zeit, Carl Wilhelm Naegeli (1817–1891), Professor an der Universität Wien, der sich unter anderem selber mit Vererbungsproblemen befaßt hatte. Naegeli antwortete freundlich, wenn auch etwas herablassend. Er hatte das wesentlich Neue an Mendels Ansatz, das Konzept der einzelnen, sich in den Nachkommen kombinierenden Gene, nicht verstanden. Statt dessen schlug er Mendel vor, sich in Zukunft mit den Habichtskräutern zu beschäftigen, die Naegelis eigenes bevorzugtes Forschungsobjekt waren. Leider folgte Mendel diesem Vorschlag und führte unter erheblichen technischen Schwierigkeiten Bastardierungsexperimente an Habichtskräutern durch. Die Habichtskräuter weisen nämlich genetische Besonderheiten auf, die sie für die Entdeckung allgemeiner Gesetzmäßigkeiten der Vererbung denkbar ungeeignet erscheinen lassen. Mendel kam zu keinem klaren Ergebnis. Neben seiner Belastung durch die Aufgaben als Abt mag das dazu beigetragen haben, daß er seine Vererbungsexperimente später einstellte. Andere naturkundliche Beobachtungen, die weniger Zeit erforderten, setzte Mendel dagegen fort. Noch als Abt war er eine Autorität auf dem Gebiet der Bienenzucht, und es sind umfangreiche wetterkundliche Aufzeichnungen von ihm erhalten, die er bis wenige Tage vor seinem Tod fortgeführt hat.

Ganz anders als Mendels Leben verlief das Leben von Francis Galton[16]. Francis Galton (1822–1911) entstammte einer gutbürgerlichen Familie. Sein Großvater war in der zweiten Hälfte des 18. Jahrhunderts mit der beginnenden Industrialisierung Großbritanniens zu beträchtlichem Wohlstand gekommen. Galtons Vater war Bankier; er heiratete eine Tochter von Erasmus Darwin, einem bekannten Arzt und Biologen. Erasmus war der Großvater von Charles Darwin. Francis Galton war ein frühreifes Kind. Mit zweieinhalb Jahren soll er imstande gewesen sein, ein kleines Buch zu lesen, und mit vier Jahren konnte er schreiben. Durch Großvater und Vater, die sich aktiv für Naturforschung interessierten, wurde er von Kindheit an zum Beobachten und Experimentieren angeregt. Als er fünf Jahre alt war, kam er zur Schule, die er mit sechzehn wieder verließ. Er sollte Arzt werden. Im Anschluß an eine Bildungsreise nach Belgien, den Rhein aufwärts nach Heidelberg, München, Wien, Prag, Dresden, Berlin und Hamburg studierte er Medizin in Birmingham und London. Während dieser Zeit begann auch ein engerer persönlicher Kontakt mit Charles Darwin. Dieser bestärkte ihn in dem Entschluß, das Medizinstudium zu unterbrechen, um an der Universität Cambridge seine mathematischen Kenntnisse zu vertiefen. Galton hat später nicht zuletzt deswegen Bedeutendes in der Anwendung mathematischer Prinzipien auf biologische Probleme geleistet.

Damals diente der Aufenthalt junger Männer an den berühmten Universitäten Cambridge und Oxford mindestens so

34

sehr der Einübung in die Gesellschaft und der Knüpfung sozialer Kontakte wie der wissenschaftlichen Ausbildung. Das war auch bei Galton nicht anders: Er wurde bekannt oder schloß Freundschaften mit zahlreichen Männern, die im politischen und geistigen Leben ihrer Zeit Bedeutung gewinnen sollten. Nach dem Tode seines Vaters, 1844, also mit zweiundzwanzig Jahren, gab Galton das Medizinstudium auf. Finanziell unabhängig, ging er mit zwei Freunden auf Reisen. Sie gelangten bis Khartum im Sudan. Galton hat auch später sein Medizinstudium nicht abgeschlossen und niemals einen Brotberuf ausgeübt. Als finanziell unabhängiger Privatmann war er bis kurz vor seinem Tode unablässig tätig.

Da er unabhängig war, konnte er den wechselnden Gang seiner wissenschaftlichen Interessen ungehindert verfolgen, als Dilettant im besten Sinne. In der Mitte des 19. Jahrhunderts befanden sich die Naturwissenschaften, vielleicht mit Ausnahme von Physik und Chemie, noch so in ihren Anfangsgründen, daß begabte Dilettanten grundlegende Beiträge leisten konnten. Das hatte Mendel mit Galton gemeinsam, so verschieden die beiden Männer sonst waren. Galtons erstes wissenschaftliches Interesse galt der Geographie. Das ist nicht überraschend, war das 19. Jahrhundert doch ein Jahrhundert der großen Entdeckungen. Das gesamte Innere von Südafrika war damals noch unbekannt, und Galton erbat durch einen Verwandten die Unterstützung der Royal Geographical Society für eine Expedition. Diese Unterstützung erhielt er in Form von Informationen und Empfehlungsschreiben. Seine Expedition dauerte zwei Jahre, und er war dabei nur von einem Landsmann begleitet. Er finanzierte das ganze Unternehmen aus eigenen Mitteln. Die Reise hat nicht nur Galtons Interesse an Geographie vertieft, sondern auch seine jahrelangen Beziehungen zur Royal Geographical Society begründet, deren Sekretär er später wurde. Neben der Geographie befaßte sich Galton wissenschaftlich mit Meteorologie. So entwickelte er eine Methode für das Zeichnen von Wetterkarten, sammelte Informationen aus verschiedenen Ländern und zeichnete eine der ersten Wetterkarten von Europa.

Allmählich aber wuchs sein Interesse an Vererbungsproblemen. In Cambridge hatte er beobachtet, daß wissenschaftliche Begabung offenbar in bestimmten Familien gehäuft vorkam. Seine Neigung zum Zählen, Messen und zur statistischen Verarbeitung, die sich später geradezu zwanghaft steigerte (als er einem Maler für ein Porträt sitzen mußte, zählte er die Pinselstriche, die zur Vollendung des Porträts notwendig waren), diese

Neigung veranlaßte ihn zu der Analyse von biographischen Werken, deren Resultate er 1865 unter dem Titel »Hereditary talent and character« veröffentlichte.

Galtons ganzes Arbeiten enthielt zwei Grundlinien: einmal das quantitative Argument, den statistischen Ansatz für die Untersuchung von Vererbungsproblemen; zweitens aber den eugenischen Gedanken, die eugenische Utopie als Ausgangspunkt und Ziel der Forschung. Beide Motive sollten Galtons Leben und Arbeiten über vierzig Jahre, bis zu seinem Tode, bestimmen. Anhand des Problems der Vererbung von Fähigkeiten zu herausragenden Leistungen entwickelte Galton Schritt für Schritt ein statistisches Instrumentarium. Die Definition des Korrelationskoeffizienten als eines Maßes für die Beziehung zweier Variabler zueinander ist hier wohl seine größte Leistung. Nehmen wir an, wir hätten die Körpergröße einer Kompanie von Rekruten und die Größe ihrer Väter gemessen. Wir tragen die Daten in eine Tabelle ein, die von links nach rechts die Größenklassen der Rekruten, von oben nach unten die Größenklassen der Väter enthält. In dieser Tabelle wird etwa ein kleiner Rekrut mit kleinem Vater links oben, ein kleiner Rekrut mit großem Vater links unten, ein großer Rekrut mit großem Vater rechts unten stehen. Besteht keine Beziehung zwischen der Größe von Vater und Sohn, so werden sich in der Tabelle die meisten Individuen symmetrisch in einer Mittelgruppe anordnen (Tabelle 2). Findet sich jedoch eine Beziehung, das heißt, haben kleine Söhne besonders oft auch kleine Väter, so wird die Verteilung der Söhne eine Art Bergzug bilden, dessen Längsachse

Tabelle 2: Die Körpergröße von Kindern im Vergleich zur mittleren Körpergröße ihrer Eltern, angegeben in inches (nach Galton und Johannsen 1926; aus Vogel und Motulsky 1979)

mittlere Körpergröße der Eltern	Körpergröße der Kinder							
	60,7	62,7	64,7	66,7	68,7	70,7	72,7	74,7
64	2	7	10	14	4	–	–	
66	1	15	19	56	41	11	1	–
68	1	15	56	130	148	69	11	–
70	1	2	21	48	83	66	22	8
72	–	–	1	7	11	17	20	6
74	–	–	–	–	–	–	4	–

36

diagonal von links oben nach rechts unten reicht. Der Korrelationskoeffizient ist nun ein Maß dafür, wie eng die Beziehung dieser beiden Größen ist, er mißt also gleichsam die *Schmalheit* des Bergzuges. Je enger die Beziehung, desto enger gruppieren sich die Söhne um die Diagonale. Bei vollständiger funktionaler Beziehung fallen alle in die Diagonale hinein. Die Korrelation ist dann $+1$. Eine negative Korrelation (-1) bestände, wenn die Grade in unserem Beispiel von links unten nach rechts oben verliefe*, also wenn kleine Söhne große Väter hätten.

Die Einführung des Korrelationskoeffizienten war weit mehr als nur die Erfindung eines statistischen Maßes. Bis dahin war man in Biologie und Medizin gewohnt gewesen, jede Erscheinung nur mit *einer* bestimmten Ursache in Beziehung zu setzen. Das Denken in Korrelationen befähigte die Biologen, kompliziertere Beziehungsgefüge zu beachten. Man lernte nun, daß eine Erscheinung nicht nur eine einzige Ursache, sondern mehrere Vorbedingungen haben kann.

Mit Hilfe der Korrelationsrechnung fand Galton etwa für die Ähnlichkeit zwischen Eltern und Kindern hinsichtlich der Körpergröße, daß Kinder mittelgroßer Eltern im Durchschnitt etwa dem Eltern-Mittelwert entsprachen. Kinder besonders kleiner Eltern waren jedoch im Durchschnitt etwas größer, Kinder besonders großer Eltern etwas kleiner als ihre Eltern. Diesen »Rückschlag zur Mitte« benutzte er, um eine komplizierte Vererbungstheorie aufzustellen; sie ist inzwischen längst überholt. Wie wir heute wissen, beruht der »Rückschlag zur Mitte« einfach darauf, daß die Körpergröße nicht nur durch die Erbanlagen, sondern zusätzlich durch Umweltfaktoren beeinflußt wird. Der »biometrische« Forschungsansatz wurde später durch Galtons Schüler Karl Pearson und durch viele andere fortentwickelt. Noch heute beherrscht er den größten Teil der Untersuchungen über den Einfluß von Erbfaktoren auf Befinden und Verhalten des Menschen.

Galton war es auch, der – als Ergänzung des biometrischen Ansatzes – den Vergleich von Zwillingen in die Vererbungsforschung einführte. Auch diese Methode wird noch heute vielfach verwendet, wenn man den Anteil von Erbanlagen an der Ausprägung eines Merkmals abschätzen will (Kapitel 4).

---

*   Galton definierte den Korrelationskoeffizienten geringfügig anders als
      heute üblich; er verwendete statt des Mittelwertes den Median und statt der
      Standarddeviation das Quartil. Die heute übliche Definition stammt von
      Galtons Schüler Karl Pearson.

Das zweite Motiv in Galtons Arbeit – und gleichzeitig der Antrieb all seines Forschens – war der eugenische Gedanke: Indem man die Fortpflanzung der Besten förderte und der Schlechteren hintanhielt, wollte man für eine Verbesserung der Menschheit und gleichzeitig für das Glück zukünftiger Generationen wirken. Galton war kein Christ, sondern Freigeist. Für sein Denken und Fühlen nahm die Eugenik mehr und mehr die Stelle einer Religion ein. Für die Verbreitung dieser seiner »Religion« hat er viel getan. Dabei war er einerseits ein Kind des Zeitgeistes, auf der anderen Seite hat er aber auch den Zeitgeist wesentlich beeinflußt (Kapitel 3). Noch zu Lebzeiten stiftete er im University College London ein eugenisches Büro. Durch sein Testament vermachte er den größten Teil seines ansehnlichen Vermögens der Londoner Universität zur Gründung einer Professur und eines Laboratoriums für Eugenik. Das Galton Laboratory ist noch heute eine angesehene humangenetische Forschungsstätte.

Galton kam aus dem Großbürgertum. Er konnte sein Leben unbelastet von Geldsorgen seinen idealen und philanthropischen Zielen widmen. Mendel lebte in einer Provinzstadt eines in der sozialen Entwicklung etwas zurückgebliebenen Landes, Galton dagegen in der Hauptstadt des damals am weitesten fortgeschrittenen Landes. Mendel verfolgte die geistigen Strömungen seiner Zeit und insbesondere Darwins Evolutionstheorie in der Literatur; er hatte jedoch keinen Anteil daran. Galton, ein Vetter Darwins, war mit führenden Vertretern des Geisteslebens seiner Zeit persönlich bekannt. Sein Werk hatte einen starken unmittelbaren Einfluß auf das Denken der intellektuellen Eliten seiner und der folgenden Periode. Mendel war ein in begrenzten Kreisen angesehener Mann, dessen wissenschaftliche Arbeit von seinen Mitbürgern eher als liebenswertes Hobby angesehen wurde. Galton war, wie man heute sagen würde, ein Intellektueller; seine wissenschaftliche Arbeit war Kernstück eines religionsähnlichen Gesamtprogrammes zur Erhöhung menschlichen Glückes.

Mendels Werk blieb fünfunddreißig Jahre lang in der Wissenschaft unbeachtet; Galtons Werk entfaltete unmittelbar nach seinem Entstehen einen großen Einfluß auf die Wissenschaft und auf das Denken der Gebildeten seiner Zeit.

Das Werk Mendels enthielt einen ganz neuen Gedanken, das Prinzip der Reinheit der Gameten, aus dem sich das Genkonzept entwickelte. Es bildet wirklich einen neuen Anfang. Das Werk Galtons dagegen war der naheliegende und logische Versuch, seine Überzeugung vom erblichen Charakter der in der

Bevölkerung vorgefundenen Variation in geistiger Begabung und Leistung zu quantifizieren und zu überprüfen.

Vergleicht man den langfristigen Einfluß, den Galtons und Mendels Werk auf die Entwicklung der Vererbungswissenschaften der letzten hundert Jahre hatten, so bildet Mendels Werk noch immer den Kern einer der fruchtbarsten Theorien der modernen Naturwissenschaft; die Erklärungskraft dieser Theorie ist noch längst nicht erschöpft. Galtons wissenschaftlicher Ansatz hatte zwar – speziell in der Humangenetik – in den ersten Jahrzehnten dieses Jahrhunderts ebenfalls einen großen Einfluß. Mit der Entwicklung neuer Methoden und der Möglichkeit tiefergreifender Analysen geht dieser Einfluß jedoch jetzt zurück.

Diese historische Betrachtung mag zu denken geben, wie es wohl mit den heutigen wissenschaftlichen Konzepten in hundert Jahren stehen wird. Werden dann die heute führenden Anschauungen und Konzepte überholt sein, oder ist irgendwo schon eine Arbeit veröffentlicht – vielleicht von einem wissenschaftlichen Außenseiter wie Mendel –, die den Ansatz zu einer viel aufschlußreicheren Erklärung mancher Phänomene enthält? Und sind wir nur unfähig, ihn schon zu erkennen?

1   Kuhn, T. S.: The structure of scientific revolutions. Chicago: University of Chicago Press 1962.
2   Lakatos, I., Musgrave, A. (Eds.): Criticism and the growth of knowledge. New York: Cambridge University Press 1970.
3   Griech. παράδειγμα = Beispiel.
4   Mendel, G. J.: Versuche über Pflanzenhybriden. Verhandlungen des naturforschenden Vereins, Brünn 1865.
5   Galton, F.: Hereditary talent and character. Macmillan's Magazine 12, 157 (1865).
6   Mendel hat möglicherweise aus einer größeren Zahl von Experimenten die »besten« herausgesucht. Anders ist die überzufällig gute statistische Übereinstimmung der gefundenen Zahlen mit der statistischen Erwartung schwer zu erklären.
7   Darwin, Ch.: The origin of species by means of natural selection. London: J. Murray 1859 (Sixth ed. 1872; 49. Thousand 1897).
8   Für den englischen Originaltext vgl.: Vogel, F., Motulsky, A. G.: Human Genetics – Problems and Approaches. Berlin/Heidelberg/New York: Springer 1979, S. 10, 11.
9   Impressum der Zeitschrift »Annals of Eugenics« (später: Annals of Human Genetics).

10   Galton, F.: The history of twins as a criterium of the relative powers of nature and nurture. London 1876.
11   γνῶθι σεαυτόν, Aufschrift auf dem Apollotempel in Delphi.
12   Wolstenholme, G. (Ed.): Man and his future. Ciba Symposium. London: Churchill 1963.
13   Vgl. Iltis, H.: Johann Gregor Mendel. Berlin: Springer 1924.
14   Vgl. Krumbiegel, I.: Gregor Mendel und das Schicksal seiner Vererbungsgesetze. Stuttgart: Wissenschaftliche Verlagsgesellschaft 1957, S. 63.
15   Der Gewährsmann ist G. v. Niessl, der damals in Brünn, u. a. im Naturforschenden Verein, eine bedeutende Rolle spielte. Vgl. Iltis, H.: a.a.O., S. 66.
16   Die biographischen Angaben aus: Forrest, D. W.: Francis Galton: The life and work of a Victorian genius. New York: Taplinger 1974.

3. Wissenschaft und Vorurteil: Vererbungswissenschaft im Spannungsfeld der geistigen Strömungen des 19. und 20. Jahrhunderts

Wissenschaft entwickelt sich nicht nach autonomen Gesetzen im luftleeren Raum. Sie wird von Menschen gemacht, die ihre Kreativität für neue Ideen, ihre Intelligenz und Urteilsfähigkeit, aber auch ihre Hoffnungen und Befürchtungen, ihre Wünsche und Abneigungen in diese Arbeit einbringen. So kommt es zu Paradigmen, von denen geleitet die historische Entwicklung einen oft diskontinuierlichen und teils langsamen, dann wieder überstürzt raschen Verlauf nimmt – ähnlich einem Fluß, der über lange Strecken behaglich breit dahinfließt, sich dann reißend und mit Turbulenzen durch eine Enge stürzt und oft unerwartet seine Richtung ändert. Genau wie Geschwindigkeit und Richtung des Flußlaufes nicht nur vom Flußbett selbst und der Menge des zugeführten Wassers abhängen, sondern auch von den geographischen Formationen in der Umgebung, so haben die geistigen und gesellschaftlichen Zeitströmungen einen Einfluß auf die Entwicklung der Wissenschaft. Das gilt schon äußerlich: Wenn eine Wissenschaft in Mode ist, wenn die Betätigung in einem Fach ein hohes Sozialprestige mit sich bringt und dazu noch zukünftigen wirtschaftlichen Nutzen verspricht, so werden die politischen Instanzen eher bereit sein, dafür finanzielle Mittel bereitzustellen. Das wieder führt zur Gründung von Forschungsstätten und Lehrstühlen. Es eröffnen sich aussichtsreiche Karrieren für den Nachwuchs, und das Fach entwickelt sich in die Breite – aber nicht notwendigerweise auch in die Tiefe. Ist das vorherrschende gesellschaftliche System einer Wissenschaft feindlich gesonnen, dann wird ihr allmählich der Boden entzogen, sie muß verkümmern. Allerdings muß sie nicht unbedingt ganz untergehen. Seit Ende der dreißiger Jahre war – beispielsweise – die Genetik in der Sowjetunion tabu. An ihre Stelle trat, offiziell gefördert, der pseudowissenschaftliche Lyssenkoismus, der die Ergebnisse der Genetik ableugnete und behauptete, die Erbkonstitution könne durch Manipulation der Umwelt fast unbegrenzt in der gewünschten Richtung verändert werden. Diese Meinung schien der damals in der Sowjetunion vorherrschenden stalinistischen Version des Marxismus-Leninismus besser zu entsprechen als die Erkenntnis, daß es biologische Unterschiede gibt, die sich nach bestimmten Naturgesetzen vererben.

Als der Lyssenkoismus im Laufe der fünfziger und sechziger Jahre an Einfluß verloren hatte und es wieder möglich wurde, wirklich wissenschaftliche Genetik zu betreiben, tauchten an vielen Stellen Genetiker aus der Versenkung auf – und nicht etwa nur die alten, die irgendwo »überwintert« hatten, sondern auch junge, die sich diesem Gebiet zugewandt hatten, obwohl es im Schatten der »offiziellen« gesellschaftlichen Entwicklung gestanden hatte. Diese Jungen erwählten die verfemten Alten zu ihren Lehrern. Als der Wind sich drehte, waren sie für einen Neuanfang gerüstet. Wissenschaft entfaltet sich in der Aktivität von Gruppen, die den Gesetzen der Gruppenpsychologie unterliegen. Sie entspringt aber auch der Aktivität einzelner, die das Risiko nicht scheuen, ihren eigenen Weg zu gehen. Sie können dabei scheitern, aber gelegentlich auch ganz neue Ansätze zur Lösung eines Problems finden.

Die Zeitströmungen im Geistesleben und in der Gesellschaft haben aber nicht nur einen Einfluß auf die äußeren Bedingungen, unter denen Wissenschaft sich entwickelt. Sie beeinflussen den Wissenschaftsprozeß auch inhaltlich. Das bedeutet nicht etwa, daß die Ergebnisse wissenschaftlichen Forschens relativ wären und nur von den »gesellschaftlichen Voraussetzungen« abhingen. Wenn Wissenschaftler nach den Regeln der Logik und der selbstkritischen empirischen Überprüfung eigener Positionen vorgehen und wenn sie vor allem das Problem in gleicher Weise definiert haben, so müssen sie auch zu gleichen Ergebnissen kommen – unabhängig von ihren persönlichen Wünschen und Vorurteilen. Die Schwierigkeit liegt aber in den Voraussetzungen, also in der Definition der Probleme. Hier können sich, oft unbemerkt und der Selbstkritik entzogen, Vorurteile leicht einschleichen.

Wie das geschehen kann, das lehrt die Geschichte von den drei Blinden, die jeder für sich den Auftrag bekommen, einen Elefanten zu beschreiben. Der erste nähert sich von vorn; ihm stellt sich der Elefant als ein von der Decke hängender elastischer und beweglicher Schlauch dar. Der zweite kommt von der Seite; für ihn ist der Elefant eine runde Säule mit rauher Oberfläche. Dem dritten schließlich, der von hinten an das Tier herankommt, öffnet sich ein schmales Pförtchen, in dessen Mitte ein dickes Seil – offenbar als Klingelzug – herabhängt. Jeder von den dreien beschreibt richtig, was er gefunden hat. Sie sind überrascht, wenn sie ihre Beobachtungen vergleichen. Für jeden liegt der Verdacht nahe, die beiden anderen seien nicht sorgfältig genug vorgegangen oder sie hätten den Befund verfälscht. In Wirklichkeit lassen sich die Unterschiede im Ergebnis völlig ausreichend durch die verschiedenen Ausgangspunkte erklären.

In gleicher Weise hat der Ausgangspunkt – also die Frage, die man an die Natur stellt – einen Einfluß auf das Ergebnis der Forschung. Diese Frage aber ist durch die Umwelt des Wissenschaftlers, seine Herkunft, die Gesellschaft, in der er lebt, mit einem Worte: durch seine Vorurteile, mehr oder weniger stark mitbedingt. Natürlich ist dieser Einfluß je nach Wissenschaftsgebiet verschieden stark. Er wird sich gar nicht oder nur geringfügig auswirken in Wissenschaften, die sich aus ihrem autonomen Theorienbestand heraus mit starker Eigengesetzlichkeit entwikkeln – zum Beispiel die theoretische Physik oder die organische Chemie. Hier beeinflußt die Umwelt vor allem die praktischen Anwendungen, die dann allerdings auf die Grundlagenforschung zurückwirken.

Bei theoretisch weniger strikt begründeten Wissenschaften wird der Einfluß der allgemeinen gesellschaftlichen Bedingungen auf die Formulierung der Probleme im allgemeinen größer sein. Trotzdem kann das Wachstum der Wissenschaft relativ gleichmäßig fortschreiten, wenn die Interessenrichtung bei allen Menschen – unabhängig von ihrer politischen Position – ungefähr gleich ist. Wir alle sind uns wohl darüber einig, daß die Säuglingssterblichkeit abnehmen oder die Krebserkrankungen wirksam behandelt werden sollten. Mehr und mehr Menschen betrachten es auch als wünschenswert, dem Auftreten genetisch bedingter Mißbildungen vorzubeugen. So können sich Perinatologie, Krebsforschung und auch medizinische Genetik von den gesellschaftlichen und politischen Bedingungen relativ unabhängig entwickeln und werden höchstens durch die Notwendigkeit beeinflußt, daß finanzielle Prioritäten gesetzt werden müssen.

Ganz anders liegen die Dinge bei den Sozial- und Verhaltenswissenschaften. Die Meinungen der Menschen, wie eine Gesellschaft beschaffen sein sollte und wie man Kinder erziehen soll, wie die physischen und psychischen Bedürfnisse des einzelnen mit dem Interesse der Gruppe abzustimmen seien, welches Maß an sozialer Ungleichheit noch tolerabel ist und so fort – Meinungen über diese Fragen sind in verschiedenen sozialen Gruppen äußerst unterschiedlich und oft kontrovers. Auch beim einzelnen Menschen sind Gruppenüberzeugungen tief eingewurzelt und mitunter durch Familientradition gefestigt. Sie werden mit Leidenschaft vertreten und sind durch vernünftige Argumente oft nur schwer oder gar nicht zu beeinflussen. So überrascht es nicht, daß auch die Fragen, die an die Wissenschaft gestellt werden

– und nicht zuletzt die Probleme, die Wissenschaftler selbst für ihre Forschungen formulieren –, durch solche unterschiedlichen Einstellungen mitbestimmt werden. Selbst der Wissenschaftler wird im allgemeinen nur innerhalb des kleinen Bereichs, den er sachverständig übersieht, dem Ideal der objektiven Wahrheitssuche wenigstens nahekommen, oder er hat doch die Chance, Abweichungen davon zu bemerken. Sobald ihm Urteile abverlangt werden, die wesentlich über diesen Bereich hinausgehen, ist er durch Gruppenüberzeugung nicht weniger beeinflußbar als jeder andere Mensch.

Hinzu kommt, daß die Verhaltenswissenschaften weniger stark als die Physik oder auch die Biologie durch das Kraftfeld einer erklärungskräftigen Theorie ausgerichtet werden. Sie sind mehr »außengelenkt« und weniger »innengelenkt«[1].

In der allgemeinen Genetik, die etwa Pflanzen, Insekten oder Bakterien als Untersuchungsobjekte verwendet, war die gesamte Entwicklung in diesem Sinne innengelenkt. Die plumpen Versuche, etwa des Lyssenkoismus, hier von außen einzugreifen, mußten trotz starker politischer Unterstützung scheitern. In der Genetik des Menschen dagegen vermischten sich »innengelenkte« und »außengelenkte« Elemente. Die Außenlenkung hatte einen besonders starken Einfluß da, wo sich das Problemfeld mit dem der Gesellschaftswissenschaften überschnitt, also zum Beispiel in der genetischen Analyse des Befindens und Verhaltens. So ist es notwendig, das geistesgeschichtliche Umfeld, auf dem sich die genetische Forschung am Menschen entwickelte, mit einigen Strichen zu skizzieren.

Drei Zeittendenzen sind es vor allem, die das späte 19. und das 20. Jahrhundert beherrschen: eine zunächst mehr konservative Richtung, die sich der überkommenen Gesellschaftsform verpflichtet fühlte, wie sie vor der Französischen Revolution in Europa geherrscht hatte; eine bürgerlich-liberale Richtung, die sich am Idealbild einer offenen demokratischen Gesellschaft[2] orientierte, in der der einzelne sich frei entfalten kann und wo »Chancengleichheit« unabhängig von der Herkunft angestrebt wird (»Freiheit, Gleichheit, Brüderlichkeit«); und eine sozialistische Richtung, die aus der Arbeiterbewegung des 19. Jahrhunderts hervorging und in Karl Marx ihr geistiges Haupt fand.

Die konservative Richtung spielte mindestens bis zum Ersten Weltkrieg, und vielfach auch noch danach, in der Politik die Hauptrolle, und zwar auch in Staaten, die nach innen den Idealen der Demokratie zunehmend Raum gaben, wie etwa

Großbritannien. Ziel dieser imperialistischen Politik war die Aufteilung der Erde in Einflußsphären zwischen den Großmächten und die Errichtung kolonialer Herrschaft[3,4]. Ihre *ethische* Rechtfertigung fand diese Politik in der oft ungebrochenen Überzeugung, die eigene Herrschaft diene im Grunde auch dem Wohle der Beherrschten. So hätten etwa die Engländer aufgrund ihrer Überlegenheit die sittliche Pflicht,»die Last des weißen Mannes« auf sich nehmend, der Welt die »pax britannica« zu schenken (was allerdings den angenehmen Nebeneffekt hatte, daß ihnen die Ressourcen der Welt zur Verfügung standen).

Dieser Imperialismus weißer Völker glaubte seine *wissenschaftliche* Rechtfertigung zu finden in biologischen Theorien, in denen die naturgegebene Ungleichheit der Menschen behauptet wurde. Schon Mitte des 19. Jahrhunderts hatte der französische Graf Joseph Arthur Gobineau in seinem »Essai sur l'inégalité des races humaines«[5] die natürliche Überlegenheit der »Arier« über alle anderen Rassengruppen behauptet. Diese These führte der in Deutschland lebende Engländer Houston Stewart Chamberlain in seinem Werk über »Die Grundlagen des 19. Jahrhunderts«[6] weiter aus. Nach seiner Auffassung waren fast sämtliche großen Kulturleistungen in der Geschichte der Menschheit durch Menschen »germanischer« Rasse vollbracht worden. Lag diesen Auffassungen noch ein mythischer Rassenbegriff zugrunde, der die Rasse als eine »wesenhafte« Ganzheit begriff, so verlegte sich das Schwergewicht der Betrachtungen allmählich mehr auf die Unterschiede zwischen einzelnen Individuen, nachdem Charles Darwins Theorie von der Entwicklung allen Lebens und der Artbildung durch natürliche Auslese im »Kampf ums Dasein«[7] bekannt geworden war. Die Verflechtungen dieser Theorie und ihrer Interpretationen außerhalb der Biologie mit der Geistes- und Sozialgeschichte der Epoche sind mannigfaltig. Wie die älteren Rassentheorien, so mußte auch sie zur Rechtfertigung der imperialistischen Politik der europäischen Großmächte herhalten. Aber auch in der Wirtschaft rechtfertigte man die Übersteigerung des kapitalistischen Prinzips mit der gewissenlosen Bereicherung des einzelnen im harten Konkurrenzkampf, wie er sich besonders in den USA während der letzten Jahrzehnte des 19. Jahrhunderts entwickelte, mit dem Darwinschen Prinzip des »Kampfes ums Dasein«. Dieser Konkurrenzkampf schien naturgewollt, und wer in ihm zugrunde ging, der hatte es nicht besser verdient. Soziale Ungerechtigkeit schien in der natürlichen Ungleichheit der Menschen begründet und deshalb naturnotwendig. Diese Auswüchse des »Sozialdarwinismus« hatten verheerende Folgen –

auch auf die Vererbungswissenschaft und die Vorschläge zu ihrer praktischen Anwendung.

Wenn auch Darwin selbst sich in der Anwendung seiner Theorie auf den Menschen zunächst sehr zurückgehalten hatte, taten andere sehr bald diesen Schritt. Zunächst zog man den Schluß, der Mensch habe sich aus affenähnlichen vormenschlichen Formen entwickelt. Diese Auffassung ist heute wissenschaftlich so gut fundiert, daß man sie nicht mehr bezweifeln kann. Bald jedoch gingen mehrere Autoren noch einen Schritt weiter: Sie schlossen, daß auch innerhalb der einzelnen menschlichen Bevölkerungen die natürliche Selektion weiter wirke. Diese Schlußfolgerung ist berechtigt. Die moderne humangenetische Forschung hat die fortdauernde Wirkungsweise der Selektion an Einzelbeispielen eindrucksvoll analysiert[8].

Einige Autoren gingen einen Schritt weiter, und auch sie haben manche Fakten für sich. Unter den Bedingungen der modernen Zivilisation haben sich auch die Selektionsbedingungen verändert; die Intensität der Auslese hat nachgelassen. Das kann schädliche Folgen für die Zukunft der Menschheit haben, wenn der Mensch nicht die natürliche durch eine künstliche Auslese ersetzt. Die »Sozialdarwinisten« haben entsprechende Vorschläge diskutiert – auf andere Weise die Ziele Galtons verfolgend.

Sozialdarwinisten gab es zuerst in Großbritannien, aber auch in den USA kam eine entsprechende Bewegung um die Jahrhundertwende zu großem Einfluß. In den angelsächsischen Ländern faßte man die Bestrebungen unter dem von Francis Galton geprägten Begriff der Eugenik zusammen. Auch in Deutschland gab es starke sozialdarwinistische Bestrebungen, hier meist unter dem von A. Ploetz geprägten Begriff »Rassenhygiene«[9]. Hört man heute diesen Begriff, so steigen Assoziationen und Reminiszenzen herauf – von einer Säuberung von »fremdrassigen« Elementen bis zu dem Holocaust des Zweiten Weltkrieges. Die Rassenhygieniker um Ploetz verstanden unter »Rasse« jedoch nicht die Systemrassen der Anthropologen und hatten auch weder die Deutschen noch die Menschen germanischer Abstammung besonders im Sinn. Obwohl sich auch bei Ploetz gelegentlich »rassistische« Bemerkungen finden, verstand er unter »Rasse« die gesunde, leistungsfähige und »schöne« Bevölkerung. Deren biologische Qualität sollte erhalten und gefördert werden. Die Begriffe Rassenhygiene und Eugenik hatten also etwa die gleiche Bedeutung. Allerdings gab es innerhalb der rassenhygienischen Bewegung, die keineswegs einheitlich war, auch durchaus antisemitische und nationalistische Tendenzen, und die Überzeugung, die Weißen – oder die germanischen Völker – seien den anderen Rassengruppen überlegen, war weit verbreitet. Es ist interessant, daß zwischen Sozialisten und einigen Rassenhygienikern engere Verbindungen bestanden. Beiden war die Sehnsucht nach neuen – heute würde man sagen: alternativen – Lebensformen gemeinsam. Auch innerhalb der deutschen Sozialdemokratie traten eugenische Bestrebungen zeitweise sehr stark hervor, vor allem im Kreis um den Berliner Sozialhygieniker A. Grotjahn[10].

Ploetz selbst hatte als junger Mann, bevor er in Deutschland die rassenhygienische Bewegung begründete, in Amerika den Versuch gemacht, eine Lebensgemeinschaft nach kommunistischen Grundsätzen zu gründen, deren Mitglieder »durch Freiheit und Gleichheit zu schönerem Menschentum« kommen sollten[11]. Ploetz gelang es etwa seit 1884, seine Ideen bei einigen seiner Mitstudenten populär zu machen. Die Gruppe wollte gemeinsam nach Nordamerika auswandern, dort Land kaufen und ihre Idealgesellschaft aufbauen. Auch Gerhart Hauptmann hat sich als junger Mann für diese Bestrebungen enthusiasmiert. Ploetz selbst reiste in die USA, um dort eine Gruppe zu studieren, die »Ikarier«, die schon seit der Mitte des Jahrhunderts versucht hatte, eine ähnliche Utopie zu verwirklichen. Er kehrte enttäuscht zurück. Aus seinem Plan wurde nichts, aber in Deutschland entfaltete er eine lebhafte Tätigkeit. Er gründete unter anderem eine Zeitschrift, das »Archiv für Rassen- und Gesellschaftsbiologie«, die bis in die vierziger Jahre hinein erschienen ist. Sie hatte einen erheblichen Einfluß auch auf die wissenschaftliche Humangenetik.

Wie es in der Ideengeschichte oft geschieht, wurden die Gedanken der seriösen Protagonisten des Sozialdarwinismus durch weniger seriöse Schriftsteller bekannt gemacht und in die breite Öffentlichkeit getragen. Dabei wurden die Ideen radikalisiert und die humanitären Vorbehalte, die sich in den Werken der Protagonisten finden, fallengelassen. In so vergröberter Form gelangte sozialdarwinistisches Ideengut zu Adolf Hitler, der Jahrzehnte später versuchen sollte, die einst so idealisch-romantischen Vorstellungen mit wissenschaftlich vulgären und brutalen Mitteln einer bedenkenlosen Staatsmacht in die Wirklichkeit umzusetzen.

Hedwig Conrad-Martius[12] hat zwischen einer »humanen« und einer »inhumanen« Richtung innerhalb des Sozialdarwinismus gegen Ende des 19. Jahrhunderts unterschieden. Innerhalb der »humanen« Richtung dominierte in England Galton, in Deutschland neben Ploetz der Arzt Schallmayer. Die Utopie Galtons propagierte eine Stiftung, die Ehen von besonders hervorragenden jungen Paaren arrangieren und den Unterhalt der Kinder finanzieren sollte. Ganz ähnliche Gedankengänge finden sich auch bei Ploetz in einer Art »rassenhygienischer Utopie«. Die Gesellschaft sollte nach den folgenden Grundsätzen gestaltet werden. 1. Erzeugung möglichst vieler und besserer Nachkommen. 2. »Scharfe Ausjätung« des schlechteren Teiles derselben Generation. 3. Keine Kontraselektion; also keine Kriege und blutigen Revolutionen (da sie vor allem zur Vernichtung der »Besseren« führten), aber auch kein besonderer Schutz der Kranken und Schwachen.

Besondere Sorge bereitete den Rassenhygienikern um Ploetz und Schallmayer die – zu jener Zeit in der Tat in Westeuropa und den USA beobachtete – verminderte Fortpflanzung der sozial Höhergestellten und der Angehörigen intellektueller Berufe. Als notwendige Folge schien diesen Autoren ein Abstieg in der durchschnittlichen geistigen Leistungsfähigkeit unvermeidbar. Andererseits pflanzten sich ihrer Meinung nach Schwachsinnige besonders zahlreich fort. Dadurch schien der negative Trend noch unterstützt zu werden. Um dem Verderben der Menschheit entgegenzuwirken, wollten sie deshalb einerseits die Fortpflanzung der Hochwertigen fördern (positive Eugenik) und andererseits die Minderwertigen an der Fortpflanzung hindern (negative Eugenik)[13].

Diese Schlußfolgerungen wurden untermauert durch Fallberichte, mit denen man die katastrophalen Folgen einer Vermehrung von schwachsinnigen und sozial auffälligen Menschen zu illustrieren suchte. Ein Beispiel ist der Bericht des Amerikaners H. H. Goddard aus dem Jahre 1912 über die Familie Kallikak (griech. καλός = schön; κακός = schlecht)[14], eine »Studie über die Vererbung des Schwachsinns«. Einen Ausschnitt aus dem umfangreichen Stammbaum zeigt die Abbildung 1. Bemerkenswert ist Martin Kallikak sen., der 1837 starb. Er hatte Kinder mit zwei Frauen, seiner rechtmäßig angetrauten Ehehälfte und einem »namenlosen schwachsinnigen Mädchen«. Durch seine Ehe mit der ebenbürtigen Frau wurde er bis 1912 der Stammvater von fünf Generationen einer tüchtigen, leistungsfähigen und im allgemeinen charakterlich hervorragenden Familie. Das schwachsinnige Mädchen dagegen machte ihn zum Stammvater einer ebenfalls umfangreichen Familie, in der Schwachsinnige, sozial Auffällige, Epileptiker und so weiter den großen Prozentsatz aller Nachkom-

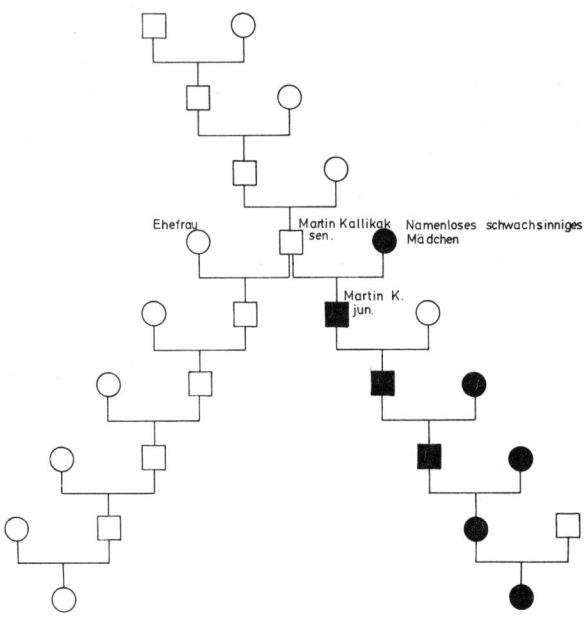

Abbildung 1
Stammbaum der Familie Kallikak, wie er von A. Goddard (1912) mitgeteilt wurde. Er soll demonstrieren, wie Martin Kallikak sen. mit seiner legitimen Gattin zum Stammvater einer Reihe »guter« Nachkommen wurde, wie er jedoch zusammen mit dem »namenlosen schwachsinnigen Mädchen« eine Kette »schlechter Nachkommen« (dunkle Symbole) begann. Vgl. aber den Text!

men ausmachten. (Dabei ist zu berücksichtigen, daß in Abbildung 1 die zahlreichen Geschwister, Geschwisterkinder und so weiter in den Seitenlinien weggelassen wurden.) Goddard schreibt: »Die Familie Kallikak bietet ein natürliches Erblichkeits-Experiment ... Wir finden auf der guten Seite der Familie hervorragende Leute in allen Lebensstellungen. Nahezu alle ... Deszendenten sind Land- oder Hausbesitzer. Auf der schlechten Seite finden wir Arme, Verbrecher, Prostituierte, Trinker, Beispiele aller Formen sozialen Elends, mit denen die moderne Gesellschaft belastet ist. Daraus schließen wir, daß der Schwachsinn in weitem Umfange für die sozialen Schäden verantwortlich zu machen ist. Schwachsinn ist vererblich und wird ebenso sicher wie irgendeine andere Eigenschaft übertragen. Wir können uns mit diesen Zuständen nicht eher erfolgreich abfinden, als bis wir den Schwachsinnigen und seine erbliche Natur erkennen ... und für ihn sorgen.«

In dieser Darstellung kommt die für das angelsächsische und insbesondere das amerikanische Bewußtsein auch heute noch vielfach charakteristische Gleichsetzung zwischen Besitz und gutem Charakter einerseits, zwischen Armut und schlechtem Charakter oder Schwachsinn andererseits deutlich zum Ausdruck. Goddard empfiehlt für die USA eine Absonderung der nach seiner Definition Schwachsinnigen durch Koloniebildung, als »Notbehelf« aber auch die Sterilisation.

Auf etwas heikle Weise gehörte so Goddard zu den Vertretern der »humanen Richtung« des Sozialdarwinismus. Die Interpretation, die er seiner Fallbeobachtung gab, läßt aber auch besonders deutlich erkennen, in welchem Maße seine Schlußfolgerungen durch das Vorurteil geprägt werden: »Daß es sich hier wirklich um ein Vererbungsproblem handelt, kann niemand bezweifeln...« Natürlich kann in Wirklichkeit niemand wissen, ob das »schwachsinnige Mädchen« und die anderen im vorigen Jahrhundert lebenden Verwandten der »schlechten Linie« wirklich schwachsinnig waren und bis zu welchem Grade ihre Armut und das sozial abweichende Verhalten durch die Bedingungen, unter denen sie zu leben gezwungen waren, mitverursacht wurden. Vor allem faßte Goddard ganz verschiedene, von ihm als schlecht angesehene Erscheinungsformen in einem Ursachenkomplex zusammen. Die Verflechtung von Schwachsinn, Armut, sozialer Benachteiligung und das Problem der retrospektiven Betrachtung sah er offenbar nicht. Was seinen Vorurteilen hätte zuwiderlaufen können, wurde nicht berücksichtigt.

Der humanen Richtung des Sozialdarwinismus stand schon früh eine antihumane Richtung gegenüber. So erschien im Jahre 1893 ein Buch »Volksdienst« mit dem Untertitel »Von einem Sozialaristokraten«[15]. Autor war Alexander Tille, damals Dozent für deutsche Sprache und Literatur in Glasgow, später Syndikus der Handelskammer in Saarbrücken. In späteren Jahren veröffentlichte er noch weitere Schriften, so »Darwin und Nietzsche, ein Buch Entwicklungsethik«.

Als extremer Vertreter des Evolutionsgedankens betrachtete er ethische und humanitäre Normen als zeitbedingt und relativ. Sie sollten durch fortwirkende Auslese innerhalb der Menschheit ersetzt werden. »Wir erbärmlichen Menschenkindlein haben uns aus allerhand Schwachheit ein Moralchen zusammengebraut. Du, große Natur, hast eine andere Moral, darum bist Du nach unserer Moral unmoralisch... Du läßt die Tüchtigsten überleben, wir auch die Untüchtigen. Wir haben eigene Anstalten, in denen wir Krüppel, Lahme, Blinde, Irre, Schwindsüchtige,

50

Syphilitische aufpeppeln, um sie dann gelegentlich zu entlassen, damit sie sich fortpflanzen und ihre Krankheiten weitervererben können...«

Tille kämpfte jedoch nicht nur gegen humanitäre Bestrebungen bei der Pflege der Schwachen und Kranken, sondern auch gegen jede Art von Sozialismus. Die wirtschaftlichen Sieger erwiesen sich – nach seiner Meinung – als die dem Daseinskampf am besten Angepaßten, als die Tüchtigsten,»hinter denen z. B. der Gelehrte mit seinen geringen Fähigkeiten, sich geltend zu machen, weit zurücksteht«. Gerade diesen wirtschaftlichen Siegern müsse man daher Gelegenheit geben, sich möglichst ungehindert zu entfalten.»Erblich Belastete« dagegen hätten kein Recht auf Fortpflanzung, nicht einmal ein Recht auf Dasein. Eine direkte Austilgung sei, wie Tille bemerkt, allerdings noch niemals vorgeschlagen worden.

In Tilles Büchern gibt es noch andere Empfehlungen, die später im Dritten Reich praktiziert wurden. Hitler führte ja nicht nur die zwangsweise Sterilisation erblich Belasteter ein; er exekutierte darüber hinaus auch eine»direkte Austilgung« bestimmter Gruppen von Fehlgebildeten und geistig-seelisch Behinderten von Staats wegen.

Alles Entsetzen vor dem Wörtlichnehmen von Gedankenexperimenten darf aber nicht verdecken, daß Protagonisten der sozialdarwinistischen Bewegung wie Galton, Ploetz und andere ein Problem zum ersten Male klar erkannt haben: Was wird aus der Menschheit, wie wird sie sich biologisch verändern, wenn die natürliche Auslese so stark nachläßt, wie das in den letzten einhundertfünfzig Jahren der Fall war? Man ist heute weit weniger bereit, als es die Sozialdarwinisten waren, auf diese Frage eine globale Antwort zu geben oder gar Rezepte zu empfehlen. Detaillierte Analysen an einigen gut bekannten erblichen Defekten haben in den letzten Jahrzehnten vor Augen geführt, wie komplex diese Frage ist, und die historischen Erfahrungen, mit denen das Dritte Reich die Welt versorgt hat, zeigten nur zu deutlich die grausige Konsequenz, zu der es ernsthafte Wissenschaft bringen kann[16]. Das Problem als solches existiert jedoch nach wie vor.

Die Sozialdarwinisten haben auch richtig erkannt, daß in der Zukunft genetische Veränderungen besonders im geistig-seelischen Bereich zu schweren Folgen für die Menschheit führen können. Nicht umsonst entwickelte Galton seine Methoden am Beispiel der Begabung und Leistung. Später hat sich dann die humangenetische Forschung, mehr und mehr vor allem mit medizinischen Problemen konfrontiert, aber auch im Schlepptau ihrer Forschungsmethoden, der genetischen Analyse körperlicher Merkmale zugewandt. Daß dies auch für die Erforschung der genetischen Variabilität im geistig-seelischen Bereich ein fruchtbarer Umweg war, das zeigt sich erst in letzter Zeit.

Dazu mußte man teilweise erst viel mehr über die Art und Weise lernen, wie genetische Information in der *DNA* der Chromosomen (der Erbsubstanz) gespeichert wird und wie sie in der Biochemie der Zelle und des Organismus umgesetzt wird. Der direkte Weg zur Lösung des Problems war der biometrisch-statistische Weg Galtons (vgl. Kapitel 5–8). Er führte zu Berechnungen von Korrelationen in geistig-seelischen Merkmalen, wie zum Beispiel dem Intelligenzquotienten, zwischen ein- und zweieiigen Zwillingen, zwischen Eltern und Kindern und anderen Verwandtschaftsgraden. Im Zusammenhang mit der Erforschung des genetischen Anteils an körperlichen und geistigen Erkrankungen begann man, die Erkrankungsrisiken naher Verwandter von Kranken bestimmter Kategorien zu berechnen. Diese »empirischen Belastungsziffern« bilden noch heute in der Mehrzahl der Familien, die eine genetische Beratung wünschen, die Grundlage für eine rationale Beratung. Die medizinisch-genetische Forschung sucht heute neue oder verbesserte empirische Belastungsziffern zu ermitteln. Der Psychiater Ernst Rüdin, der im Jahre 1916 die ersten, auch heute noch im Prinzip richtigen, Risikoziffern für nahe Verwandte von Schizophrenen veröffentlichte (Kapitel 7), gehörte dem Kreis der Rassenhygieniker um Ploetz und Fritz Lenz an[17, 18, 19].

Auch in den Vereinigten Staaten gewann die eugenische Bewegung in den ersten Jahrzehnten dieses Jahrhunderts beträchtlichen Einfluß. Es wurden Forschungslaboratorien gegründet, so etwa das Eugenics Record Office in Cold Spring Harbor. Viele Universitäten führten eugenische Kurse ein, und in mehreren Staaten der USA wurden Sterilisationsgesetze verabschiedet.

Nicht selten vertraten amerikanische Anhänger eugenischer Konzepte zugleich die Meinung, genetisch bedingte geistige Fähigkeiten seien zwischen den Rassen und auch zwischen den sozialen Schichten verschieden verteilt. So wandten sie sich mit eben diesem Argument gegen die Integration der Schwarzen.

Unter amerikanischen und englischen Psychologen läßt sich eine Tradition bis in die Gegenwart verfolgen, in der sich die Überzeugung von der ungleichen Verteilung von Fähigkeiten nicht nur zwischen einzelnen Menschen, sondern auch zwischen Rassengruppen fortsetzt. Sie stützen sich dabei auf die – in der Nachfolge Galtons weiterentwickelten – Methoden der quantitativen Genetik (Kapitel 5) und im psychologischen Bereich auf die Aussagefähigkeit der Intelligenztestung.

Zweifellos hat auch diese wissenschaftliche Tradition ihre bleibenden Verdienste. Ohne Testmethoden für allgemeine Intelligenz und spezifische Fähigkeiten ist eine rationale psychologische Diagnostik nicht denkbar. Natürlich gab und gibt es daher auch Vertreter der quantitativen Genetik und der IQ-Tests, die den eugenischen Bestrebungen und der Rassendiskriminierung ablehnend gegenüberstehen. Im ganzen waren und sind die wissenschaftlichen Bemühungen dieser Gruppe auf die Beantwortung der Frage gerichtet: In welchem Ausmaß sind Unterschiede zwischen einzelnen Menschen – und auch zwischen Menschengruppen – durch Unterschiede in den Erbanlagen verursacht? Dabei ist vielen dieser Forscher ganz offensichtlich der Wunsch gemeinsam gewesen, dieser Anteil möge hoch sein. Mehr noch: Da der Wunsch bekanntlich oft der Vater des Gedankens ist, traten sie gelegentlich an das Problem bereits mit dem Vorurteil heran, dieser Anteil müsse hoch sein, und sie hätten für eine solche augenscheinliche Selbstverständlichkeit nur noch den exakten Beweis zu liefern.

Das Forschungsziel war also durch das Vorurteil – man kann es auch freundlicher und wissenschaftlicher intuitives Vorverständnis nennen – bestimmt. Das ist bei vielen Forschungszielen der Fall. Was aber bedenklicher ist: Dieses Vorverständnis bestimmte auch die Forschungsmethode.

Die sozialdarwinistische Bewegung entwickelte sich vor allem in der konservativen, teilweise aber auch in der sozialistischen Tradition. Wie aber dieser Tradition im politischen Raum eine andere, bürgerlich-liberale, freigeistige, bis zum Sozialismus reichende Tradition gegenüberstand, so entwickelte sich auch in der Wissenschaft eine Richtung, welche die Freiheit des Menschen, sich zu entwickeln, und seine Erziehbarkeit in den Vordergrund stellte.

Rudolf Virchow (1821–1902) war zum Beispiel ein großer Pathologe und Arzt, und er hat auch die Anthropologie gefördert. Trotzdem äußerte er sich skeptisch über Darwins Abstammungslehre, insbesondere in ihrer Anwendung auf den Menschen[20]; er tat das letzten Endes auch als Liberaler, der in Preußen Mitgründer der Fortschrittspartei und Gegner Bismarcks war.

Eine besondere wissenschaftliche Ausprägung fand die liberale Tradition in der amerikanischen Psychologie. Vor allem im Behaviorismus wurden die Modifizierbarkeit menschlichen Verhaltens und die anlagemäßige Gleichheit aller Menschen stark in den Vordergrund gestellt. Dieser Standpunkt wurde eindrucksvoll zusammengefaßt in dem vielzitierten (und oft unvollständig wiedergegebenen) Satz des Behavioristen John Broadus Watson[21]: »Geben Sie mir ein Dutzend gesunde, wohlgeformte Säuglinge, und dazu meine eigene, von mir selbst in all ihren Merkmalen festgelegte Welt, und ich garantiere Ihnen, daß ich jeden dieser Säuglinge nach rein zufälliger Auswahl zu jeder Art von Spezialisten ausbilden könnte – zum Arzt, Rechtsanwalt, Künstler und sogar zum Bettler oder Dieb; ohne Rücksicht auf seine Talente, Vorlieben, Neigungen, Fähigkeiten, Anlagen oder Rasse.« Der Behaviorismus und ähnliche wissenschaftliche Konzepte hatten einen großen Einfluß auf die Pädagogik und das Schulsystem. Dazu trug – neben der liberalen und demokratischen Grundströmung – auch ein pädagogischer Optimismus bei, den diese Konzepte voraussetzten. Denn eröffnete sich hier nicht eine Chance, die soziale Ungleichheit, ja mehr noch, die Ungerechtigkeit in der Welt von Grund auf zu beheben? Was man brauchte, war offenbar nur ein neues, liberales Erziehungskonzept, das alle Menschen grundsätzlich gleich behandelte, und schon würde sich eine schönere und gerechtere Welt wie von selbst entwickeln.

Teilweise in der Nachfolge von Ansätzen aus den zwanziger und frühen dreißiger Jahren, zum größten Teil aber auch als Reaktion auf die offizielle »Weltanschauung« des nationalsozialistischen Regimes verbreitete sich diese Richtung auch in Deutschland nach dem Zweiten Weltkrieg[22].

Der Optimismus über die universelle Lenkbarkeit von Lernprozessen, der biologische Reifungsprozesse, ihren Ablauf und die in ihnen zutage tretenden individuellen Unterschiede vernachlässigt, ist in letzter Zeit bei vielen Pädagogen in Skepsis umgeschlagen. Man fragt sich, was man wohl falsch gemacht habe[23].

Jedoch ist auch die Auffassung, die Menschen seien im Prinzip gleich und außerdem unbegrenzt erziehbar, ein Vorurteil. Aus diesem Vorurteil gewann in den letzten Jahren die Kritik an den Ansätzen und Ergebnissen der biometrischen Forschung zum Intelligenzproblem emotionalen Antrieb. Das entwertet die Kritik, soweit sie auf rationale Argumente gegründet ist, natürlich nicht, genausowenig wie das umgekehrte Vorurteil die Erkenntnisfortschritte entwertet, die man dem Sozialdarwinismus verdankt. Es trug jedoch dazu bei, daß die Kritik nicht tief genug ansetzte. Das Vorurteil der Gleichheit, der unbegrenzten Beeinflußbarkeit des Menschen, wirkte sich noch in einem anderen Bereich aus: in der Psychiatrie. Hatte die klassische Psychiatrie Emil Kraepelins um die Jahrhundertwende – vom »biologistischen« und sozialdarwinistischen Zeitgeist mitbestimmt – das Anlagemäßige und den »schicksalhaften Verlauf« bei geistigen Erkrankungen betont, so zeigte zur gleichen Zeit Sigmund Freud, daß die »Neurosen« oft durch Erlebnisse und Erfahrungen im Laufe des Lebens, besonders in der frühen Kindheit, hervorgerufen werden und sich manchmal durch Aufdecken dieser Erfahrungen heilen lassen[24]. Bald wurden Freuds Konzepte auch auf die eigentlichen Geistes- und Gemütsleiden übertragen. Auch sie betrachtete man nun vielfach als weitgehend erlebnisbedingt. Das führte zu einem therapeutischen Optimismus auch in der Psychiatrie. Während Freud die zwischenmenschlichen Beziehungen in der Intimfamilie in den Vordergrund stellte, gibt es in seiner Nachfolge heute Gruppen von Untersuchern, die das gesamte soziale Umfeld, etwa die »kapitalistische Gesellschaftsform«, neben fast allen anderen Übeln auf der Welt auch für die geistig-seelischen Erkrankungen verantwortlich machen wollen.

Auf Freud selbst können sich die extremen Vertreter der Auffassung, die Umwelt sei für psychische Krankheiten ausschließlich oder doch ganz überwiegend verantwortlich, nicht berufen. Zu deutlich hat er die Bedeutung der Anlage oder, wie man das damals sagte, der »Konstitution« sogar auch für die Neurosen betont. So schreibt er[25]: »In Wahrheit sind sie (die Neurosen) schwere, konstitutionell fixierte Affektionen, die sich selten auf einige Ausbrüche beschränken, meistens über lange Lebensperioden, oder das ganze Leben lang anhalten. Die analytische Erfahrung, daß man sie weitgehend beeinflussen kann, wenn man sich der historischen Krankheitsanlässe und der akzidentiellen Hilfsmomente bemächtigt, hat uns veranlaßt, den konstitutionellen Faktor in der therapeutischen Praxis zu vernachlässigen; wir können ihm ja auch nichts anhaben; in der Theorie sollten wir seiner immer gedenken.« Auch hier sind oft die Jünger radikaler und abweichenden Auffassungen gegenüber unduldsamer als der Meister, der – jedenfalls in diesem Fall – die eigene Position wissenschaftlich-kritisch begrenzte. Liberale sind eben nicht immer liberal, wenn es um die Vertretung von Positionen geht, die sie selbst als liberal betrachten.

So stehen sich in der öffentlichen Diskussion zwei Meinungen gegenüber: Die einen glauben, die vorgefundenen Unterschiede im Befinden und Verhalten des Menschen und in seiner geistigen Leistungsfähigkeit seien vorwiegend durch Unterschiede in den Erbanlagen bedingt. Diese Meinung findet sich oft bei Menschen, die sich einer mehr konservativen Einstellung verpflichtet fühlen. Dagegen meinen die anderen, von Natur aus seien die Menschen mehr oder weniger gleich. Psychische Unterschiede ließen sich auf Unterschiede in der Umwelt und der dadurch bedingten persönlichen Entwicklung zurückführen. W. Lenz hat kürzlich treffend bemerkt: »Es gibt zahlreiche Bücher und Abhandlungen über psychische Geschlechtsunterschiede, Intelligenz, Sprachentwicklung und Verhaltensstörungen, deren Autoren sich anscheinend als Anwalt einer Partei fühlen, sei es der Erblichkeit oder der Umweltabhängigkeit. Die Argumentation eines Anwalts ist grundsätzlich verschieden von der wissenschaftlichen Denkweise. In der Wissenschaft kommt es nicht darauf an, recht zu behalten, sondern die Wahrheit zu finden, und der Rechthaber wird sie verfehlen.«[26]

Wie war es möglich, daß trotzdem bis in die letzte Zeit hinein Wissenschaftler so oft wie Anwälte argumentiert haben – zum Schaden für die Wissenschaft selbst? Die Antwort auf diese Frage müssen wir uns bis Kapitel 17 aufheben.

Wir erinnern uns an Kapitel 2: Galton war ein Mann, der die Welt verändern wollte. Mit seinem gesamten Streben und Trachten stand er mitten in der geistigen Hauptströmung seiner Zeit. Die Evolutionstheorie, die sein Vetter Darwin entwickelt hatte, wollte er auf den Menschen anwenden. Seiner Intention nach gehörte er zur Gattung der »Weltverbesserer«. Sein wissenschaftliches Werk stand im Dienste seiner Utopie einer biologisch und geistig-seelisch hervorragenden Menschheit. Diese Utopie sollte in die Wirklichkeit umgesetzt werden. Andererseits wollte er seine Ideen auch propagieren. Aber damit machte er sich zum Mitschöpfer einer Ideologie. Er beeinflußte den Zeitgeist, wie er selbst durch den Zeitgeist beeinflußt wurde. Daraus erklärt sich die Bedeutung seiner wissenschaftlichen Leistung, aber auch ihre Begrenztheit.

Mendel verfolgte zwar mit lebhaftem Interesse die geistigen Strömungen seiner Zeit und las vor allem Darwin sehr aufmerksam. Es lag ihm jedoch ganz fern, diese Erkenntnisse unmittelbar auf die Ordnung der menschlichen Gesellschaft zu übertragen. Zu seinen Erbsenkreuzungen kam er aus reinem Interesse an einem Problem, auf das er als Botaniker gestoßen war, also aus wissenschaftlicher Neugier. Auch er wurde später, wie Galton, zur öffentlichen Figur; aber seine wissenschaftliche Leistung hatte mit seiner öffentlichen Wirkung nichts zu tun. Galton war ein Intellektueller; auf Mendel würde man diesen Begriff kaum anwenden können. Galton wirkte öffentlich. Mendel wirkte in der Stille; es dauerte fünfunddreißig Jahre, bis sein Werk von den Fachleuten wiederentdeckt wurde. Dennoch war Mendel letztlich der Größere. Sein wissenschaftlicher Ansatz war ergiebiger. Und eben deshalb hatte er auch auf die Dauer die größere Wirkung – bisher für die Wissenschaft, aber in Zukunft wohl auch für die Menschheit.

1   Diese Begriffe wurden von D. Riesman (Die einsame Masse; deutsche Ausgabe, Hamburg: Rowohlt 1958) geprägt; sie bezeichnen dort die Einstellungen verschiedener Menschen. Sie geben jedoch auch die Einflüsse wieder, welche die Entwicklung einer Wissenschaft bestimmen.

2   Der Begriff der »offenen« Gesellschaft wurde geprägt von K. Popper in seinem Werk »Die offene Gesellschaft und ihre Feinde«, Bd. 1: Der Zauber Platons; Bd. 2: Falsche Propheten. Deutsche Ausgabe Bern/München: Francke 1957, 1958.

3   Vgl. Albertini, R. v.: Europäische Kolonialherrschaft 1880–1940. Zürich/Freiburg: Atlantis 1976.

4   Fischer, F.: Griff nach der Weltmacht. 2. Aufl. der Taschenbuch-Ausgabe. Königstein: Athenäum 1979.

5   Gobineau, J. A. Comte de: Essai sur l'inégalité des races humaines. Deutsch von L. Schemann. 4 Bde. Stuttgart 1898.

6   Chamberlain, H. St.: Die Grundlagen des 19. Jahrhunderts. 2 Bde. München 1899.

7   Darwin, Ch.: On the origin of species by means of natural selection or the preservation of favoured races in the struggle of life. London 1859.

8   Vgl. Vogel, F., Motulsky, A. G.: Human Genetics – Problems and Approaches. Berlin/Heidelberg/New York: Springer 1979, Sect. 6, 7 und 9.

9   Ploetz, A.: Die Tüchtigkeit unserer Rasse und der Schutz der Schwachen. Berlin 1895. Vgl. auch Mann, G.: Biologismus im 19. Jahrhundert. Stuttgart 1973; Kroener, H. P.: Die Eugenik in Deutschland von 1891 bis 1934. Dissertation Münster 1978.

10 Grotjahn, A.: Geburtenrückgang und Geburtenregelung. Berlin 1914.

11 Vgl. Mann, G.: Biologismus im 19. Jahrhundert. Stuttgart 1973, S. 83, 84.

12 Vgl. Conrad-Martius, H.: Utopien der Menschenzüchtung. München: Kösel 1955. Hedwig Conrad-Martius bleibt das Verdienst, sich als erste nach dem Zweiten Weltkrieg mit dem Sozialdarwinismus kritisch auseinandergesetzt zu haben. Leider wird der Wert ihrer Analyse dadurch eingeschränkt, daß sie Darwins Theorie der Artbildung mit Hilfe der natürlichen Auslese überhaupt ablehnt, weil ihrer Meinung nach die Arten »metaphysisch begründete Wesenheiten« seien. Die von Darwin und den modernen Neodarwinisten entdeckten genetischen Mechanismen der Herausbildung genetischer Gruppenunterschiede möchte sie nur für die Herausbildung von Gruppen innerhalb einer Art, also von Rassen, gelten lassen. In Wirklichkeit sind die genetischen Mechanismen auch der Artbildung heute so gut bekannt, daß ein Zweifel an der Richtigkeit des Darwinschen Konzepts nicht mehr möglich ist (vgl. Vogel, F., Motulsky, A. G., a.a.O., Sect. 6, 7).

13 Die beste Zusammenfassung der Gedankengänge dieser Zeit findet sich bei: Lenz, F.: Menschliche Auslese und Rassenhygiene. München: Lehmann 1932.

14 Goddard, H. H.: Die Familie Kallikak, 1912. Deutsche Ausgabe Langensalza: Beyer & Söhne 1934.

15 Berlin/Leipzig 1893; vgl. auch Conrad-Martius, H., a.a.O.

16 Vgl. Vogel, F., und Motulsky, A. G., a.a.O., Sect. 9.

17 Rüdin, E.: Studien über Vererbung und Entstehung geistiger Störungen. I. Zur Vererbung und Neuentstehung der Dementia praecox. Berlin: Springer 1916.

18 Daß diese Wissenschaftler wenigstens in der ersten Zeit in die Bestrebungen des Nationalsozialismus verwickelt wurden, hatte komplexe Gründe, deren einer wohl die, man möchte sagen, traditionelle politische Naivität und Autoritätsgläubigkeit deutscher Professoren war.

19 Vgl. Nachtsheim, H.: Für und Wider die Sterilisierung aus eugenischer Indikation. Stuttgart: Thieme 1952.

20 Vgl. Conrad-Martius, H., a.a.O.

21 Zitiert bei Kamin, L. J.: The science and politics of IQ. Potomac: Erlbaum 1974 (eigene Übersetzung aus dem Englischen).

22 Diese Aussagen sind der Kürze halber sehr vereinfacht. Natürlich gibt es auch da differenzierende Aussagen.

23 Flitner, A.: Mißratener Fortschritt. München: R. Piper 1977.

24 Die Wirksamkeit der von Freud entwickelten angewandten Methoden für die Heilung von Neurosen ist heute umstritten. Dieses Thema kann hier nicht diskutiert werden.

25 Freud, S.: Vorlesung zur Einführung in die Psychoanalyse. Neue Folge. Studienausgabe. Frankfurt a. M.: S. Fischer 1969, S. 582.

26 Lenz, W.: Humangenetik in Psychologie und Psychiatrie. Heidelberg: Quelle und Meyer 1978.

4. Die Untersuchung von Zwillingen: Was kann sie uns lehren, was kann sie uns nicht lehren?

Francis Galtons Ansatz zur Lösung der Vererbungsprobleme war es, Merkmale zu messen und zwischen nahen Verwandten – Geschwistern oder Eltern und Kindern – zu vergleichen. Der Korrelationskoeffizient war seine Meßgröße für die Bestimmung der durchschnittlichen Ähnlichkeit eines Maßes bei Verwandten im Vergleich zu seiner Verteilung in der Allgemeinbevölkerung. Vereinfacht ausgedrückt: Sind Verwandte einander ähnlicher als nicht miteinander verwandte Menschen, so schließt man, daß die in der Bevölkerung gefundenen Unterschiede durch verschiedene Erbanlagen mitverursacht werden. Die Untersuchungen über das Verhältnis zwischen Intelligenz und Vererbung haben in den letzten Jahrzehnten gezeigt, daß man theoretisch aus der Höhe dieser Korrelationen sogar schließen kann, in wie hohem Grade Unterschiede in einem Merkmal genetisch determiniert sind. In der Praxis hat diese Rechnung allerdings viele Fehlerquellen. Ein besonders naheliegender Einwand ist der folgende: Nahe Verwandte teilen ja nicht nur einen Teil ihrer Erbanlagen, sondern auch einen großen Teil ihrer Umwelt miteinander. So wachsen Geschwister in der Regel im selben Elternhaus auf, beeinflussen sich gegenseitig und besuchen oft dieselben Schulen. Können also besondere Ähnlichkeiten, die sich bei ihnen finden, nicht einfach durch diese gemeinsame Umwelt verursacht sein?

Galton war der erste, der auf die Möglichkeit hinwies, wie man diese Fehlerquelle wenigstens teilweise ausschalten kann: durch die Untersuchung von Zwillingen.

Bekanntlich gibt es ein- und zweieiige Zwillinge. Eineiige Paare (EZ) entstehen dadurch, daß sich der Embryo in einem sehr frühen Stadium seiner Entwicklung, während er nur aus wenigen Zellen besteht, in zwei etwa gleiche Teile teilt. Jedes dieser Teile entwickelt sich nun zu einem ganzen Individuum. EZ sind also erbgleich. Sie sind die doppelte Ausführung derselben Kombination von Erbanlagen. Zweieiige Zwillinge (ZZ) dagegen entstehen, wenn die Eierstöcke einer Frau während des Monatszyklus nicht eines, sondern ausnahmsweise einmal zwei Eizellen abgeben und wenn beide Eizellen durch je ein Spermium befruchtet werden. Abgesehen davon, daß sie gleichzeitig geboren werden, sind ZZ also in nichts von gewöhnlichen Geschwistern verschieden. Sie haben, wie andere Geschwister auch, durchschnittlich die

Hälfte ihrer Gene aufgrund der Abstammung gemeinsam. Deshalb hat auch etwa die Hälfte der zweieiigen Paare verschiedenes Geschlecht. Daraus folgt: Unterschiede zwischen EZ können nicht genetisch bedingt sein, da die Erbanlagen ja gleich sind. Sie müssen durch Faktoren der Umwelt verursacht sein. Dabei ist die »Umwelt« denkbar weit zu fassen; sie schließt also zum Beispiel die vorgeburtliche »Umwelt« ein. Demgegenüber sind die Unterschiede zwischen den Angehörigen zweieiiger Paare sowohl durch genetische Faktoren als auch durch solche der Umwelt bedingt. Der Vergleich beider Zwillingstypen im Hinblick auf die Ähnlichkeit in einem bestimmten Merkmal ermöglicht nun eine Aussage über das Ausmaß der Bedeutung von erblichen Faktoren. Man kann mit ihrer Hilfe abschätzen, welchen relativen Anteil genetische Unterschiede im Vergleich zu Umweltfaktoren an der Ausbildung eines Merkmals haben. Ist zum Beispiel ein Merkmal bei eineiigen Zwillingen immer sehr ähnlich ausgeprägt, während zweieiige Zwillinge sich oft deutlich voneinander unterscheiden, so wird man schließen, daß die Ausprägung dieses Merkmals stark genetisch determiniert ist. Sind dagegen EZ nicht ähnlicher als ZZ, so spricht das in der Regel dafür, daß Umweltfaktoren eine viel größere Rolle spielen.

Über die Natur der zugrundeliegenden Erbanlagen, über die Anzahl der Gene oder die Art des Erbganges braucht man dabei nichts zu wissen. Dies ist besonders in der Vergangenheit ein Vorteil gewesen, weil in einer Zeit, in der die methodischen Möglichkeiten zur direkten Messung von Genprodukten noch nicht verfügbar waren, genetische Aussagen sonst überhaupt unmöglich gewesen wären. Die Zwillingsmethode kann aber geradezu zum Nachteil werden, wenn man sich damit begnügt, mit ihrer Hilfe das Ausmaß der Bedeutung von Erbfaktoren an der Ausprägung eines bestimmten Merkmals zu bestimmen, und nun meint, der Fall sei genetisch geklärt.

Bevor wir die Zwillingsmethode systematisch betrachten, wollen wir ein Beispiel für Möglichkeiten und Grenzen dieser Methode kennenlernen, und zwar anhand eines genetischen Phänomens, das die »Verstoffwechselung« des Medikaments Isoniazid betrifft. Dieses Mittel wird mit großem Erfolg zur Behandlung der Tuberkulose verwendet. Früher dauerte es meist lange, bis Tuberkulosekranke ihr Fieber verloren. Viele Jahre mußten sie oft im Krankenhaus zubringen. Das gegen die Tuberkelbakterien gerichtete Isoniazid läßt das Fieber binnen kurzer Zeit verschwinden. Die Krankheit heilt in der Regel ohne Folgen ab.

60

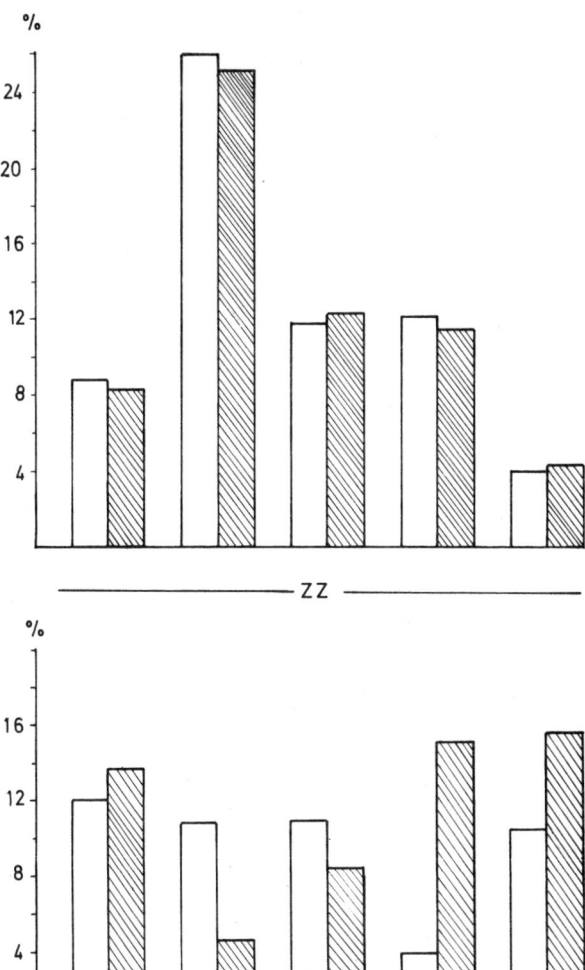

Abbildung 1
Zwillingsuntersuchung über die Ausscheidung des Tuberkulosemittels Isoniazid (INH) bei fünf eineiigen (oben) im Vergleich zu fünf zweieiigen Zwillingspaaren (unten). Es ist jeweils die Ausscheidung in Prozent der aufgenommenen INH-Menge im Laufe von 24 Stunden dargestellt. Die nebeneinanderstehenden weißen und schraffierten Säulen stellen die beiden Partner eines Zwillingspaares dar. Man beachte die große Ähnlichkeit der eineiigen im Gegensatz zu den zweieiigen Paaren (Daten von Bönicke und Lisboa, Naturwiss. 44, 314, 1957).

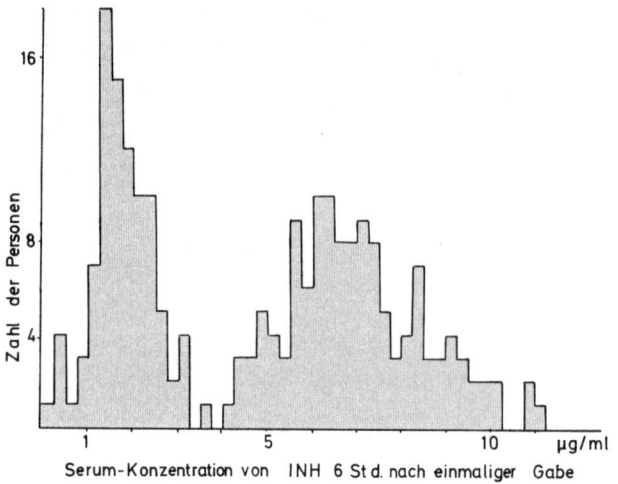

Abbildung 2
Sogenannte bimodale Verteilung der Blutspiegel von INH sechs Stunden
nach einmaliger Gabe in einer Bevölkerung von 220 Personen. Diese
Verteilung hat zwei Maxima; das linke Maximum (niedrige Konzentration) entspricht den Homozygoten und Heterozygoten des dominanten
Typs (rasche Ausscheidung); das rechte Maximum den Homozygoten des
rezessiven Typs (langsame Ausscheidung). Abbildung (nach Evans et al.
1961) aus Vogel und Motulsky 1979.

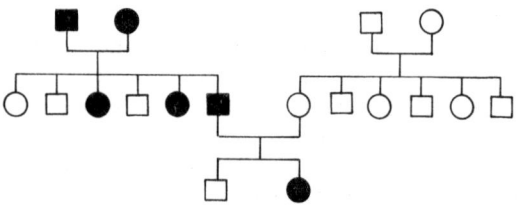

Abbildung 3
Dominanter Erbgang der raschen Ausscheidung des Tuberkulosemittels
INH. Rasche Ausscheider sind durch dunkle, langsame durch helle
Symbole bezeichnet.

62

Thomas Mann könnte heute seinen »Zauberberg« nicht mehr schreiben; denn jene Sanatorien mit Menschen, die dort oft jahrelang ihr abgehobenes Leben führen, gibt es nicht mehr. Bald nach der Einführung von Isoniazid in die Therapie waren die großen Unterschiede zwischen verschiedenen Menschen in der Ausscheidungsgeschwindigkeit dieses Mittels aufgefallen. 1957 konnte die überwiegend genetische Bedingtheit dieser Unterschiede mit Hilfe einer Zwillingsuntersuchung nachgewiesen werden (Abbildung 1). Obwohl nur jeweils fünf Paare ein- und zweieiiger Zwillinge untersucht worden sind, sieht man sehr deutlich, daß die eineiigen Zwillinge viel ähnlicher sind als die zweieiigen[1]. Die Autoren haben mit der Zwillingsuntersuchung als erste einen wichtigen Befund gewonnen, andere bedeutendere Zusammenhänge sind ihnen aber entgangen. Sie haben nämlich nicht bemerkt – was allerdings mit dieser Methode auch nur schwer zu erfassen ist –, daß es nämlich zwei Kollektive von Menschen gibt, solche, die Isoniazid rasch, und solche, die das Medikament langsam ausscheiden. Außerdem mußte ihnen entgehen, daß die Fähigkeit, das Mittel rasch auszuscheiden, sich dominant über langsames Ausscheiden vererbt. Dies hat sich erst in späteren Familienstudien herausgestellt. Die Abbildungen 2 und 3 zeigen die inzwischen gut belegte zweigipflige Verteilung von Isoniazid-Ausscheidern sowie eine Familie, in der der Erbgang der Ausscheidung veranschaulicht ist[2].

Was geht daraus hervor? Die Zwillingsmethode ist ein sehr allgemeines Verfahren zur Untersuchung genetischer Faktoren. Spezifischere Erkenntnisse läßt sie nicht zu. Zwillingsbefunde haben aber trotzdem ihren Wert, weil sie zeigen, bei welchen Merkmalen es sich lohnt, weitere genetische Methoden heranzuziehen. Die oben skizzierte Grundannahme der Zwillingsmethode trifft jedoch nur zu, wenn die Umwelteinflüsse einschließlich der vorgeburtlichen Entwicklung für ein- und zweieiige Paare gleich sind. Dies ist in der Vergangenheit vielfach ungeprüft angenommen worden. Für zahlreiche mehr oder weniger stark genetisch beeinflußte Merkmale ist die Annahme sicher auch nicht falsch; im Bereich psychischer Merkmale gilt sie jedoch nicht automatisch. Die Interpretation von Zwillingsbefunden setzt daher Kenntnisse über die Entstehung von Mehrlingen und ihre besonderen Lebensbedingungen voraus.

In Deutschland ist etwa jede hundertste Geburt eine Zwillingsgeburt, wobei auf EZ etwa $^2/_5$ und auf ZZ etwa $^3/_5$ entfallen. Ein- und zweieiige Zwillinge müssen gemeinsam in einer Gebärmutter heranwachsen, die eigentlich nur für ein Kind vorgesehen ist. Naturgemäß ergeben sich daraus bestimmte Schwierigkeiten. Bei eineiigen Zwillingen hat zusätzlich noch der Zeitpunkt, zu dem sich der Embryo zweigeteilt hat, einen Einfluß auf die weitere Entwicklung. Wenn die Teilung früh erfolgt, dann bilden beide Embryonen eigene Eihäute aus, während bei einer späteren Teilung, wenn bereits die innere Eihaut, das Amnion, gebildet ist, die beiden Zwillinge sich gemeinsam im selben Fruchtwasser entwickeln. Nach etwa dem zehnten Tag der Embryonalentwicklung ist eine Zweiteilung nicht mehr möglich. Abbildung 4 zeigt uns schematisch die Situation von Zwillingen in der Gebärmutter: Man sieht die Plazenta, über die die Ernährung und der

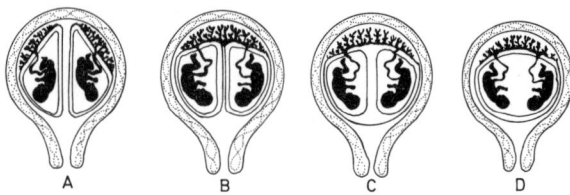

A   B   C   D

Abbildung 4
So können Zwillinge in der Gebärmutter liegen.
A. Eihäute und Plazenten sind vollständig getrennt.
B. Eihäute sind getrennt; die Plazenta ist den Zwillingen gemeinsam.
C. Die inneren Eihäute sind getrennt, die äußere Eihaut (Chorion) und die Plazenta sind gemeinsam. Dieser Typ kann nur bei eineiigen Zwillingen vorkommen.
D. Beide Eihäute und die Plazenta sind beiden Zwillingen gemeinsam. Auch dieser Typ kommt nur bei eineiigen Zwillingen vor. Derartige »monoamniotische« Zwillinge sind besonders gefährdet (vgl. den Text) (nach Potter: Fundamentals of Human Reproduction. New York: McGraw Hill 1948).

Gasaustausch des Embryos erfolgt, sowie die beiden Eihäute, das äußere Chorion (die Zottenhaut) und das dem Kind zugewandte Amnion (die innere Eihaut). Zweieiige Zwillinge haben zunächst jeweils zwei Plazenten, Chorien und Amnien. Die Plazenten können jedoch, wenn sie in der Gebärmutter einander eng benachbart sind, sekundär verschmelzen. Bei eineiigen Zwillingen hängen die Eihautverhältnisse vom Zeitpunkt der Teilung ab. Nur wenn die Zwillinge in einem gemeinsamen Chorion liegen, müssen sie eineiig sein, die anderen Situationen sind doppeldeutig. Das Vorhandensein nur eines Amnion ist selten. Ausnahmsweise kann es einmal auch zu einer unvollständigen Teilung kommen, wodurch sich Doppelmißbildungen ergeben. Bekannt

64

Abbildung 5
Die siamesischen Zwillinge Chang und Eng, die durch einen Gewebs-
strang an der Brust zusammengewachsen waren (nach Lotze; aus Vogel
und Motulsky 1979).

geworden sind die Brüder Chang und Eng aus Thailand, die als »Siamesische Zwillinge« den heute allgemein verwendeten Namen für derartige Mißbildungen geliefert haben (Abbildung 5). Wie unterscheidet man eineiige von zweieiigen Zwillingen? Das war in den Tagen von Galton noch ein ungelöstes Problem. Erst in den zwanziger Jahren hat der Dermatologe Siemens den systematischen Vergleich von Details äußerer Körpermerkmale zuerst zur Diagnose der Ein- und Zweieiigkeit verwendet. Dabei werden Einzelheiten von Augen, Ohren, Nase, Mund usw. zwischen den beiden Paarlingen verglichen, ebenso wie eine Reihe von Körpermaßen. Eineiige Zwillinge sind sich in der Regel in den meisten dieser Merkmale verblüffend ähnlich, zweieiige im Durchschnitt weniger. In der überwiegenden Zahl von Fällen gelingt es dem Erfahrenen auf diese Weise, zuverlässig festzustellen, ob ein Paar eineiig ist. Einen wichtigen Hinweis kann die Beantwortung der Frage geben, ob die Paarlinge in ihrer Kindheit verwechselt worden sind. Wird dies bejaht, dann hat man in mehr als 90 Prozent der Fälle eineiige Zwillinge vor sich.

Führt der morphologische Vergleich nicht zu einer eindeutigen Diagnose der Eiigkeit, dann können Blutgruppenbestimmungen letzte Klarheit schaffen. Eineiige Zwillinge stimmen natürlich in allen Blutgruppensystemen überein, bei zweieiigen muß dies nicht der Fall sein. Je größer die Zahl der Blutgruppen ist, in denen die Paarlinge übereinstimmen, desto wahrscheinlicher ist die Eineiigkeit. Es gibt heute Formeln, mit deren Hilfe man die Wahrscheinlichkeit der Eineiigkeit berechnen kann. Dabei lassen sich in den meisten Fällen Werte von über 99 Prozent erzielen.

Vergleichen wir Zwillinge, um Aussagen über die Bedeutung von Erbfaktoren bei der Ausprägung eines Merkmals zu machen, dann tun wir das nicht, weil Zwillinge als solche uns interessieren, sondern diese Aussagen sollen natürlich allgemeingültig sein; sie sollen auf die Gesamtbevölkerung der Nichtzwillinge zutreffen. Die Ähnlichkeit oder Unähnlichkeit in diesem Merkmal darf also nicht durch Faktoren beeinflußt werden, die sich nur bei Zwillingen finden. Tatsächlich gibt es jedoch eine Reihe derartiger Besonderheiten, die man kennen muß, wenn man die Aussagekraft von Zwillingsuntersuchungen beurteilen will.

Die erste Besonderheit betrifft die Entwicklung in der Gebärmutter[3]. Zwillinge sind im Durchschnitt bei der Geburt leichter als Einzelkinder, sie werden auch etwas verfrüht geboren. Dies hätte keine weitere Bedeutung, wenn die Besonderheiten beide Zwillingstypen in gleicher Weise betreffen würden. Es gibt jedoch Unterschiede. Neugeborene eineiige Zwillinge sind nämlich etwas leichter als zweieiige, unabhängig davon, ob sie ein Chorion oder zwei Chorien haben. Offenbar sind die Entwicklungsbedingungen für eineiige Paare nicht ganz so gut wie für zweieiige. Der Unterschied zwischen EZ und ZZ im Geburtsgewicht ist allerdings nicht sehr groß, er beträgt nur 5–10 Prozent. Wichtiger ist, daß unter den eineiigen Paaren diejenigen mit nur einem Chorion eine größere Abweichung voneinander in ihrem Geburtsgewicht haben als die mit zwei Chorien. Wie kommt dies Phänomen zustande? Wenn das Zwillingspaar ein gemeinsames Chorion hat, kommt es fast immer zu einer Verbindung zwischen den Kreisläufen der beiden Paarlinge. Abhängig vom Ausmaß dieser Verbindungen kann das den Bluttransport in einer Richtung begünstigen. Dadurch kann der eine Paarling geradezu mit Blut und Nährstoffen überladen werden, während es dem anderen daran fehlt. Man spricht vom »Transfusions-Syndrom«. Es sind bei eineiigen Zwillingen Unterschiede im Geburtsgewicht von 1000 Gramm bekannt geworden. Bei Zwillingen mit zwei Chorien – dies sind 80 Prozent der eineiigen und alle zweieiigen Paare – kommt ein derartiges Transfusions-Syndrom nicht vor.

Die Aussagekraft der Zwillingsmethode durch die Besonderheiten der Zwillingsschwangerschaft wird nun von verschiedenen Faktoren beeinflußt. Der zweifellos gravierendste Faktor ist der Unterschied im Geburtsgewicht bei einem Teil der eineiigen Paarlinge, weil zumindest in extremen Fällen damit auch andere Besonderheiten einhergehen können: Es ist bekannt, daß massives Untergewicht eines Zwillings bei der Geburt herabgesetzte Intelligenz zur Folge haben kann, vermutlich infolge schlechterer Entwicklungsbedingungen des Gehirns. Auch manche angeborenen Fehlbildungen sind bei eineiigen Zwillingen – und zwar meist nur bei einem der beiden Partner – häufiger als bei anderen Kindern. Wenn man damit rechnen muß, daß das Merkmal, das man mit Hilfe der Zwillingsmethode untersucht, durch die Bedingungen der Schwangerschaft beeinflußt wird, dann führt dies eher zu einer Verschiedenheit zwischen den Partnern eines eineiigen Zwillingspaares und damit, wenn man in der üblichen Weise auf die Gesamtbevölkerung zurückschließt, zu einer Unterschätzung des genetischen Einflusses[4].

Die zweite Besonderheit der Zwillingssituation betrifft den Geburtsvorgang. Mehrlinge werden im Durchschnitt nicht nur leichter und früher geboren als Einzelkinder, sie sind auch durch den Geburtsvorgang stärker gefährdet. Bei Zwillingsgeburten droht besonders dem zweiten Kind nach der Geburt des ersten

Gefahr, weil sich die Plazenta ablösen und infolgedessen die Sauerstoffversorgung des noch in der Gebärmutter befindlichen Paarlings beeinflussen kann. Da das Gehirn das Organ ist, das am empfindlichsten auf Sauerstoffmangel reagiert, können Gruppen von Nervenzellen zugrunde gehen. Dies kann sich im späteren Leben zum Beispiel als halbseitige Lähmung äußern, so wie nach einem Schlaganfall im Alter, oder als epileptische Anfallserkrankung. So können auch Besonderheiten des Geburtsvorganges die Aussagefähigkeit der Zwillingsmethode beeinträchtigen.

Die dritte Gruppe von Faktoren sind die besonderen Bedingungen für das Aufwachsen von Zwillingen. Zwillinge schneiden im Vergleich zu einzeln Geborenen in Intelligenztests schlechter ab, sie rangieren als Kinder um fünf bis zehn IQ-Punkte unter Einlingen. Man kann dies teilweise auf die schlechteren Entwicklungsbedingungen in der Embryonalperiode zurückführen. Dafür lassen sich auch Belege auffinden: In einer großen Stichprobe von Zwillingen hatten diejenigen unter den gleichgeschlechtlichen Paaren, die bei der Geburt mehr als 300 Gramm schwerer als ihre Geschwister waren, einen etwas höheren IQ[5]. Dies könnte wieder auf den Einfluß der unterschiedlichen Blutversorgung des Gehirns im Embryonalalter hindeuten, da sich die Beziehung zwischen Geburtsgewicht und IQ bei ZZ nicht fand. Andererseits wollen wir nicht vergessen, daß viele Kinder, die als Neugeborene oder gar Frühgeburten körperlich noch sehr zurückgeblieben waren, im späteren Leben nicht nur geistig normal sein, sondern Ungewöhnliches leisten können. Man hat die überlebenden Zwillingspartner von Paaren, deren einer Angehöriger frühzeitig gestorben war, in ihrer Intelligenz mit Einzelgeborenen verglichen, um den Einfluß der Schwangerschaft von dem der späteren Entwicklung abgrenzen zu können. Tatsächlich hatten auch diese als Einzelkinder aufgezogenen Zwillinge einen leicht erniedrigten IQ. Dies deutet auf eine Wirkung der Zwillingssituation in der Gebärmutter hin.

Es ist aber nicht abwegig, den geringeren Intelligenzquotienten auch auf Besonderheiten der frühkindlichen Entwicklung zurückzuführen. Die beiden Partner eines Paares entwickeln nämlich häufig eine »Privatsprache«, die Außenstehende kaum verstehen, in der sich die beiden aber glänzend verständigen können. Eineiige Zwillinge tendieren stärker dazu als zweieiige. Dies hat zur Folge, daß sie auch weniger von Reizen ihrer Umwelt angeregt werden. Sie sind sich selber genug. Für eine optimale Ausnutzung der Möglichkeiten unseres Gehirns brauchen wir aber geistige Anregungen von außen, besonders im frühkindlichen Alter. Die schlechteren Leistungen, die Zwillinge in Intelligenztests erbringen, können deshalb auch durch Einflüsse ihrer Gruppensituation bedingt sein.

Die sorgfältige Untersuchung der Gruppensituation von Zwillingspaaren fördert in manchen Fällen Erstaunliches zutage, besonders bei eineiigen Paaren. Im Normalfall wachsen wir ja, auch innerhalb einer größeren Geschwisterschaft, als Individuen auf. Jede Person ist biologisch und aufgrund ihrer Stellung in der Familie einmalig. Anders bei Zwillingen. Sie haben von ihrer beginnenden Erinnerung an ein gleichaltes Geschwister neben sich, das manchmal das gleiche, manchmal etwas anderes will. Die Mutter muß ihre Zuwendung zwischen zwei gleich hilfsbedürftigen Kindern teilen. Auch gegenüber ihrer weiteren Umwelt finden sich Zwillinge als Kinder in einer besonderen Lage. Die Mitmenschen sprechen die beiden mehr oder weniger pauschal an, bemühen sich vielfach auch gar nicht, sie als Individuen zu akzeptieren. Das wird durch ähnlich klingende Namen oder gleiche Kleidung noch verstärkt. Dies alles gilt nun für EZ und ZZ nicht in gleicher Weise. Eineiige Zwillinge werden in viel stärkerem Ausmaß miteinander identifiziert, sie werden ja auch oft verwechselt. EZ bekommen oft zu hören, wie gleich sie doch seien, während über ZZ immer wieder geäußert wird, daß sie verschieden seien, obwohl sie Zwillinge wären. Es ist plausibel, daß die Behandlung, die die Zwillinge durch ihre Umwelt erfahren, auf das Verhältnis der Partner zueinander und auch des Paares gegenüber der Außenwelt zurückwirkt.

Die Forschung hat nun drei wesentliche Gesichtspunkte herausgearbeitet, die in den gruppendynamischen Beziehungen von Zwillingen besonders bedeutsam sind und Konsequenzen für die Beurteilung von Zwillingsbefunden haben können[6]. Erstens: gemeinsam verbrachte Zeit. EZ im Schulalter verbringen mehr Zeit miteinander als ZZ. Eineiige Paare werden häufiger als »unzertrennlich« geschildert, während ZZ sich eher wie gewöhnliche Geschwister verhalten. – Zweitens: Gleichheits- beziehungsweise Differenzierungsstreben. Eineiige Paare streben im Durchschnitt eher nach Gleichheit, während zweieiige sich eher als Rivalen fühlen, wie man es auch sonst bei Geschwistern antrifft. Legt man Zwillingen etwa die Frage vor: »Wer kann mehr, dein Partner oder du?«, pflegen EZ ihre Gleichheit zu betonen, während ZZ ihre eigenen Leistungen hervorheben. Stellt man Zwillingen eine bestimmte Aufgabe, dann freuen sich die eineiigen Paare oftmals, wenn sie bei gemeinsamen Aufgaben die gleichen Leistungen erreichen. Die zweieiigen Paare wetteifern dagegen miteinander. Allerdings läuft das nicht so ab, daß EZ immer nur Gleichheit, ZZ immer Verschiedenheit anstreben. Zunächst gibt es einen Einfluß des Geschlechts. Die Beziehungen männlicher EZ sind im Durchschnitt nicht so eng wie die Beziehungen weiblicher Paare. Weibliche EZ behalten häufig auch einen lebenslangen Kontakt. Sie bleiben häufiger unverheiratet, während männliche EZ mit zunehmendem Alter ihre Beziehungen zueinander zu lockern pflegen. Gelegentlich kommt es sogar zu einem »Protest gegen die Gleichheit«. Es sind eineiige Zwillinge bekannt geworden, die seit ihrer Geburt unter ganz verschiedenen Bedingungen aufgewachsen waren und sich in verschiedenen psychologischen Tests ähnlicher waren als Befunde derselben Person bei wiederholter Untersuchung. Dies deutet darauf hin, daß das Aufwachsen in einer paarigen Lebenssituation eine Differenzierung begünstigen kann, die unterbleibt, wenn jeder Partner allein lebt. Wenn der Kräftigere zum Beispiel mit besonderem Erfolg Sport treibt, unterläßt der Schwächere dies vielleicht bewußt, um nicht im Schatten des erfolgreicheren Bruders zu stehen, obwohl er durchaus auch Neigungen in ähnlicher Richtung verspürt. – Drittens: Rollenverteilung. Bei eineiigen, nicht immer bei zweieiigen Paaren findet man eine gewisse Verteilung von sozialen Rollen unter den Partnern, die über die Zeit stabil bleiben kann. Solche Rollen sind »Außenvertretung« (der eine führt das Wort, wenn das Paar pauschal von einem dritten angesprochen wird), »entscheidender Einfluß« (der nicht in derselben Hand liegen muß wie die Außenvertretung) und »Paargewissen« (oder Innenvertretung, die bei »heiklen« Entscheidungen Bedeutung bekommt).

Vergleicht man die Besonderheit der Zwillingssituation mit der von Nichtzwillingen bilanzmäßig, dann finden sich neben Einflüssen, die eineiige Partner einander ähnlicher machen, solche, die sie verschiedener werden lassen. Wenn man ein einzelnes Zwillingspaar vor sich hat, mag in einem Teil der Fälle die sorgfältige Analyse eine zutreffende Trennung von angleichenden und differenzierenden Faktoren möglich machen. Bei einer Zwillingsuntersuchung mit einer größeren Anzahl von Paaren kann das nicht gelingen. Das ist wissenschaftlich zwar beunruhigend, berechtigt aber nicht dazu, die Zwillingsmethode in Bausch und Bogen zu verdammen, weil die einander entgegengesetzten Einflüsse sich in einer Zwillingsserie zu einem beträchtlichen Teil ausgleichen werden. Auf der anderen Seite sollten uns alle diese Besonderheiten davor warnen, aus Befunden über Ähnlichkeit oder Unähnlichkeit von Zwillingen Schlüsse zu

70

ziehen, welches der *genaue* Anteil der genetischen im Vergleich zur umweltbedingten Variabilität eines Merkmals ist. Trotzdem kann die gut geplante Untersuchung von Zwillingen wertvolle Hinweise auf den Einfluß genetischer Faktoren an der Ausprägung eines Merkmals liefern. Sie kann überprüfbare Hypothesen aufstellen helfen, die mit anderen Methoden zu verifizieren oder zu widerlegen sind. Das gilt aber nur dann, wenn die Zwillingsbefunde von Fall zu Fall mit Vorsicht interpretiert werden.

Wer selber Zwillinge untersucht hat, ist immer wieder von ihrer zuweilen unglaublichen, manchmal geradezu lächerlichen Übereinstimmung beeindruckt. Dies geht in gewisser Weise jedem so, der eineiige Zwillinge kennenlernt. Zuweilen werden auch verblüffend ähnliche Lebensschicksale eineiiger Paare bekannt, etwa von Zwillingsschwestern, die in denselben Jahren heirateten, ihre Kinder bekamen, sich scheiden ließen und schließlich an derselben Krankheit kurz nacheinander starben. Dabei hatten die beiden seit ihrer Heirat viele hundert Kilometer voneinander entfernt gelebt und nur gelegentlich Kontakt miteinander. Man darf aus solchen Einzelfällen jedoch nicht schließen, das ganze persönliche Schicksal eines Menschen sei erblich festgelegt. Insofern sind derartige Berichte wissenschaftlich ziemlich wertlos; denn die Fälle, in denen das Leben ganz anders verlief, sind eben nicht so spektakulär. Sie haben deshalb weniger Aussicht, bekannt zu werden. Für eine zutreffende Abschätzung der Bedeutung erblicher Faktoren bedarf es einer klaren Forschungsstrategie.

Vergleicht man in einer systematisch angelegten Längsschnittstudie die Lebensschicksale ein- und zweieiiger Zwillinge, dann lassen sich Hinweise dafür gewinnen, in welchem Ausmaß genetische Faktoren an der Auseinandersetzung einer Persönlichkeit mit ihren Lebensbedingungen mitwirken. Bei diesem Forschungsansatz wird nur ein allgemeiner Eindruck registriert, und es kommt nichts in Zahlen Meßbares heraus. Es werden jedoch langfristige Tendenzen sichtbar, die bei den viel häufigeren Querschnittsuntersuchungen von kurzfristigen Einflüssen verdeckt sein können. Der Humangenetiker Otmar von Verschuer hat 100 eineiige und 50 gleichgeschlechtliche zweieiige Zwillingspaare über einen Zeitraum von 25 Jahren verfolgt, von 1925 bis 1950[7]. Im Laufe der Jahre suchte er sie wiederholt zu Hause auf und befragte sie nach ihrem Lebensweg, nach ihren beruflichen und privaten Erfolgen und Mißerfolgen, nach ihren Krankheiten, kurzum: Er zeichnete das Schicksal der Zwillinge so umfassend wie möglich auf. Man kann bei einer Untersuchung dieser Art natürlich nur recht allgemeine Ergebnisse erwarten. Einen interessanten Befund wollen wir jedoch hervorheben: Die Ähnlichkeit des Lebensweges wird bei eineiigen Zwillingen wesentlich durch das geistige »Niveau« beeinflußt. Einfach strukturierte, unterdurchschnittlich intelligente Paare sind den Prägekräften ihrer Umwelt besonders stark ausgeliefert. Ihr Lebensweg ist daher den Zufälligkeiten der Umstände unterworfen. Auch geistig differenzierte, überdurchschnittlich intelligente eineiige Paare nehmen oft eine ungewöhnlich verschiedene Entwicklung. Aus dem Reichtum ihrer Entfaltungsmöglichkeiten nutzt der eine Partner diese, der andere Partner jene, so daß beide Partner sich am Ende stark unterschieden. In der breiten Mittellage der Begabungen dagegen sind Unterschiede zwischen den eineiigen Paarlingen gering. Ihre Fähigkeiten reichen aus, um sich nicht von Zufälligkeiten der Umwelt beeinflussen zu lassen; sie lassen ihnen aber andererseits nur einen begrenzten Entwicklungsspielraum, so daß ihr Lebensweg viele Analogien aufweist.

Ein Beispiel für divergierende Entwicklung bei einem unterdurchschnittlich intelligenten Paar: Marianne und Theresia sind 1894 geboren, sie haben ihr ganzes Leben hindurch im selben Haus gelebt. Marianne hat nach dem Schulabschluß nähen gelernt, sie arbeitet als Näherin in den Häusern des Dorfes, führt ein angenehmes Leben, ist gesprächig und glücklich. Theresia muß dagegen durch anstrengende Arbeit ihren Unterhalt für sich und ihre unehelich geborene Tochter in einer Fabrik verdienen, sie lebt später mit ihrem derben Schwiegersohn zusammen. Sie ist ernst, einsilbig und durch ein arbeitsreiches Leben geprägt[8].

Ganz andere Verhältnisse begegnen uns bei geistig differenzierten, überdurchschnittlich begabten Zwillingspaaren. Auch dafür ein Beispiel: Hans und Ernst sind 1915 als Kinder eines Pfarrers geboren und unter guten sozialen Verhältnissen in einer Großstadt aufgewachsen. Die Zwillinge haben ihre Ähnlichkeit als ärgerlich empfunden. Wenn sie mit der Bahn zur Schule fuhren, saß der eine im vordersten, der andere im hintersten Wagen, jeder mit den eigenen Freunden. Hans hatte mehr praktische Interessen, studierte Forstwirtschaft und ist trotz einer schweren Kriegsverletzung als Forstmeister tätig. Ernst hatte mehr theoretische Interessen, studierte Jura und geht mit Freude seinem Büroberuf nach. Beide empfinden zwar eine gewisse Verbundenheit, sie haben aber miteinander wenig Kontakt[9].

Nun das Beispiel eines durchschnittlich begabten Paares: Hilda und Vilma sind 1902 als Töchter eines Zeitungsverlegers geboren. Sie besuchten gemeinsam das Lyzeum, hatten ähnliche Neigungen zu Musik und Literatur und wurden beide als Säuglingsschwestern ausgebildet. Vilmas Ehe wurde bald geschieden, während Hilda, deren Freund durch einen Verkehrsunfall ums Leben gekommen war, ledig blieb. Während des Krieges war die eine als Krankengymnastin tätig, die andere leitete Kurse für Kinderturnen. Später lebten sie glücklich mit den beiden Kindern Vilmas zusammen[10].

So unterhaltend derartige Lebensbeschreibungen auch sind, für die wissenschaftliche Analyse geben sie doch nicht viel her, solange die dem Verhalten der Zwillinge zugrundeliegenden Gesetzmäßigkeiten nicht schärfer herausgearbeitet werden. An die Beobachtungen müssen klare Fragen gerichtet werden – nach Möglichkeit solche, die sich durch Zählen und Messen und durch Anwendung von Methoden der mathematischen Statistik beantworten lassen. Es wird sich sehr bald herausstellen, daß auch diese Antworten noch wesentliche Probleme offenlassen, so daß weitergefragt werden muß.

Wenn einzelne Zwillingspaare mit einer bestimmten Krankheit bekannt werden, dann mag dies für die Beantwortung einer speziellen Frage eine wertvolle Information sein; allgemeinere Folgerungen kann man daraus aber nicht herleiten. Eineiige Zwillinge werden eben bevorzugt dann bekannt, wenn sie beide von derselben Krankheit betroffen sind. Ein Arzt erinnert sich an einen früheren Patienten leichter, wenn ein fast gleich aussehender Mensch mit derselben Krankheit zu ihm kommt. Er wird es in der Regel nicht bemerken, daß sein Patient eineiiger Zwilling ist, wenn der Zwillingspartner gesund ist. Genausowenig wird es ihm auffallen, daß er unter seinen Patienten zweieiige Zwillinge hat, weil sie einander nicht sehr auffällig ähneln. Selbst wenn man mehrere solcher Zwillingsbeobachtungen zusammenstellt, wird das Ergebnis nicht besser, weil alle Einzelfälle der gleichen Interessantheitsauslese unterliegen. Um zu unverzerrten Zahlen über die Häufigkeit gemeinsam Erkrankter (konkordanter) und nicht gemeinsam erkrankter (diskordanter) Zwillingspaare zu kommen, muß man sich eine bessere Erfassungsmethode einfallen lassen.

Am häufigsten wird der Weg beschritten, in einer definierten Stichprobe von Patienten, etwa allen Klinikaufnahmen eines Jahres, sämtliche Zwillinge zu erfassen und dann jeden Zwillingspartner daraufhin zu untersuchen, ob er auch Merkmalsträger ist. Bei diesem Vorgehen wird eine Bevorzugung konkordanter Paare vermieden. Der Psychiater A. Luxenburger, der diese Methode entwickelt hat, nennt die so erfaßten Zwillinge »beschränkt repräsentativ«, und zwar deswegen, weil sie nicht aus einem zeitlich und geographisch begrenzten Zählbezirk stammen[11]. Aber auch diese Bedingung konnte bei manchen, besonders aus skandinavischen Ländern stammenden, Zwillingsuntersuchungen erfüllt werden. Dort ging man von Zwillingen aus, die in einem bestimmten Zeitraum und einem bestimmten abgegrenzten Gebiet geboren waren. Jedes Zwillingspaar wurde dann in Hinblick auf die interessierende Krankheit untersucht. Die auf diese Weise erfaßten Zwillinge nennt Luxenburger »unbeschränkt repräsentativ«. Die Erfahrung hat jedoch gezeigt, daß beide Methoden gleicherweise zu verläßlichen Ergebnissen führen.

Wenn erbliche Faktoren das Auftreten der untersuchten Krankheit begünstigen, dann ist die Konkordanzrate eineiiger Zwillinge höher als die zweieiiger Zwillinge. Diese Rate gibt den Anteil übereinstimmender Paare unter allen Paaren an.

Die Zwillingsmethode ist mit Konsequenz und großem Erfolg in den zwanziger und dreißiger Jahren im Kaiser-Wilhelm-Institut für Genealogie und Demographie in München bei der Erforschung psychiatrisch-genetischer Probleme angewendet worden. Dieses Institut, an dem viele berühmte in- und ausländische Wissenschaftler zeitweise gearbeitet haben, war in jener Zeit geradezu ein Mekka humangenetischer Forschung. Hier ist die Zwillingsstudie des damaligen Assistenten des Instituts, Klaus Conrad, zur Bedeutung von Erbfaktoren an der Epilepsie aus dem Jahre 1935 besonders aufschlußreich[12].

Ein chronisches Anfallsleiden findet sich bei etwa 0,5 Prozent der Bevölkerung. Viel mehr Menschen haben jedoch irgendwann im Laufe ihres Lebens, besonders im Kindesalter, vereinzelte Krampfanfälle, ohne daß man von Epilepsie spricht. Bei einem epileptischen Anfall kommt es zu einer gleichzeitigen Erregung weiter Teile des Gehirns. Im Prinzip ist das Gehirn jedes Menschen »krampffähig«, zum Beispiel unter dem Einfluß mancher Medikamente oder im Zusammenhang mit einer Reihe von körperlichen Erkrankungen. Manche Menschen haben nun eine erniedrigte Krampfschwelle. Bei ihnen sind Teile ihres Gehirns ständig im Zustand einer Krampfbereitschaft. Die Krampfbereitschaft kann auf äußere Ursachen zurückzuführen sein, wie beispielsweise eine Schädelverletzung bei der Geburt, oder sie ist »endogen«, also aus inneren, unbekannten Gründen vorhanden. Ein Anfallsleiden ist also eher ein Symptom als eine

Krankheit. Während man der Epilepsie früher völlig hilflos gegenüberstand, gibt es heute antiepileptische Medikamente, durch deren Einnahme die meisten Patienten völlig frei von Anfällen werden können. Als Conrad die Zwillingsuntersuchung durchführte, war eine gewisse familiäre Häufung der Epilepsie schon bekannt. Auf seine Anfrage meldeten ihm 278 Krankenhäuser alle Patienten, die an einem bestimmten Stichtag wegen einer Epilepsie stationär behandelt worden waren. Die mitgeteilten 12 561 Patienten wurden nun daraufhin untersucht, ob sie aus einer Zwillingsgeburt stammten. Conrad ermittelte 258 Personen, die einem Zwillingspaar angehörten. Es handelte sich also um eine »beschränkt repräsentative Stichprobe« von Zwillingen, die in diesem Fall querschnittmäßig erfaßt worden sind, wobei naturgemäß die Tatsache der Hospitalisierungsbedürftigkeit die Patientenstichprobe charakterisiert. Schwerere Krankheitsverläufe werden unter den Zwillingen mit höherer Wahrscheinlichkeit vorkommen als leichte. Die 258 ermittelten Zwillingspersonen gehörten 253 Paaren an, weil in fünf Fällen beide als Probanden gemeldet waren. Bei diesen fünf Paaren müssen beide Partner als Probanden »aus eigenem Recht« gezählt werden. Der Autor hat zunächst untersucht, ob Zwillinge unter den Patienten in der erwarteten Häufigkeit vertreten sind, und zu seiner Überraschung eine gewisse Überrepräsentierung der zweieiigen Paare gefunden.Die eineiigen Zwillinge waren unter den Patienten mit Epilepsie in der erwarteten Häufigkeit aufgetreten. Daraus ließ sich schließen, daß die besonderen Umstände der vorgeburtlichen Entwicklung von eineiigen Zwillingen nicht zu einer späteren Epilepsie beitragen. Die Mütter der zweieiigen Zwillinge waren in Conrads Untersuchung (zufällig oder nicht?) im Mittel um fünf Jahre älter, als zu erwarten gewesen wäre. Da ZZ-Geburten mit zunehmendem

Tabelle 1: Probandenkonkordanz für Epilepsie bei Zwillingen in der Untersuchung von Conrad 1935 ohne Alterskorrektur[12]

		Konkordanz (Fälle)	Konkordanz (%)
»idiopathische«	EZ	19 von 22	86,4%
Epilepsie	ZZ	4 von 93	4,3%
»symptomatische«	EZ	1 von 8	12,5%
Epilepsie	ZZ	0 von 34	0
zusammen	EZ	20 von 30	66,7%
	ZZ	4 von 127	3,1%

Alter der Mutter häufiger werden, dürfte dies die Erklärung der Überrepräsentation der zweieiigen Paare sein. Das Ergebnis der Studie ist in Tabelle 1 wiedergegeben. Conrad hat ein Paar als konkordant bezeichnet, wenn der Partner überhaupt einmal epileptische Anfälle hatte. Bei der »idiopathischen« Epilepsie, das heißt in Fällen, bei denen sich äußere Gründe als Erklärung für das Anfallsleiden nicht finden, sind 86,4 Prozent der eineiigen Zwillinge konkordant, während dies nur in 4,3 Prozent der zweieiigen der Fall ist. Bei den Patienten mit »symptomatischer« Epilepsie, wenn also das Anfallsleiden nur das Symptom einer anderen Erkrankung ist, ist der Unterschied zwischen EZ und ZZ deutlich geringer. Aber immerhin hat sich bei einem der acht eineiigen Paare auch noch eine Konkordanz gefunden. Erbliche Faktoren spielen also bei der Entstehung der idiopathischen Epilepsie eine wesentliche Rolle und eine gewisse, wenn auch geringere, auch bei der symptomatischen Form. Da ein Anfallsleiden sich zwar im Kindesalter, aber auch im Laufe des Lebens erstmals manifestieren kann und da ein Teil der untersuchten Zwillingspaare noch einen Rest der Risikoperiode vor sich hatte, müßte eigentlich für das Alter korrigiert werden. Dies hat Conrad nicht getan, so daß die ermittelten Konkordanzraten eher unterschätzt sind. Er hat im übrigen auch die Anzahl der Fälle von Epilepsie unter den weiteren Geschwistern der Zwillingsprobanden ermittelt und dabei eine völlige Übereinstimmung mit der Probandenkonkordanz der zweieiigen Zwillinge gefunden. Dies ist eine Bestätigung für die Richtigkeit der ZZ-Konkordanz.

Auch Zwillingsuntersuchungen, die man in verstaubten Zeitschriftenbänden nachlesen kann, sind in ihrer methodischen Klarheit häufig aufschlußreich, wenn man neue Fragen an sie stellt. Schwieriger zu beurteilen ist die Aussagekraft von Zwillingsstudien, bei denen kontinuierlich verteilte Merkmale auf ihre genetische Bedingtheit untersucht wurden, also Merkmale, die sich nicht im Sinne von »vorhanden« und »nicht vorhanden« in zwei voneinander abgrenzbare Klassen einteilen lassen. Dies gilt insbesondere für die meisten »normalen« Merkmale, wie zum Beispiel Körpergröße und Gewicht, Blutdruck, Ausscheidungsgeschwindigkeit vieler Medikamente oder für den Intelligenzquotienten. Dementsprechend kann es bei der Anwendung der Zwillingsmethode auf kontinuierlich verteilte Merkmale nicht darum gehen, Konkordanzen oder Diskordanzen zu finden, sondern die Zwillingspartner werden auf den Grad der Ähnlichkeit hin untersucht. Dafür sind verschiedene Verfahren entwickelt worden.

76

Zunächst geht es um Zwillingsuntersuchungen, die genetische Faktoren an dem Verschwinden von Alkohol im Blut nachweisen wollten. Trinkt man eine bestimmte Menge Alkohol, dann lassen sich – wie bei Medikamenten auch – Aufnahme und Ausscheidung des Alkohols im Blut verfolgen. Abbildung 6 zeigt den Verlauf der Blutalkoholkonzentration nach einer einmaligen, in kurzer Zeit getrunkenen Alkoholmenge. Nach der Aufnahme steigt die Konzentration rasch an. Der Alkoholabbau setzt zwar sofort nach dem Trinken ein, ist zunächst jedoch geringer als die Resorption, dann während einer kurzen Plateauphase gleich stark, um später zu überwiegen. Auch wenn man die Versuchsbedingungen hinsichtlich vorheriger Nahrungsaufnahme, Trinkgeschwindigkeit, getrunkenem Alkoholquantum und Tageszeit konstant hält, findet man im Verlauf der Blutalkoholkurve Unterschiede zwischen verschiedenen Personen. Es gibt zwar auch gewisse Unterschiede, wenn man den gleichen Versuch bei einer Person wiederholt. Sie sind aber nicht so groß wie diejenigen zwischen verschiedenen Personen. Die Alkoholausscheidung erfolgt überwiegend durch Abbau in der Leber. Es sind nun drei verschiedene Zwillingsuntersuchungen angestellt worden, um den genetischen Anteil an der Variabilität des Alkoholabbaus, oder richtiger gesagt: den genetischen Anteil am Absinken der Blutalkoholkonzentration, zu ermitteln. Als Maß hierfür verwendet man die stündliche Abnahme, die üblicherweise mit dem Wert

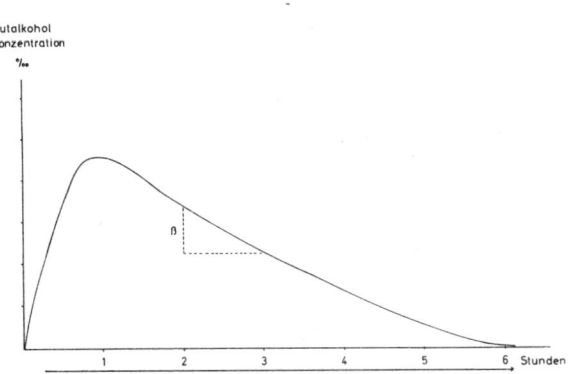

Abbildung 6
Blutalkoholkonzentration nach Aufnahme einer einmaligen Menge von Alkohol. In der ersten Stunde findet sich ein Anstieg, dann folgt über mehrere Stunden ein fast linearer Abfall, der sich durch den Wert β (= Abnahme innerhalb einer Stunde) wiedergeben läßt.

77

Tabelle 2: Drei Zwillingsstudien zur Alkoholausscheidung. r_{EZ}, r_{ZZ} = Intraclasskorrelationskoeffizient bei eineiigen bzw. zweieiigen Paaren[13]

Autoren	Anzahl Zwillingspaare	Absinken der Blutalkoholkonzentration β (mg/ml × Stunde)			
		Spanne	rEZ	rZZ	Heritabilität
Lüth 1939	10 EZ, 10 ZZ	0,051–0,141	0,64	0,16	0,63
Vesell et al. 1971	7 EZ, 7 ZZ	0,11 –0,24	0,96	−0,38	0,98
Kopun und Propping 1977	19 EZ, 21 ZZ	0,073–0,255	0,71	0,33	0,46

β bezeichnet wird und die nach dem Abschluß der Resorptionsphase ermittelt werden kann. In Tabelle 2 sind die Ergebnisse der drei Untersuchungen zusammengestellt. Es fällt auf, daß die Ausscheidung bei verschiedenen Menschen erheblich variiert. Der höchste Wert für β ist fünfmal so hoch wie der kleinste. Alle drei Studien stimmen darin überein, daß eineiige Zwillinge sich ähnlicher sind als zweieiige. Dies kommt in einer statistischen Maßzahl, dem Korrelationskoeffizienten, zum Ausdruck, der sich ja, wie in Kapitel 2 vorgeführt, zwischen −1 und +1 bewegen kann. Der Begriff der Heritabilität – den genetischen Anteil an den Unterschieden zwischen verschiedenen Menschen – wird in Kapitel 5 ausführlicher behandelt werden. Deutlich wird in der Tabelle 2 aber auch, daß die drei Studien durchaus Unterschiede zeigen. Die Gründe dafür anzugeben ist schwer. In allen drei Untersuchungen handelt es sich ja um gesunde Versuchspersonen. Sie mögen sich rein zufällig in einem Fall ähnlicher, im anderen unähnlicher verhalten haben. Je größer die Anzahl der untersuchten Zwillinge ist, desto geringer wird natürlich der Zufallsfehler sein. Manche Lebensgewohnheiten haben erwiesenermaßen Einfluß auf den Alkoholabbau, wie zum Beispiel Rauchen oder regelmäßige Einnahme bestimmter Medikamente. Wenn Zwillinge sich in dieser Hinsicht gleich oder ungleich verhalten, dann kann dies den Grad der Ähnlichkeit sowohl der eineiigen als auch der zweieiigen Zwillinge beeinflussen. Es ist fast unmöglich, alle denkbaren Einflüsse in einer Untersuchung zu kontrollieren. Daraus läßt sich folgern: Die Alkoholausscheidung wird offenbar durch genetische Faktoren beeinflußt; hinsichtlich des Ausmaßes bestehen aber gewisse Unsicherheiten.

Auch an der Entstehung der *Neurosen* sind genetische Faktoren beteiligt. Der Uneingeweihte mag diese Behauptung überraschend oder gar anmaßend finden, gelten doch gerade diese seelischen Erkrankungen als Paradebeispiele für lebensgeschichtliche Verursachung. Der Psychoanalytiker H. Schepank, der eine Studie an neurotischen Zwillingen durchgeführt hat[14], stellt seinem Buch ein Zitat von Sigmund Freud voran: »Die Psychoanalyse hat über die akzidentellen Faktoren der Ätiologie viel, über die konstitutionellen wenig geäußert, aber nur darum, weil sie zu den ersteren etwas Neues beibringen konnte, über die letzteren hingegen zunächst nicht mehr wußte, als man sonst weiß. – Je nach dem Stande unserer Erkenntnis werden wir den Anteil der Konstitution oder des Erlebens im Einzelfalle anders einschätzen und das Recht behalten, mit der Veränderung unserer Einsichten unser Urteil zu modifizieren.« Der Begründer der Psychoanalyse war, wir haben oben schon darauf hingewiesen, durchaus bereit, konstitutionelle – heute würde man sagen: erbliche – Faktoren zu akzeptieren. Viele seiner späteren Anhänger haben dies übersehen oder wollen es nicht wahrhaben. Schepanks Zwillingsstudie hat gezeigt, daß die ererbte Natur eines Menschen die Entstehung von Neurosen beeinflußt.

Was sind Neurosen? Man versteht darunter bestimmte Störungen der körperlichen oder psychischen Funktionen oder ungewöhnliche Verhaltensweisen eines Menschen, die nicht durch eine organische Erkrankung des Gehirns hervorgerufen sind. Ihre Ursache ist vielmehr in einer »konflikthaften« Verarbeitung von Erlebnissen zu suchen. Der Konflikt ist jedoch oft nicht leicht zu durchschauen, weil er im wesentlichen unbewußt geblieben ist. Die Folge ist eine krankhafte Verformung der Antriebe, Impulse und Bedürfnisse, wobei es besonders während der frühkindlichen Entwicklung zur Ausbildung bestimmter Triebabwehrformen kommt. Neurosen können sich auf vielfältige Weise äußern, etwa in Form von Zwangsgedanken oder -handlungen: Ein bestimmter Inhalt ist ständig gegenwärtig, gegen den die Person machtlos ist, etwa die dauernde Sorge, es könne einem Angehörigen durch eigene Schuld etwas zustoßen. Beim Waschzwang muß der Betreffende sich viele Male am Tag die Hände waschen, beim Ordnungszwang ständig Bücher, Akten oder Manuskripte sortieren. Eine andere Form ist die Konversionsneurose, bei der die psychische Erkrankung vorwiegend als organische Krankheit, oft in typischer Weise, zutage tritt. Im Ersten Weltkrieg waren die Lazarette von Kranken mit hysterischen Schüttellähmungen überfüllt, eine Erscheinung, die im Zweiten Weltkrieg völlig fehlte. Statt dessen kamen Magengeschwüre gehäuft vor. Es können aber auch andere Organe betroffen sein, so daß Gangstörungen, Armlähmungen, Stimmlähmungen oder gar Blindheit und Taubheit auftreten. Eine Neurose kann sich auch als Depression äußern. Im Unterschied zu den endogenen Depressionen (Kapitel 8) kommt es hier im zeitlichen Zusammenhang mit einem äußeren Ereignis zu trauriger Verstimmung und allgemeinem Rückzug aus der Welt. Der Anlaß kann der Tod eines nahestehenden Menschen, der Fortzug aus einer vertrauten Umgebung oder die altersbedingte Beendigung der Berufstätigkeit (Pensionierungsbankrott) sein. Die Angstneurose kann sich zum Beispiel als Platzangst, Brückenangst oder Klaustrophobie äußern. Die betroffene Person hat Angst, freie Plätze zu überqueren, Angst vor dem »Sog in die Tiefe« oder kann sich nicht in engen, geschlossenen oder überfüllten Räumen aufhalten.

Wir können hier nicht die vielgestaltigen Erscheinungsformen von Neurosen wiedergeben. Der Interessierte sei auf ausführliche Darstellungen verwiesen[15]. Das durchgehende Prinzip der Neurosen ist, daß sich lebensgeschichtliche Erklärungen für die Symptomatik finden lassen, wenn auch schwer aufdeckbar und lange zurückliegend, vielfach bis in die Kindheit. Dies ist ein wichtiger Unterschied gegenüber den Psychosen, die als etwas Unerhörtes, nicht Nachvollziehbares, zuweilen Überraschendes in das Lebensschicksal eines Menschen eingreifen. Die Persönlichkeitsveränderungen bei Psychosen entziehen sich dem psychologischen Verständnis. Der Leser ausführlicherer Darstellungen über Neurosen dagegen wird an sich selbst immer wieder gewisse neurotische Symptome finden. Die Grenzen zum Normalen sind fließend. Im Prinzip ist wohl jeder Mensch neurosefähig, wenn auch auf unterschiedliche Weise und in verschiedenen Erscheinungsformen. Beispielsweise überwiegen unter Patienten mit hysterischen Symptomen diejenigen der unteren Intelligenzbereiche, während andere Neurosen unabhängig vom Intelligenzniveau, also durchaus auch bei überdurchschnittlich intelligenten Menschen, auftreten. Familiäre Häufung von Neurosen ist gut bekannt, auch eine gewisse Ähnlichkeit in der Art der Erscheinungsformen.

Während die Neurosen in früheren Untersuchungen als ein qualitativ zu klassifizierendes Merkmal, das also fehlen oder vorhanden sein kann, betrachtet wurden, ging Schepank von dem fließenden Übergang zum Normalen aus und »gewichtete« den Schweregrad der Erkrankung bei seinen Zwillingsprobanden sowie ihren Partnern. Anhand einer vorher festgelegten Skala wurde jede Person mit einer Punktzahl bewertet, die sich zwischen 0 und 24 bewegte. Der völlig Unneurotische erhielt also 0, der Schwerstneurotiker 24 Punkte, die übrigen lagen dazwischen. Die entsprechende Gewichtung berücksichtigte dabei die zeitliche Entwicklung, gab also nicht nur eine Momentaufnahme wieder. Nachdem jeder Zwilling und sein Partner mit einem Punktewert auf der Neurosenskala belegt waren, konnte für jedes Paar das Ausmaß der Ähnlichkeit quantitativ ermittelt werden.

Der Autor machte von der Strategie der »beschränkt repräsentativen Stichprobe« Gebrauch und identifizierte unter den Patienten, die das Berliner Institut für psychogene Erkrankungen aufgesucht hatten, alle vorkommenden Zwillinge. 50 Paare, von denen 21 eineiig und 29 zweieiig waren, konnten tiefenpsychologisch untersucht werden. Zunächst stellte sich heraus, daß Zwillinge unter den neurotischen Patienten etwa genauso häufig waren wie in der Allgemeinbevölkerung, und auch eineiige und zweieiige Zwillinge kamen in demselben Verhältnis vor. Zwillinge sind also nicht anfälliger für Neurosen als Einzelpersonen. Dieser Befund ist wichtig, weil es denkbar gewesen wäre, daß eineiige Zwillinge aufgrund einer eventuellen Identifikationsproblematik besonders neurosegefährdet wären. Die 50 untersuchten Paare können darüber hinaus als weitgehend repräsentativ angesehen werden, da nur weniger als 9 Prozent der verfügbaren Zwillinge eine Untersuchung abgelehnt hatten. Dies ist deswegen von Bedeutung, weil eine hohe Ablehnungsquote eine Auslese nach Motivation, sich an der Untersuchung zu beteiligen, bedeutet hätte.

Die Zwillinge wurden in mehreren Terminen eingehend tiefenpsychologisch sowie mit verschiedenen Testverfahren untersucht. Aufgrund all dieser Befunde wurde für jede Person mit Hilfe des oben erwähnten Graduierungssystemes (1–24) der Schweregrad der Neurose durch einen Zahlenwert bezeichnet. Die Zahlenwerte der Neurosenschwere unter den 100 Untersuchten zeigten eine breite Variabilität, die Voraussetzung für jede weitere Betrachtung war. Das wichtigste Ergebnis der Studie, die Mittelwerte der Unterschiede zwischen den beiden Gruppen der eineiigen und zweieiigen Paare, ist in Tabelle 3 wiedergegeben. EZ sind sich dabei oft im Durchschnitt bedeutend ähnlicher als ZZ. Dieser Befund läßt uns vermuten, daß genetische Faktoren für die Anfälligkeit von neurotischen Erkrankungen wichtig sind.

Tabelle 3: Intra-Paar-Differenzen der Neurosenschwere-Werte bei den 21 eineiigen und 29 zweieiigen Zwillingspaaren[14]

	EZ	ZZ
kindliche Paare	3,16	4,50
erwachsene Paare	4,06	5,35
alle Paare	3,81	5,00

Aus Tabelle 3 geht jedoch hervor, daß auch die eineiigen Paare durchaus Unterschiede aufweisen, ein Beweis, daß erbliche Faktoren keinesfalls allein die Krankheit, die wir Neurose nennen, erklären können. Schepank untersuchte deshalb, ob sich ein Zusammenhang zwischen lebensgeschichtlichen Faktoren und der Schwere der Neurose findet. Tatsächlich ergab sich eine Beziehung zu dem Grad frühkindlicher Belastung. Menschen ohne oder mit nur leichten frühkindlichen Belastungen entwickelten oft nur leichtere neurotische Störungen, während stärkere Beeinträchtigungen schwerere Neurosen zur Folge hatten. Schepank konnte insbesondere drei Gruppen belastender Faktoren abgrenzen. Einmal: emotionale Ablehnung der Kinder, weil sie zum Beispiel unerwünscht waren. Die elterliche Aversion wird sich in diesem Fall auf beide Paarlinge beziehen, kann sich im Einzelfall aber auch auf einen beschränken. Dann das Fehlen wesentlicher Beziehungspersonen, besonders des Vaters oder der Mutter, auch wenn dies nur zeitweilig zutrifft; und schließlich besondere zusätzliche Konflikte oder Frustrationen, zum Beispiel nicht gestillt worden zu sein oder das Zusammensein mit »problematischen« Beziehungspersonen, wie Stiefonkel, fremdem Pflegekind oder Großelternteil. Ähnlich wie bei der Schizophrenie (Kapitel 7) ergab sich auch hier, daß dominierendes Verhalten über den Zwillingspartner und bessere Schulleistungen etwas mit besserer psychischer Gesundheit im späteren Leben zu tun haben.

Statistische Erkenntnisse dieser Art, so klar das Ergebnis erscheint, bleiben jedoch letztlich unbefriedigend. Wenn zum Beispiel der Zwilling, der als Kind dominiert hat, später weniger schwer an einer Neurose erkrankt – wo liegt da die Ursache, wo die Wirkung? Die sorgfältige Analyse einzelner Zwillingspaare, bei denen die psychische Entwicklung besonders verschieden verlaufen war, brachte nähere Aufschlüsse. Nur ein Beispiel: Der in der Kindheit motorisch eingeengte, von der Mutter gehütet und angepaßt erzogene Partner eines männlichen EZ-Paares, dem also weniger ein männlich-expansives Ideal beigemessen wurde, nimmt später eine stärkere neurotische Entwicklung. Auf diese Weise wurde die nachteilige Wirkung einer allzu einengenden Erziehung eindrucksvoll bestätigt.

Gerade bei einer Gruppe psychischer Erkrankungen, an deren Entstehung lebensgeschichtlichen Faktoren ein wesentlicher Einfluß zukommt, lassen sich Zweifel an der Aussagekraft der Zwillingsmethode anmelden. Ist es vielleicht die Zwillingssituation selbst, die dazu beiträgt, daß einer oder beide Partner neurotisch werden? Zwillinge, sowohl eineiige als auch zweieiige, sind jedoch nicht häufiger neurotisch als einzeln Geborene, wie schon deutlich wurde. Außerdem: Es sind vor allem die schweren, krankmachenden Umwelteinflüsse in der frühen Kindheit, die die Entstehung einer Neurose fördern, wie früher Tod der Mutter, Alkoholiker als Vater oder Scheidung der Eltern. Diese Einflüsse aber treffen die beiden Angehörigen eines Zwillingspaares überwiegend gleich.

An der Entstehung von Neurosen dürften also genetische Faktoren beteiligt sein, aber auch verschiedene lebensgeschichtliche Ereignisse bereiten einer späteren Neurose den Weg. Wie bei anderen Krankheiten bedarf es offenbar auch für eine Neurose der *Wechselwirkung* bestimmter Erbanlagen mit bestimmten Umweltfaktoren. Über die Natur dieser Erbanlagen und ihre Wirkungsweise kann die Zwillingsmethode naturgemäß keine Aussage machen, schon, weil man über diese Zusammenhänge bisher wenig oder nichts weiß. Das Resultat einer Zwillingsuntersuchung kann nie am Ende, sondern nur am Beginn der genetischen Analyse stehen. Der Wert der Zwillingsuntersuchung liegt ganz allgemein in der Erkenntnis, in welcher Richtung das Fragen weiterzugehen hat und in welcher Richtung spezifischere Hypothesen notwendig sind[16].

1   Bönicke, R., Lisboa, R. B.: Über die Erbbedingtheit der intraindividuellen Konstanz der Isoniazidausscheidung beim Menschen. Naturwiss. 44, 314 (1957).

2   Das Vorkommen einer zwei- oder mehrgipfligen Verteilung der Merkmalsausprägung in einer Bevölkerung kann heute als ein wichtiges Indiz für das Vorliegen eines einfachen, das heißt Mendelschen Erbganges angesehen werden. (Für eine genauere Diskussion vgl. Vogel, F., Motulsky, A. G.: Human Genetics – Problems and Approaches. Berlin/Heidelberg/New York: Springer 1979, Sect. 3.6.1.)

3   Vgl. Benirschke, K., Kim, Ch. K.: Multiple pregnancy. New Engl.
    J. Med. 288, 1276–1284, 1329–1336 (1973).
4   Aus diesem Grunde ist die Zwillingsmethode zur Bestimmung des
    genetischen Einflusses bei der Entstehung angeborener Mißbil-
    dungen ungeeignet. Vgl. dazu:
    Propping, P., Vogel, F.: Twin studies in Medical Genetics. Acta
    Genet. Med. Gemellol. 25, 249–258 (1976).
    Myrianthopoulos, N. C.: Congenital malformations in twins. Epi-
    demiologic survey. Birth Defects: Orig. Art. Ser. Vol. XI, No. 8,
    1975.
5   Kaelber, C. T., Pugh, T. F.: Influence of intrauterine relations on
    the intelligence of twins. N. Engl. J. Med. 280, 1030–1034 (1969);
    281, 332 (1969).
6   Der Psychologe Bracken hat diese Beobachtungen vor über 40
    Jahren gemacht; vgl. Bracken: Humangenetische Psychologie. In:
    Becker, P. E. (Hrsg.): Humangenetik – ein kurzes Handbuch in 5
    Bänden, Bd. I/2. Stuttgart: Thieme 1969.
7   Verschuer, O. v.: Wirksame Faktoren im Leben des Menschen.
    Wiesbaden: Franz Steiner 1954.
8   Verschuer, O. v., a.a.O., S. 15.
9   Verschuer, O. v., a.a.O., S. 68.
10 Verschuer, O. v., a.a.O., S. 25.
11 Vgl. Luxenburger, A.: Die Zwillingsforschung als Methode der
    Erbforschung beim Menschen. In: Just, G. (Hrsg.), Handbuch der
    Erbbiologie des Menschen. Berlin: Springer 1940.
12 Conrad, K.: Erbanlagen und Epilepsie. Untersuchungen an einer
    Serie von 253 Zwillingspaaren. Z. ges. Neurol. Psychiatr. 153,
    271–326 (1935).
13 Lüth, P.: Untersuchungen über die Alkoholblutkonzentration
    nach Alkoholgaben bei 10 eineiigen und 10 zweieiigen Zwillings-
    paaren. Dtsch. Z. gerichtl. Med. 32, 145–164 (1939).
    Vesell, E. S., Page, J. G., Passavant, G. T.: Genetic and environ-
    mental factors affecting ethanol metabolism in man. Clin. Pharma-
    col. Ther. 12, 192–201 (1971).
    Kopun, M., Propping, P.: The kinetics of ethanol absorption and
    elimination in twins and supplementary repetitive experiments
    in singleton subjects. Eur. J. Clin. Pharmacol. 11, 337–344
    (1977).
14 Schepank, H.: Erb- und Umweltfaktoren bei Neurosen. Tiefen-
    psychologische Untersuchungen an 50 Zwillingspaaren. Berlin/
    Heidelberg/New York: Springer 1974.
    Eine Erweiterung der Studie auf 109 Zwillingspaare einschließlich
    einer Nachuntersuchung der bis dahin untersuchten Paare findet
    sich bei: Heigl-Evers, A., Schepank, H. (Hrsg.): Ursprünge
    seelisch bedingter Krankheiten. Bd. I: Wege, Probleme und
    Methoden. Bd. II: Ergebnisse. Göttingen: Verlag für Medizinische
    Psychologie 1980, 1981.

15 Vgl. zum Beispiel: Bräutigam, W.: Reaktionen, Neurosen, Psychopathien. Stuttgart: Thieme 1972.

16 Eine umfassende, nahezu enzyklopädische Zusammenfassung des Problems findet sich bei: Becker, P. E.: Persönlichkeit und Neurosen in der Zwillingsforschung. Ein historischer Überblick. In: Heigl-Evers, A., Schepank, H. (Hrsg.), a.a.O., Bd. I, S. 9–218.

5. Vererbung und Intelligenz

Einer der größten Mathematiker, die je gelebt haben, war Carl Friedrich Gauß. Aus seiner frühen Schulzeit ist überliefert[1]: Der Junge war mit sieben Jahren in die Schule gekommen, er wurde in einer Klasse zusammen mit hundert Knaben unterrichtet von einem Lehrer namens Büttner, dessen Lehrmethode besonders durch Prügel gekennzeichnet gewesen sein soll. Als Gauß zehn Jahre alt war, hatte der Lehrer den Kindern die Aufgabe gestellt, die Zahlen von 1 bis 100 zusammenzuzählen. In der Schule war es üblich, daß der Junge, der als erster die Lösung gefunden hatte, seine Schiefertafel auf den Tisch legte. Büttner hatte kaum die Aufgabe gestellt, als Gauß seine Tafel auf den Tisch knallte. »Da ligget se«, sagte er in seiner bäuerlichen Mundart, saß dann, während die anderen sich abmühten, mit verschränkten Armen da, von Zeit zu Zeit von Büttner mit einem sarkastischen Blick bedacht, der offenbar glaubte, sein jüngster Schüler sei ein Dummkopf wie alle anderen. Am Ende der Stunde überprüfte Büttner die Tafeln. Auf Gauß' Tafel stand eine einzige Zahl. Bis zum Ende seiner Tage erzählte Gauß gern, so wird berichtet, daß seine Zahl als einzige richtig und alle anderen falsch waren.

Wie hatte der Junge das Problem gelöst? Er hatte die Aufgabe zerlegt in 1 + 100, 2 + 99, 3 + 98 ... 50 + 51, was man zu 50 mal 101 zusammenfassen kann, um als Resultat 5050 zu erhalten. Büttner war so erstaunt über das, was der zehnjährige Junge ohne Anleitung zuwege gebracht hatte, daß er ihm aus eigener Tasche das beste Lehrbuch für Arithmetik kaufte.

Gauß, ein Fürst der Mathematik, hatte alles andere als eine fürstliche Herkunft. Er wurde 1777 in Braunschweig als Sohn eines Gärtners geboren, dessen Vater auch schon Gärtner gewesen war. Seine Mutter, die Tochter eines Steinmetzen, setzte es gegen den Willen ihres Mannes durch, daß Gauß die vom Herzog von Braunschweig angebotene Ausbildung annehmen konnte. Carl Friedrich Gauß hatte übrigens nicht nur eine ungewöhnliche mathematische Begabung, er fühlte sich zeitlebens auch sehr zur Philosophie hingezogen. Noch mit zweiundsechzig Jahren lernte er Russisch.

Hätte man seine geistige Leistungsfähigkeit mit einem der heutigen Intelligenztests gemessen, dann wäre zweifellos ein außerordentlicher Wert herausgekommen. Sein ungewöhnliches mathematisches Denkvermögen war offensichtlich naturgegeben. Die häusliche Umwelt ist seiner Entwicklung ja eher widrig

86

gewesen. Wenn aber Begabung naturgegeben ist, dann muß sie in irgendeiner Weise auch genetisch bedingt sein. In eindrucksvoller Weise wurde diese Vermutung bei Familien nahegelegt, in denen sich bestimmte Talente häuften – wie die Musikalität bei den Bachs oder die mathematische Begabung bei den Bernoullis. Im Zusammenhang rezessiver erblicher Stoffwechselkrankheiten (Kapitel 10) sah man aber sehr bald, daß auch das einmalige Auftreten eines bestimmten Merkmals in einer Familie durchaus auf genetische Weise zustande kommen kann. Genetische Bedingtheit muß also keinesfalls familiäre Häufung bedeuten. Natürlich ist eine spezielle Begabung viel zu komplex, als daß man sie auf einen einfachen, also dominanten oder rezessiven, Erbgang zurückführen könnte.

Ungewöhnliche Begabungen ragen durch ihre besonderen Fähigkeiten auf einem bestimmten Gebiet aus der Bevölkerung heraus. Den meisten Menschen fehlt diese Eigenschaft, obwohl sie voneinander in ihrer geistigen Leistungsfähigkeit durchaus verschieden sind. Will man Unterschiede, gleich welcher Art, zwischen verschiedenen Personen untersuchen, muß man hierfür ein quantitatives Maß finden. Die Abweichungen im Lernerfolg zwischen den Kindern einer Schulklasse könnte man etwa mit Hilfe der Schulnoten messen. Tatsächlich sind in früheren Jahrzehnten auch Zwillingsuntersuchungen im Hinblick auf den Schulerfolg angestellt worden.

Eineiige Paare waren einander dabei im Durchschnitt ähnlicher als zweieiige; solche Resultate haben damals viel Beachtung gefunden. Sind Schulnoten aber wirklich ein geeignetes Meßinstrument für geistige Leistungsfähigkeit? Auch ohne längere Erörterungen läßt sich dies bezweifeln. Schulnoten hängen nicht nur von intellektuellen Fähigkeiten ab, sondern auch vom Fleiß des Schülers, der Sympathie des Lehrers und seinem persönlichen Benotungssystem. In Baden-Württemberg stieg der Notendurchschnitt im Abitur zwischen 1978 und 1980 beispielsweise von 2,80 auf 2,51[2]. Hier wird es sich kaum um einen wundersamen Anstieg schulischer Leistungen, sondern eher um eine Verschiebung in der Benotung gehandelt haben.

Heute käme niemand mehr auf die Idee, genetische Untersuchungen anzustellen, in denen Schulnoten verwendet werden. In der seit Jahren geführten Diskussion über die Bedeutung von Erbe und Umwelt für die geistige Leistungsfähigkeit geht es ausschließlich um die testpsychologisch meßbare Intelligenz. Damit ist die wichtige Frage aufgeworfen, was man eigentlich unter Intelligenz versteht. Man hat diesen Begriff auf verschiedene Weisen zu definieren versucht. So formulierte der amerikanische Psychologe D. Wechsler: Intelligenz ist die zusammengesetzte oder globale Fähigkeit des Individuums, zweckvoll zu handeln, vernünftig zu denken und sich mit seiner Umgebung wirkungsvoll auseinanderzusetzen[3].

Das Problem besteht nun darin, einen Test zu entwickeln, der dem zuvor festgelegten Intelligenzbegriff gerecht wird. Deshalb haben andere Psychologen eine praktischere, sogenannte operationale Definition vorgezogen und formulieren, Intelligenz sei das, was Intelligenztests messen. Manche Untersucher haben mit Hilfe statistischer Methoden sogar verschiedene Komponenten aus der Gesamtintelligenz herausgearbeitet. Besonders bekannt geworden ist die Zweiteilung in einen sprachlichen Teil und einen Handlungsteil der Intelligenz. Aber damit ist die Frage nicht beantwortet, ob das, was Intelligenztests messen, etwas mit unserem landläufigen Intelligenzverständnis zu tun hat. Man hat daher Intelligenz auch als die Fähigkeit definiert, die den erfolgreichen Besuch einer Schule vorhersehen läßt. Auf jeden Fall hängt der Intelligenzbegriff eng mit den Testmethoden zusammen, die Unterschiede zwischen verschiedenen Personen nachweisen sollen. Historisch betrachtet, sind Intelligenztests entwickelt worden, um den Schulerfolg von Kindern vorherzusagen.

Im Jahre 1904 setzte der französische Erziehungsminister einen Ausschuß ein, der untersuchen sollte, wie man geistig behinderte Kinder am besten unterrichten und die Fähigkeit eines Kindes ermitteln könne, aus dem Schulunterricht größten Nutzen zu ziehen. Im Auftrage dieser Kommission entwickelten die Franzosen Simon und Binet einen Intelligenztest für Kinder mit dem Ziel, den Schulerfolg vorherzusagen. Die Fähigkeit zur Lösung von Testaufgaben hängt natürlich vom Alter des Kindes ab. Simon und Binet ermittelten zunächst das Durchschnittsalter, in dem bestimmte Aufgaben bewältigt werden können. Die Leistung eines Kindes wurde dann mit der Leistung anderer Kinder gleichen Alters verglichen. In den ersten Intelligenztests dieser Art maß man die Fähigkeit, einfache Aufgaben zu bewältigen. Mit drei Jahren kann ein Kind auf Nase, Augen oder Mund deuten, es kann sechssilbige Sätze oder zwei Ziffern nachsprechen. Mit vier Jahren kann es sein Geschlecht angeben und Gegenstände, wie Schlüssel oder Taschenmesser, benennen. Im Alter von sechs Jahren kann ein Kind rechts oder links unterscheiden, Sätze mit sechzehn Silben nachsprechen und einen aus drei Teilen bestehenden Auftrag wiederholen. Ein entscheidender Gesichtspunkt bei der Testentwicklung war also die Festlegung eines Intelligenzalters. Der deutsche Psychologe Stern schlug später vor, das Intelligenzalter eines Kindes durch sein Lebensalter zu teilen, um ein Maß für die individuelle Leistung im Vergleich zu gleichaltrigen Kindern zu haben. Üblicherweise wird der Quotient noch mit 100 multipliziert. Wenn das individuelle Testergebnis eines Kindes also genau seinem Lebensalter enspricht, dann hat es einen Intelligenzquotienten von 100; wenn es gleichaltrige Kinder übertrifft, liegt der Wert über 100, sonst darunter[4]. Das Verfahren der Quotientenbildung ist natürlich nur so lange sinnvoll, wie die Testleistung mit dem Alter zunimmt. Bei Erwachsenen ändert sich das Intelligenzalter nicht mehr wesentlich, während das Lebensalter stetig zunimmt. Ein Vierzigjähriger, der eine gleiche Intelligenzleistung wie ein Zwanzigjähriger erbringt, würde also einen halb so großen Intelligenzquotienten haben. Das ist natürlich Unsinn.

Den heute verwendeten Intelligenztests liegen Testaufgaben zugrunde, die so konstruiert sind, daß in einer Bevölkerungsstichprobe ein Mittelwert von 100 erreicht wird. Man bezeichnet diesen Zahlenwert konventionsgemäß weiter als Intelligenzquotienten (IQ), obwohl es sich dabei gar nicht mehr um einen Quotienten handelt. Moderne Intelligenztests zeigen eine weitere wichtige Eigenheit: Sie sind so konstruiert, daß, wenn man eine größere Anzahl von Menschen untersucht, die ermittelten IQ-

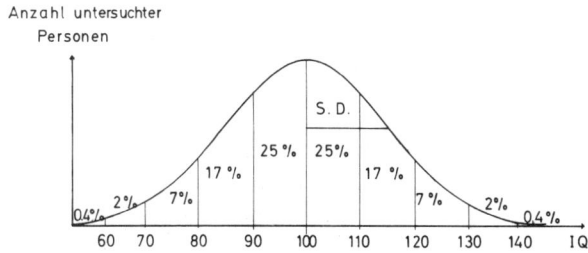

Abbildung 1
Ideale, der Gaußschen Normalverteilung folgende Verteilung des Intelligenzquotienten (IQ) in einer Bevölkerung. 50 % aller Menschen haben danach IQ-Werte zwischen 90–110, 0,4 % haben Werte über 140. Eine Standardabweichung (S.D.) entspricht 15 IQ-Punkten (nach Eysenck, H. J.: Intelligenz – Struktur und Messung. Berlin/Heidelberg/New York: Springer 1980).

89

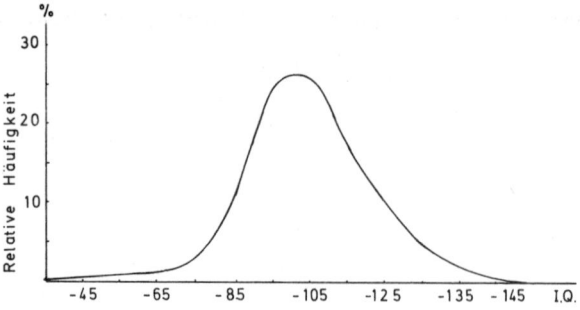

Abbildung 2
Empirische Verteilung des IQ innerhalb einer Bevölkerung, gemessen mit dem Stanford-Binet-Test. Sie unterscheidet sich von der idealen Verteilung (Abb. 1) dadurch, daß mehr Individuen im unteren Bereich der Verteilungskurve liegen. Unterhalb einem IQ-Wert von 45 fanden sich 18mal mehr Personen, als theoretisch zu erwarten gewesen wären (nach Fraser Roberts, Eugen. Rev. 44, 71–83, 1952). Der »linke Schwanz« der Verteilungskurve ist zur Verdeutlichung etwas übertrieben gezeichnet.

Werte einer Normalverteilung folgen. Man nennt sie übrigens nach dem eingangs erwähnten Mathematiker auch Gauß-Verteilung. Dies bedeutet eine bestimmte Gesetzmäßigkeit der Verteilung der Einzelwerte. Abbildung 1 zeigt eine ideale Verteilungskurve, bezogen auf IQ-Einheiten. Man sieht zum Beispiel, daß 50 Prozent der Menschen einen IQ-Wert zwischen 90 und 110 haben. Außerdem ist in der Abbildung die Standardabweichung (S. D.) eingezeichnet, eine wichtige statistische Größe, die in IQ-Tests 15 Punkte beträgt und die auf der Kurve den Abstand des Wendepunktes vom Mittelwert angibt.

Abbildung 1 zeigt eine idealisierte Verteilung des Intelligenzquotienten in der Bevölkerung. Tatsächlich gibt es jedoch im Bereich des linken »Schwanzes«, unter einem IQ-Wert von 70 etwa, eine gewisse Überrepräsentation von Personen; man sagt daher auch, die Verteilung sei »linksschief« (Abbildung 2)[5]. Wie erklärt sich dies? Für die Testkonstruktion werden große Zahlen von Personen aus der Allgemeinbevölkerung herangezogen, wobei jedoch aus praktischen Gründen manche Personen, wie geistig Behinderte, psychiatrische Patienten und Gefängnisinsassen, ausgeschlossen werden. Hat man nun einen Intelligenztest konzipiert und wendet ihn auf eine repräsentative Stichprobe der Bevölkerung an, die derartige Personen enthält, dann findet man im Bereich der unteren IQ-Werte etwas mehr Personen, als zu erwarten wären.

Simon und Binet hatten Aufgaben ermittelt, die Kinder in einem bestimmten Lebensalter zu lösen imstande sind. Heutige Intelligenztests stellen natürlich andere Aufgaben. Am bekanntesten ist wohl der Wechsler-Test geworden. Er besteht aus einer Reihe von Untertests, von denen einige sprachliche und rechnerische Fähigkeiten prüfen, andere mehr praktisches Handeln. Die Aufgaben sind jeweils in einer begrenzten Zeit zu lösen. Der Untersuchte muß zum Beispiel gemeinsame Oberbegriffe finden, Zahlenfolgen nachsprechen, seinen Wortschatz unter Beweis stellen und Figuren ergänzen. Alle Untertests – im Wechsler-Test sind es zehn – korrelieren untereinander in gewissem Umfang, das heißt, es sind mindestens teilweise ähnliche Fähigkeiten für die Lösung der verschiedenen Aufgaben nötig. Die Ergebnisse in allen Untertests ergeben den Gesamt-IQ einer Person. Aus den beiden genannten Gruppen von Untertests kann man außerdem noch einen sogenannten verbalen und einen Handlungs-IQ ermitteln, um einen Anhalt für den Begabungsschwerpunkt eines Menschen zu bekommen

Die Unterteilung des »Profils« eines Intelligenztests in einen verbalen und einen Handlungsteil ist von besonderem Interesse, weil es hier einen Geschlechtsunterschied gibt. Frauen erreichen in den Aufgaben, die sprachliche Fähigkeiten messen, im Durchschnitt bessere Ergebnisse als Männer. Diese dagegen erzielen im Handlungsteil, in dem etwa räumliches Vorstellungsvermögen, das Ergänzen von Bildern und Mosaiken geprüft wird, die höhere Leistung. Dies deutet auf eine geschlechtsspezifische Differenzierung bestimmter Großhirnregionen hin. Wir werden später noch auf dieses interessante Phänomen auch deshalb zurückkommen (Kapitel 13), weil Trägerinnen einer bestimmten Chromosomenstörung einen Defekt im Handlungsteil von Intelligenztests haben (Kapitel 12).

Der Intelligenzquotient wird also nach einem Punktsystem quantitativ gemessen. Das klingt wie eine physikalische Messung, so wie man eine bestimmte Menge Wasser mit Hilfe eines Litermaßes genau quantifizieren kann. Zwei verschiedene Untersucher, welche die Menge zu verschiedenen Zeitpunkten bestimmen sollen, werden auch mit verschiedenen Meßgefäßen zu gleichen Ergebnissen kommen, wenn sie gleiche äußere Meßbedingungen einhalten, also Luftdruck, Temperatur und Eichung des Litermaßes. Damit sind zwei Gesichtspunkte angesprochen, die auch in der testpsychologischen Diagnostik bedeutsam sind und für die die Psychologen die Begriffe Objektivität und Reliabilität verwenden. Ein Test muß, wie ein physikalisches

Meßverfahren, objektiv sein. Jeder Untersucher muß mit derselben Methode dasselbe Ergebnis erzielen. Diesem Ziel wird dadurch Rechnung getragen, daß die praktische Durchführung eines Tests und seine Auswertung genau vorgeschrieben sind und jeder Untersucher zunächst für die praktische Anwendung trainiert wird. Das Problem der Objektivität ist tatsächlich weitgehend gelöst.

Unter Reliabilität versteht man die Verläßlichkeit, mit der sich ein bestimmtes Testergebnis bei wiederholter Untersuchung reproduzieren läßt. Unterzieht man 100 Kinder gleichen Alters im Abstand von einem Monat demselben Intelligenztest (oder einer Parallelform des Tests), dann liegt die Korrelation zwischen den zwei Ergebnissen bei 0,90 bis 0,95 – ein Beweis für hohe Reliabilität. Sie wird jedoch um so schlechter, je größer die Zeitabstände zwischen den Tests werden. Bei Kindern kommt als Problem noch hinzu, daß man für die einzelnen Altersstufen verschiedene Testverfahren verwenden muß. Je älter ein Kind zum Zeitpunkt der Untersuchung ist, desto besser stimmt das Testresultat mit dem späteren Ergebnis als Erwachsener überein. Die Korrelation des IQ, der im Alter von acht Jahren ermittelt wurde, mit dem beim Achtzehnjährigen gemessenen Wert beträgt 0,80. IQ-Tests erreichen zwar bei weitem nicht die Reliabilität physikalischer Messungen, im Vergleich zu anderen psychologischen Tests sind sie aber immer noch ungewöhnlich reliabel. Jedes andere Verfahren der Messung geistiger Leistungsfähigkeit ist IQ-Tests unterlegen. Führt man mit einer Gruppe von Studenten zwei unabhängige Examina durch, dann korrelieren die Ergebnisse sehr viel weniger miteinander. Dies ist nicht verwunderlich, wenn man bedenkt, welche Faktoren ein Examensergebnis beeinflussen können.

Intelligenztests sind ursprünglich als Instrument zur Vorhersage des Schulerfolges entwickelt worden. Inwieweit werden die Tests aber diesem Anspruch gerecht? Umfassender gefragt: Haben die Testergebnisse überhaupt etwas mit dem zu tun, was man im praktischen Leben unter Intelligenz versteht? Die Psychologen nennen die Genauigkeit, mit welcher der Test das mißt, was er zu messen beansprucht, die Validität eines Testverfahrens. Tatsächlich kann ein Intelligenztest den Schulerfolg im Durchschnitt recht gut vorhersagen, ohne allerdings in jedem Einzelfall zuzutreffen. Dazu ein Beispiel[6]: Der Amerikaner Dillon bestimmte den IQ von Schülern der 7. Klasse. Von 400 Kindern mit einem IQ über 115 erreichten 344 den Schulabschluß, von 400 Schülern mit einem Wert unter 85 dagegen nur 14. Die Kinder, die sich in ihrem IQ-Wert dazwischen bewegten, lagen auch hinsichtlich des Schulerfolgs dazwischen. Intelligenztests messen also Fähigkeiten, die in der Schule benötigt werden. Aber aus der Untersuchung wird auch ersichtlich, daß ein hoher IQ keine Garantie für Schulerfolg ist.

Intelligenztests können aber nicht nur den schulischen Erfolg, sondern – mindestens auf bestimmten Gebieten – auch den erfolgreichen Abschluß einer Berufsausbildung recht gut vorhersagen. In der amerikanischen Armee sind in beiden Weltkriegen IQ-Tests systematisch zur Eignungsprüfung, besonders zur Offiziersauslese, verwendet worden. Im Zweiten Weltkrieg hat man Rekruten, die anschließend eine Pilotenausbildung durchlaufen haben, einem Test unterzogen, der vieles mit einem IQ-Test gemeinsam hat, um Erfahrungen über die Vorhersagefähigkeit des Tests zu sammeln. Am Ende des Lehrgangs ergab sich, daß von denjenigen mit den besten Testergebnissen auch die wenigsten wegen Untauglichkeit ausscheiden mußten. Es bestand sogar eine klare Beziehung zwischen Testergebnissen und der Wahrscheinlichkeit, die Pilotenausbildung mit Erfolg zu absolvieren. Intelligenztests haben also eine Vorhersagekraft, zumindest was Schul- oder Examenserfolg anbelangt.

Wenn man Angehörige verschiedener Berufe, vom ungelernten Arbeiter bis zum Professor für theoretische Physik, einem Intelligenztest unterzieht, dann findet man natürlich auch deutliche Unterschiede. Nur kann ein derartiger Befund den zuweilen vorgebrachten Einwand nicht entkräften, der ungelernte Arbeiter schneide nur deshalb schlechter ab, weil er zuwenig Gelegenheit gehabt habe, die Fähigkeiten zu üben, die in Intelligenztests erforderlich seien. Die erwähnten längsschnittlichen Studien, zusammen mit einer berühmten, fast lebenslangen kalifornischen Untersuchung an Höchstbegabten, lassen jedoch den Schluß zu, daß die IQ-Unterschiede zwischen den Angehörigen verschiedener Berufe nicht Folge des jeweiligen geistigen Trainings sind, sondern etwas mit der Eignung für diese Berufe zu tun haben.

Nachdem in früheren Jahrzehnten, vor allem in Nordamerika, Intelligenztests in riesigem Umfang und mit großem Vertrauen in ihre Verläßlichkeit durchgeführt worden waren, sind in den letzten zwanzig Jahren viele Psychologen wesentlich reservierter geworden. Besonders das Problem des IQ-Unterschiedes zwischen Schwarzen und Weißen hatte die Kritik an den Tests auf das heftigste entfacht. Dabei ist neben berechtigter Kritik auch viel Irrationalität eingeflossen. In der auch von manchen Fachleuten geteilten Abneigung gegen Intelligenztests schwingt sicher die Sorge mit, Menschen würden durch Zuordnung eines Zahlenwertes in Gütekategorien eingeteilt und so nach einem mechanistischen Prinzip klassifiziert. Dies sei gefährlich, weil eine bestimmte prädiktive Aussage im Einzelfall falsch sein könne und weil der »Wert« eines Menschen keineswegs nur auf seinen intellektuellen Fähigkeiten beruhe. Dieser Einwand trifft zweifellos zu. Sowohl Befürworter als auch Kritiker der IQ-Tests haben vielfach den Fehler gemacht, die Aussagekraft eines IQ-Wertes für eine Person überzubewerten. Zwar ist die Fähigkeit des Menschen zum analytischen, zum schlußfolgernden Denken einzigartig unter den Lebewesen, und die zivilisatorischen Leistungen wären ohne diese Fähigkeit gar nicht möglich. Es gibt aber daneben auch andere Eigenschaften, die den »Wert« eines Menschen ausmachen, die ihn sympathisch oder im Beruf erfolgreich machen. Fleiß, Konzentrations- und Durchsetzungsfähigkeit, Feingefühl und Verantwortungsbewußtsein, Fürsorglichkeit und Fähigkeit zum Mitleiden sind Qualitäten, die einen Menschen für bestimmte Aufgaben geeignet oder ihn liebenswert machen können. Das alles hat mit dem Intelligenzquotienten nichts zu tun. Daß solche Eigenschaften aber auch den Lebenserfolg beeinflussen, dafür spricht der Vergleich des mittleren IQ in Berufen mit verschieden anspruchsvollen Ausbildungsgängen. Der mittlere IQ nimmt ja tatsächlich vom ungelernten Arbeiter über den Handwerker und Techniker bis zum Universitätsabsolventen zu. Die Variabilität des IQ ist innerhalb der anspruchsvolleren Berufe dabei deutlich geringer als innerhalb der Berufe mit geringerer Qualifikation. Dies bedeutet: Unter ungelernten Arbeitern muß es solche geben, die aufgrund ihrer Intelligenz eigentlich zu einer höheren Qualifikation fähig gewesen wären, denen jedoch dafür andere wichtige Eigenschaften, vielleicht Ehrgeiz oder Konzentrationsfähigkeit, fehlen. Intelligenz ist zwar Voraussetzung für einen bestimmten Lebenserfolg, sie allein garantiert den Erfolg aber keineswegs.

Ein anderer Grund für die verbreitete Abneigung gegen Intelligenztests ist, daß dadurch die Unterschiede zwischen verschiedenen Menschen betont werden, wenn auch nur in dieser einen Dimension. Die Demokratie legt äußersten Wert auf die prinzipielle Gleichheit jedes Menschen, deren Entdeckung und Bewahrung als besondere Errungenschaft angesehen wird. Nicht zufällig war die Französische Revolution unter der Parole »Freiheit, Gleichheit, Brüderlichkeit« angetreten. Durch die Bestimmung des IQ wird aber das intellektuelle Potential eines jungen Menschen festgelegt, und dies soll entscheidenden Einfluß auf seinen Schulerfolg, seinen Berufsabschluß, auf sein Einkommen und damit indirekt auf die Zugehörigkeit zu seiner Sozialschicht haben. Manche Kritiker sehen hier die Gefahr einer Wiederherstellung des Systems gesellschaftlicher Klassen, diesmal auf einer psychodiagnostischen oder gar biologistischen Grundlage. Aber: Intelligenztests werden nicht durchgeführt, um einen Menschen von einer bestimmten Entwicklung fernzuhalten, vielmehr um ihm zu helfen, den für ihn günstigsten Lebensweg einzuschlagen.

Es geht hier nur um die Feststellung, daß Unterschiede im IQ zwischen verschiedenen Menschen bestehen – mit der Gleichheit vor dem Gesetz und in den Lebenschancen hat dies nichts zu tun. Es gibt viele Unterschiede zwischen den Menschen, die von niemandem angezweifelt werden und die das persönliche Schicksal durchaus beeinflussen können. Der eine konnte schon als Kind besonders schnell rennen und geschickt Ball spielen, er ist später ein erfolgreicher Fußballer geworden. Der andere war immer schon körperlich ungeschickt, ist deswegen von seinen Kameraden gehänselt worden und hat später einen Büroberuf ergriffen. Es gibt hellhäutige Menschen, die nur mangelhaft Pigment bilden können und deswegen die Sonne meiden müssen, während andere sehr rasch durch Bräunung einen Lichtschutz erwerben. Es gibt Menschen, die eine Neigung zu rheumatischen Gelenkbeschwerden, zu Heuschnupfen oder zu Übergewicht haben, und andere, die davon frei sind. Überall Unterschiede, die uns geläufig sind. Die Entwicklung in der Humangenetik und Medizin geht dahin, solche konstanten Unterschiede oder Krankheitsdispositionen zu verstehen und möglichst frühzeitig zu erkennen (Kapitel 9 und 10). Es hieße darum »unbiologisch« denken, wenn man Unterschiede in der geistigen Leistungsfähigkeit leugnen wollte.

Die Frage bleibt, ob IQ-Tests das messen, was sie zu messen beanspruchen, nämlich Intelligenz. Die objektive Feststellung der »wahren« Intelligenz eines Menschen ist natürlich nicht möglich. Man kann jedoch den Verlauf eines Lebens mit seinen Erfolgen und Mißerfolgen zum Vergleich heranziehen. Genau dies hat der amerikanische Psychologe Lewis M. Terman getan[7]. Er hat in den Jahren 1921 und 1922 in Kalifornien 1528 Kinder identifiziert, deren IQ-Werte über 140 betrug. Der Mittelwert lag bei 151. Nur 1 Prozent der Allgemeinbevölkerung fällt in diese Gruppe. Damals betrug das Alter der Kinder beziehungsweise Jugendlichen zwischen 3 und 19 Jahren, mit einem Mittelwert von

11 Jahren. Sie wurden im Laufe ihres Lebens wiederholt, zum Teil auch mit Hilfe eines übersandten Fragebogens, nachuntersucht. Dabei hat Terman sich um ein möglichst umfassendes Bild ihres Lebensweges bemüht. Knapp vier Jahrzehnte später, 1960, übten 46 Prozent der Männer einen akademischen Beruf aus, als Jurist, Ingenieur, Physiker, Biologe, Arzt, Architekt, Wissenschaftler; 40 Prozent hatten führende Positionen in der Wirtschaft, auf kulturellem oder künstlerischem Gebiet inne, waren als Offiziere oder in Ministerien tätig oder als selbständige Unternehmer; 14 Prozent übten Tätigkeiten mit geringerer Qualifikation aus oder waren nicht berufstätig. Die Liste der Ehrungen und Auszeichnungen, die ihnen als Erwachsenen zuteil wurden, ist lang. Drei Männer waren Mitglieder der »National Academy of Sciences«, zwei der »American Philosophical Society« geworden, die höchste Ehrung für einen Wissenschaftler in den USA. Sechs Männer sind im internationalen »Who is Who« verzeichnet, 46 im »Who is Who in America«, 81 werden im Verzeichnis der »American Men of Science« geführt. Wenn auch die Vergleichszahlen aus der Allgemeinbevölkerung fehlen, so kann kein Zweifel bestehen, daß die Termanschen Kinder einen weit überdurchschnittlichen beruflichen Erfolg hatten. Die gleiche Tendenz ergab sich bei den Frauen, allerdings weniger deutlich. Sie waren fast zur Hälfte Hausfrauen geworden.

Wenngleich der Berufserfolg des Personenkreises, der von Terman aufgrund seines weit überdurchschnittlichen IQ im Kindesalter rekrutiert worden war, einen deutlichen Hinweis auf die Vorhersagekraft von Intelligenztests gibt, so fällt doch auf, daß nicht alle Personen ungewöhnlichen Erfolg hatten. Unter den 1960 nachuntersuchten Männern wurden die 100 herausgesucht, die jeweils den höchsten und den geringsten beruflichen Erfolg hatten. Die Analyse der Unterschiede zwischen beiden Gruppen ist besonders interessant. Beide Gruppen bestanden ja aus Kindern, die 1921 einen IQ von mindestens 140 gehabt hatten. Jetzt war die Mehrzahl der einen Teilgruppe in besonders anspruchsvollen, die der anderen in einfacheren Berufen tätig. In der einen Gruppe fanden sich zahlreiche Personen mit akademischen Titeln, in der anderen fast keine. Die später erfolgreicheren hatten ihre akademischen Prüfungen auch früher abgelegt als die weniger Erfolgreichen.

Die Erfolgreicheren hatten, nachgewiesen durch Selbsteinschätzung und Beurteilung durch Eltern und Ehefrau, ein größeres Selbstvertrauen, eine ausgeprägtere Hartnäckigkeit und Zielstrebigkeit als die Vergleichsgruppe. Sie erschienen äußerlich attraktiver, waren im Durchschnitt gesünder und häufiger verheiratet. Ihre Eltern hatten meist selber eine höhere Bildung. Die weniger Tüchtigen hatten dagegen häufiger geschiedene Eltern. Sie waren auch seltener von ihren Eltern zu geistiger Unabhängigkeit und eigener Initiative erzogen worden. Die Erfolgreicheren hielten es im Durchschnitt auch für wesentlicher, Führungsqualitäten und einen größeren Freundeskreis zu haben.

Wie aus der nahezu lebenslangen Untersuchung an Kindern mit hohem IQ hervorgeht, ist hohe Testintelligenz zwar eine gute Voraussetzung für beruflichen Erfolg, aber keineswegs eine Garantie. Ein Teil der weniger Erfolgreichen der Studie hat im übrigen auch bewußt auf beruflichen Ehrgeiz verzichtet und mehr den persönlichen Neigungen gelebt. Es bedarf ganz offensichtlich zusätzlich besonderer Persönlichkeitseigenschaften, um eine ungewöhnliche Intelligenz in beruflichen Erfolg umzusetzen. Außerdem ist es natürlich notwendig, daß der Heranwachsende in entscheidenden Entwicklungsphasen gefördert wird. Hätte der junge Carl Friedrich Gauß nicht das Glück gehabt, in seinem Herzog einen verständnisvollen und energischen Förderer zu finden, so wäre seine mathematische Begabung in der Enge seines Lebenskreises verkümmert. Andererseits ist ein gewisser Lebenserfolg sicher auch ohne hervorragende Begabung möglich. Über diese Frage gibt es keine Studie, aber Eigenschaften wie Fleiß, Ehrgeiz und Zielstrebigkeit dürften zum Teil kompensierend für eine mäßige Intelligenz wirken.

Es gibt noch einen anderen Beleg dafür, daß der IQ eine Fähigkeit mißt, die auch im Alltagsleben Bedeutung hat. Es besteht nämlich eine beträchtliche Korrelation zwischen Ehegatten. Bekanntlich wählt man sich seinen Partner nicht zufällig, sondern – wenn auch vielleicht oft unbewußt – unter Berücksichtigung der verschiedensten Faktoren, wobei psychische Eigenarten eine wesentliche Rolle spielen. Dabei mag zuweilen, wie bei der Körpergröße, nach dem Grundsatz »Gleich und Gleich gesellt sich gern« verfahren werden, in anderer Hinsicht mögen aber auch die »Gegensätze, die sich anziehen« zur Wirkung kommen. Die Korrelation im IQ zwischen Ehepartnern bewegt sich nun in verschiedenen Untersuchungen zwischen 0,2 und 0,5, ein erstaunlicher Wert, der in die Größenordnung der Korrelation von Verwandten ersten Grades hineinreicht. Das bedeutet, daß Ehepartner in einem Intelligenztest sehr viel ähnlicher abschneiden, als wenn man beliebige Personenpaare miteinander vergleicht. Man kann diesen Befund zwar trivial nennen, weil er eben der allgemeinen Beobachtung entspricht. Dennoch gibt er einen Fingerzeig, daß der Intelligenztest Fähigkeiten mißt, die praktische Bedeutung haben.

Es ist eine landläufige Beobachtung, daß die Mitglieder einer Familie im Durchschnitt Berufe mit vergleichbaren Ansprüchen an die intellektuelle Leistungsfähigkeit haben. Jedenfalls sind Verwandte einander ähnlicher als beliebige Personen der Allgemeinbevölkerung. Francis Galton hat ja mit seiner ersten Untersuchung über das familiäre Vorkommen berühmter Männer, wie wir gesehen haben, ein ganzes Forschungskonzept der Genetik begründet. Danach würde man auch eine größere Ähnlichkeit der Testintelligenz in Familien erwarten. Eine intrafamiliäre Korrelation kann nun prinzipiell auf zweierlei Weise zustande kommen:

Entweder ist sie erblich oder durch dieselben äußeren Einflüsse bedingt, die Familienmitglieder bis zu einem gewissen Grade in gleicher Weise treffen – das alte und immer wieder neue Problem der Bedeutung von Erbe und Umwelt für die Intelligenz. An kaum einer Fragestellung der Humangenetik haben sich die gegenteiligen Meinungen derartig entzündet, in kaum einem Bereich ist der Streit bis in unsere Tage so erbittert geführt worden.

Im Jahre 1963 publizierten die amerikanischen Genetikerinnen L. Erlenmeyer-Kimling und L. F. Jarvik eine Zusammenfassung aller bis dahin bekannt gewordenen Korrelationen, angefangen von nicht miteinander verwandten Personen über Adoptivkinder, Geschwister, Eltern und Kinder bis zu getrennt und gemeinsam aufgewachsenen eineiigen Zwillingen[8]. Insgesamt wurden 99 Stichproben mit über 30 000 Individuen einbezogen. Diese Zusammenfassung repräsentierte die damalige »heile Welt« der Beziehung zwischen IQ und Vererbung, und sie wurde denn auch dementsprechend oft zitiert.

Nach dieser Zusammenstellung wird die Korrelation des IQ um so höher, je näher die verglichenen Personen miteinander biologisch verwandt sind. Die Ähnlichkeit im IQ reicht von der Korrelation 0 bei nicht verwandten Personen, die getrennt aufgewachsen sind, bis zu einem Wert über 0,85 bei gemeinsam aufgewachsenen eineiigen Zwillingen. Allerdings variieren die Ergebnisse auch innerhalb der einzelnen Gruppen sehr stark. Zum Beispiel bewegen sich die Korrelationen zwischen Eltern und Kindern zwischen 0,20 und 0,80. Auch die Korrelationen der eineiigen und zweieiigen Zwillingspaare überlappen sich beträchtlich.

Diese erhebliche Variabilität hat damit zu tun, daß Intelligenztests eine begrenzte Reliabilität haben, sie sind physikalischen Messungen in ihrer Verläßlichkeit nicht vergleichbar. Vor allem ist aber an die Zusammensetzung der untersuchten Kollektive zu denken, die – ohne daß der Untersucher dies beabsichtigt hat – je nach Art ihrer Zusammensetzung zu höheren oder niedrigeren Korrelationswerten zwischen Familienmitgliedern führen kann. Die Untersuchungen an getrennt aufgewachsenen eineiigen Zwillingen, die immer die besondere Aufmerksamkeit auf sich ziehen, haben Korrelationen ergeben, die im Durchschnitt zwar unter denen der gemeinsam aufgewachsenen EZ, aber noch über den ZZ liegen.

Das Meinungsbild aus dem Jahre 1963 lief darauf hinaus, daß eine Beziehung zwischen dem Verwandtschaftsgrad und dem Ausmaß der Ähnlichkeit im IQ besteht. Dieses Ausmaß ist mit den Vorhersagen der quantitativen Genetik im großen und ganzen vereinbar. Andererseits weisen die Korrelationen zwischen nicht verwandten, gemeinsam aufgewachsenen Personen, zwischen Pflegeeltern und Kindern sowie der Unterschied zwischen gemeinsam und getrennt aufgewachsenen Zwillingen auf die Wirksamkeit von Umweltfaktoren hin.

Heute sind die meisten Forscher nicht mehr ohne weiteres bereit, dieses anscheinend so einheitliche Bild zu akzeptieren. Diese Skepsis bewirkte in Kritik und Gegenkritik vor allem der im Jahre 1969 veröffentlichte Artikel des amerikanischen Psychologen Arthur Jensen »How much can we boost IQ and scholastic achievement?« (Wie stark lassen sich der IQ und der Schulerfolg steigern?)[9]. Die in den folgenden Jahren zusammengetragene Kritik an der These Jensens, der IQ sei zu 80 Prozent erblich bedingt und kostspielige Schulprogramme daher sinnlos, führte zu neuen, sorgfältig geplanten Studien über die Bedeutung der Genetik für den IQ.

Auf Hawaii ist in den siebziger Jahren eine Familienuntersuchung an 1916 Familien mit 6581 Personen durchgeführt worden[10]. Als Untersuchungsinstrument ist eine »Batterie« von verschiedenen Tests verwendet worden, die unterschiedliche Denkleistungen messen, wie zum Beispiel Wortverständnis und sprachliche Flüssigkeit, Rechenfähigkeit, Mustererkennung, Auffassungsgeschwindigkeit, räumliches Vorstellungsvermögen, sowie ein Standard-Intelligenztest. Außer dem letzteren handelt es sich zwar nicht um herkömmliche Intelligenztests, die geprüften Fähigkeiten korrelieren aber hoch mit derartigen Tests, so daß man die

Ergebnisse als ein Maß für den IQ betrachten darf. Die Untersucher sind bei der Auswertung besonders sorgfältig vorgegangen: Sie haben das Alter der Versuchspersonen berücksichtigt, was in den früheren Untersuchungen nicht immer geschehen war. Der IQ beginnt nämlich in der dritten Lebensdekade allmählich abzunehmen. Aufgrund des ähnlichen Alters von Ehepartnern kann dies zum Beispiel zu einer Überschätzung der Korrelation zwischen beiden führen. Die Wissenschaftler haben die Angehörigen einer Familie auch nicht bei derselben Gelegenheit untersucht, wie oft in früheren Studien. Die gemeinsame Untersuchung der Verwandten wird im Durchschnitt aus rein äußeren Gründen, die sich aus der Versuchssituation ergeben, nämlich zu einer Betonung der Unterschiede zwischen den Familien bei Verkleinerung der Abweichungen innerhalb der Familien führen.

Die IQ-Korrelation zwischen Eltern und Kindern hatte in den älteren Untersuchungen im Durchschnitt bei 0,5 gelegen. In der Hawaii-Studie ergaben sich durchweg deutlich niedrigere Werte, und zwar sowohl für die Vater-Sohn- beziehungsweise für die Vater-Tochter- als auch für die Mutter-Sohn- und Mutter-Tocher-Paare. In den Familien europäischer Abstammung bewegten sich die Eltern-Kind-Korrelationen für die einzelnen Tests zwischen 0,2 und 0,3, in den Familien japanischer Herkunft sogar noch etwas niedriger. Auch die Korrelation unter Geschwistern ergab mit einem mittleren Wert 0,3 einen im Vergleich zu den früheren Studien deutlich geringeren Betrag.

In Familienuntersuchungen können erbliche und umweltbedingte Einflüsse auf den IQ nicht voneinander abgegrenzt werden. Wir erben von unserem Vater und unserer Mutter ja nicht nur die Hälfte der Gene, sondern werden auch von ihrer Erziehung geprägt. Eltern mit hoher Intelligenz schaffen ihren Kindern meist günstige Entwicklungsbedingungen. Eltern mit geringerer Intelligenz lassen es dagegen eher an der richtigen Förderung fehlen. Erbe und Umwelt sind auf komplizierte Weise miteinander verzahnt. Einen methodischen Zugang zu diesem Problem erhofft man sich von *Adoptionsstudien*. Die heftige Kritik an dem Jensen-Artikel von 1969 regte denn auch nicht weniger als sechs Adoptionsstudien an[11]. In diesen Untersuchungen werden die IQ-Korrelationen zwischen Adoptivkindern und biologischen Kindern einerseits und ihren Eltern andererseits ermittelt. Während erstere ein Maß für den Einfluß der Erziehung und des Elternhauses auf den IQ bilden sollen, spiegeln letztere sowohl erbliche als auch umweltbedingte Einflüsse wider. Tabelle 1 zeigt die Ergebnisse von drei neueren nordamerikanischen Studien. Bei der

Tabelle 1: Korrelation des IQ zwischen Adoptivkindern und den biologischen Kindern einerseits sowie den Eltern andererseits in neueren Untersuchungen[12]

	Korrelationen mit		Kinderzahl		Studie
	Adoptiv-kindern	biolog. Kindern	Adoptiv-kinder	biolog. Kinder	
Väter	0,15	0,39	176	145	Minnesota I
Mütter	0,23	0,35			(Scarr und Weinberg 1976)
Väter	0,16	0,40	150	237	Minnesota II
Mütter	0,09	0,41			(Scarr und Weinberg 1978)
Väter	0,17	0,42	469	167	Texas (Horn et
Mütter	0,19	0,23			al. 1979)

ersten Minnesota-Untersuchung handelte es sich um schwarze Adoptivkinder, die in weißen Familien aufgezogen worden waren. Tabelle 2 zeigt die IQ-Werte, die sich in dieser Studie ergeben haben. Schwarze Amerikaner haben im Durchschnitt einen um 15 Punkte niedrigeren IQ als weiße. Man sieht jedoch in Tabelle 2: Schwarze Kinder, die von weißen Familien adoptiert worden sind, erzielen einen deutlichen Zuwachs ihrer IQ-Werte, sie liegen mit einem Mittelwert von 106,3 über dem Durchschnitt der Bevölkerung. Diese Kinder erreichen zwar nicht den Wert der leiblichen Kinder der Adoptiveltern. Wir wollen aber nicht vergessen, daß die Adoptiveltern eine Auslese nach Intelligenz darstellen, sie haben einen mittleren IQ um 120. Ihre leiblichen Kinder ließen daher von vornherein eine überdurchschnittliche Intelligenzlei-

Tabelle 2: Intelligenzquotienten von Adoptivkindern und eigenen Kindern der Adoptiveltern, getrennt nach der Hautfarbe[13]

	mittlerer IQ
schwarze Adoptivkinder	106,3
weiße Adoptivkinder	111,5
leibliche Kinder	116,7

stung erwarten. In allen drei Studien sind die Korrelationswerte (Tabelle 1) zwischen den Kindern und ihren eigenen Eltern, in deren Familie sie auch aufgewachsen waren, höher als zwischen den Kindern und ihren Adoptiveltern. Die Eltern-Kind-Korrelationen liegen in diesen Studien auch in der gleichen Größenordnung wie in der Hawaii-Untersuchung an konventionellen Familien. Dies gilt auch für einen interessanten Aspekt, der sich aus der Texas-Studie (Tabelle 1) ergibt. In dieser Untersuchung konnten auch die IQ-Werte der leiblichen Mütter der fortadoptierten Kinder ermittelt und mit ihren Kindern, die in einer anderen Familie aufgewachsen waren, in Beziehung gesetzt werden. Die gefundene Korrelation betrug 0,32 und lag auch hier in der gleichen Größenordnung wie in der Hawaii-Studie.

Vom gedanklichen Konzept her sind Adoptionsstudien ein eleganter Ansatz zur Trennung von genetischen und umweltbedingten Einflüssen auf den IQ. Bereits die älteren Untersuchungen waren jedoch aus methodischen Gründen kritisiert worden. Eine Reihe der Mängel gilt auch für die neueren Studien. In den meisten Adoptionsstudien sind die Kinder noch klein, selten schon im Adoleszentenalter. Der IQ eines Kindes korreliert um so weniger mit dem des Wertes im Erwachsenenalter, je jünger das Kind ist. Dies schafft zunächst Unschärfe. In manchen Studien ist die Adoption nicht gleich nach der Geburt erfolgt, sondern in den ersten Lebensjahren. Die eigenen Eltern können daher durchaus noch Einfluß auf ihre Kinder genommen haben. In manchen Studien hat sich dies auch tatsächlich nachweisen lassen: Kinder, die vor dem ersten Lebensjahr adoptiert waren, standen ihren Adoptiveltern im IQ näher als Kinder, die erst im späteren Alter in die Pflegefamilie gekommen waren. Die gleiche Kritik trifft im übrigen teilweise auch auf die Studien an getrennt aufgewachsenen Zwillingen zu, die in manchen Fällen erst im Laufe der Kindheit getrennt worden waren und trotz ihrer Trennung immer noch Kontakt miteinander hatten.

Die Strategie der Adoptionsstudien setzt voraus, daß das »Verhältnis« der Eltern zu ihren Adoptivkindern dem zu den leiblichen Kindern gleicht. Dies wird man aber nicht automatisch annehmen dürfen, zumal Adoptivkinder in einem Teil der Fälle wissen, daß sie nicht bei ihren eigenen Eltern leben. Ein weiteres Problem: Der IQ eines Menschen ist mit seinem sozioökonomischen Niveau korreliert. Die Jugendämter versuchen nun zuweilen, die Adoptivkinder zu Pflegeeltern zu geben, die einer ähnlichen Sozialschicht wie die biologischen Eltern angehören. Dies führt natürlich zu höheren Korrelationen zwischen den

102

Kindern und ihren Adoptiveltern, aber eben auch – falls unter-
suchbar – ihren leiblichen Eltern. Einen entgegengesetzten
Einfluß hat ein anderes Faktum: Adoptiveltern sind – da sie von
den Jugendämtern ausgesucht worden sind – keine Zufallsstich-
probe aus der Bevölkerung, sie gehören vielmehr im Durchschnitt
höheren Sozialschichten an und haben einen höheren IQ als die
Allgemeinbevölkerung. Insbesondere ist die Variabilität des IQ
unter Adoptiveltern geringer, was aus rechnerischen Gründen zur
Folge hat, daß die Korrelationen eher zu niedrig geschätzt werden.
Aber auch Adoptivkinder zeigen nicht die ganze Variabilität des
IQ, wie sie in der Allgemeinbevölkerung auftritt, vielmehr dürften
Kinder mit geringerer Intelligenz im Durchschnitt unterrepräsen-
tiert sein. Man versetze sich in die Lage von adoptionswilligen
Eltern, denen von der Behörde ein Kind angeboten wird, das
einen zurückgebliebenen Eindruck macht. Es mag Elternpaare
geben, die sich durch diesen Befund herausgefordert fühlen und
deshalb gerade dieses Kind bei sich aufnehmen; ein solches
Adoptivkind wird aber häufiger abgelehnt werden. Adoptionswil-
lige Elternpaare warten lieber auf ein Kind, das eine bessere
Entwicklung verspricht. Die Auslese der Adoptivkinder nach
Intelligenz wird sich also erhöhend auf die Korrelation des IQ mit
dem der Pflegeeltern auswirken.

Trotz des theoretisch überzeugenden Ansatzes und großer
Bemühungen der Wissenschaftler vermögen also auch die Adoptionsstudien nicht Klarheit in das Problem einer genauen
Abschätzung des Anteils von Erbe und Umwelt für die Intelligenz
zu bringen. Beide Gruppen von Faktoren sind noch immer zu sehr
miteinander verzahnt. Zum guten Teil werden sich die Einflüsse,
die in Adoptionsstudien eingehen, in ihrer Wirksamkeit ausgleichen. Zusammengenommen lassen diese Untersuchungen also
ebenso wie die mit Hilfe der Zwillings- und Familienmethode
durchgeführten nur den Schluß zu, daß sowohl erbliche als auch
äußere Faktoren an der Ausprägung des IQ beteiligt sind. Von
manchen extremen Vertretern einer »Umweltideologie« ist die
Auffassung vertreten worden, daß die zahlreichen methodischen
Schwierigkeiten nur beweisen, daß die Intelligenz durch keine
genetischen Faktoren beeinflußt wird. Eine solche Auffassung tut
aber den Befunden Gewalt an, sie ist ebenso ein Vorurteil wie die
gegenteilige Meinung, der IQ sei fast ausschließlich erblich
festgelegt. Andererseits ist, gerade angesichts der großen Zahl der
Untersuchungen, des gewaltigen materiellen Aufwandes und der
großen Mühe der beteiligten Wissenschaftler, das Ergebnis,
wonach sowohl Vererbung als auch Umwelt die Höhe des IQ

determinieren, ernüchternd trivial. Dieses Resultat hätte man vorhersagen können.

Es gibt noch einen anderen methodisch interessanten Ansatz, mit dem genetische Einflüsse auf den IQ nachgewiesen worden sind. Man untersucht Kinder aus Verwandtenehen. In der westlichen Gesellschaft sind die nächsten erlaubten Ehen zwischen Blutsverwandten die zwischen Vetter und Cousine. Infolge der zunehmenden Mobilität und Durchmischung der Bevölkerung ist ihr Anteil laufend gesunken. Er dürfte bei uns im Durchschnitt unter 0,3 Prozent, in Großstädten eher bei 0,1 Prozent liegen. Verwandte unterscheiden sich genetisch dadurch von beliebigen Personen, daß sie wegen ihrer gemeinsamen Vorfahren einen gewissen Anteil gemeinsamer Erbanlagen haben. Dieser aufgrund der Abstammung gemeinsame Anteil von Genen beträgt etwa bei Geschwistern $1/2$, bei Vettern $1/8$. Nun weiß man aus anderen Untersuchungen, daß wir alle für eine Reihe von Genen mischerbig sind, die im reinerbigen Zustand mehr oder weniger schweren Schwachsinn zur Folge hätten. In »einfacher Dosis« fehlt die ungünstige Wirkung dieser Gene entweder ganz, oder sie ist nur in stark abgemildeter Form nachweisbar (vgl. Kapitel 10). Wenn jedoch Personen einander heiraten, die einen oder mehrere gemeinsame Vorfahren haben, dann besteht eine erhöhte Wahrscheinlichkeit dafür, daß in den Kindern dieses Ehepaares das gleiche ungünstig wirkende Gen von beiden Eltern zusammenkommt. Das Gen ist also auf zwei verschiedenen Wegen zu dem Kind gelangt. Dieser Befund ist den Genetikern lange bekannt: Patienten, die unter einer seltenen, rezessiv erblichen Stoffwechselkrankheit (vgl. Kapitel 10) leiden, sind häufig aus einer Verwandtenehe hervorgegangen.

Nun gibt es Kulturkreise, in denen Ehen zwischen Verwandten häufig sind, weil sie durch das Gesellschaftssystem gefördert werden. Die Aussteuer, die ein Vater bei der Heirat seiner Tochter für sie aufzubringen hat, bleibt zum Beispiel in der Familie, wenn sie einen Verwandten, einen Vetter oder gar einen Onkel, heiratet. An solchen Bevölkerungen kann man untersuchen, ob der IQ von Personen, die aus einer Verwandtenreihe hervorgegangen sind, niedriger ist als der von Angehörigen der Allgemeinbevölkerung. Wenn genetische Faktoren den IQ beeinflussen, sollte man eine derartige Senkung erwarten, auch ohne daß die entsprechenden Gene im einzelnen bekannt sind. Tatsächlich hat sich ein solcher Zusammenhang wiederholt nachweisen lassen. In einer Untersuchung an Arabern, die in Israel leben und bei denen 34 Prozent der Ehen unter Verwandten geschlossen werden, konnte sogar eine quantitative Abhängigkeit festgestellt werden[14]: Zehn- bis zwölfjährige Kinder, die aus einer Ehe zwischen Vetter und Cousine ersten Grades stammten, hatten einen IQ, der um knapp zwei Punkte unter dem Wert lag, den eine Vergleichsgruppe ohne verwandte Eltern erreicht hatte. Kinder, deren Eltern infolge komplizierter Inzucht der Vorfahren noch enger verwandt waren, erreichten in Intelligenztests einen Wert, der noch um mehrere IQ-Punkte tiefer lag. Dieser Befund ist nur genetisch interpretierbar. Ein denkbarer Einwand wäre, in den unteren Sozialschichten – deren IQ im Durchschnitt niedriger ist – gäbe es vermehrt Verwandtenehen als in oberen Schichten. Ein solcher Einfluß konnte jedoch ausgeschlossen werden.

Die Längsschnittstudie an hochintelligenten Kindern hatte die vermuteten Ergebnisse gebracht. Auch Untersuchungen an Personen, die dem unteren Bereich der IQ-Verteilung (Abbildung 2), vor allem dem »linken Schwanz« der Kurve, angehören, können etwas über die Bedeutung der Vererbung der Intelligenz lehren. Der IQ ist in der Bevölkerung kontinuierlich verteilt, so daß die Abgrenzung des Schwachsinns eine gewisse Willkür beinhaltet. Üblicherweise bezeichnet man alle Personen, deren IQ unter 70 liegt, als schwachsinnig, wobei leichte, mittlere und schwere Formen unterschieden werden. 2–3 Prozent der Bevölkerung sind zu diesem Personenkreis zu rechnen. Schwachsinnige zeigen eine mehr oder weniger starke sprachliche Beeinträchtigung, können normale Schulen nicht mit Erfolg besuchen, sie sind infolge ihrer mangelhaften Kontaktfähigkeit und ihrer Unfähigkeit zu konsequentem Handeln sozial weitgehend isoliert. Obwohl der IQ ebenso wie bei besonders intelligenten Menschen nur einen Ausschnitt der Abweichung vom Durchschnitt erfaßte, gibt es bisher kein besseres Mittel zur objektiven Abgrenzung dieses Personenkreises. Schwachsinn kann auf viele verschiedene Ursachen zurückgehen, er ist ein Endzustand, zu dem unterschiedlichste Wege geführt haben können. Nur in einem begrenzten Teil der Fälle gelingt es, seine Ursache aufzudecken.

Eine gewisse familiäre Häufung des Schwachsinns ist lange bekannt. Der englische Humangenetiker J. A. Fraser Roberts hat schon vor Jahrzehnten eine aufschlußreiche Untersuchung angestellt[15]. Er ging von Personen mit leichtem oder schwerem Schwachsinn aus und untersuchte die Testintelligenz der Geschwister. Abbildung 3 zeigt das Ergebnis: Die IQ-Verteilung der leicht Schwachsinnigen ist insgesamt nach links, also in den unteren Intelligenzbereich verschoben; der Mittelwert des IQ liegt zwi-

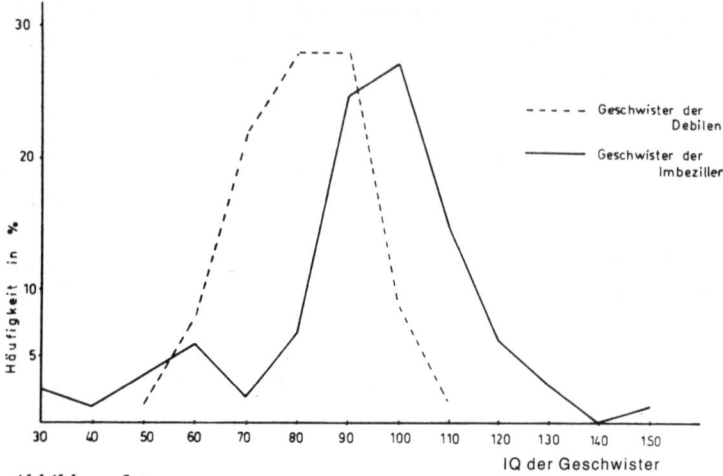

Abbildung 3
IQ-Verteilung bei den Geschwistern leicht Schwachsinniger (Debiler) im Vergleich zu den Geschwistern schwer Schwachsinniger (Imbeziller). Die Geschwister leicht Schwachsinniger haben im Durchschnitt wesentlich niedrigere IQ-Werte als die Normalbevölkerung (= Mittelwert 100). Dagegen weichen die Geschwister schwer Schwachsinniger im allgemeinen nicht von der Verteilung in der Normalbevölkerung ab; nur einige wenige von ihnen haben deutlich erniedrigte Werte (= zweites, kleines Maximum auf der linken Seite) (nach Fraser Roberts; aus Vogel und Motulsky 1979).

schen 80 und 90. Die Geschwister der schwerer Schwachsinnigen entsprechen in ihrer Intelligenz dagegen größtenteils der IQ-Verteilung der Allgemeinbevölkerung; der mittlere IQ liegt bei 100. Allerdings findet sich im unteren Intelligenzbereich dieses Kollektivs noch eine geringe Anzahl von Personen, die sich offenbar von der Masse der Geschwister abheben.

Der Befund erscheint zunächst paradox, ist aber bei näherer Betrachtung verständlich. Die leicht Schwachsinnigen gehören zu dem linken Schwanz der Normalverteilung des IQ; sie stammen aus Familien, in denen Erbanlagen für geringe Intelligenz gehäuft vorkommen. Man könnte von »physiologischer Dummheit« sprechen. Der schwere Schwachsinn kommt dagegen aus anderen Ursachen zustande: Hirnschädigungen durch Geburtsverletzungen, vorgeburtliche Infektionen zum Beispiel durch Röteln, neu entstandene Chromosomenstörungen und Stoffwechselkrankheiten sind die wichtigsten Ursachen. Die beiden erstgenannten Schädigungen und mit Einschränkung auch die Chromosomenstö-

106

rungen treten in Familien nicht gehäuft auf. Daher ist diese Form des Schwachsinns unter Geschwistern nicht gehäuft. Lediglich die Schwachsinnsformen mit einfachem Mendelschen Erbgang, beispielsweise die erblichen Stoffwechselkrankheiten, die allerdings zahlenmäßig zurücktreten (vgl. Kapitel 10), können sich unter Geschwistern wiederholen. Sie sind der Grund für den zweiten Gipfel im unteren IQ-Bereich unter den Geschwistern schwerer Schwachsinniger. Was wir hier beschrieben haben, entspricht im übrigen der Erfahrung von Sonderschullehrern: Auf einem Elternabend einer Schulklasse von geistig schwer Behinderten ähneln die Eltern in ihrem Intelligenzniveau weitgehend der Allgemeinbevölkerung; die Versammlung der Eltern von nur leichter Behinderten ist dagegen ein Abbild der Klasse. Das Ergebnis der genannten Untersuchung an Schwachsinnigen ist ein weiteres Argument für den Einfluß erblicher Faktoren auf die Intelligenz. Wenn der IQ nur durch das häusliche Milieu, die Erziehung, die Umwelt zustande käme, dann hätte man ein umgekehrtes Ergebnis zu erwarten gehabt. Dann sollte das Intelligenzniveau der Geschwister immer dem der Ausgangsfälle entsprechen.

Andererseits können äußere Einflüsse auf die Intelligenz

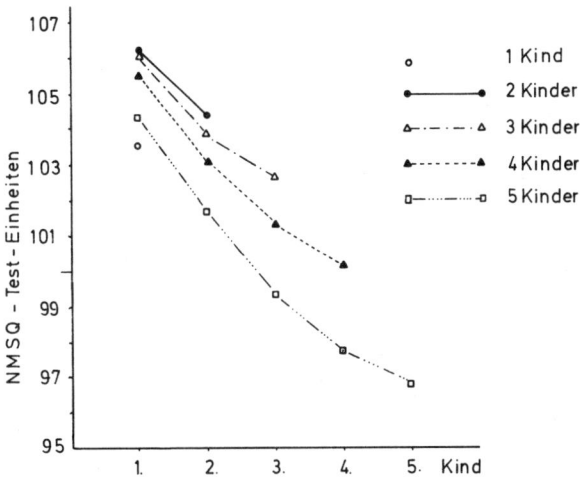

Abbildung 4
Abnahme der durchschnittlichen Testleistung mit der Stellung in der Geburtenreihenfolge in Geschwisterschaften von einem bis zu fünf Kindern (nach Zajonc, Science 192, 227–236, 1976). NMSQ = National merit scholarship questionnaire, ein Schulleistungstest in den USA, dessen Ergebnis gut mit Intelligenztests übereinstimmt.

107

nicht geleugnet werden. Ein günstiges häusliches Milieu wird sich positiv auf die Höhe der geistigen Leistungsfähigkeit auswirken. Dies ging ja aus den Adoptionsstudien hervor. Ein Aufwachsen unter ungünstigen familiären Bedingungen, in schlechten wirtschaftlichen Verhältnissen und ohne geistige Anregung beeinträchtigt ganz offensichtlich die Intelligenz. Es gibt sogar einen »physiologischen« Umweltfaktor, der erwiesenermaßen Bedeutung für die Höhe des IQ hat – die Zahl der Geschwister. Wenn man nämlich die Testintelligenz an Personen unter Berücksichtigung ihrer Geschwisterzahl ermittelt, dann hat sich in mehreren Untersuchungen eine Abnahme des IQ mit dem Geburtsrang nachweisen lassen[16]. Abbildung 4 zeigt das Ergebnis einer Studie an 800 000 amerikanischen Oberschülern, deren Alter zum Zeitpunkt der Untersuchung siebzehn Jahre betrug. Die Schüler hatten sich einem in den Vereinigten Staaten verbreiteten Qualifikationstest unterzogen, dessen Meßwerte üblichen Intelligenztests vergleichbar sind. Man sieht sehr deutlich: Die Intelligenzleistung sinkt mit zunehmender Größe der Geschwisterschaft, und sie sinkt mit steigendem Geburtenrang. Eine Ausnahme machen lediglich Einzelkinder, die in diese Systematik nicht hineinpassen. Sie sind gewissermaßen Erst- und Letztgeborene zugleich.

Wie kann man den Zusammenhang zwischen Intelligenzleistung und Geburtenrang erklären? Die älteren Kinder einer Geschwisterschaft haben in erhöhtem Maße Gelegenheit, sich als Lehrer ihrer jüngeren Schwestern oder Brüder zu erweisen. Sie zeigen ihnen, wie man eine Schleife bindet, welche Regeln in einem Gesellschaftsspiel zu befolgen sind, wie der eigene Name zu schreiben ist, und weisen sie auf Fehler in ihrem Verhalten gegenüber Eltern und Geschwistern hin. Bei alledem lernen die älteren Kinder an dem Erfolg ihrer Bemühungen, wie gut sie sich den jüngeren Geschwistern verständlich machen konnten. Sie üben offenbar Fähigkeiten, die sich in Intelligenztests später als Vorteil auswirken. Letztgeborene können derartige Erfahrungen nicht sammeln, so daß sie aufgrund der familiären Situation am ungünstigsten abschneiden. Die Unterschiede in der Intelligenzleistung, die durch den Geburtenrang hervorgerufen werden, sind nicht groß, aber doch meßbar. Sie weisen darauf hin, daß Testintelligenz kein biologisch absolut festgelegtes Maß ist, sondern durch äußere Einflüsse modifiziert werden kann.

Noch eine andere lange bekannte Tatsache macht die sowohl erblichen als auch umweltbedingten Einflüsse auf den IQ anschaulich. Wer kennt nicht die Klage, wie schade es doch sei, daß besonders intelligente Menschen so selten auch entsprechend intelligente Kinder hätten. Manch einer hat daraus voreilig schon auf einen allmählichen Intelligenzschwund der Menschheit geschlossen. Wenn man dem genauer nachgeht, dann findet man tatsächlich, daß die Kinder hochintelligenter Elternpaare zwar auch überdurchschnittliche Intelligenzleistungen erzielen, im Mittel aber ihre Eltern nicht erreichen. Der umgekehrte Befund findet sich bei den Eltern mit niedrigerem IQ, deren Kinder auch eine geringe, aber immerhin etwas höhere Intelligenzleistung als ihre Eltern erzielen. Francis Galton hat dieses Phänomen bereits bei seiner Untersuchung zur Vererbung der Körpergröße beobachtet und »Rückschlag zur Mitte« genannt. Wie kommt dieser Rückschlag zustande? Ungewöhnlich intelligente (oder große) Eltern sind so intelligent (oder groß), weil sie sowohl durch Erbanlagen als auch durch fördernde äußere Bedingungen begünstigt worden sind. Vererbt wird aber nur der genetische Anteil an der Intelligenz. Die äußeren Bedingungen – das Milieu – ändern sich im Laufe der Generationen. Infolgedessen erreichen die Kinder nicht den Höchstwert des IQ (oder der Größe) ihrer Eltern. Der gleiche Mechanismus ist auf der Seite geringer Intelligenzleistungen (oder geringer Körpergröße) der Eltern wirksam gewesen, nur daß in diesem Fall die schlechten Entwicklungsbedingungen vorgeherrscht haben. Die Kinder werden im Durchschnitt in etwas günstigerem Milieu aufwachsen und deshalb etwas intelligenter (oder größer) als ihre Eltern. Der Rückschlag zur Mitte weist anschaulich auf den Einfluß sowohl der Vererbung als auch der Umweltbedingungen hin.

Die alte Frage, welcher Faktor für die Intelligenz die größere Bedeutung habe, die Anlage oder die Umwelt, läßt sich zahlenmäßig kaum beantworten. Verschiedene Wissenschaftler, die dieselben Untersuchungsergebnisse ausgewertet haben, sind zu Ergebnissen gekommen, die für den genetischen Anteil zwischen 0 und 80 Prozent variieren. Schon daraus kann man entnehmen, wie problematisch quantitative Angaben sind. Eine zuverlässige, allgemein anerkannte Bestimmung des genetischen Anteils am IQ ist heute jedenfalls nicht möglich und wird in dieser Form vielleicht auch nie möglich sein. Man sollte jedoch wissen, welche Überlegungen und Berechnungen dieser »Prozentrechnung« zugrunde liegen*.

---

* Die folgenden Betrachtungen können ohne ernsthafte Einbuße an Verständnis übersprungen werden.

Das Ziel ist, den genetischen Anteil an der Ausprägung eines Merkmals, die sogenannte »Heritabilität«, zu schätzen. Die Heritabilität gibt den genetischen Anteil an der gesamten Variabilität an, die man in der Bevölkerung findet. Dabei bezeichnet man die äußerlich faßbare Ausprägung eines Merkmals als den Phänotyp (P) (vgl. Kapitel 9), der sich zusammensetzt aus einem genotypischen (G), also erblichen, und einem umweltbedingten (E) Anteil. Man kann daher schreiben

$$P = G + E.$$

Ein phänotypischer Wert – als Beispiel nehmen wir der Einfachheit halber die Körpergröße – hat in einer Bevölkerung einen Mittelwert und eine Variabilität. Ein statistisches Maß für die Variabilität ist die Varianz. Die Varianz hat nun die Besonderheit, daß man sie in Teilkomponenten zerlegen kann, die sich wiederum zu dem Gesamtwert addieren. Man kann daher exakter formulieren

$$V_P = V_G + V_E,$$

wobei V jeweils für Varianz steht. Die phänotypische Varianz (V_P) setzt sich also aus der genotypischen (V_G) und der umweltbedingten (V_E) Varianz zusammen. Die Heritabilität eines Merkmals (h^2) ergibt sich dann als

$$h^2 = \frac{V_G}{V_P} = \frac{V_G}{V_G + V_E}.$$

Die Heritabilität ist ein statistisches Maß, das das Ausmaß derjenigen Unterschiede zwischen verschiedenen Personen innerhalb einer Bevölkerung angibt, die genetisch erklärt werden können. Üblicherweise wird die Heritabilität – sie ist ja ein Quotient – als Prozentwert angegeben. Dieser Prozentwert sagt nicht etwa aus, wie groß der erbliche Anteil an der Ausprägung eines Merkmals bei einer Person ist. Die Körpergröße hat beispielsweise eine Heritabilität, die bei 80–90 Prozent liegt. Dies bedeutet: 80–90 Prozent der *Unterschiede* zwischen verschiedenen Personen in der Körpergröße sind genetisch bedingt. Daraus darf man nicht etwa folgern, bei einem Mann von zwei Meter Länge seien 1,60 m durch Erblichkeit und 40 cm durch die Umwelt bedingt. Die Heritabilität ist auch nicht etwa die Naturkonstante eines Merkmals. Vielmehr gilt der Betrag, den man für sie ermittelt hat, nur für die Bevölkerung und für die Zeit, in der die entsprechenden Messungen angestellt worden sind. In einer Region der Erde, in der große Teile der Bevölkerung, besonders die Kinder, unterernährt sind, wird sich für die Körpergröße eine viel geringere Heritabilität ergeben als in

Europa. Es wäre ganz falsch, den bei uns gefundenen Anteil von über 80 Prozent auf diese Bevölkerung zu übertragen. Anders gesagt: Da die Heritabilität sich aus einem Quotienten ergibt, nimmt sie zu, wenn der Zähler zunimmt, und fällt, wenn der Nenner größer wird. Eine hohe Heritabilität schließt im übrigen eine Beeinflussung durch Umweltfaktoren nicht aus. In Europa hat die mittlere Körpergröße trotz ihrer hohen Heritabilität in den letzten hundert Jahren um etwa 10 cm zugenommen. Man führt diese Zunahme auf eine verbesserte Ernährung und den Rückgang der Infektionskrankheiten im Kindesalter zurück, also auf eine Änderung der Umwelt für *alle* Kinder; genetisch ist das Phänomen jedenfalls nicht zu erklären.

In der experimentellen Forschung wird die Heritabilität aus den Korrelationen ermittelt, die sich beim Vergleich verschiedener Verwandtschaftsgrade ergeben, wie eineiige und zweieiige Zwillinge, Geschwister untereinander, Eltern gegenüber Kindern. Die Korrelationen gelten aber nur, wenn im Hinblick auf das untersuchte Merkmal keine Paarungssiebung zwischen Ehepartnern herrscht. Eine hochgewachsene Frau muß also die gleiche Chance haben, einen großen, einen kleinen oder einen mittelgroßen Mann zu finden. Gerade dies ist, wie die alltägliche Erfahrung lehrt, meist nicht der Fall. Große Frauen sind üblicherweise mit großen Männern verheiratet, kleine Frauen mit kleinen Männern. Wir haben für den IQ oben schon eine ähnliche Paarungssiebung erwähnt. Es ist statistisch nur schwer möglich, die Korrelation zwischen Ehepartnern bei der Heritabilitätsschätzung zu berücksichtigen.

Vollends unmöglich ist es, zwei Phänomene zu berücksichtigen, die gerade im Bereich der Intelligenz wirksam sein dürften und deren Existenz in der Genetik auch schon lange bekannt ist. Die erste Erscheinung ist die der Kovarianz, das heißt, die beiden Einflußgrößen, deren Ausmaß an Wirkung man eigentlich voneinander abgrenzen will, variieren gemeinsam. Kinder, die einen besonders intelligenten Eindruck machen, werden frühzeitig schulisch und erzieherisch intensiver gefördert als Kinder, die weniger erwarten lassen. Der später überdurchschnittliche IQ des Kindes wird also sowohl auf die entsprechenden Erbanlagen als auch auf die besonders günstige Förderung zurückgeführt werden müssen.

Das zweite Phänomen wird als Interaktion bezeichnet. Es betrifft die Wechselwirkung einer bestimmten Erbanlage mit einem bestimmten Umwelteinfluß. Dazu ein Beispiel: Der Bräunungsgrad unserer Haut hängt wesentlich von der Intensität der ultravioletten Strahlung ab. Nicht jeder vermag aber gleich gut das Hautpigment Melanin zu bilden. Es gibt hellhäutige Menschen – zum Beispiel Rothaarige –, deren Haut sehr schlecht Pigment bilden kann, während andere schon nach kurzem Sonnenbad braungebrannt sind. Die Fähigkeit zur Melaninbildung in der Haut ist also sehr unterschiedlich, sehr zum Leidwesen der Menschen, deren Schönheitsideal »die gesunde Urlaubsbräune« ist, die dem Wunschbild aber nicht nachkommen können. Die Unterschiede sind genetisch bedingt.

Nicht jede Haut »interagiert« also in gleicher Weise mit dem ultravioletten Licht. Der gleiche Umwelteinfluß hat nicht bei jedem Menschen die gleiche Wirkung. Dieses Phänomen der spezifischen Wechselwirkung zwischen Anlage und Umwelt dürfte eher die Regel als die Ausnahme darstellen und sicher auch für psychische Eigenschaften gelten.

Was die Heritabilität des IQ anlangt, so sind besonders die Untersuchungen an eineiigen Zwillingen, die voneinander getrennt aufgewachsen waren, Grundlage für die Heritabilitätsschätzungen des IQ. In der Literatur finden sich insgesamt drei zuverlässige derartige Studien. Bei getrennt aufgewachsenen eineiigen Zwillingen entspricht die Korrelation genau der Heritabilität. Formal ergibt sich aus diesen Untersuchungen, die in England, Nordamerika und Skandinavien durchgeführt worden sind, je nach Test und Studie eine Heritabilität für den IQ zwischen 50–75 Prozent. Nach der Definition der Heritabilität würde dies bedeuten, daß 50–75 Prozent der Variabilität des IQ in der Bevölkerung der betreffenden Länder genetisch bedingt wären. Aber es gibt noch andere Verfahren zur Schätzung der Heritabilität, und sie führen, angewandt auf dieselben Untersuchungsergebnisse, zu ganz anderen Schätzungen. Außerdem besteht das praktische Problem, daß die eineiigen Zwillinge nicht immer vollständig getrennt aufgewachsen sind. Manche hatten miteinander Kontakt. Beispielsweise war auch das Milieu der Elternhäuser, in denen sie lebten, in gewissem Umfange ähnlich. Dies wird zu einer Überschätzung der genetischen Faktoren führen. Der Korrektheit halber muß aber gesagt werden, daß die Autoren der Untersuchung sich selber der Grenzen ihrer Ergebnisse bewußt waren. Sie selbst haben auch keine Heritabilität des IQ berechnet. Dies ist erst durch andere geschehen[17].

Eine verläßliche Angabe der Heritabilität für die Intelligenz ist also wegen der Fragwürdigkeit der experimentellen Grundlagen unmöglich. Für den einzelnen Menschen würde im übrigen

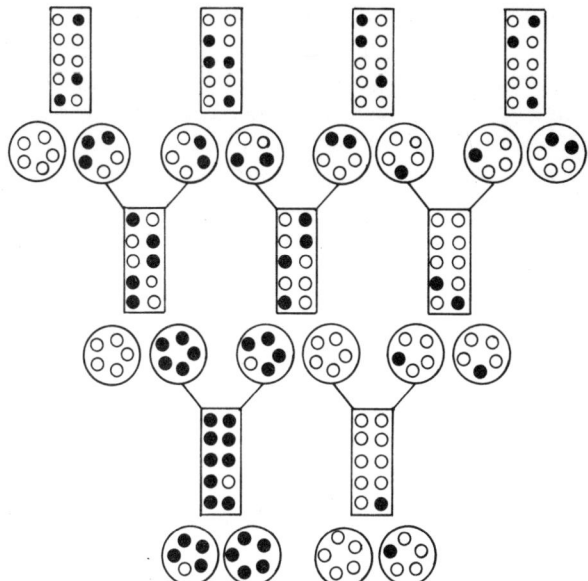

Abbildung 5
Diese Abbildung soll die Vererbung zahlreicher Gene illustrieren, die ein »polygenes« Merkmal wie den IQ beeinflussen. Die großen Kreise stellen jeweils die Keimzellen, die Rechtecke das aus zwei Keimzellen hervorgehende Individuum, den Phänotyp, dar. Kleine, schwarze Kreise sollen »positive«, kleine weiße Kreise »negative« Erbanlagen bedeuten. Während sich bei den meisten Menschen eine gewisse Mischung zwischen günstig und ungünstig wirkenden Genen findet, kann es bei manchen zufällig zum Überwiegen der einen oder anderen Erbanlage kommen.

auch eine exakt bekannte Heritabilitätsangabe kaum etwas bedeuten. Trotzdem spricht alles dafür, daß an jenen Fähigkeiten, die in Intelligenztests gemessen werden, erbliche Faktoren beteiligt sind. Vererbt wird nämlich nur das neurophysiologische Substrat, das Netzwerk der Nervenzellen, das die Voraussetzung für die Fähigkeit zum analytischen Denken ist. Vermutlich sind viele genetische Faktoren daran beteiligt, die unabhängig voneinander vererbt und in jeder Generation neu gemischt werden. Jeder dieser Faktoren liefert einen kleinen Beitrag zur Höhe des IQ. In Abbildung 5 ist diese genetische Vorstellung wiedergegeben: Ein Individuum – als Rechteck gezeichnet – hat jede Erbanlage, jedes Gen, in zweifacher Ausführung. Die schwarzen Kreise sollen für Erbanlagen stehen, die günstig, die weißen Kreise für solche, die ungünstig auf den IQ wirken. Jeder Mensch bildet nun Keimzellen, die jeweils eine zufällig zusammengesetzte

Hälfte der Erbanlagen dieser Person enthalten. Die Keimzellen vereinigen sich zu einem neuen Individuum. Während sich bei den meisten Menschen die Verteilung günstig oder ungünstig wirkender Erbanlagen mehr oder weniger die Waage hält – dies führt dann zu einem durchschnittlichen IQ –, kommt es bei manchen Menschen zu einer Anhäufung der einen oder der anderen Kategorie, was sich in hoher oder niedriger Intelligenz äußert. Manche der Erbanlagen bedürfen zu ihrer Entfaltung einer »Bahnung« durch äußere Reize, wobei die Natur der jeweiligen Erbanlage, die Art der äußeren Anregung und deren Zeitpunkt eine wichtige Rolle spielen dürften. Genetisch vorgegeben ist also eine bestimmte Bandbreite der Intelligenz, und äußere Faktoren entscheiden darüber, an welchem Ende des Bandes sich eine Person ansiedelt.

Dieses noch sehr allgemeine Denkmodell wird durch immer neue Zwillings-, Familien- oder Adoptionsstudien kaum konkreter werden können. Ein Erkenntniszuwachs, der über das bisherige genetische Wissen hinausgeht, wird nur dadurch zu erzielen sein, daß man bestimmte genetische Faktoren identifiziert, welche die Intelligenz beeinflussen. Ansätze in dieser Richtung gibt es; in einem späteren Teil beschäftigt sich dieses Buch mit ihnen (Kapitel 16).

Die liberale Kritik an den Studien, die einen hohen Anteil genetischer Faktoren an den gefundenen Unterschieden in der Testintelligenz zu beweisen schienen, hat sich an einer Arbeit entzündet, die Jensen im Jahre 1969 veröffentlichte. In dieser Arbeit hatte Jensen auf den – schon seit Jahrzehnten bekannten – Unterschied in der durchschnittlichen Testintelligenz zwischen weißen und schwarzen Amerikanern hingewiesen und behauptet, dieser Unterschied sei im wesentlichen genetisch bedingt. Untersucht man nämlich repräsentative Stichproben von Angehörigen dieser beiden Rassen, dann erreichen Schwarze im Mittel nur einen IQ von 85. Zwar überlappen sich die IQ-Verteilungen beider ethnischer Gruppen beträchtlich, im Durchschnitt schneiden die Schwarzen aber um fünfzehn Punkte schlechter ab (Abbildung 6). An dem Befund ist in der Tat kein Zweifel, er ist vielfach reproduziert worden. Das Problem liegt in der Interpretation. Die schwarzen Amerikaner gehören mit einem weit überproportionalen Anteil der sozialen Unterschicht an, sie haben geringere Schulbildung, müssen deshalb häufiger einfache, schlecht bezahlte Arbeiten verrichten, und ihre Kinder haben zweifellos geringere Aufstiegschancen. Die Frage läuft also darauf

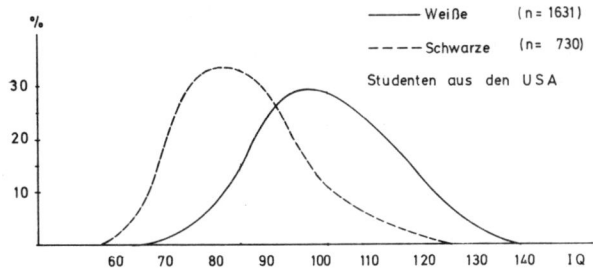

Abbildung 6
IQ-Verteilung in einer Stichprobe von weißen im Vergleich zu einer
Stichprobe von schwarzen Studenten in den USA. Der Mittelwert der
schwarzen Studenten liegt um etwa 15 IQ-Punkte unter dem der weißen
Studenten. Die besten schwarzen Studenten haben jedoch auch in dieser
Stichprobe IQ-Werte, die nicht viel unter denen der besten weißen
gelegen sind (Daten von Roland und Swan 1965; aus Vogel und Motulsky
1979).

hinaus, ob dieser Rückstand gegenüber den Weißen naturgegeben, weil genetisch festgelegt ist.

Viel weniger bekannt ist, daß es auch auf der anderen Seite
der IQ-Verteilungskurve einen ethnischen Unterschied gibt. Die
Juden, und zwar fast ausschließlich die mit Aschkenasim-Her-
kunft, erreichen im Intelligenztest im Durchschnitt 5–10 IQ-
Punkte *mehr* als die übrigen Weißen. Die Juden haben bekanntlich, seitdem ihnen in Europa im 19. Jahrhundert die gleichen
Entwicklungsmöglichkeiten eingeräumt wurden wie den übrigen
Europäern, in ungewöhnlichem Ausmaße Spitzenleistungen in.
Wissenschaft, Wirtschaft und Staat erbracht; war nun die ungewöhnliche geistige Leistungsfähigkeit der Juden genetisch be-
dingt?

Diese Überlegungen werfen die ganz allgemeine Frage auf,
wodurch sich Rassen oder andere ethnische Gruppen voneinander
unterscheiden. Am auffälligsten sind natürlich die äußeren
Unterschiede: gelbe, weiße oder schwarze Hautfarbe, blondes
oder schwarzes Kopfhaar, Klein- oder Großwüchsigkeit. Nach
diesen Merkmalen richtet sich auch die systematische Einteilung
der Menschenrassen. Untersucht man einzelne Erbanlagen, also
Gene, zum Beispiel für Blutgruppen, auf ihr Vorkommen in
verschiedenen Bevölkerungen, dann ergibt sich, daß in allen
Rassen praktisch alle Formen von Genen vorkommen, allerdings
in zum Teil erheblich verschiedener Häufigkeit. In Westeuropa ist
die Blutgruppe A am häufigsten, B dagegen selten, während in

115

Zentralasien die Blutgruppe B häufiger als A ist. Das gleiche gilt für manche Erbkrankheiten, weil die entsprechenden krankmachenden Gene in der einen Bevölkerung häufig, in der anderen selten sind. In der jüdischen Bevölkerung finden sich bestimmte sonst sehr seltene Stoffwechselkrankheiten in einer Häufigkeit, daß es sich lohnt, bei jedem Juden vor der Eheschließung systematische Untersuchungen durchzuführen. Bei Angehörigen der schwarzen Rasse gibt es bestimmte Blutkrankheiten, die in anderen Bevölkerungen nicht vorkommen oder sehr viel seltener sind. Auch innerhalb einer Rasse können beträchtliche Unterschiede in der Häufigkeit bestimmter Erbkrankheiten vorkommen. Eine der erblichen Stoffwechselkrankheiten, die bei uns zu den häufigsten gehört, die Phenylketonurie, ist in Finnland praktisch unbekannt; statt dessen gibt es in diesem Land eine bestimmte erbliche Nierenkrankheit, die andernorts fast nie auftritt.

Viele ethnische Unterschiede lassen sich also auf Unterschiede in Genhäufigkeiten zurückführen. Wenn an den Fähigkeiten, die Intelligenztests messen, erbliche Faktoren beteiligt sind – und nach den zuvor referierten Befunden ist daran kaum ein Zweifel möglich –, dann wären prinzipiell auch Unterschiede zwischen verschiedenen ethnischen Gruppen denkbar, und zwar dadurch, daß die verantwortlichen Gene in einzelnen Bevölkerungen unterschiedlich häufig wären. Das wesentliche Problem kommt nun aber daher, daß der meßbare IQ-Unterschied zwischen verschiedenen ethnischen Gruppen sich bisher nicht auf bestimmte Gene zurückführen läßt. Unser Verständnis für die genetischen Mechanismen, die zu IQ-Unterschieden führen können, steckt noch in den Kinderschuhen. Man ist auch hier ausschließlich auf den biometrischen Vergleich angewiesen. Ebenso wie bei den Zwillings- und Adoptionsstudien gibt es kein Argument, gegen das nicht ein Gegenargument formulierbar ist.

Intelligenztests sind – wie gezeigt – so konstruiert, daß der Mittelwert des IQ 100 beträgt und daß die Verteilung der Einzeltestergebnisse in der Bevölkerung der Normalverteilung folgt. Die sowohl in Europa als auch in Nordamerika entwickelten Tests sind jedoch an der weißen Bevölkerung geeicht worden, und die Übertragung auf andere Gruppen ist problematisch, besonders wenn diese unter anderen kulturellen Bedingungen leben. Die meistverwendeten Intelligenztests setzen eine gewisse Bildung voraus. Natürlich wird nicht ein bestimmtes Wissen einfach abgefragt, aber doch benutzt, um die Denkfähigkeit zu messen. Dagegen ist im Prinzip nichts einzuwenden, da geistige Leistungsfähigkeit natürlich mit einer entsprechenden Bildung einhergeht.

116

Die Kenntnisse, die der Test voraussetzen kann, sind jedoch nicht unverrückbar. Vielmehr ändert sich die Allgemeinbildung einer Bevölkerung im Laufe der Zeit. Wird die Frage gestellt, welche Stadt südlicher liegt, Colombo auf Ceylon oder Manila auf den Philippinen, dann wird die Anzahl derer, die die Frage richtig beantworten können, infolge des transkontinentalen Tourismus in den letzten zwanzig Jahren beträchtlich zugenommen haben. Intelligenztests müssen daher in gewissen zeitlichen Abständen immer wieder neu geeicht werden. Die Anwendung eines Testverfahrens, das an Weißen entwickelt worden ist, auf sozial und bildungsmäßig benachteiligte Schwarze ist ganz offensichtlich unzulässig. Man weiß, daß ein Liter Wasser definitionsgemäß ein Kilogramm wiegt. Will man mit einem Litermaß ein Kilogramm Alkohol abmessen, dann würde man ohne Berücksichtigung des spezifischen Gewichts ein ganz falsches Volumen ermitteln.

Um die spezifischen kulturbedingten Faktoren der Intelligenzmessung auszuschalten, hat man sogenannte »kulturfreie« Tests entwickelt, die keine Bildung und kein sprachliches Verständnis voraussetzen. Die Aufgabe besteht üblicherweise darin,

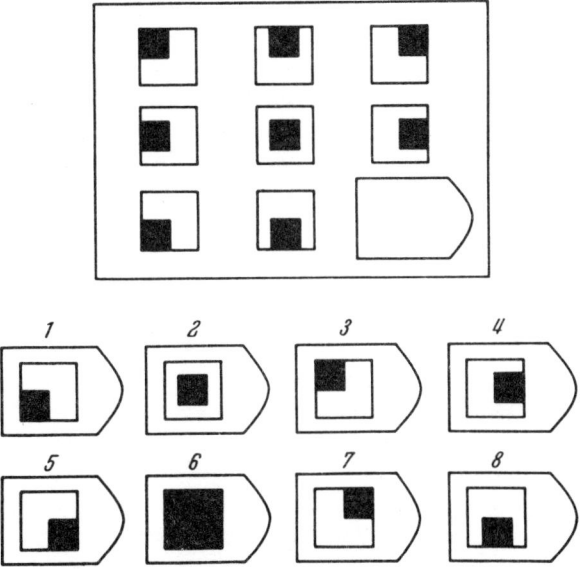

Abbildung 7
Beispiel einer Aufgabe aus den progressiven Matrizen von Raven. In das freie Feld ist eines der Bilder 1–8 einzusetzen.

117

in einer Serie von Mustern eine Gesetzmäßigkeit zu erkennen. Dadurch wird die Fähigkeit zum formalen Denken ermittelt (Abbildung 7). Inzwischen gibt es jedoch Spiele für Vorschulkinder, in denen ganz ähnliche Fähigkeiten geübt werden, die man in derartigen Tests mißt. Man wird annehmen dürfen, daß die Kinder verschiedener ethnischer Gruppen nicht im gleichen Umfang ein solches spielerisches Training erfahren.

Die Einwände, die man gegen die Anwendbarkeit der Tests erhoben hat, treffen auf die Juden in Nordamerika oder Westeuropa nicht zu. Der überdurchschnittliche IQ von Juden findet ja gerade in ungewöhnlichen geistigen Leistungen dieser Gruppe seine Entsprechung. Zwischen 1901 und 1972 wurde jeder sechste Nobelpreis einem Juden verliehen[18]. Dies geht um ein Vielfaches über den Anteil der Juden in der Weltbevölkerung hinaus. Die drei Männer, die unser heutiges Weltverständnis am meisten beeinflußt haben, waren Juden: Karl Marx, Sigmund Freud und Albert Einstein.

So scheint sich die Möglichkeit zu ergeben, daß die ungewöhnliche geistige Schaffenskraft der Juden und ihr als Test-IQ meßbarer Indikator genetisch bedingt sind. Die Evidenz für genetische Bedingtheit der überdurchschnittlichen Leistungen bei den Juden ist jedenfalls größer als für die unterdurchschnittlichen IQ-Werte bei Schwarzen. Obwohl Juden nicht erst seit diesem Jahrhundert über weite Teile der Welt verstreut sind, haben sie aus religiösen und sozialen Gründen ein Heiratsisolat gegründet. Zwar läßt sich überall eine gewisse Durchmischung mit der jeweiligen einheimischen Bevölkerung nachweisen, es findet sich aber trotzdem zwischen den Juden, die in den verschiedenen Ländern wohnen, eine beträchtliche genetische Ähnlichkeit[19].

Welche *Umweltfaktoren* könnten die überdurchschnittliche Intelligenz der Juden erklären? Juden gehören bis heute in Westeuropa und Nordamerika überwiegend städtischen Bevölkerungen an. Städter erreichen aber ganz allgemein bessere Intelligenztest-Ergebnisse als Bewohner ländlicher Gebiete. Da ihnen in Europa Landbesitz und Ausübung eines Handwerks in früheren Jahrhunderten untersagt war, mußten die Juden seit langem ihren Lebensunterhalt als Kaufleute verdienen. Dies verlangte zweifellos besondere geistige Beweglichkeit und Anpassungsfähigkeit. Von größter Bedeutung dürfte aber gewesen sein, daß der Gelehrte in der jüdischen Kultur seit eh und je besonderes Ansehen genossen hat. Jüdische Eltern tun im allgemeinen alles, um ihren Kindern die bestmögliche Förderung angedeihen zu lassen – Lernen und Wissen sind höchste Tugenden.

Aber seit Papst Urban II. auf der Synode von Clermont 1095 zur Eroberung der heiligen Stätten der Christenheit in Palästina aufgerufen hatte, ging eine Welle von Haß und Vernichtung nach der anderen über die Juden Europas. Mit dem ersten Kreuzzug begann die tausendjährige Verfolgung dieses Volkes in Europa. Die Vorstellung ist nicht abwegig, daß die Intelligenteren die jahrhundertelange Verfolgung mit größerer Wahrscheinlichkeit überleben konnten als die weniger Intelligenten. Die Gelehrten, also diejenigen, die den Talmud auslegen konnten, wurden von ihren Gemeinden unterhalten. Sie waren es, die die Töchter der wohlhabendsten Glaubensbrüder heiraten durften. Gelehrsamkeit wurde also – und dies ist im Vergleich zu anderen Bevölkerungen jener Zeit ungewöhnlich – mit materiellem Wohlstand belohnt. Es gibt Hinweise dafür, daß in früheren Jahrhunderten die Zahl überlebender Kinder in der jüdischen Oberschicht deutlich höher war als in der jüdischen Unterschicht. Dies könnte unter den Bedingungen eines ständigen »Kampfes ums Dasein« ein wirksamer Selektionsfaktor zugunsten höherer Intelligenz gewesen sein und auf die Beteiligung genetischer Mechanismen am höheren IQ der Juden hindeuten. Alle genannten Erklärungen bleiben aber Hypothesen, die sich nicht nachprüfen lassen.

Die Erklärungen für die Ursache des IQ-Unterschiedes zwischen Angehörigen der schwarzen und weißen Rasse lassen sich in zwei Gruppen einteilen: genetische und sozioökonomische. Die Argumentation läuft wie ein Pingpongspiel ab: Es gibt kein Argument, auf das nicht eine entsprechende Entgegnung möglich ist. Die wichtigsten Gesichtspunkte sollen stichwortartig vorgeführt werden[20]:

Behauptung: Der IQ ist innerhalb der weißen Bevölkerung zu einem wesentlichen Anteil genetisch bedingt, so daß auch der Unterschied zwischen zwei Bevölkerungsgruppen erblich verursacht sein muß.

Entgegnung: Die hohe Heritabilität eines Merkmals in einer Bevölkerung erlaubt nicht die Übertragung auf andere Bevölkerungen. Die Körpergröße hat heute eine Heritabilität von 80–90 Prozent, trotzdem hat ihr Mittelwert in den letzten hundert Jahren in Europa um etwa 10 cm zugenommen.

Behauptung: Die soziale Benachteiligung der Schwarzen in Nordamerika kann nicht der Grund für ihre geringeren IQ-Leistungen sein, da andere Gruppen, wie die Indianer, auch benachteiligt sind, ohne deswegen in Intelligenztests schlechter abzuschneiden als Weiße.

Entgegnung: Die soziokulturellen und erziehungsbedingten Nachteile der Schwarzen sind anderer Natur als bei den Indianern; sie können ihr IQ-Defizit voll erklären.

Behauptung: Die Untersuchung der Intelligenz schwarzer Kinder, die von weißen Adoptiveltern aufgezogen waren, hat bei ihnen zwar einen höheren IQ ergeben; nach wie vor besteht aber ein Rückstand gegenüber den leiblichen Kindern der Pflegeeltern.

Entgegnung: Die Kinder sind häufig erst im Laufe der ersten Lebensjahre adoptiert worden. Je früher sie adoptiert waren, als desto höher erwies sich ihr IQ.

Behauptung: Der IQ von Kindern in Deutschland nach dem Zweiten Weltkrieg, deren Väter schwarze amerikanische Soldaten waren, ist nicht geringer als der entsprechender deutscher Kinder.

Entgegnung: Die amerikanischen Soldaten schwarzer Hautfarbe sind viel stärker nach ihrem IQ ausgelesen gewesen als weiße amerikanische Armeeangehörige. Die amerikanische Armee hat bei der Rekrutierung viel mehr Schwarze als Weiße zurückgewiesen.

Behauptung: Diejenigen, die die Benachteiligung der schwarzen Minderheit Nordamerikas biologisch begründen wollen, sind Rassisten, die bewußt oder unbewußt die eigenen Vorteile erhalten wollen.

Entgegnung: Diejenigen, die genetische Erklärungen für das IQ-Defizit der Schwarzen nicht gelten lassen wollen, sind aus ideologischer Voreingenommenheit zu einem sachlichen Urteil nicht bereit.

Man kann die Liste der Argumente fast beliebig fortsetzen – sie bringen keine schlüssigen Resultate. Der Grund ist die unlösbare Verflechtung von Erbe und Umwelt, die nur aus der genaueren Kenntnis genetischer Mechanismen verstanden werden kann. *Wenn* sich durch den Fortschritt der Wissenschaft eines Tages schlüssig beweisen ließe, daß es Unterschiede der Intelligenz zwischen verschiedenen ethnischen Gruppen gibt, hätte dies dann irgendwelche praktischen Konsequenzen, etwa in der Bildungspolitik? Jeder Mensch muß nach seinen persönlichen Fähigkeiten und Möglichkeiten gefördert werden. Dabei darf der Mittelwert der Gruppe, der er angehört, keine Rolle spielen. Es gibt unter schwarzen Nordamerikanern solche mit überdurchschnittlicher, unter Juden solche mit unterdurchschnittlicher Intelligenz. Der Gesichtspunkt der Förderung nach individuellen Fähigkeiten sollte ja auch innerhalb der weißen Bevölkerung der praktizierten Wirklichkeit entsprechen. Auch gegen die Heirat zwischen Individuen verschiedener Rassen gibt es von seiten des Genetikers keine Argumente: Schließlich heiratet man nicht den Mittelwert einer Bevölkerungsgruppe, sondern ein Individuum. Dabei können zwischen den Rassen die gleichen Auswahlkriterien wichtig werden wie innerhalb der Rassen: neben erotischer Anziehung vor allem ähnliche Interessengebiete, die oft mit einer ähnlich hohen Intelligenz einhergehen, und eine Persönlichkeit, welche die eigene sinnvoll ergänzt. Individuen mit diesen Eigenschaften gibt es aber in allen Rassengruppen.

Je besser man genetische Mechanismen verstehen lernt (vgl. Kapitel 9), desto deutlicher wird, daß jeder Mensch für eine Reihe von Genen mischerbig ist, die in reinerbigem Zustand nachteilige Folgen haben, die insbesondere häufig die geistige Leistungsfähigkeit schwer beeinträchtigen. Diese Erbanlagen werden meist erst an entsprechend betroffenen Kindern sichtbar. In einer Bevölkerung findet sich eben immer eine Verteilung von günstig oder ungünstig sich auswirkenden Genen. Niemand hat sich seine Erbanlagen aussuchen können. Die Sorge für die von der Natur benachteiligten Mitglieder einer Gesellschaft ist daher eine nicht nur ethisch, sondern auch biologisch begründete Pflicht derer, die das Glück hatten, mit besseren Gaben ausgestattet zu sein.

1   Bell, E. T.: Die großen Mathematiker. Düsseldorf/Wien: Econ 1967.
2   Heidelberger Tageblatt vom 14. 8. 1980.
3   Wechsler, D.: Die Messung der Intelligenz Erwachsener. Bern/Stuttgart/Wien: Huber 1964, S. 13.
4   Zur Messung der Intelligenz und den Eigenschaften des IQ siehe zum Beispiel:
    Resnick, L. B. (Hrsg.): The nature of intelligence. Hillsdale: Erlbaum 1976.
    Eysenck, H. J.: Intelligenz – Struktur und Messung. Berlin/Heidelberg/New York: Springer 1980.
5   Fraser Roberts, J. A.: The genetics of mental deficiency. Eugenics Rev. 44, 71–83 (1952).
6   Zit. nach Eysenck, H. J., a.a.O.
7   Eine zusammenfassende Darstellung des letzten Standes der Längsschnittstudie findet sich bei: Oden, M. H.: The fulfillment of promise: 40-year follow-up of the Terman gifted group. Genet. Psychol. Monogr. 77, 3–93 (1968).

8   Erlenmeyer-Kimling, L., Jarvik, L. F.: Genetics and intelligence: A review. Science 142, 1477–1479 (1963).

9   Jensen, A.: How much can we boost IQ and scholastic achievement? In: Environment, heredity and intelligence. Cambridge, Mass.: Harvard Educational Review 1969.

10   DeFries, J. C., Johnson, R. C., Kuse, A. R., McClearn, G. E., Polovina, J., Vandenberg, S. G., Wilson, J. R.: Familial resemblance for specific cognitive abilities. Behav. Genet. 9, 23–43 (1979).

11   Eine aktuelle Zusammenfassung findet sich bei: Loehlin, J. C.: Recent adoption studies of IQ. Human Genetics 55, 297–302 (1980).

12   Die Zusammenstellung ist der Arbeit von J. C. Loehlin, a.a.O., entnommen, die zitierten Originalarbeiten sind:
     Scarr, S., Weinberg, R. A.: IQ test performance of black children adopted by white families. Amer. Psychol. 31, 726–739 (1976).
     Scarr, S., Weinberg, R. A.: The influence of »family background« on intellectual attainment. Am. Sociol. Rev. 43, 674–692 (1978).
     Horn, J. M., Loehlin, J. C., Willerman, L.: Intellectual resemblance among adoptive and biological relatives: The Texas Adoption Project. Behav. Genet. 9, 177–207 (1979).

13   Scarr, S., Weinberg, R. A., a.a.O., 1976.

14   Bashi, J.: Effects of inbreeding on cognitive performance. Nature 266, 440–442 (1977).
     Ein anderer Befund, der in dieselbe Richtung geht und dem der gleiche genetische Mechanismus zugrunde liegt, ist die große Häufigkeit von Schwachsinn unter Kindern aus Inzestverbindungen (über 40 Prozent); vgl. Vogel, F., Motulsky, A. G.: Human Genetics – Problems and Approaches. Berlin/Heidelberg/New York: Springer 1979.

15   Fraser Roberts, J. A., a.a.O.

16   Zajonc, R. B.: Family configuration and intelligence. Science 192, 227–236 (1976). Wir sind hier nicht auf den bekannten Zusammenhang zwischen Familiengröße und sozioökonomischer Schicht eingegangen. Mit zunehmender Größe der Familien sinkt der IQ. Die beschriebene Abnahme der Intelligenz mit dem Geburtenrang ließ sich aber auch innerhalb derselben Sozialschichten nachweisen. Es handelt sich bei dem Geburtenrang-Effekt also nicht um ein Phänomen, das durch den sozioökonomischen Status nur vorgetäuscht wird.

17   Vgl. Vogel, F., Motulsky, A. G., a.a.O., Sect. 8.2.1.

18   Patai, R., Wing, J. P.: The myth of the Jewish race. New York: Charles Scribner's Sons 1975.

19   Patai, R., Wing, J. P., a.a.O.

20   Vogel, F., Motulsky, A. G., a.a.O., Sect. 8.2.4.

122

6. Zwischenspiel: Betrug in der Wissenschaft – der Psychologe Cyril Burt

Am 16. Oktober 1976 erschien in der Londoner »Times« eine rätselhafte Anzeige: »Sir Cyril Burt. Margaret Howard oder J. Conway, die Sir Cyril bei seinen Studien über Intelligenz bei Zwillingen behilflich waren, oder alle, denen diese beiden Personen bekannt sind, mögen sich telephonisch bei Oliver Gillie, Tel..., melden.« Oliver Gillie war der Medizinberichterstatter der »Sunday Times«. Acht Tage später, am 24. Oktober, erschien auf der ersten Seite dieser Zeitung die sensationelle Überschrift: »Prominenter Psychologe fälschte entscheidende Daten.« Daneben prangte ein Photo von Cyril Burt, einem der Begründer der Psychologie in Großbritannien. Burt war 1971 im Alter von achtundachtzig Jahren gestorben. Mehrere Jahrzehnte hindurch war er der englische Psychologe gewesen, der den größten Einfluß auf die Schulpolitik des Landes gehabt hatte. Allerdings war er in den letzten Jahrzehnten seines Lebens mehr und mehr kritisiert worden, denn er hatte den Standpunkt vertreten, Intelligenz sei weitgehend angeboren. Intelligenzunterschiede innerhalb der Bevölkerung müßten größtenteils auf genetische Unterschiede zurückgeführt werden, wie auch Unterschiede in der IQ-Verteilung zwischen den sozialen Klassen im wesentlichen genetisch bedingt seien. In der Praxis war Burt ein Gegner der Gesamtschule. Er favorisierte ein dreigegliedertes Schulsystem vom elften Lebensjahr an. Maßgebend für den Eintritt in einen der drei Schulzweige sollte das Ergebnis eines Intelligenztests sein.

Vor allem dieser Aussagen wegen geriet Burt besonders in der Zeit nach dem Zweiten Weltkrieg mehr und mehr ins Feuer jener seiner Kollegen, die die Intelligenzunterschiede zwischen verschiedenen Kindern ausschließlich auf Sozialfaktoren zurückführten. Burt konnte die Einführung der Gesamtschule in Großbritannien in den fünfziger und sechziger Jahren nicht verhindern. Fast niemand hatte jedoch bis zu seinem Lebensende Burts fachliche Kompetenz und wissenschaftliche Ehrlichkeit in Zweifel gezogen. Bis zu seinem Tode hatte er hohe Auszeichnungen erhalten und war 1946 sogar in den Adelsstand erhoben worden – eine seltene Ehrung für einen Wissenschaftler.

Ein Jahr nach Burts Tode, 1972, machte der amerikanische Psychologe Leon Kamin jedoch auf Merkwürdigkeiten vor allem in Burts letzter Arbeit über Zwillinge aufmerksam, in der er über dreiundfünfzig eineiige Zwillingspaare berichtet hatte, die getrennt aufgewachsen waren. Zwei Jahre später, 1974, veröffentlichte Kamin ein Buch mit dem Titel »The science and politics of IQ«, in dem er behauptete, die Zwillings- und Familiendaten von Burt seien im wesentlichen gefälscht[1]. Die Ergebnisse seiner Forschung müßten aus der wissenschaftlichen Diskussion ganz verbannt werden. Kamin kritisierte auch die Daten vieler anderer Forscher auf diesem Gebiet. Seiner Meinung nach wären die allermeisten der bis dahin veröffentlichten Ergebnisse unzuverlässig, denn die Untersucher hätten nur ihr Vorurteil bestätigt sehen wollen, wonach Intelligenz im wesentlichen durch die Erbanlagen festgelegt sei. Seiner Auffassung nach bewiesen die Untersuchungsergebnisse vielmehr, daß der IQ überhaupt nicht genetisch beeinflußt werde.

Kamins Standpunkt war offenbar genauso von Vorurteilen geprägt wie der Standpunkt seiner wissenschaftlichen Kontrahenten. Trotzdem war seine Kritik an Burt wohlbegründet und mußte ernst genommen werden. Zur gleichen Zeit, 1974, veröffentlichte auch der amerikanische Psychologe Arthur Jensen eine Kritik der Burtschen Daten[2]. Jensen war in den vorausgegangenen Jahren von Burts Forschungen und Schlußfolgerungen stark beeinflußt worden. Er hatte daraus den Schluß gezogen, daß die Intelligenzunterschiede zwischen Schwarzen und Weißen in den USA genetisch bedingt seien und daß deshalb Versuche, durch spezielle Schulprogramme einen Ausgleich zu schaffen, zum Scheitern verurteilt sein müßten[3]. Auch Jensen fand jedoch in den Daten Burts Merkwürdigkeiten, so zum Beispiel Korrelationskoeffizienten, die in mehreren Publikationen bis zur dritten Stelle hinter dem Komma identisch blieben – trotz einer Veränderung der Stichprobengröße. Seine Versuche, diese offensichtlichen Fehler anhand der Originaldaten aus Burts Nachlaß zu klären, scheiterten. Die Originaldaten waren nicht auffindbar. Jensen kam schließlich zu dem Ergebnis, daß Burt die Daten tatsächlich nur benutzte, um bestimmte Prinzipien der quantitativen Genetik zu illustrieren. Auf die Zahlen selbst war kein Verlaß.

Nun entspann sich unter den Wissenschaftlern ein Streit, ob es sich hier nur um – zweifellos bedauerliche – Ungenauigkeiten handelte, die einem über Achtzigjährigen unterlaufen seien und von denen seine früheren großen Verdienste nicht berührt würden, oder ob regelrechter Betrug vorliege, der das ganze Lebenswerk dieses Mannes in ein anderes Licht rückte. Die breitere Öffentlichkeit wurde auf den »Fall Burt« erst aufmerksam, als der zu Anfang genannte Bericht aus der Feder des Medizinjournalisten Gillie in der »Sunday Times« erschien.

124

Dieser Bericht behauptet nicht nur, Burt habe Daten gefälscht; er enthielt auch die Vermutung, die beiden angeblich wichtigsten Mitarbeiterinnen Burts, eben Margaret Howard und J. Conway, hätten niemals existiert. Alle Versuche Gillies, Spuren dieser Forscherinnen aufzufinden, waren gescheitert. Psychologen oder Sozialarbeiter sind normalerweise Mitglieder von Fachgesellschaften; sie haben irgendwo ihr Examen abgelegt und ihren Beruf ausgeübt. Keine Spur dieser Art von Howard und Conway. Auch die Anzeige, in der sie öffentlich gebeten wurden, sich doch zu melden, blieb ohne Erfolg. Später teilte ein Psychologe mit, er habe in den dreißiger Jahren eine Mitarbeiterin Burts, Howard, kennengelernt, und eine Dame gleichen Namens tauchte 1924 für ein Jahr als Mitglied der britischen Psychologengesellschaft auf. Für die Existenz von Conway ließen sich jedoch nicht die geringsten Spuren entdecken. Die meisten der angeblichen Veröffentlichungen dieser beiden Damen erschienen wohlgemerkt in den vierziger, fünfziger und sechziger Jahren. Im Jahre 1966 bedankt sich Burt in seiner letzten Publikation über Zwillinge noch bei einer dritten Dame, einer Miß Molteno. Sie konnte in der Tat aufgefunden werden und hatte auch wirklich einst Psychologie studiert. Mit der Arbeit, in deren Zusammenhang Burt sie zitiert, hatte sie jedoch nach eigener Aussage niemals auch nur das geringste zu tun. Dieser Fall deckte Burts Methode auf: Er scheint offenbar Namen verwendet zu haben, die ihm früher einmal in irgendeinem Zusammenhang begegnet waren, und verwendete sie, ohne mit ihren Trägern Verbindung zu haben, als fingierte Autorennamen für Schriften, die er in Wirklichkeit selbst verfaßte. Das wurde ihm dadurch erleichtert, daß er die Zeitschrift, in der viele dieser Veröffentlichungen erschienen, das »British Journal for Statistical Psychology«, bis 1963 selbst herausgab.

Der Streit darüber, ob und in welchem Umfang Burt gefälscht hatte, wogte noch hin und her, als im Jahre 1979 seine »offizielle« Biographie erschien. Der Verfasser war L. S. Hearnshaw, ein bekannter Psychologieprofessor[4]. Nach Burts Tod war er gebeten worden, die Gedenkrede zu halten, und Burts Schwester hatte ihn beauftragt, eine Biographie über ihren berühmten Bruder zu verfassen. Sie stellte ihm dafür den gesamten schriftlichen Nachlaß zur Verfügung und unterstützte das Vorhaben auch in finanzieller Hinsicht. Hearnshaw, der sich schon immer für die Geschichte der englischen Psychologie interessiert hatte, machte sich an die Arbeit, in der Vorstellung, die Lebensgeschichte eines der Großen seines Faches zu schreiben. Im Vorwort erwähnte er besonders die noble Haltung von Burts Schwester, die ihm übrigens auch dann nicht ihre Vollmacht entzog, als die Dinge sich ganz anders entwickelten, als sie ursprünglich vorhergesehen hatte.

Hearnshaw ging mit wahrhaft kriminalistischem Spürsinn zu Werke. Dabei wurde er durch zwei Umstände unterstützt: Burt hatte sehr sorgfältig Tagebuch geführt, in dem auch Ereignisse wie Besuche von Fachkollegen oder seiner früheren Sekretärinnen verzeichnet waren. Für die meiste Zeit seiner letzten Lebensjahrzehnte lag die Korrespondenz vollständig vor. Mit Hilfe dieser Unterlagen und aufgrund sehr sorgfältiger Recherchen bei Menschen, die Burt fachlich oder privat kannten, kam Hearnshaw zu den folgenden Ergebnissen:

1. Burt hatte in der Zeit von 1909 bis 1932, als er beratender Psychologe der Londoner Schulverwaltung war, zahlreiche Schulkinder psychologisch getestet. Dabei verwendete er offenbar keine festgelegte Methode. Er bediente sich der Hilfe wechselnder Mitarbeiter. Testresultate wurden zum Beispiel aufgrund von Lehrerbeurteilungen korrigiert, bevor sie in die statistische Auswertung eingingen. Eltern wurden ebenfalls untersucht. Ihre Intelligenz wurde jedoch offenbar nicht – oder nur teilweise – getestet, sondern geschätzt. In diesem umfangreichen, aber für eine wissenschaftliche Auswertung ungeeignetem Material befanden sich auch Daten über Zwillinge, darunter solche von fünfzehn eineiigen Paaren, die angeblich getrennt aufgewachsen waren. Diese Zwillinge werden in einer Publikation von 1943 zuerst erwähnt. Wie festgestellt wurde, daß diese Paare tatsächlich eineiig waren, bleibt unklar. Überhaupt war die gesamte Information außerordentlich detailarm.

2. Im Jahre 1932 gab Burt die Arbeit für die Schulverwaltung auf und übernahm den Psychologielehrstuhl am University College in London. Von diesem Zeitpunkt an scheint er wenig oder keine Feldforschung mehr getrieben zu haben. Wissenschaftlich befaßte er sich vor allem mit mathematischen Auswertungsmethoden. Insbesondere wandte er auch die Methoden der quantitativen Genetik auf die von ihm früher gesammelten Daten von Eltern und Kindern an. Im Jahre 1941 wurde der größte Teil seines wissenschaftlichen Materials in London ein Raub der Flammen, als das Gebäude des University College von deutschen Flieger-

126

bomben getroffen wurde. Nur Teile waren mit dem Institut nach Wales ausgelagert und so gerettet worden.

3. In den dreißig Jahren von 1941 bis zu seinem Tode im Jahre 1971, sicher aber seit 1950, hatte Burt weder selbst psychologische Untersuchungen an Familien oder Zwillingen vorgenommen, noch hatte er Mitarbeiter, die solche Untersuchungen für ihn durchführten. Alles, was er seitdem geschrieben hatte, muß auf Zusammenstellungen alter Daten aus der eigenen Frühzeit beruht haben, wenn es nicht sogar frei rekonstruiert, richtiger: frei erfunden war. Insbesondere hatte Burt noch 1966 in einer Arbeit behauptet, er habe im Laufe der Jahre dreiundfünfzig eineiige Zwillingspaare beobachtet, die getrennt aufgewachsen seien. Natürlich wurde ihr IQ als außerordentlich ähnlich geschildert. Von diesen Paaren können maximal fünfzehn echt sein, da Burt über sie schon 1943 berichtet hatte. Die Existenz der übrigen kann nur frei erfunden worden sein. Für die Burtschen Vergleiche zwischen Eltern und Kindern läßt sich die Situation nicht ganz so eindeutig klären. Aber ob nun die Daten teilweise oder ganz erfunden oder nur frisiert sind – sie bleiben auf jeden Fall unbrauchbar.

4. Eindeutige Fälschungen lassen sich Burt noch in zwei anderen Fällen nachweisen. In Veröffentlichungen zur Geschichte der Faktorenanalyse, einer unter Psychologen sehr beliebten statistischen Methode für die gemeinsame Analyse zahlreicher Testdaten, behauptete er, zu Anfang dieses Jahrhunderts diese Methode im wesentlichen selbst erfunden zu haben.

Der wirkliche Erfinder war der englische Psychologe Charles Spearman. Diesen etwa zwanzig Jahre älteren Forscher, der 1945 starb, hatte Burt in früheren Publikationen voll anerkannt. Erst nach Spearmans Tod begann er, sich Schritt für Schritt an seine Stelle zu setzen. Mag dieses Verhalten noch hingehen als Extremvariante eines Streites um Prioritäten, wie er auch sonst unter Wissenschaftlern nicht selten ist, so mußte eine weitere Fälschung die allgemeine Öffentlichkeit schon mehr interessieren. Wie erwähnt, war Burt ein Gegner der Gesamtschule. Um seinen Standpunkt zu untermauern, veröffentlichte er im Jahre 1969 Daten, die zeigen sollten, daß die allgemeine Intelligenz, die Leistungen in Lesen, Orthographie und Rechnen von Schulkindern seit Einführung der Gesamtschule deutlich abgenommen hatten. Dazu verwendete er seine Londo-

127

ner Daten aus den Jahren 1917–1945. Diese Daten scheinen echt zu sein, wenn auch die Methode der Erfassung anfechtbar ist. Daten aus den Jahren 1955 und 1965 sind jedoch mit großer Wahrscheinlichkeit gefälscht; denn zu dieser Zeit hat Burt weder selbst Testuntersuchungen vorgenommen, noch hatte er Zugang zu Londoner Schulen. Gerade diese Daten sollten aber den angeblichen Abfall der Leistungen mit der Einführung der Gesamtschule demonstrieren.

5. Wie aus Burts Tagebüchern und Korrespondenz eindeutig hervorgeht, hatte er in den letzten Jahrzehnten mit Miß Howard oder Miß Conway weder brieflichen Kontakt, noch wurde er von einer dieser Damen besucht. Auch seiner langjährigen Haushälterin waren beide Damen gänzlich unbekannt. Theoretisch könnte er per Telephon mit ihnen verkehrt haben. Da er aber im Alter zunehmend schwerhörig wurde, ist das auch aus diesem Grunde unwahrscheinlich. Es bleibt nur eine Schlußfolgerung: Auch die Mitarbeit dieser Damen war frei erfunden. Diese Folgerung wird dadurch unterstützt, daß die angeblich von beiden verfaßten Beiträge ganz das Gepräge von Burts persönlichem Stil tragen.

Hearnshaws Recherchen lassen also keinen Zweifel daran, daß die Behauptungen von Burts schärfsten Kritikern im wesentlichen zutreffen: Wir haben es nicht mit Ungenauigkeiten zu tun, die man mit dem Alter entschuldigen könnte, sondern mit Fälschungen. Für Fälschungen aber gibt es in der Wissenschaft keine Entschuldigung.

Wie war es möglich, daß ein anerkannter und erfolgreicher Wissenschaftler in den späteren Jahrzehnten seiner wissenschaftlichen Karriere zu derartigen Praktiken griff? Einige Psychologen meinten, er habe von Anfang an gelogen und betrogen, sein gesamtes wissenschaftliches Werk sei daher wertlos. Aber Hearnshaw sagt wohl mit Recht, man mache es sich damit zu leicht. Burt habe als Mensch und Wissenschaftler große Vorzüge und große Fehler gehabt. Sein Hauptfehler sei gewesen, daß er in einer Auseinandersetzung niemals habe verlieren können. Dieser Fehler, den Burt mit nicht weniger »großen« Männern in der Wissenschaft teilt, insbesondere wenn sie älter werden, schlägt aber zumeist auf den Betroffenen zurück. Die Wissenschaft schreitet schrittweise fort durch das Aufstellen von Positionen, die dann durch Untersuchungen empirisch nachgeprüft und durch

Kritik verbessert werden müssen[5]. So nähert man sich schrittweise der Wahrheit, ohne sie jemals ganz zu erreichen. Ein einzelner Wissenschaftler kann das für seine eigenen Positionen in der Regel nur wenige Schritte weit leisten. Auf längere Sicht braucht jeder die Antithese durch den Kollegen, der vielleicht die Dinge aus einem ganz anderen Blickwinkel betrachtet. Der einzelne Wissenschaftler bleibt sich selbst gegenüber immer voreingenommen, und das um so mehr, je stärker sein Arbeitsgebiet allgemein wichtige menschliche Probleme berührt. Das Gesetz des Wettbewerbs bewirkt aber, daß Irrtümer des einzelnen durch andere korrigiert werden und daß auch der einzelne, will er auf die Dauer Erfolg haben, sich an der Kritik der anderen korrigieren muß. Natürlich können die gleichen sozialpsychologischen Mechanismen auch dazu führen, daß ganze Gruppen von Wissenschaftlern in die Irre gehen, weil sie einem Vorurteil ihrer Zeit unterliegen. In der sich frei entwickelnden Wissenschaft wird trotzdem früher oder später das kritische Korrektiv wirksam werden.

Burt hatte sich offenbar diesem Korrektiv entzogen. Hearnshaw verwies auf Aspekte seiner Lebensgeschichte, die das bis zu einem gewissen Grad erklären. Die Schritte in die Lüge erfolgten nachweisbar im Anschluß an lebensgeschichtliche Krisen und Enttäuschungen: Verlust der Arbeitsmaterialien; Scheitern einer erst im Alter von neunundvierzig Jahren eingegangenen Ehe mit einer sehr viel jüngeren Frau; vor allem aber die aufkommenden entgegengesetzten Tendenzen in seiner Wissenschaft und die damit verbundenen Angriffe auf seine eigenen wissenschaftlichen Positionen – all das konnte Burt offenbar auf ehrliche Art nicht ertragen.

Eine ganz andere Frage ist es, wie Burt es fertigbrachte, unter seinen Fachkollegen so lange seine unangefochtene Stellung zu halten. Rückschauend fallen viele Fehler in seinen Veröffentlichungen deutlich ins Auge. Kritischen Lesern hätte manches schon früher auffallen müssen. Burt muß eine sehr überzeugende Art gehabt haben, seine Thesen vorzutragen und in mündlicher Diskussion zu vertreten. Im Jahre 1960 soll der bekannte englische Humangenetiker Lionel S. Penrose, ein überaus kluger und gleichzeitig bescheidener und nüchterner Mann, nach einem Vortrag von Burt bemerkt haben: »Ich glaube kein Wort von dem, was der alte Strolch (rogue) sagt, aber, bei Gott, ich bewundere die Art, wie er es sagt.«

Es hilft wenig, wenn man Burts persönliche Entwicklung in den letzten Lebensjahrzehnten als pathologisch bezeichnet. Das wäre nur ein äußerlich aufgeklebtes Etikett. Außerdem zeigt sein umfangreicher Briefwechsel, daß er bis zum Schluß im vollen Besitz seines Scharfsinns und eines enzyklopädischen Wissens war.

Wissenschaft verlangt eben nicht nur Geist, sondern auch persönliche Integrität. Aber vergleichbare Betrugsaffären in der Geschichte der Wissenschaft sind nicht so selten, wie man annehmen sollte. So wollte der Biologe Kammerer in den ersten Jahrzehnten dieses Jahrhunderts die Vererbung erworbener Eigenschaften nachweisen[7]. Sein Untersuchungsobjekt war die Geburtshelferkröte, von der es eine überwiegend auf dem Lande und eine überwiegend im Wasser lebende Varietät gibt. Nur die im Wasser lebende Form besitzt an den Vorderextremitäten gewisse Schwielen, die den Tieren bei der Umklammerung für den Geschlechtsakt helfen. Er ließ nun Tiere aus der auf dem Lande lebenden Gruppe im Wasser aufwachsen und behauptete, es hätten sich Schwielen herausgebildet, die sich weitervererbten. Seine Untersuchung basierte nur auf wenigen Tieren. Es konnte dann nachgewiesen werden, daß die Schwielen bei einem Tier, das er als Beweis für seine These vorzeigte, durch Injektion schwarzer Tusche vorgetäuscht waren. Entweder hatte er selbst diesen Täuschungsversuch vorgenommen, oder ein Mitarbeiter hatte es getan, um ihm einen Gefallen zu tun oder um ihn zu Fall zu bringen. Ganz geklärt wurde das nie, Kammerer endete durch Selbstmord.

Das Tragische an der Sache ist, daß die Fragestellung und die dafür wie dagegen vorgebrachten Beweise inzwischen längst wissenschaftlich überholt sind. Es ist sozusagen ganz gleichgültig, ob Kammerer oder ein anderer die Befunde gefälscht hat. Eine unmittelbare Vererbung erworbener Eigenschaften gibt es nicht. Aber die Befunde, auf denen Kammerer seine Beweisführung aufbaute, könnten trotzdem stimmen: Das Vorkommen oder Fehlen von Schwielen liegt vermutlich innerhalb der Variationsbreite beider Krötenpopulationen. Kammerer konnte mit seinen Experimenten schon allein deshalb seine Hypothese nicht beweisen.

Ganz ähnlich verhält es sich auch mit Burt. Auch seine Fälschungen hatten auf den Fortschritt der Wissenschaft keinen Einfluß. Ob der Heritabilitätskoeffizient, das heißt das Verhältnis von genetisch bedingter zu phänotypischer Variabilität, im Einzelfall etwas höher oder etwas niedriger liegt, das kann von einer Bevölkerung zur anderen durchaus verschieden sein. Es hängt nicht nur vom Ausmaß der genetischen Variabilität, sondern auch von der umweltbedingten Variabilität in dieser Bevölkerung ab.

Vor allem aber: Ein höherer oder niedriger Heritabilitätswert innerhalb einer Bevölkerungsgruppe läßt keinerlei Schlüsse darüber zu, ob IQ-Unterschiede zwischen verschiedenen Bevölkerungen eine genetische Ursache haben oder nicht. Er erlaubt auch keine Voraussagen darüber, ob und in welcher Richtung bestimmte Erziehungsmaßnahmen oder Schulformen die geistig-seelische Entwicklung eines Schulkindes beeinflussen werden. Die Methoden der quantitativen Genetik, wie sie Burt propagierte und angewendet zu haben behauptete und wie andere sie auf kompetentere Weise anwenden, sind ungeeignet für das Problem, das sie lösen sollen. Burts Betrug blieb für den wissenschaftlichen Fortschritt ohne Folgen.

1   Kamin, L. J.: The science and politics of IQ. Potomac: Erlbaum 1974.
2   Jensen, A. R.: Behavior genetics 4, 1–28 (1974).
3   Jensen, A. R.: How much can we boost IQ and scholastic achievement? In: Environment, heredity and intelligence. Cambridge, Mass.: Harvard Educational Review 1969.
    Jensen, A. R.: Educability and group differences. London: Methuen 1973.
4   Hearnshaw, L. S.: Cyril Burt, Psychologist. London: Hodder & Stoughton 1979.
5   Popper, K.: Ausgangspunkte. Meine intellektuelle Entwicklung. Hamburg: Hoffmann und Campe 1979.
6   New Statesman 96, 688–694 (1978).
7   Koestler, A.: The case of the midwife toad. New York: Vintage books 1973.

7. Schizophrenie, das ungelöste Rätsel

Vor einigen Jahrzehnten kamen in einer amerikanischen Kleinstadt Vierlinge zur Welt. Damals war das ein ganz ungewöhnliches Ereignis, und die Öffentlichkeit reagierte entsprechend. Die örtliche Zeitung war voll von Berichten über die glücklich-unglückliche Familie. Firmen spendeten Babynahrung. Viele Neugierige suchten das ärmliche Elternhaus heim; bald erhoben die Eltern ein Eintrittsgeld für die Besichtigung ihrer Babys. Die Sensation war um so größer, als die vier Mädchen auch fast gleich aussahen. Wie sich später herausstellte, waren sie eineiig.

Etwa zwanzig Jahre später erlitt ein Vierling nach dem anderen einen seelischen Zusammenbruch. Eine Schwester nahm merkwürdige, vertrackte Haltungen an und behielt sie lange Zeit bei; eine andere hörte, wenn sie allein war, Stimmen früherer Arbeitskolleginnen, die zu ihr sprachen; alle vier wurden nach und nach verwirrt und konnten nicht mehr arbeiten. Nach einer Weile mußten alle vier in einer psychiatrischen Klinik aufgenommen werden; die Diagnose lautete auf Schizophrenie. Wieder ein paar Jahre danach war eine der vier verheiratet. Sie hatte ein Kind; ihr Leben verlief in geordneten Bahnen. Offenbar war sie praktisch geheilt. Eine andere lebte bei ihrer Mutter. Ihr Zustand war erträglich, wenn sich auch noch deutliche Krankheitszeichen zeigten; das galt auch für die dritte Schwester, die noch im Krankenhaus war. Die letzte zeigte schwere seelische Störungen und Verwirrtheitszustände; die Ärzte stellten eine schlechte Prognose.

Was ist das für eine geheimnisvolle Krankheit, die bei erbgleichen Vierlingen gemeinsam und dazu noch fast zur gleichen Zeit auftrat, die dann aber einen so verschiedenen Verlauf nahm – einmal zur Ausheilung, ein andermal in einen trostlosen Dauerzustand? Die Ärzte, die die Vierlinge behandelten, haben in einem jetzt schon klassischen Buch ausführlich über ihre Erfahrungen berichtet[1]. Der Bericht illustriert, wie vielschichtig das Problem der Schizophrenie ist.

Ungewöhnliche Verhaltensweisen, seien sie bei einem Menschen nur vorübergehend oder mehr oder weniger konstant, beschäftigen uns stets. Phänomene aus dem geistig-seelischen Bereich üben meist eine größere Faszination aus als körperliche Abweichungen von der Norm. Wir alle beobachten überraschende, abwegige, nicht oder nur schwer verstehbare Verhaltensweisen oder langfristige Entwicklungen an Mitmenschen; wir

132

lieben es, gewisse wiederkehrende Grundtendenzen im Verhalten eines Menschen durch Schlagworte zu charakterisieren, und freuen uns, wenn wir bei einem Freund eine Seelenverwandtschaft bestätigt finden, weil er den Mitmenschen ebenso beschreibt: Wir finden eine Frau »hysterisch«, die sich in unangemessener, demonstrativer Weise in den Vordergrund zu spielen versucht; wir bemitleiden oder kritisieren einen Mann, der morgens immer erst einige Gläser Kognak braucht, »um in Schwung zu kommen«. Oder wir stehen ratlos jemandem gegenüber, der sich in seiner Wohnung einschließt, weil er nicht dabei gestört sein will, wenn er in einem von Kerzen erleuchteten Zimmer für die Abwendung des Weltuntergangs betet. Jeder wird über die Ursachen auffallender oder gar verrückter Verhaltensweisen nachdenken. Je nach Bildungsstand sind wir dabei von Vorurteilen, eigenen Lebenserfahrungen und angelesenem Wissen abhängig. Es ist immer wieder erstaunlich, mit wie wenig Sachverstand und eigener Kompetenz sich mancher zutraut, Verhaltensauffälligkeiten auf angebliche frühkindliche oder spätere Erlebnisse und Erfahrungen zurückzuführen. Ein anderer ist mit der gegenteiligen Interpretation ebenso schnell zur Hand und vermutet »ungünstige Erbanlagen«, wenn etwa mehrere Angehörige einer Familie in Verhaltensweisen vom Durchschnitt abweichen. Und schon sind wir wieder beim Problem von Erbe und Umwelt.

Die Frage der Vererbung wirft auch bei der Schizophrenie besondere Probleme auf, was mit einigen Besonderheiten der psychiatrischen Genetik zu tun hat. Bisher hat man dabei mit klassisch-genetischer Methodik gearbeitet, man führte also Zwillings-, Familien- und Adoptionsuntersuchungen durch. Die Analyse findet damit auf einer genfernen Ebene statt, und man muß sich darüber im klaren sein, daß man Krankheitsbilder vor sich hat, von denen jedes in seinen Ursachen und Entstehungsmechanismen verschieden sein kann. Der Psychiater faßt unter einer Diagnose vielfach die gemeinsame psychopathologische Endstrecke verschiedener Krankheiten zusammen. Wenn man eine Untersuchung über die Häufigkeit des Wiederauftretens einer psychiatrischen Krankheit, zum Beispiel einer Schizophrenie, unter den Verwandten von Patienten anstellen will, dann ist mit Schwierigkeiten zu rechnen, die bei der Untersuchung körperlicher Merkmale üblicherweise eine viel geringere Rolle spielen. Man geht meist von Personen aus, die als Patienten klinisch aufgenommen gewesen sind oder die ambulant eine Behandlung gesucht haben. Die über ärztliche Instanzen erfaßten Patienten sind aber nicht repräsentativ für eine Krankheitsgruppe, sondern nach Behandlungsbedürftigkeit ausgelesen. Mancher Kranker geht vielleicht nicht zum Arzt, weil die Krankheit sein Urteilsvermögen so weit getrübt hat, daß er sich selbst nicht als behandlungsbedürftig empfindet. Ein anderer mag die Erfahrung gemacht haben, daß die Ärzte einem Verwandten, der ähnliche Krankheitssymptome hatte, auch nicht helfen konnten. Ein besonderes Problem stellt die Diagnose. Mangels labortechnischer Untersuchungsmöglichkeiten basiert die Diagnostik psychiatrischer Krankheitsbilder nach wie vor nur auf Informationen, die durch Befragung und Beobachtung des Patienten gewonnen werden. Psychiatrische Krankheitsbilder sind zum Beispiel bei der Schizophrenie durch eine große Vielfalt der Erscheinungen gekennzeichnet, sowohl beim Vergleich verschiedener Patienten als auch im Laufe der Jahre bei einer Person. Man kann sich dadurch helfen, daß man bestimmte Symptome festlegt, die als obligat für eine bestimmte Diagnose angesehen werden. Die Festlegung strikter Kriterien für psychiatrische Diagnosen (Operationalisierung) ist ein bedeutendes Arbeitsgebiet dieses Faches geworden. Aber einer Operationalisierung haftet auch etwas Willkürliches an. Der große Vorteil liegt jedoch darin, daß über einen längeren Zeitraum und von verschiedenen Untersuchern dieselben Kriterien bei der Klassifizierung psychiatrischer Krankheiten verwendet werden, so daß man die Befunde vergleichen kann.

Genetische Studien erfordern die Untersuchung von Familienangehörigen des Erkrankten. Verwandte willigen aber durchaus nicht immer in ihre eigene Untersuchung ein, sei es, weil sie nichts mit dem für »verrückt« gehaltenen Angehörigen zu tun haben wollen, sei es, weil sie befürchten, selber eine vergleichbare Krankheit zu haben, oder weil sie von einem diffusen, für den Außenstehenden schwer verstehbaren Mißtrauen beherrscht sind. Für einen Durchschnittsmenschen ist es ja auch ungewöhnlich, wenn ein ihm fremder Wissenschaftler oder Arzt unaufgefordert erscheint, um bestimmte, vielleicht unangenehme Fragen zu stellen. Üblicherweise geht man sonst selbst zum Arzt. Jeder Humangenetiker, der Felduntersuchungen gemacht hat, weiß deshalb, wie mühsam es ist, Informationen über Angehörige zu gewinnen, und wie viele klärende Gespräche geführt werden müssen.

Sachliche Schwierigkeiten kommen noch hinzu: Die Symptome der untersuchten Krankheit brauchen bei dem Angehörigen nicht ständig vorhanden zu sein. Oder der Verwandte ist tatsächlich bisher gesund gewesen, er hat aber noch einen Teil der

Risikoperiode vor sich, kann also nach dem Untersuchungstermin noch erkranken. Während man die letztgenannte Möglichkeit berücksichtigen kann, lassen sich Symptome, die in der Vergangenheit nur zeitweise vorhanden waren, nur mit sorgfältiger Diagnostik erfassen.

Bei allen methodischen Schwierigkeiten sollten wir auch nicht vergessen, daß der Wissenschaftler für seine Untersuchung eine Hypothese hat, die er empirisch überprüfen will. Das heißt: Er ist in Gefahr, in Zweifelsfällen vielleicht eine diagnostische Zuordnung zu treffen, die sich in der von ihm erwünschten Richtung auswirkt. Man kann dieser Möglichkeit durch eine »blinde« Untersuchungssituation vorbeugen. Dabei ist der Untersucher über die Stellung einer bestimmten Person im Rahmen der Studie, ob sie zum Beispiel zu der Gruppe der Patienten oder zum Vergleichskollektiv gehört, nicht informiert. Von dieser Methodik ist bei Adoptionsstudien Gebrauch gemacht worden. Ein ähnliches Problem kommt bei Zwillingsstudien auf. Kaum ein Untersucher kann sich von der oft verblüffenden äußeren, mimischen und motorischen, Ähnlichkeit eineiiger Zwillinge frei machen. Er ist in Gefahr, sich davon auch in seinem Urteil hinsichtlich geistigseelischer Ähnlichkeiten beeinflussen zu lassen. Die Schwierigkeiten psychiatrischer Erbforschung werden bei fast jeder der folgenden Krankheitsgeschichten sichtbar.

Die *Schizophrenie* gehört zu den in jeder Hinsicht immer noch rätselhaften Krankheiten. Es ist unmöglich, ihr Wesen anschaulich kurz zu beschreiben. Die Krankheit bildet zusammen mit den Affektpsychosen die Gruppe der sogenannten »endogenen Psychosen«. Mit dem Begriff »endogen« soll gesagt werden, daß die Krankheit aus sich heraus entsteht, daß man also keine lebensgeschichtlichen Ereignisse findet, die als ursächliche Faktoren überzeugen können. Für den Gesunden sind die psychischen Abläufe, Empfindungen und Sinneseindrücke, die im Seelenleben des Schizophrenen vorkommen, nicht nachvollziehbar und verstehbar. Er kann sie lediglich registrieren. Der Psychiater Emil Kraepelin hatte 1913 eine Gruppe von Krankheiten unter dem Begriff »Dementia praecox« zusammengefaßt, die wir heute mit dem von dem Züricher Psychiater Eugen Bleuler (1911) geprägten Terminus Schizophrenie bezeichnen[2]. Diesem Begriff liegt der Versuch zugrunde, bei aller Vielfalt psychotischer Symptome die Spaltung der Persönlichkeit als das Gemeinsame zu bezeichnen. Daher die Bezeichnung »Spaltungsirresein«.

Nach schleichendem oder akutem Beginn kommt es bei der

Schizophrenie zu einem Kontaktverlust des Patienten mit seiner Umwelt und zum unerklärlichen Einbruch einer fremdartigen Welt mit neuen, unerhörten Erlebnissen und Eindrücken. Der Einbruch derartiger Inhalte in das Erleben des Kranken äußert sich in der Spaltung seiner Persönlichkeit. Häufige, besonders auffällige Symptome sind etwa Störungen der Affektivität (der Kranke hat einen schlechten Kontakt zur Umgebung, kann seine Gefühle nicht äußern oder nicht beherrschen, oder er ist gemütsarm, gefühlskalt, es können sogar gegensätzliche Gefühle gleichzeitig bestehen), Störungen des Denkens (verlangsamter, einfallsarmer oder sprunghafter, verworrener Gedankengang, »Gedankenabreißen«, oder Haften der Gedanken am ständig gleichen Thema), Störungen der Person (der Kranke ist »autistisch« derartig von den eigenen Überzeugungen und Strebungen beherrscht, daß er den Sinn für die Außenwelt verloren hat, oder er empfindet Teile des eigenen Körpers oder des eigenen Ichs als fremd, er kann sich gleichzeitig in seiner eigenen, privaten und der realen Welt orientieren, ein Phänomen, daß man als »doppelte Buchführung« bezeichnet).

Das Krankheitsbild wird aber häufig auch von anderen Symptomen beherrscht, von denen man annimmt, daß sie als Reaktion auf die erstgenannten entstanden sind. Vorkommen können katatone Erscheinungen: zum Beispiel ein Starrezustand, in dem sich der Kranke nicht bewegt und nicht reagiert oder in dem man ihn in eine beliebige Stellung bringen kann, in der er verharrt. Manche Kranke führen stereotyp gleichartige, sinnlose Bewegungen aus oder schneiden sinnlos Grimassen, geben posenhaft in immer gleicher Weise die Hand.

Halluzinationen sind vermeintliche Wahrnehmungen ohne tatsächliches Objekt, wie Gehörs-, Geschmacks-, Geruchshalluzinationen. Der Kranke hört Stimmen, die ihn beschimpfen, kritisieren, auslachen, ihm etwas befehlen oder prophezeien, oder er empfindet unangenehme, beängstigende Gerüche. Ein Kranker hörte monatelang auf der Straße, im Geschäft, im Eisenbahnwagen, im Restaurant Stimmen. Es wurde gerufen und gesprochen, meist ziemlich leise, aber ganz deutlich und akzentuiert. Die Stimmen sagten zum Beispiel: »Kennen Sie den, das ist der verrückte Hagemann.« »Jetzt besieht er wieder seine Hand!« »Machen Sie es sich doch bequem, Sie sind ja rückenmarksleidend.« »Er ist ein charakterloser Mensch.«[3]

Wahnideen entstehen primär auf dem Boden einer Wahnstimmung oder sekundär als Erklärungswahn zur Deutung unerklärlicher Sinneseindrücke. Daraus erwächst eine persönliche

Gewißheit, die objektiv falsch ist und auch durch Erfahrungen nicht korrigiert werden kann. Man hat verschiedene Wahnformen unterschieden, zum Beispiel Beziehungswahn: Der Kranke bezieht Alltagsereignisse auf sich; Bedeutungswahn: Ein zufälliges Ereignis wird als bedeutungsvoll verstanden; Verfolgungswahn: Der Kranke fühlt sich im Mittelpunkt eines Systems von mächtigen Verfolgern; Eifersuchtswahn: Der Partner wird ohne echte Gründe der Untreue bezichtigt, und es werden objektiv nicht einsehbare Beweise dafür vorgebracht. »Ein Kranker schreibt: ›In einer der Nächte drängte es sich mir plötzlich und ganz natürlich und selbstverständlich auf, daß Fräulein L. die wirkliche Ursache zu diesen einfach furchtbaren Dingen ist, die ich in den letzten Jahren habe durchmachen müssen (telepathische Beeinflussung u. a.) ... Prüfen Sie, was ich hier schreibe, ganz unbefangen und objektiv. Was ich Ihnen schreibe, ist hervorgegangen zum allerwenigsten aus spekulierendem Nachdenken, sondern hat sich mir plötzlich und unerwartet alles eingeprägt, in völlig natürlicher Weise. Ich hatte das Gefühl, daß es mir wie Schuppen von den Augen fiel, warum sich mein Leben in den letzten Jahren in dieser ganz bestimmten Weise abgespielt hat.‹ «[4]

Man unterscheidet Unterformen der Schizophrenie je nach den Symptomen, die das Krankheitsbild beherrschen. So spricht man von Katatonie, wenn motorische Symptome vorherrschen. Man spricht von Hebephrenie, wenn der Kranke ein unberechenbares, läppisches, gleichgültiges Verhalten an den Tag legt; von einer paranoiden Form, wenn Halluzinationen und Wahnideen das Bild beherrschen, und von einer Schizophrenia simplex, wenn uncharakteristische Symptome vorkommen.

Aus der stichwortartigen Schilderung einiger möglicher Symptome kann aber unmöglich die ganze Buntheit des Krankheitsbildes der Schizophrenie verstanden werden. Bei der Vielfalt der möglichen psychopathologischen Bilder fragt man sich, ob man überhaupt eine einheitliche Krankheit vor sich hat. Diese Frage ist in der Vergangenheit tatsächlich immer wieder gestellt worden. Bleuler hatte schon 1911 provokativ von der »Gruppe der Schizophrenien« gesprochen[5], weil er dazu anspornen wollte, innerhalb der Schizophrenien nach Krankheiten mit besonderer Ursache zu suchen. Trotz vieler Bemühungen erfüllten sich diese Hoffnungen jedoch nicht. Im Verlauf der Jahre kann derselbe Kranke verschiedene schizophrene Bilder zeigen. Katatone, hebephrene und paranoide Bilder können im bunten Wechsel folgen. Das Fortbestehen der Krankheit kann auch nur durch Zerfahrenheit, ein in sich gekehrtes, verträumtes Wesen oder durch Verlust der natürlichen Interessen deutlich werden[6]. Es gibt allerdings auch Kranke, die während vieler Jahre keinen wesentlichen Wechsel in der Symptomatik erkennen lassen. Entsprechendes beschreibt M. Bleuler für die Angehörigen: Es besteht zwar eine gewisse Tendenz zu ähnlichen Verlaufsformen bei den erkrankten Verwandten, auch ähneln sich Verwandte oft in dem Alter, in dem die Krankheit zuerst auftritt. Man findet aber häufig auch Familien, in denen sich die verschiedensten Verlaufsformen kombinieren. Es bleibt daher nichts anderes übrig, als bis auf weiteres an dem Begriff der Schizophrenie als Krankheitseinheit festzuhalten.

Die *Diagnose* einer schizophrenen Erkrankung ist in einem guten Teil der Fälle ziemlich klar. Es gibt aber auch immer wieder Bilder, bei denen nicht jeder Fachmann zur gleichen Entscheidung kommt. Das beruht darauf, daß nicht ein einzelnes oder gar bestimmtes Symptom für die Typisierung der Schizophrenie entscheidend ist, sondern nur ein Muster von verschiedenen Symptomen zur Diagnose dieser Krankheit berechtigt. Einzelne Züge, die an eine Schizophrenie erinnern, kommen gelegentlich vor, ohne daß sie etwas mit einer Psychose zu tun haben. Wer hat als Kind nicht versucht, auf dem Straßenpflaster die Ritzen zwischen den Steinen nicht zu betreten und ein Gelingen als Prognose für eine bevorstehende Entscheidung aufgefaßt? Das gelungene Vermeiden der Ritzen konnte bedeuten: Ich habe in der gestrigen Klassenarbeit eine gute Note erzielt. Oder: Grundlose Eifersucht ist gar nicht so selten, sie kann sich derart steigern, daß der Eifersüchtige sich gegenüber allen Außenstehenden der Lächerlichkeit preisgibt. Halluzinationen können bei chronischem Alkoholismus im Alkoholrausch vorkommen (die sprichwörtlichen weißen Mäuse). Diese wenigen Beispiele sollen nur zeigen, daß bestimmte Einzelsymptome, die zum Krankheitsbild der Schizophrenie gehören können, auch unabhängig davon und in anderem Zusammenhang bekannt sind. Für die Diagnose Schizophrenie ist darum das *Muster* der beobachteten Symptome unter Berücksichtigung der Bedingungen, unter denen sie auftreten, entscheidend.

Die Schizophrenie gehört zu den häufigen Krankheiten. Die Wahrscheinlichkeit, wenigstens einmal im Leben zu erkranken, liegt für beide Geschlechter bei 1 Prozent oder etwas darüber, während die Rate aktiver Fälle in der Bevölkerung zu einem gegebenen Zeitpunkt um 0,3 Prozent liegt[7]. Es gibt keine verläßlichen Hinweise für die Annahme, daß die Schizophrenie sich im Laufe der Zeit in ihrer Häufigkeit, etwa parallel mit der Industrialisierung oder in Zeiten äußerer Not, in Kriegen, Nachkriegszeiten, bei Naturkatastrophen, verändert hätte. Soweit untersucht, hat die Krankheit auch unter anderen gesellschaftlichen und kulturellen Bedingungen, zum Beispiel in Japan oder in der Sowjetunion, eine vergleichbare Häufigkeit.

Eine Erkrankungswahrscheinlichkeit von 1 Prozent bedeutet für die Bundesrepublik Deutschland, daß mehr als 600 000 Menschen mindestens zeitweise von einer Schizophrenie betroffen sind. Vor Einführung der Psychopharmakontherapie litten zwei Drittel der Insassen von psychiatrischen Anstalten unter dieser Psychose. Die Ersterkrankung kann von der Pubertät bis in das hohe Alter erfolgen; kindliche Erkrankungen sind dagegen sehr selten.

Die Schizophrenie ist mit allen bekannten Methoden der biometrischen Genetik (Francis Galtons Paradigma) intensiv bearbeitet worden. Man kann die Krankheit geradezu als Musterbeispiel für die Anwendung dieses methodischen Repertoires ansehen. Die beiden wichtigsten Folgerungen sind:

1. Es kann keinen Zweifel geben, daß die Menschen aus genetischen Gründen verschieden stark gefährdet sind, an einer Schizophrenie zu erkranken; genetische Faktoren allein können die Entstehung dieser Krankheit aber nicht erklären.

2. Weitere biometrisch-genetische Untersuchungen, die vom psychopathologischen Erscheinungsbild ausgehen und die Häufigkeit des Wiederauftretens ähnlicher Symptome unter Verwandten ermitteln, werden keinen entscheidenden Wissenszuwachs mehr erbringen, wie verfeinert die psychiatrische Methodik auch sein mag. Sie werden lediglich die bekannten empirischen Häufigkeitsziffern bestätigen. Ein echter Erkenntnisgewinn wird nur aus dem biochemischen, neurophysiologischen oder pharmakologischen Labor kommen (vgl. Kapitel 15).

Die erste empirische Untersuchung zur Häufigkeit einer schizophrenen Erkrankung unter den Verwandten eines Patienten stammt von dem Münchener Psychiater Rüdin. Sie wurde 1916 veröffentlicht. Rüdins Untersuchung gründete sich auf 735 Schizophrene und ihre Geschwister, von denen 34 je einen schizophrenen Elternteil hatten. Waren beide Eltern frei von Schizophrenie, so betrug bei den Geschwistern der Probanden die Erkrankungswahrscheinlichkeit für Schizophrenie 4,5 Prozent, für andere Psychosen 4,1 Prozent. Bei einem schizophrenen

Elternteil lauteten die entsprechenden Zahlen 6,2 Prozent und 10,3 Prozent. In den folgenden Jahrzehnten wurden die Familienuntersuchungen von zahlreichen Autoren wiederholt bzw. präzisiert. An der Größenordnung der empirischen Belastungsziffern hat sich allerdings nichts Wesentliches geändert. Tabelle 1 gibt einen summarischen Überblick über die Häufigkeit des Wiederauftretens in Abhängigkeit vom Verwandtschaftsgrad. Die Risiken variieren bei verschiedenen Untersuchern erheblich. Dafür kommen verschiedene Gründe in Betracht, zum Beispiel Auslese der Patienten, diagnostische Kriterien oder die Art der angewandten Alterskorrektur. Für das Alter muß nämlich rechnerisch korrigiert werden, da die Verwandten zum Zeitpunkt der Untersuchung ja oft noch einen Teil ihrer Gefährdungsperiode vor sich haben. Dies bedeutet zum Beispiel: Ein gesunder dreißigjähriger Bruder eines Schizophrenen darf nicht ohne weiteres als frei von der Erkrankung angesehen werden. Er kann die Psychose später noch entwickeln.

Bei Betrachtung von Tabelle 1 fällt auf, daß die Risikoziffern um so niedriger ausfallen, je weniger eng der Untersuchte mit dem Patienten verwandt ist. Man kann diesen Befund auf zweierlei Weise erklären: Entweder sind die gemeinsamen Erbanlagen oder die ähnlichen Lebensbedingungen, unter denen

Tabelle 1: Erkrankungsrisiko an Schizophrenie,
zusammengestellt aus den wichtigsten Untersuchungen
verschiedener Autoren (nach 13, verändert)

Verwandtschaftsgrad zu einem Schizophrenen	Erkrankungswahrscheinlichkeit in %	
	Spanne	Mittelwert
Eltern	5–10	6,3
Kinder	9–16	13,7
Geschwister	8–14	10,4
Kinder zweier erkrankter Eltern	40–68	
Halbgeschwister	1– 7	3,5
Stiefgeschwister	1– 8	
Enkel	2– 8	3,5
Vettern und Basen	2– 6	3,5
Neffen und Nichten	1– 4	2,6
Onkel und Tanten	22– 7	3,6
Großeltern	1– 2	1,6
Bevölkerungsdurchschnitt		1,0

140

Familienangehörige leben, für dieses Phänomen verantwortlich. Beide Vorstellungen sind in der Vergangenheit vertreten und zum Teil auch empirisch überprüft worden. Das höchste Risiko für eine Schizophrenie haben Kinder zweier betroffener Eltern. Aufgrund der Seltenheit dieser Paarung gibt es nur wenige systematische Untersuchungen an solchen Familien. Eine besonders sorgfältige Studie an Nachkommen zweier schizophrener Eltern wurde in Deutschland vor dem Zweiten Weltkrieg durchgeführt. Diese Familien sind Jahre später noch einmal unter soziologischen und tiefenpsychologischen Gesichtspunkten untersucht worden[8]. Die Beschreibung derartiger Krankheitsverläufe ist ein anschaulicher Weg, um die verschlungenen Wechselwirkungen zwischen einer erblichen Disposition und lebensgeschichtlichen Ereignissen kennenzulernen. Wir geben die verkürzte Darstellung einer solchen Familie wieder.

Vater: In der Volksschule gut. Als einziger Sohn eines reichen Bauern wurde er recht verwöhnt und machte sich immer ein gutes Leben. Siebenundzwanzigjährig wurde er von einer Frau mit der unrichtigen Angabe, sie sei schwanger, zur Heirat gezwungen. Er hatte eigentlich ein anderes Mädchen heiraten wollen und fühlte sich deshalb in der Ehe nicht glücklich. Neben der Landwirtschaft betrieb er eine Gastwirtschaft, ging oft zur Jagd und schlief viel. Er war gastfreundlich, zu den Kindern gutmütig, ohne allzu nachgiebig zu sein. Als Sechsunddreißigjähriger begann er in mäßigem Grade zu trinken, während die Wirtschaft gleichzeitig zurückging. Etwa von der gleichen Zeit an war die Frau oft verstimmt, eifersüchtig und weinerlich. Im Alter von achtunddreißig Jahren wurde er von der wohl schon psychotischen Frau bedroht und erhielt dabei einen Schlag mit einer Eisenstange gegen den Kopf. Er wurde zwar nicht bewußtlos, soll aber von dieser Zeit an manchmal Erregungszustände gehabt haben. Als Zweiundvierzigjähriger irrte er umher und redete ohne Unterbrechung in Bibelzitaten. Er zog singend durch die Wiesen und machte mit der rechten Hand Zeichen, um das Wetter zu besprechen, da die Bauern durch Regen im Heumachen gestört würden. Am folgenden Tag schlug er in seiner Wohnung alles entzwei und kam deshalb in eine Anstalt. Dort blickte er ängstlich umher, beugte sich unters Bett, lauschte gespannt und rollte die Augen. In seinem Kopf, behauptete er, sei es nicht richtig. Er habe den Teufel in seinem Hause vermutet, weil es so merkwürdig spuke. Seine Frau habe den Teufel schon gesehen und deshalb die Zimmertür mit einem Seil verschlossen. Er selbst gab an, Tiere, wie Ratten und Flöhe, gesehen zu haben. Alkoholmißbrauch und

Stimmenhören stellte er in Abrede. Bei der Intelligenzprüfung ergab sich eine gut durchschnittliche Begabung, obwohl er durch seine ängstliche Gespanntheit immer wieder abgelenkt wurde. Sechs Tage nach der Einweisung versuchte er, sich zu erhängen, um sich die »Hitze« zu vertreiben. Als ihm die Frau brieflich angedeutet hatte, sie wolle sich umbringen, kroch er nachts stundenlang unter Betten, »damit seinen Kindern nichts zustoße«. Er wurde zwar nach dreieinhalb Monaten als »gebessert« aus der Klinik entlassen, blieb jedoch zeit seines Lebens geisteskrank und deutlich verwahrlost. Nachdem das Haus verkauft worden war, lebten die Eltern mit den Kindern abseits in einer elenden Hütte, verwildert und verschmutzt, ein Schrecken der Dorfjugend. Er arbeitete nie mehr planmäßig, sondern lief umher und ließ sich von den Nachbarn ernähren. In seinen besseren Zeiten war er schweigsam; immer wieder aber kamen Wochen, in denen er Nachbarn mit unzusammenhängenden Reden belästigte. Er hörte dann Artillerie vom Berg herunterschießen und sah große Dinge am Firmament. Eine nochmalige starke Erregung trat im Alter von sechsundsechzig Jahren auf, in der er den Herd mit Mehl bestreute, das Kruzifix daraufstellte, Messe las und dann den Herd zerschlug. Deshalb wurde er erneut in eine Anstalt überführt, wo sich »notorische Unruhe, vollständige Desorientierung, Phobien, Stereotypien, Bewegungs- und Fluchtdrang« zeigten. Drei Wochen später starb er.

Ehefrau: In der Schule durchschnittlich, dann im elterlichen Haushalt (Bauernhof). Als jüngstes Kind soll sie sehr verwöhnt worden sein. Wie all ihre Verwandten sei sie nach außen freundlich und gesprächig, aber jähzornig gewesen. Sie wollte einen reichen Mann haben und zwang im Alter von zweiundzwanzig Jahren ihren Mann zur Heirat mit der schon erwähnten unrichtigen Angabe, daß sie schwanger sei. Die Ehe war daher auch schon vor Ausbruch der Krankheit nicht besonders glücklich, jedoch sorgte sie in den ersten zehn Ehejahren leidlich für den Haushalt und war auch gut zu den Kindern. Etwa vom zweiunddreißigsten Lebensjahr an war sie oft verstimmt, grundlos eifersüchtig und weinerlich und begann zusammen mit ihrem Mann zu trinken. Vom vierunddreißigsten Lebensjahr an schien sie ausgesprochen geisteskrank. Sie sprach viel vor sich hin, ließ den Haushalt in Schmutz und Ungeziefer verkommen und mißhandelte des öfteren Mann und Kinder. Mit dreiundvierzig Jahren wurde sie für fünf Monate in einer Anstalt untergebracht. Hier berichtete sie recht gesprächig, daß sie schon zu Napoleons Zeiten gelebt habe, mit achtundsiebzig Jahren gestorben und durch ihre Mutter wiedererweckt sei. Bei der Heirat habe sie auf dem Amte versprechen müssen, daß sie oder ihr Mann später in die Irrenanstalt gehe, da man gern sehe, wenn die Anstalt besucht würde. Ihr Mann habe überdies ihrer Mutter versprechen müssen, sie später drei Jahre zu verlassen. Er habe dies getan, und für ihn sei ein gewisser Ünten gekommen, der »der Mutter Leben erweckt« habe. Ihre dreijährige Tochter sei nämlich ihre wiedererweckte Mutter.

Sie wirkte im übrigen zugänglich, orientiert, mit oberflächlich gehobener Stimmung. Sie beschäftigte sich bald und erkundigte sich interessiert nach ihren Angehörigen. Insbesondere nachts führte sie eifrig Selbstgespräche. Nach fünf Monaten wurde sie als gebessert entlassen, lebte danach etwa zwanzig Jahre zu Hause, war aber mit ihren verwilderten Haaren, vor Schmutz starrend, meist vor sich hinsprechend und schimpfend, ein Schrecken aller Kinder. Als Zweiundsechzigjährige wurde sie, als der Mann wegen erneuter Erregungen wieder in einer Anstalt untergebracht wurde, wohl mehr aus sozialen Gründen auch in die Klinik aufgenommen. Sie schweifte im Gespräch in wahnhafter Weise ab und versank dann bald in murmelnden Selbstgesprächen. Bei flüssiger, fast geordnet wirkender Redeweise brachte sie unzählige Wortneubildungen und absurde Wahnideen vor, zum Beispiel: »Den 101. Gott habe ich lange gehabt, in M. hatte er ein Schloß, 100 Morgen groß, drei Stöcke hoch. Das war mein Mann lange tausend Jahre. Das Haus, wo ich geboren bin, heißt Fünf-Gotte-Thron. Aus der 51. Welt sind oft Könige gebracht worden, die in M. neu geboren werden wollen. Die Krankheit habe ich geerbt in der 3. Engelsfamilie, da spricht ein Engel, das Selbstsprechen ist eine wüste Krankheit. Nein, ich lasse keine Gedanken an mich. Ich meine, wenn die Gedanken an mich herankommen, das wäre Verfolgung. Es kamen viele Menschen, die das Schloß Gottes aufrissen und mich notzuchten. Sie haben mich gerissen ins Haus und haben die Haare steif gemacht wie Blei. Die bösen Menschen, die rufen mich.«

Die Frau blieb bis zu ihrem Tode in der Anstalt.

Erster Sohn: In der Schule durchschnittlich. Als Knecht in verschiedenen landwirtschaftlichen Betrieben. Er übernahm die Sorge für die jüngeren Geschwister, die sich ihm willig unterordneten, und sorgte auch für die kranken Eltern, für deren Anstaltskosten er teilweise aufkam. Den Weltkrieg machte er an der Front mit und wurde einmal am Arm verwundet und zweimal verschüttet. Geistige Störungen hatte er in dieser Zeit nicht, wohl aber sprach er nach dem Kriege einige Monate sehr aufgeregt.

Sein Ehrgeiz war voranzukommen. Er heiratete nicht, da er bei den Verhältnissen im Elternhaus kein Mädchen fand, das ihm reich genug gewesen wäre. Er war bis zum vierundvierzigsten Lebensjahr als Knecht tätig. Als er fünfundvierzig Jahre alt war, fiel auf, daß er übertriebene Anschaffungen machte, die nicht im Verhältnis zu dem Wert des verwahrlosten Anwesens standen, und unvernünftige Pläne äußerte. Er soll zum Beispiel Vieh zu teuer angekauft und unter Preis verkauft haben, ferner teure Maschinen angeschafft und vom Neubau des Hofes gesprochen haben. Einer Tante gegenüber äußerte er, er sei krank und habe das Blut zu sehr im Kopfe. Während er früher ziemlich verschlossen war, wurde er jetzt redselig, schweifte aber ständig vom Thema ab und konnte sich nicht konzentrieren. Er unterbrach sich oft im Sprechen, dachte nach und fing dann einen ganz anderen Satz an. Er wirkte wie gejagt, da er unaufhörlich redete mit flackernden Augen. Im Ort galt er schon seit Monaten als geisteskrank, als er sich 1940 im Alter von sechsundvierzig Jahren ohne ersichtlichen Grund erhängte.

Die erste Tochter, die mit siebenundvierzig Jahren untersucht wurde, war Krankenschwester von Beruf. Sie hatte es im Leben schwer, erkrankte aber nicht.

Zweite Tochter: Erstuntersuchung 1955 mit sechsundfünfzig Jahren. Sie sei als Kind mehrfach von zu Hause fortgelaufen, um den Mißhandlungen und dem Krach zu entgehen. Nägelkauen bis zum neunten Lebensjahr. Nach Monaten im klösterlichen Kinderheim wohnte sie bei Verwandten, wo es ihr besser ergangen sei. Auf dem ersten Arbeitsplatz als Haushilfe eines Bauern habe sie erste sexuelle Erfahrungen mit dem Sohn des Bauern gehabt, dessen Drängen sie aus Unerfahrenheit nachgegeben habe. Das Kind, das sie mit siebzehn Jahren geboren habe, sei bald gestorben. Im Alter von neunzehn Jahren sei sie als Hausgehilfin in eine städtische Stellung gegangen. In der fremden Umgebung sei sie mit einem Arbeiter aus dem Nachbardorf bekannt geworden, welcher der Vater ihrer zweiten Tochter geworden sei. Als Kind sei die Tochter in Pflege gewesen, bis sie mit dreißig Jahren geheiratet habe. Diese Ehe sei wegen Faulheit und Untreue des Mannes nach jahrelangem Getrenntleben geschieden worden. Sie lebe von der Arbeit als Putzfrau, zusammen mit ihrer als Stenotypistin tätigen Tochter. Bei der Untersuchung wirkte sie schlaff, vorzeitig gealtert, in verwahrloster Umgebung lebend, bei der Frage nach religiösen Bedürfnissen unverständliches Gerede von »magischem Licht«, sie sei erleuchtet und auserwählt.

Das vierte Kind, eine Tochter, wurde untersucht, als sie

dreiundfünfzig Jahre alt war. Sie war ein gewecktes, lebhaftes Kind gewesen, die lustigste von allen, arbeitete zunächst als Dienstmädchen, heiratete aber mit dreißig Jahren einen Maurermeister. Die Ehe blieb kinderlos, sie lebte in geachteter sozialer Stellung und erkrankte nicht.

Auch das fünfte Kind, ein Bruder, blieb gesund. Er war ein schlechter Schüler gewesen und muß als junger Mann recht sorglos vor sich hin gelebt haben. Er heiratete dann aber in einen Bauernhof ein; bei der Untersuchung wirkte er unproblematisch.

Kind sechs, eine Tochter: Wegen häuslicher Mißhandlungen wuchs sie bei einem Onkel auf. Sie lernte so vorzüglich, daß der Onkel vorhatte, sie Lehrerin werden zu lassen. Der Plan scheiterte jedoch aus finanziellen Gründen. Sie war das hübscheste aller Kinder, stets munter und lustig, gern und ausdauernd beim Tanz, aber nicht unsolide. Mit neunzehn Jahren ging sie als Hausmädchen in ein Kloster, blieb aber nur einige Monate dort, da sie nicht fromm genug gewesen sei. Mit zwanzig Jahren bestand sie ein Examen als Pflegerin. Ein Jahr später veränderte sie sich seelisch von Grund auf und kam wie gebrochen, »ohne Vernunft, komisch« nach Hause zurück. Sie wirkte ängstlich, flüchtig, wie gejagt, hatte flackernde Augen und äußerte sonderbare Gedanken. Sie nahm anschließend mehrere Stellungen als Hausmädchen an, hielt es aber nirgends länger aus. Als Fünfundzwanzigjährige fühlte sie sich verfolgt und schlug wiederholt um sich. Sie sah Schlangen und behauptete, sie müsse noch »einige Zentimeter Staat« kaufen. Sie kam dann in eine Anstalt, wo sie teils mutwillig erregt, teils ablehnend und in sich gekehrt war. Nach anderthalbjährigem Aufenthalt entwich sie und trieb sich wochenlang in Wäldern ihrer Heimat umher. In einem erneuten Erregungszustand zerbrach sie ein Kirchenfenster und kam als Achtundzwanzigjährige wieder in die Anstalt, wo sie teils gleichgültig, teils oberflächlich fröhlich wirkte und sich leidlich beschäftigte. In kurzen Erregungszuständen wurde sie gelegentlich sehr zornig und aggressiv und versuchte auch mehrmals zu entweichen. Über das Wiedersehen mit der ebenfalls dort untergebrachten Mutter freute sie sich, behauptete dann jedoch in Gegenwart der Mutter, diese sei gestorben. Eines Tages verkündete sie mit Nachdruck, Gott wolle die Welt vernichten und sie müsse es vor allen prophezeien. Die Mutter sei die Mutter Gottes. Im darauffolgenden Jahr magerte sie stark ab und starb bei unverändertem seelischen Verhalten an Lungentuberkulose.

Von sechs Kindern zweier an Schizophrenie erkrankter Eltern waren also mindestens zwei, sehr wahrscheinlich aber drei, ebenfalls erkrankt. Haben sich aus der genaueren Analyse der geschilderten und anderer Familien Hinweise dafür ergeben, welche äußeren Faktoren zum Ausbruch einer Schizophrenie führen können? Man sollte annehmen, daß an Personen, die eine hohe Disposition für diese Erkrankung haben, der Einfluß lebensgeschichtlicher Faktoren besonders leicht nachweisbar wäre. Das ist tatsächlich auch der Fall. Die Autoren vermuten, daß heftige, persönlich frustrierende Erlebnisse den Ausbruch einer Schizophrenie begünstigen können. In zwei Fällen brach die Krankheit aus, als eine Ehe beziehungsweise ein Verlöbnis unter dramatischen Umständen zu Ende ging: Eine Tochter erkrankte an einem einmaligen schizophrenen Schub, als ihr Mann sich einer jüngeren Schwester zuwandte und die Scheidung einleitete. Eine andere Tochter entwickelte eine Schizophrenie, als sie erfuhr, daß ihr Freund, der sie lange in dem Glauben an eine spätere Heirat gehalten hatte, sich mit einer begüterten Bauerstochter verlobte und sie, das arme Mädchen aus geisteskranker Familie, im Stich ließ. Sie war später in übertriebener Weise um Liebesbeziehungen bemüht, die sich meist nach kurzen Sexualkontakten wieder zerschlugen. Offenbar verwechselte sie sexuelle Beziehungen mit echten Liebesbeweisen, nach denen sie in ihrer Verlassenheit dringend verlangte.

Persönliche Konflikte und heftige, frustrierende Erlebnisse, besonders im erotischen Bereich, wirken manifestationsfördernd. Dies kann aber nicht für jeden gelten, denn die geschilderten Erlebnisse sind ja nichts Ungewöhnliches. Es bedarf offenbar einer bestimmten Disposition, damit bestimmte Erlebnisse eine schizophrene Psychose auslösen. Ein besonderer Einfluß einer sozial günstigen oder ungünstigen Umwelt hat sich in der Studie nicht nachweisen lassen. Innerhalb einer Geschwisterschaft sind Schizophrenien durchaus auch bei denen aufgetreten, die unter den günstigeren Bedingungen aufgewachsen waren.

Aufschlußreich sind auch jene Untersuchungen, die mit der Zwillingsmethode systematisch dem Einfluß von Anlage und Umwelt nachgegangen sind. Es gibt zahlreiche derartige Untersuchungen über Schizophrenie. Der Prozentsatz der eineiigen Paare, bei denen beide Zwillinge erkrankt waren, ist bei den älteren Serien im allgemeinen höher als bei den erst kürzlich untersuchten (Tabelle 2). Das hat verschiedene methodische Gründe. So ging man früher von hospitalisierten Kranken aus; die späteren Untersuchungen versuchten dagegen, alle Zwillingspaare in einer abgeschlossenen Bevölkerung zu erfassen, bei denen ein Partner

Tabelle 2: Zwillingsstudien bei Schizophrenie[9]

Zwillingsstudien	eineiige Zwillinge	zweieiige Zwillinge
6 ältere Studien	337 Paare; Konkordanzraten von 58–69 %	458 Paare; Konkordanzraten von 0–18 %
5 neuere Studien	210 Paare; Konkordanzraten von 35–58 %	309 Paare; Konkordanzraten von 9–26 %

an Schizophrenie erkrankt war. Dadurch gelangen mehr leichter Erkrankte in die Studien, und leicht Erkrankte haben öfter einen gesunden Zwilling. Außerdem handhabe man bei den späteren Studien die Diagnostik mit mehr Kritik; so unterschied man ausdrücklich zwischen einer »weiten« und einer »engen« Schizophreniediagnose.

Trotz dieser Unterschiede lassen die Zwillingsstudien wichtige Schlußfolgerungen zu:

1. Eineiige Zwillinge haben Konkordanzraten, die etwa drei- bis viermal so hoch sind wie die zweieiiger Zwillinge.
2. Der eineiige Partner eines schizophrenen Zwillings hat eine mindestens dreißigmal so hohe Wahrscheinlichkeit, auch zu erkranken, wie eine Person der Allgemeinbevölkerung.
3. Die Konkordanzraten eineiiger Zwillinge liegen weit unter 100 Prozent; dies gilt auch bei lebenslanger Betrachtung. Allerdings ist der als »nicht schizophren« eingestufte Paarling in vielen Fällen auch irgendwie auffällig, ohne daß man allerdings die Diagnose Schizophrenie stellen könnte.
4. Die Konkordanzraten zweieiiger Zwillinge liegen in der gleichen Größenordnung wie das empirische Wiederholungsrisiko bei Geschwistern (Tabelle 1).

Die Zwillingsuntersuchungen deuten nachhaltig auf die Wirksamkeit genetischer Faktoren bei der Schizophrenie-Entstehung hin. Sie zeigen aber andererseits auch, daß genetische Mechanismen allein zur Erklärung nicht ausreichen. Die Berechtigung, Zwillingsbefunde bei psychiatrischen Krankheiten überhaupt genetisch zu interpretieren, ist immer wieder angezweifelt worden. Eineiige Zwillinge könnten eine so enge Intimgruppe bilden, daß die Erkrankung des ersten Zwillings den zweiten Zwilling infolge der starken seelischen Erschütterung gleichsam in die Krankheit hineinreißt. Die Untersuchung von eineiigen Zwillingen, die in verschiedenen Elternhäusern aufgewachsen sind und von denen ein Paarling als schizophrener Patient erfaßt worden ist, bietet die Möglichkeit, derartige Fehlerquellen auszuschließen. In der Fachliteratur sind sechzehn Paare von eineiigen Zwillingen bekannt, die seit frühester Kindheit getrennt waren und von denen jeweils ein Paarling in einer systematischen Studie als schizophren erfaßt worden war. Von ihnen erwiesen sich zehn als konkordant für Schizophrenie. Diese Rate liegt weit über der für zweieiige Zwillinge und in der gleichen Größenordnung wie die der gemeinsam aufgewachsenen Zwillinge[9].

Ein eleganter Ansatz liegt einer dänischen Studie zugrunde[10]: Es wurden die Kinder von eineiigen Zwillingen untersucht, von denen einer an einer Schizophrenie litt, während der andere davon frei war (Abbildung 1). Genetisch gesehen sind Kinder eineiiger Zwillinge Halbgeschwister, da der eine Elternteil in den beiden Ehepaaren mit denselben Erbanlagen ausgestattet ist. Die »Halbgeschwister« wachsen aber in verschiedenen Familien auf, so daß eine perfekte Trennung von Anlage und Umwelt gegeben ist. Unter den Nachkommen der gesunden Paarlinge fanden sich nun ebenso häufig schizophrene Patienten wie unter den Kindern erkrankter Paarlinge. Man kann diesen Befund nur so erklären, daß – unabhängig von der Tatsache der diskordant vorhandenen Erkrankungen – die Zwillingseltern die gleiche Schizophreniedisposition weitergegeben haben.

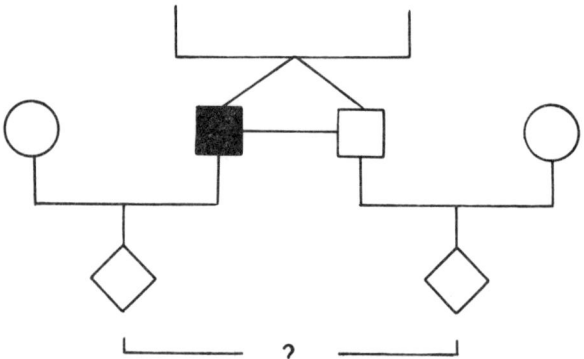

Abbildung 1
Schema der Untersuchung von M. Fischer: Sind Kinder des schizophrenen Partners häufiger schizophren als die des gesunden eineiigen Zwillingspartners? In diesem Falle müßte der durch den schizophrenen Elternteil erzeugten Umwelt ein wesentlicher Anteil an dem Erkrankungsrisiko zugeschrieben werden.

148

Tabelle 3: Verschiedene Forschungsstrategien in den Adoptionsstudien
zur Schizophrenie-Entstehung

Ausgangspopulation	Es wird untersucht:
Adoptierte Kinder schizophrener Mütter	Wie häufig ist Schizophrenie unter den fortadoptierten Kindern?
Schizophrene Adoptivkinder	Wie häufig ist Schizophrenie unter den biologischen und den Adoptiveltern?
Von schizophrenen Eltern aufgezogene Adoptivkinder	Wie häufig ist Schizophrenie unter Kindern, die von schizophrenen Adoptiveltern aufgezogen wurden?

Eine andere Möglichkeit der Trennung des Einflusses von genetischen Faktoren und häuslichem Milieu ist die Untersuchung von Adoptivkindern. In der Schizophrenieforschung sind drei verschiedene Ansätze gewählt worden, die in Tabelle 3 nebeneinandergestellt sind. In jedem Fall haben die Autoren entsprechende Kontrollgruppen parallel untersucht. Das wesentliche Ergebnis aller Adoptionsuntersuchungen ist, daß nur die biologische Verwandtschaft mit einem schizophrenen Patienten das Risiko für das Auftreten dieser Psychose erhöht. Dagegen begünstigt die Erziehung durch einen schizophrenen Elternteil nicht die Entwicklung der Krankheit unter den Kindern. Der Befund läßt auch die konventionellen Zwillingsuntersuchungen in einem anderen Licht erscheinen. Es sind offenbar die gemeinsamen Erbanlagen, nicht das ähnliche Milieu, die eineiige Zwillinge häufiger für Schizophrenie konkordant sein lassen als zweieiige.

Durch die zahlreichen, vielfach mit raffinierter Methodik angestellten Untersuchungen hat unser Wissen ein solides Fundament bekommen. Es kann heute keinen vernünftigen Zweifel daran geben, daß das Auftreten einer Schizophrenie durch erbliche Einflüsse begünstigt wird. Aus denselben Studien läßt sich aber entnehmen, daß genetische Faktoren allein zur Erklärung keineswegs ausreichen. Zur Krankheitsentstehung bedarf es offensichtlich auch begünstigender lebensgeschichtlicher Einflüsse. Die Natur dieser lebensgeschichtlichen Faktoren wird allmählich deutlicher.

Man kann die Untersuchungen zur Bedeutung von Umwelteinflüssen auf die Schizophrenie-Entstehung in zwei Gruppen einteilen: solche, die langfristige Entwicklungen, und solche, die Auslösefaktoren untersuchen. Um frühkindliche Erfahrungen, die zur Entwicklung der Psychose disponieren, nachzuweisen, haben verschiedene Autoren auch wieder Zwillinge herangezogen. In den Vereinigten Staaten sind zum Beispiel erwachsene eineiige Paare, von denen ein Partner von einer Schizophrenie betroffen war, auf Unterschiede im frühkindlichen Alter untersucht worden. Eineiige Zwillinge sollten deswegen einen besonderen Vorteil bieten, weil sie genetisch identisch sind und infolgedessen Unterschiede auf äußere Einflüsse zurückführbar sein müssen. Man hoffte herauszufinden, welche Einflüsse den einen Paarling erkranken, den anderen gesund bleiben ließen. Abbildung 2 zeigt ein Ergebnis dieser amerikanischen Studie. Der später schizophrene Zwilling war als Kind häufiger neurotisch, unterwürfiger, sensibler, gehorsamer, artiger, ruhiger, eigensinniger, schwächer. Andererseits war der gesund gebliebene Partner

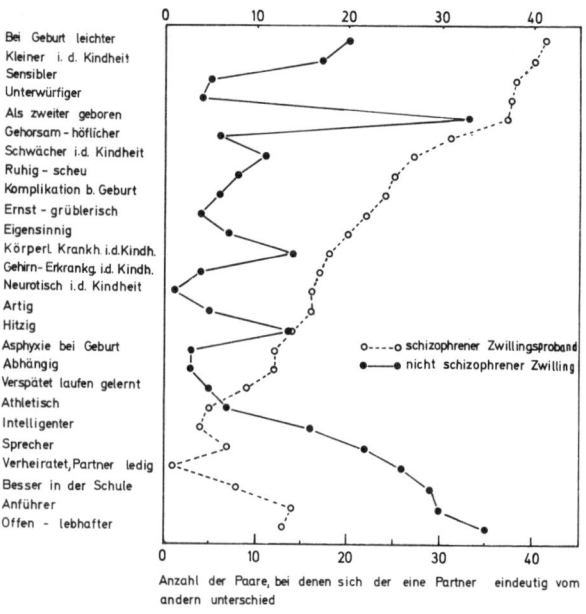

Abbildung 2
Vorgeschichte von eineiigen Zwillingspaaren, von denen der eine Partner an Schizophrenie erkrankte, während der andere gesund blieb. Der Vergleich zeigt die Unterschiede zwischen den beiden Paarlingen vor Ausbruch der Krankheit (nach Stabenau und Pollin, Arch. Gen. Psychiat. 17, 723–734, 1967).

150

intelligenter, lebhafter, ein besserer Schüler, öfter der Sprecher des Paares. Diese Unterschiede können aber sowohl als Ausdruck disponierender Faktoren als auch als frühe Krankheitszeichen gedeutet werden. Außerdem waren die untersuchten Eigenschaften nicht unabhängig voneinander. So ist ein »unterwürfiger« Mensch oft auch gehorsam oder ruhig. Diese Begriffe geben also teilweise den gleichen Sachverhalt auf unterschiedliche Weise wieder. Immerhin bieten derartige Zwillingsdaten doch eine gute Möglichkeit, auslösende Faktoren festzustellen, wenn ein genetisches Risiko besteht.

Die Auffassung, daß die Entstehung der Schizophrenie etwas mit der Art des Umgangs der Eltern mit ihren Kindern zu tun haben kann, hat in den letzten fünfzehn Jahren weite Verbreitung gefunden. Einige der populär gewordenen Vorstellungen sollen geschildert werden[11]. Begriffe wie »Double-bind-Theorie« sind sogar bis in die Alltagssprache vorgedrungen, und ein Fachausdruck wie »schizophrenogene Mutter« gehört heute schon zur besseren Allgemeinbildung. Die Auffassung, Eltern seien für die Schizophrenie ihrer Kinder verantwortlich, ist zeitweise auf eine sozialpsychologische und gesellschaftspolitische Ebene gehoben worden. Man hat behauptet, die Schizophrenie sei das Ergebnis eines Prozesses, in dessen Verlauf die Familie eines ihrer Mitglieder zum Sündenbock gemacht habe, und dies sei die unvermeidliche Folge einer kranken Gesellschaft. Diese Vorstellungen über eine psychodynamische Entstehung der Schizophrenie sind jedoch empirisch auf das dürftigste belegt.

Die »Double-bind-Hypothese« ist wohl am einflußreichsten geworden. W. Bateson, ein britischer Zoologe, hat sie gemeinsam mit Psychiatern in Kalifornien 1956 formuliert: In emotional aufgeladenen Situationen soll ein Kommunikationsstil nach dem »Double-bind«-Muster bevorzugt werden. Eine für das Kind wichtige Person vermittelt ihm zwei Botschaften, die widersprüchlich und miteinander unvereinbar sind. Dadurch soll ein unerträglicher und unlösbarer Konflikt entstehen, weil das Kind durch bestimmte familiäre Verhaltensregeln daran gehindert wird, zu der Situation Stellung zu nehmen oder ihr zu entfliehen. Es sind etwa Gäste da, und die Mutter begrüßt ihren Sohn, der aus dem Garten kommt, mit offenen Armen, so daß der Junge sich aufgefordert fühlt, seine Mutter zu umarmen. Als er das tut, erstarren ihre Arme, und sie zieht ihr Kinn abweisend zurück, während die Arme weiter in der auffordernden Geste verharren. Wenn dann der kleine Junge zu dieser Ungereimtheit etwas sagen möchte, faucht sie ihn an: »Du liebst deine Mutter wohl nicht?«

Der Sohn möchte vor Verlegenheit am liebsten im Boden versinken. Nach der »Double-bind-Hypothese« ist schizophrenes Verhalten in dem abgeschlossenen System der Familie mit ihren Vorschriften und Verboten dann die einzig mögliche Fluchtstrategie.

Die skizzierte Hypothese klingt nicht unmöglich. Auf welche Beweise kann sie sich aber berufen? Erstaunlicherweise gibt es dazu nur wenige empirische Untersuchungen. Man hat überprüft, ob sich in den Briefen von Eltern an ihre schizophrenen Kinder häufiger Äußerungen mit »Double-bind«-Charakter finden als in Briefen von Eltern an ihre gesunden Kinder. Es war anhand der Briefe jedoch nicht möglich, zwischen den Eltern von Schizophrenen und Nichtschizophrenen zu unterscheiden.

In einem anderen Experiment hat man normalen Kindern von zwei Gruppen Erwachsener über ein Mikrophon jeweils Anweisungen geben lassen, wie die Kinder Spielkarten zu sortieren hätten. Die eine Gruppe Erwachsener bestand aus den Eltern schizophrener Kinder, die andere aus normalen Eltern. Die Kinder aus beiden Gruppen lösten die Aufgaben jedoch gleich gut, unabhängig davon, wer die Anweisungen gegeben hatte. Mindestens in diesem Versuchsansatz konnte also eine mangelnde Kommunikationsfähigkeit bei Eltern schizophrener Kinder nicht nachgewiesen werden. Die »Double-bind-Hypothese« kann sich darum bisher auf keinerlei empirische Beweise stützen.

Eine andere Untersuchergruppe glaubte, man könnte die Sprache der Eltern Schizophrener an ihrer sprunghaften, unpräzisen und widersprüchlichen Art erkennen, die es dem Zuhörer schwermache, seine Aufmerksamkeit auf den Inhalt der Sprache zu richten. Dies sollte für die Denkprozesse des Kindes und die Art seiner sozialen Beziehungen bleibende Folgen haben und für eine schizophrene Psychose prädisponieren. Die Initiatoren dieser Hypothese haben auch starke experimentelle Belege für diese Vorstellung beigebracht. Enttäuschenderweise konnte eine Nachprüfung durch eine andere Untersuchergruppe den Zusammenhang mit der Schizophrenie-Entstehung jedoch nur andeutungsweise bestätigen. Es ging hier ebenso wie mit zahlreichen anderen Modellvorstellungen: Trotz vieler Bemühungen ließen sich keine spezifischen frühkindlichen Umweltbedingungen oder Erfahrungen auffinden, die einen Menschen für eine spätere Schizophrenie disponieren.

Besser fundiert ist unser Wissen über die Bedeutung von Lebensereignissen, die dem Ausbruch einer Schizophrenie unmittelbar vorhergehen. Die Schilderung von Kindern, die aus Ehen zweier betroffener Eltern hervorgegangen waren, führte bereits Beispiele dafür vor, daß emotional belastende Ereignisse bei einer disponierten Person einer Schizophrenie zum Ausbruch verhelfen können. Solche Ereignisse sind Stellungswechsel, Umzug, Krankenhausaufnahme, Geburt, Heirat, Todesfall in der eigenen Familie, häusliche Spannungen. Man konnte eine um so größere Häufung derartiger Erlebnisse nachweisen, je kürzer der betrachtete Zeitraum vor dem Krankheitsausbruch war. Praktische Folgerungen lassen sich daraus aber kaum ziehen, da der Ratschlag, emotional belastende Lebensereignisse zu vermeiden, für einen Gesunden nur ein Gemeinplatz ist.

Allgemeine Betrachtungen über die Wechselwirkung zwischen einer genetisch bedingten Krankheitsdisposition und krankheitserzeugenden Einwirkungen von seiten der Umwelt bleiben leicht abstrakt. Sie sind wenig hilfreich, wenn wir uns konkret vorstellen wollen, wie die Lebensgeschichte einzelner Kranker abgelaufen ist und welche Einflüsse bewirkten, daß ein bestimmter Mensch über die Schwelle zur Krankheit gestoßen wurde. Die genaue Beobachtung und Untersuchung einzelner Kranker kann hier zu der notwendigen Anschaulichkeit verhelfen. Solche Beobachtung ermöglicht auch, spezifischere Hypothesen zu formulieren, die dann an größeren Serien von Kranken nachgeprüft werden können. Das führt zum Anfang dieses Kapitels zurück. Vier Schwestern, *eineiige Vierlinge*, erkrankten an Schizophrenie. Der Krankheitsverlauf war jedoch ganz verschieden: Eine wurde geheilt, zweien ging es nach einigen Jahren erträglich, und eine blieb schwer krank. Die Lebensgeschichte dieser Vierlinge macht konkret deutlich, wie ein Krankheitsverlauf sich im Widerspiel von Erbe und Umwelt formt[12].

Der Bericht stammt aus dem National Institute of Mental Health. Das ist ein Teilinstitut innerhalb des National Institute of Health (NIH) der Vereinigten Staaten, das in Bethesda, Maryland, in unmittelbarer Nähe der Bundeshauptstadt Washington gelegen ist und viele hundert ausgewählter Ärzte und Wissenschaftler unter seinem Dach vereinigt.

Die Genain-Vierlinge Nora, Iris, Myra und Hester wurden in der Stadt »Envira« geboren und wuchsen dort gemeinsam im Haus ihrer Eltern auf. Der Vater war eine etwas primitive Persönlichkeit. Er hatte seine Frau unter Morddrohungen dazu gebracht, ihn zu heiraten. Später war er möglicherweise sogar in einen Mord verwickelt. Nur unter Schwierigkeiten brachte er es fertig, den Unterhalt für die Familie zu verdienen. Erst nach der

Geburt der Vierlinge, und ausschließlich aufgrund der Popularität, welche die Familie dadurch erlangte, erhielt er durch Wahl ein kleines öffentliches Amt, das er bis zu seiner Pensionierung verwaltete, offenbar mehr schlecht als recht. Er war Trinker. In der Familie verhielt er sich als tyrannischer Egoist. Ihm war es vor allem zuzuschreiben, daß die Vierlinge bis ins Erwachsenenalter von fast allen Sozialkontakten ferngehalten wurden. Auf der Mutter, einer früheren Krankenpflegerin, lag die gesamte Last des Haushalts. In einer überstark beschützenden Einstellung gegenüber den vier Töchtern trug sie zu deren sozialen Isolierung bei. Insbesondere bildete sie sich ein, die Vierlinge seien die Opfer der unwahrscheinlichsten sexuellen Attacken. Ganz offensichtlich belastete sie die Kinder mit den eigenen ungelösten sexuellen Problemen.

Schon von Geburt an entwickelten sich die Vierlinge verschieden. Hester war und blieb die Schwächste. Sie hatte das niedrigste Geburtsgewicht, weinte bereits als Säugling mehr als ihre Schwestern und lernte als letzte laufen und sprechen. Nora entwickelte sich zur »Sprecherin« der Gruppe. Die »Rangordnung« zwischen den Vierlingen spiegelte sich auch in den Schulleistungen wider: Nora war die Beste. Dann folgten Myra und Iris. Hester war auch hier das Schlußlicht.

Wie schon gesagt, taten beide Eltern, besonders aber der Vater, alles, um die Vierlinge von den bei Kindern normalen sozialen Kontakten, wie Spielen mit Schulkameraden, Teilnahme an Geburtstagsparties und ähnlichen Dingen, fernzuhalten. So waren sie auf die Eltern und aufeinander angewiesen. Myra als einzige hatte begrenzte Kontakte mit Außenstehenden. Bald bildeten sich zwei Gruppen: Die beiden »Guten«, Myra und Nora, und die beiden »Schlechten«, Iris und Hester. Hester nahm in ihrer Not schon seit dem dritten Lebensjahr zur Masturbation Zuflucht, was die Eltern zu schweren Strafen veranlaßte.

Drei der vier Mädchen beendeten die Highschool mit dem zwölften Schuljahr; Hester mußte schon nach dem elften Jahr ausscheiden. Nach Beendigung der Schulzeit begannen die Mädchen mit der Berufsarbeit. Notwendigerweise führte das zu neuen Belastungen, denen sie nicht gewachsen waren. Um das zwanzigste Lebensjahr brach eine nach der anderen zusammen. Schließlich waren alle vier an Schizophrenie erkrankt. In der Art der Symptomatik waren sie sich ähnlich: Katatone und hebephrene Symptome standen im Vordergrund. Im Verlauf unterschieden sie sich jedoch erheblich: Myra zeigte nur für kurze Zeit schizophrene Symptome. Wäre man nicht durch ihre drei Schwestern auf sie aufmerksam geworden, wäre sie vielleicht niemals in psychiatrische Behandlung gekommen. Am Ende wurde sie fast vollständig geheilt. Sie bewältigte auch eine nicht unproblematische Ehe. Nora war am Ende der Studie immer noch krank. Sie war jedoch so weit angepaßt, daß sie zu Hause bei ihrer Mutter leben konnte. Iris befand sich noch im Krankenhaus, da ihr klinischer Zustand schwankte, und auch Hester mußte noch im Krankenhaus bleiben. Ihr Zustandsbild war das einer sich verschlechternden Schizophrenie mit düsterer Prognose.

Die Mädchen wurden für mehrere Jahre im NIMH stationär aufgenommen und dort nach allen möglichen Gesichtspunkten beobachtet und untersucht. Auch die Eltern befanden sich einige Monate in klinischer Untersuchung. Eine Reihe von Beobachtungen konnte den unterschiedlichen Krankheitsverlauf auf plausible Weise erklären. Unter den Vierlingen selbst bestand die Aufteilung in zwei Gruppen weiter: die »Guten«, Nora und Myra, und die »Schlechten«, Iris und Hester. Das kam deutlich zum Ausdruck, wenn man die Sozialkontakte der Mädchen untereinander zählte (Abbildung 3). Myra nahm mehr Kontakt nach außen auf als ihre Schwestern. Aufschlußreich war auch das Verhalten der Mutter: Gliederte man die festgestellten Kontakte zu ihren Töchtern auf nach Art der Beziehung, zum Beispiel nach

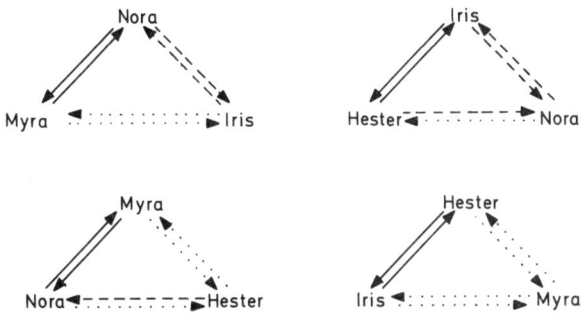

Abbildung 3
Sozialkontakte der Genain-Vierlinge untereinander. Ein durchgezogener Strich bedeutet intensive, eine gestrichelte Linie seltene, eine gepunktete Linie nur gelegentliche Kontakte. Intensive Kontakte bestehen einerseits zwischen den beiden »Guten«, Nora und Myra, andererseits zwischen den beiden »Schlechten«, Iris und Hester. Daneben bemühen sich Iris und Hester um Kontakte besonders zu Nora; Iris findet dabei mehr Gegenliebe als Hester (aus: Rosenthal et al., nach Vogel und Motulsky 1979).

Ausdruck von Liebe einerseits, Bestrafungstendenz oder einfaches Ignorieren auf der anderen Seite, so war Myra überdurchschnittlich häufig das Ziel positiver Kontakte, während die Einstellung der Mutter zu Hester vorwiegend negative Züge trug. Das Verhalten des Vaters zu allen vier Mädchen war gleichermaßen negativ.

Psychologen und Psychiater haben auf der Grundlage von Beobachtungen an zahlreichen Kranken einige psychologische Konstellationen herausgearbeitet, die offenbar bei entsprechend Disponierten zu einer Schizophrenie führen können. Dazu gehören ein Mangel an Sozialkontakten und eine Unfähigkeit, sich in soziale Zusammenhänge einzuordnen, mangelnde Fähigkeit, Erkenntnisse in ein Weltbild zu integrieren, und die Unfähigkeit, Angst zu beherrschen. Für alle drei Aspekte lassen sich bei den Vierlingen Hinweise finden, und sie erweisen sich als hilfreich, wenn man die Besonderheiten ihrer Lebensgeschichten zu dem unterschiedlichen Verlauf ihrer Krankheit in Beziehung setzen will. Es ist erschütternd zu lesen, wie es Myra als einziger gelang, aus dem Teufelskreis einer krankmachenden Familienumgebung auszubrechen. Nora, die zu Anfang Stärkste und Führende, wurde zur bevorzugten Tochter des Vaters und geriet gerade deshalb stark unter seinen krankmachenden Einfluß. Iris, eigentlich gegen ihren Willen an die schwache Hester gebunden, begehrte vergeblich auf und versuchte aus ihrer Rolle auszubrechen. Und Hester schließlich blieb, als der von Anfang an Schwächsten – von der Mutter teils abgelehnt, teils in übertriebener Fürsorge umhegt und von der »feindseligen« Welt abgeschirmt –, keine Chance.

Dieser kurze Überblick kann nur einen schwachen Eindruck von dem Lebensschicksal und der Erkrankung der Vierlinge geben. Die Originaldokumentation ist sehr viel reicher und vielgestaltiger.

Am Ende dieser Betrachtungen zum Problem der Schizophrenie-Entstehung sollen die wichtigsten Punkte des gesicherten Wissens thesenartig zusammengefaßt werden: Genetische Faktoren sind ursächlich an der Entstehung der Schizophrenie beteiligt. Es gibt bisher keine bessere Voraussagemöglichkeit für das Auftreten dieser Psychose bei einem bestimmten Menschen als die biologische Verwandtschaft mit einem Schizophrenen. Je näher die Verwandtschaft, desto größer ist das empirische Risiko. Lebensgeschichtliche Ereignisse können bei disponierten Personen einer Schizophrenie zum Ausbruch verhelfen oder bei einem früher schon Erkrankten einen Rückfall provozieren. Zwar ist zu vermuten, daß sich hinter der Diagnose »Schizophrenie« ver-

156

schiedene Krankheiten verbergen. Mit psychiatrischen Methoden haben sich aber unterschiedliche Krankheitseinheiten bisher nicht abgrenzen lassen. Dies dürfte auch ein wesentlicher Grund dafür sein, daß sich ein bestimmter Erbgang bis heute nicht belegen läßt. Ein wesentlicher Fortschritt in dem Verständnis der Wechselwirkung von Anlage und Umwelt bei der Schizophrenie-Entstehung ist durch weitere biometrisch orientierte Studien nicht mehr zu erwarten. Ein echter Erkenntniszuwachs ist nur mit Hilfe neurophysiologischer oder biochemischer Methoden denkbar.

1   Rosenthal, D. (Hrsg.): The Genain Quadruplets. New York: Basic Books 1963.
2   Bleuler, E.: Dementia praecox oder die Gruppe der Schizophrenien. In: Aschaffenburg, G. (Hrsg.): Handbuch der Psychiatrie. Leipzig: Deuticke 1911.
3   aus Jaspers, K.: Allgemeine Psychopathologie, Berlin: Springer 1946.
4   Jaspers, K., a.a.O.
5   Bleuler, E., a.a.O.
6   Nur aufgrund von Langzeitstudien an denselben Patienten über Jahrzehnte lassen sich derartige Aussagen machen, wie zum Beispiel:
    Bleuler, M.: Die schizophrenen Geistesstörungen im Lichte langjähriger Kranken- und Familiengeschichten. Stuttgart: Thieme 1972.
    Huber, G., Gross, G., Schüttler, R.: Schizophrenie. Eine Verlaufs- und sozialpsychiatrische Langzeitstudie. Berlin/Heidelberg/New York: Springer 1979.
    Janzarik, W.: Schizophrene Verläufe. Eine strukturdynamische Interpretation. Monographien aus dem Gesamtgebiet der Neurologie und Psychiatrie. H. 126. Berlin/Heidelberg/New York: Springer 1968.
    Ciompi, L., Müller, C.: Lebensweg und Alter der Schizophrenen. Eine katamnestische Langzeitstudie bis ins Senium. Berlin/Heidelberg/New York: Springer 1976.
7   Vgl. zum Beispiel:
    Häfner, H. (Hrsg.): Psychiatrische Epidemiologie. Berlin/Heidelberg/New York: Springer 1978.
    Häfner, H.: Der Einfluß von Umweltfaktoren auf das Erkrankungsrisiko für Schizophrenie. Nervenarzt 42, 557–568 (1971).
8   Elsässer, G.: Die Nachkommen geisteskranker Elternpaare. Stuttgart: Thieme 1952.
    Elsässer, G., Lehmann, H., Pohlen, M., Scheid, T.: Die Nachkommen geisteskranker Elternpaare. Nachuntersuchungen unter

sozialpsychiatrischen, tiefenpsychologischen und genetischen Aspekten. Fortschr. Neurol. Psychiatr. Grenzgeb. 39, 495–525 (1971).

9   Gottesman, J. J., Shields, J.: A critical review of recent adoption, twin and family studies of schizophrenia: Behavior genetics perspectives. Schizophrenia Bull 2, 360–401 (1976).
Gottesman, J. J., Shields, J.: Schizophrenia and genetics. A twin study vantage point. New York/London: Academic Press 1972.
In den älteren Studien ist die Konkordanzrate paarweise, in den neueren probandenweise angegeben.

10   Fischer, M.: Psychoses in the offspring of schizophrenic monozygotic twins and their normal co-twins. Br. J. Psychiat. 118, 43–52 (1971).

11   Vgl. Hirsch, S. R.: Eltern als Verursacher der Schizophrenie. Nervenarzt 50, 337–345 (1979).

12   Rosenthal, D. (Hrsg.), a.a.O.

13   Zerbin-Rüdin, E.: Das Anlage-Umwelt-Problem bei der Entstehung der Schizophrenien. Nervenarzt 42, 613-622 (1971).
Zerbin-Rüdin, E.: Psychiatrische Genetik. In: Kisker, K. P., Meyer, J. E., Müller, C., Strömgren, E. (Hrsg.): Psychiatrie der Gegenwart. Forschung und Praxis, Bd. I/2. Berlin/Heidelberg/New York: Springer 1980.

8. Die Rolle der Vererbung bei Gemütsleiden und Alkoholismus

Es war der Psychiater Emil Kraepelin, der gegen Ende des 19. Jahrhunderts das »manisch-depressive Irresein« als zweite Gruppe der Psychosen von der Schizophrenie abgegrenzt hat. Diese Einteilung ist im Kern bis heute beibehalten worden. Die Patienten sind jedoch keineswegs »irre«; sie leiden vielmehr unter einer vom Außenstehenden nicht nachvollziehbaren Beeinträchtigung ihrer Stimmung. Jeder von uns fühlt sich hin und wieder deprimiert, traurig, niedergeschlagen, lustlos, überfordert, mißmutig. Meist hat sich diese Stimmungsbeeinträchtigung als Folge eines Lebensereignisses eingestellt, das uns belastet. Dies kann die Trennung von einem nahestehenden Menschen sein, aber auch beruflicher Mißerfolg, eine nichtbestandene Prüfung, der Ausbruch einer chronischen Krankheit. Zum Glück gelingt es meistens, uns mit der Ursache der Stimmung zu arrangieren. Es ist geradezu ein Kennzeichen für einen gesunden Menschen, daß er mit solchen Belastungen fertig wird.

Etwas ganz anderes ist die endogene *Depression*. Diese aus dem »Inneren« eines Menschen kommende elementare Beeinträchtigung der Stimmung hat entweder gar keine lebensgeschichtliche Erklärung oder wenigstens keine, die ihr Ausmaß verständlich machen könnte. Der endogen depressive Patient fühlt sich energielos, müde, niedergeschlagen, verzagt, hoffnungslos, verzweifelt, pessimistisch. Er leidet unter Angst und Schuldgefühlen. Typisch ist der tageszeitliche Verlauf dieser Symptome: Besonders am Morgen ist alles für den Patienten schwerer; im Laufe des Tages läßt die Intensität meist nach. Fast immer ist der Schlaf des depressiven Patienten beeinträchtigt; es können Einschlaf- oder Durchschlafstörungen sein, die als sehr quälend empfunden werden. Die Gedanken des Kranken kreisen ständig um depressive Inhalte, er grübelt vor sich hin. Manche klagen darüber, daß ihnen nichts mehr einfällt, daß ihr Kopf leer sei und daß sie nicht mehr denken können. Als besonders quälend empfinden es depressive Patienten, sich nicht mehr entschließen zu können. Fast alle Kranken haben ein gestörtes Zeiterlebnis; die Zeit vergeht langsam oder steht still. Sie erleben die Welt oft als grau, fahl, öde und unlebendig. Die psychische Beeinträchtigung zeigt sich häufig auch an körperlichen Symptomen: Man sieht dem Kranken seine Müdigkeit, Schlappheit, Kraftlosigkeit an. Er erscheint älter; Appetitmangel und eingeschränkte Darmtätigkeit führen zu Gewichtsverlusten. Druckgefühl im Kopf, in der Brust oder im Bauch, Schmerzen im Nacken, Rücken oder in der Herzgegend, erschwerte Atmung, Schwindelgefühl kommen oft vor und können als organische Krankheiten verkannt werden. Die endogene Depression erfaßt den ganzen Menschen. Manche Kranke weinen viele Stunden am Tag, andere empfinden es als besonders quälend, daß ihnen sogar die Tränen versagt sind, von denen sie sich eine gewisse Entlastung erhoffen. Der Psychiater Kurt Schneider hat zur Beschreibung der unerhörten Beeinträchtigung der Stimmung von »vitaler Traurigkeit« gesprochen. Die Kranken selbst können diese endogene Traurigkeit meist sehr gut von einem während der depressiven Phase erlebten reaktiven Kummer unterscheiden. Das sei etwas ganz anderes, sagen sie, das laufe auf einem anderen Gleis. Die Gedanken des Patienten kreisen oft grüblerisch um das Heil der Seele, die Gesundheit des eigenen Leibes oder das eigene materielle Auskommen in der Welt. Er kann unter einem depressiven Versündigungswahn leiden, von dem man spricht, wenn der Kranke sich vor einer metaphysischen Glaubensinstanz schuldig fühlt. Oder er empfindet Schuld gegenüber Menschen und Institutionen und ist dabei ganz durchdrungen von der Gewißheit seiner Schuld. Wie ein Staatsanwalt bringt er Indiz über Indiz mit einer Härte und Mitleidlosigkeit sondergleichen gegen sich selbst vor. Alle Einwände des Arztes oder der Angehörigen werden pariert: Wenn er »scheinbar« bis jetzt »seine Pflicht« getan habe, dann war das nur Taschenspielerei, die eben noch nicht entdeckt worden sei. Wenn man ihn gut und hilfsbereit nannte, so sei das nur seiner verlogenen Verstellungskunst zuzuschreiben. Was anständig aussah, war ja nur auf Wirkung berechnet und daher nichts als verlogener Egoismus. War er religiös, so war das nur erbärmliche Heuchelei. Er gehöre vor Gericht gestellt und ins Zuchthaus, seine Schande müsse überall bekanntgemacht werden. Der Tod sei die einzige Sühne. Bei anderen Kranken stehen die hypochondrische Besorgtheit über Funktionen des eigenen Körpers oder ein Verarmungswahn im Vordergrund. Oft erscheint für den Kranken der Selbstmord als letzter Ausweg[1].

Depressive Symptomatik kann auch im Rahmen anderer psychiatrischer Krankheiten vorkommen. Für die Diagnose einer endogenen Depression werden daher bestimmte Kriterien gefordert, wie allgemeine Verlangsamung, Selbstvorwürfe, Schlaf- und Appetitlosigkeit, Tagesschwankungen und Rückfalltendenz. Die endogene Depression ist eine phasenhafte Erkrankung, wobei die Dauer einer Phase ungemein variabel ist. Sie kann eine Woche, aber auch zwanzig Jahre betragen. Die meisten Depressionen heilen jedoch in acht bis zwölf Monaten ab. In den Intervallen macht der Kranke meist einen ganz unauffälligen Eindruck. Auch die Dauer der freien Intervalle ist sehr unterschiedlich; sie kann wenige Tage oder viel längere Perioden eines ganzen Menschenlebens betragen. Es gibt keinen Zusammenhang zwischen der Dauer der Phasen und der Intervalle, so daß man sich das Muster des Krankheitsverlaufs gar nicht verschieden genug vorstellen kann.

Die endogene *Manie* bildet in gewisser Weise den Gegenpol der Stimmungsbeeinträchtigung. Die Manie ist gekennzeichnet durch eine grundlose Gehobenheit der Stimmung, einen Überschwang der Gefühle, eine gewaltige Steigerung der Selbstwertgefühle und durch ein Übermaß an Initiative, Wagemut, Einfallsreichtum und bedenkenloser Draufgängerei. Manche Patienten empfinden ein ungeheures »Kraft- und Heldengefühl«, sie sind kaum ermüdbar und brauchen sehr wenig Schlaf. Infolge gesteigerter sexueller Ansprechbarkeit sind leichtsinnige Abenteuer mit wahllosem Partnerwechsel häufig. Die Bewegungen sind rasch, Mimik und Gestik lebhaft, es wird viel und laut geredet. Von manischen Menschen kann etwas Mitreißendes ausgehen. In ausgeprägteren Stadien kommt es dann rasch zu einer Vergröberung; die heitere Erregung nimmt mehr und mehr einen gereizten Charakter an.

Die Hektik in den Gedanken kann zur Ideenflucht führen. Sie ist durch einen oft amüsanten Zickzackkurs charakterisiert, der allen sich anbietenden Assoziationen und zufälligen sensorischen Eindrücken folgt. Mitunter kommen dabei die witzigsten Pointen heraus, ähnlich wie bei einem Conferencier, der, ohne einen Gedankengang jemals abzuschließen, vom Hundertsten ins Tausendste verfällt. Die Ideenflucht kann sich bis zur Verworrenheit steigern. Der Antriebsüberschuß führt dazu, daß Patienten in der Manie sich unentwegt an etwas zu schaffen machen müssen. Sie können in kurzer Zeit eine unbeschreibliche Unordnung um sich verbreiten. Sonst dezent gekleidete Kranke putzen sich geschmacklos und herausfordernd auf.

In milderer Ausprägung, dem hypomanischen Zustand, oder in den Anfangsstadien ist die gesteigerte Empfindlichkeit für ästhetische Eindrücke bemerkenswert, was von vielen Patienten als ein großer Wertzuwachs an Erlebnisbreite und -tiefe empfunden wird. Dazu ein Beispiel[2]:

»Eine junge Ärztin berichtete nach ihrer Genesung von einer manischen Phase, sie wisse erst jetzt, was Farben, Gerüche,

Tastempfindungen, aber auch was Musik wirklich an berauschenden Gefühlseindrücken bedeuten könnten. Der Farbzusammenklang auf einem Bild von Renoir, das im Krankenzimmer hing, der Duft eines Nelkenstraußes, der Saft eines frischen Apfels oder die Wonne eines edlen Gewebes für die Fingerspitzen könne kaum in Worte gefaßt werden. Die Erlebnisfähigkeit des Alltags sei dagegen von einer jämmerlichen Stumpfheit und Langeweile. Über allem liege eine zähe, graue Decke. Wer nicht manisch gewesen sei, sei arm und könne sich höchstens darin trösten, daß er ja gar nicht wisse, welche Erlebnisfülle das Dasein bereithalte, wenn die ›Krankheit‹ den Blick dafür öffne. Eine kleine Eisenbahnfahrt durch an und für sich langweiliges Gelände werde zu einem überströmend reichen Abenteuer für die Augen und die Phantasie. Die Fahrt an einem schmalen Ackerstreifen vorbei, in Wirklichkeit vielleicht in zwei Sekunden geschehen, schien ihr eine Viertelstunde zu dauern, so viele Novellen, Lustspiele oder ländliche Tragödien sausten ihr durch das Gehirn, während ihr Blick im Vorüberfliegen die dort arbeitende kleine Gruppe von Bauernmädchen und jungen Knechten erfaßte, die mit einer ungeheuren Intensität in Mimik und Gestik und beladen mit den verschiedensten buntesten Lebensschicksalen vor ihr gestanden seien. Ein im Gegenlicht schimmernder Pflug lockte Tränen des Entzückens hervor.«

Der Unerfahrene wird an dieser Schilderung vielleicht kaum etwas Ungewöhnliches finden. Im folgenden Beispiel wird das Krankhafte sehr viel deutlicher[3]:

»Ein manischer Patient begrüßt auf der Visite, die der Stationsarzt mit der Stationsschwester macht, ostentativ nur diese, weil er mit dem Arzt gerade ›böse‹ ist: ›Guten Morgen, Schwester Clara, Schwester Clärchen! Wir wären ein hübsches Pärchen! Schwesterlein, Schwesterlein, wann gehen wir nach Haus? Kennt in diesem lächerlichen Haus, diesem Banausen-Haus, überhaupt jemand die Volkslieder von Brahms? Aimez-vous Brahms? Den Johannes, den heiligen Johannes? Ich bin der reinste heilige Sebastian, so viele Spritzen habt Ihr mir reingejagt. Du Doktor! Sag an, Doktor, hast Du überhaupt schon etwas von der Sagan gelesen?‹«

Affektpsychosen verlaufen phasenhaft, das heißt, Perioden der Erkrankung wechseln mit unauffälligen Perioden. Dabei können depressive und manische Phasen in buntem Wechsel aufeinander folgen. Es gibt Patienten, bei denen die depressive jeweils in die manische Symptomatik ohne freies Intervall übergeht, so daß man den Krankheitsverlauf mit einer Sinusschwingung vergleichen kann. In anderen Fällen fehlt eine derartige Gesetzmäßigkeit, und die beiden Pole der Stimmungsschwankung folgen unregelmäßig aufeinander, wobei Monate oder Jahre ohne Stimmungsschwankung dazwischen liegen können. Im günstigsten Fall erlebt ein Patient in seinem ganzen Leben nur eine einzige Phase und ist vorher und nachher unauffällig.

Eine familiäre Häufung von Affektpsychosen ist schon lange bekannt. Der Psychiater K. Leonhard hat als erster darauf hingewiesen, daß die endogenen Affektpsychosen zwei Verläufe zeigen können[4]: einen bipolaren Typ, der durch das Vorkommen von depressiven und manischen Phasen gekennzeichnet ist, und einen unipolaren Typ, bei dem nur depressive Perioden vorkommen. Es gibt mehr Patienten, welche die unipolare Verlaufsform zeigen. Solange ein Kranker nur depressive Perioden aufweist, läßt sich nicht erkennen, ob er dem uni- oder bipolaren Typ angehört. Definitionsgemäß rechnet man die Erkrankung eines Patienten zu den bipolaren Affektpsychosen, wenn er wenigstens eine manische Phase erlebt hat. Die unipolar manische Verlaufsform ist extrem selten; ihre Existenz wird von manchen Psychiatern überhaupt angezweifelt. Die Aufgliederung der Affektpsychosen in zwei verschiedene Typen hat sich für unser Verständnis als besonders fruchtbar erwiesen. Die Untersuchung der Familienangehörigen von Patienten ergab nämlich, daß Verwandte nicht nur ein gegenüber dem Bevölkerungsdurchschnitt deutlich erhöhtes Risiko für eine Affektpsychose haben, sondern ganz überwiegend auch den gleichen Verlaufstyp zeigen. Die Affektpsychosen lassen sich damit in zwei prinzipiell verschiedene Krankheiten aufgliedern, wenngleich es im Einzelfall zuweilen schwierig sein mag, eine eindeutige Zuordnung zu treffen. Ein weiterer Beleg für die Richtigkeit dieser Vorstellung kommt aus der Therapie: Uni- und bipolare Verlaufsformen zeigen unterschiedliche Ansprechbarkeit auf verschiedene antidepressive Psychopharmaka. Das Bemühen der modernen Genetik geht dahin, bisher als einheitlich erscheinende Krankheiten in Untereinheiten aufzulösen. Je eher es gelingt, genetische Unterformen einer Krankheit herauszuarbeiten, desto besser spiegelt der untersuchte Parameter die Funktion eines Gens wider. Bei psychiatrischen Krankheiten gibt es zwar gewisse Vorstellungen über die biochemischen Grundlagen ihrer Entstehung (siehe Kapitel 15), wir sind aber noch weit davon entfernt, diese Mechanismen bis auf ihre primäre Ursache, also die Ebene des Gens, zurückverfolgen zu können. Trotzdem ist es ein wesentlicher Erkenntnisgewinn, wenn es aufgrund von Besonderheiten der Symptomatik und des Verlaufs gelingt, genetische Untereinheiten herauszulösen.

Die Bedeutung genetischer Faktoren für die Affektpsychosen ist mit dem gesamten klassischen Methodenrepertoire der Humangenetik untermauert worden, wie es schon bei der Schizophrenie vorgeführt wurde. Überhaupt gibt es zahlreiche Parallelen zwischen den Befunden der beiden Psychosen. Tabelle 1 zeigt

Tabelle 1: Zwillingsstudien bei Gemütsleiden[5]

Typ der Affekt-psychose	Konkordanz bei eineiigen Zwillingen	Konkordanz bei zweieiigen Zwillingen
bipolarer Verlauf	60 von 83 = 72 %	31 von 226 = 14 %
unipolarer Verlauf	6 von 15 = 40 %	4 von 36 = 11 %

eine Zusammenfassung von neun Zwillingsuntersuchungen, wobei das Alter aufgrund fehlender Angaben nicht korrigiert werden konnte. Man sieht: Bei beiden Verlaufstypen haben eineiige Zwillinge eine deutlich höhere Konkordanz als zweieiige, wobei dieser Effekt bei der bipolaren Form noch etwas stärker ausgeprägt ist. Offenbar spielen genetische Faktoren bei der bipolaren, also manisch-depressiven Psychose eine stärkere Rolle als bei der unipolaren. Andererseits läßt sich aus den Zwillingsbefunden auch entnehmen, daß genetische Faktoren allein die Entstehung von Affektpsychosen offenbar nicht erklären können, sonst dürften nicht so viele erbgleiche Zwillinge diskordant sein. Zusätzlich sind nichterbliche Einflüsse anzunehmen, die den Ausbruch der Krankheit begünstigen können. Man muß mit der genetischen Interpretation von Zwillingsbefunden vorsichtig sein, wie wir immer wieder gesehen haben, weil hierfür vorausgesetzt wird, daß die Einflüsse der Umwelt ein- und zweieiige Paare gleich betreffen. Ein Hinweis für die Berechtigung, die Zwillingsbefunde genetisch interpretieren zu dürfen, läßt sich von getrennt aufgewachsenen eineiigen Paaren herleiten. Es sind zwölf derartige Paare bekannt, von denen sich acht als konkordant für eine Affektpsychose erwiesen[6]. Diese Rate entspricht größenordnungsmäßig den Werten der Tabelle 1.

Lebenslang betrachtet, erkrankt etwa jede einhundertste Person einer Bevölkerung an einer Affektpsychose. Wie bei der Schizophrenie kann sich eine Affektpsychose während einer langen Periode des Lebens erstmals manifestieren. Verwandte

164

Tabelle 2: Risiko für eine affektpsychotische Erkrankung bei Verwandten ersten Grades von Patienten, unter Berücksichtigung der Tatsache,
daß ein Teil der Verwandten noch einen Rest der Risikoperiode vor sich
hat[7]

Verlaufstyp der Psychose bei dem Patienten	Geschwister		Kinder	
	unipolar	bipolar	unipolar	bipolar
unipolar	7,1 %	0,6 %	4,8 %	0,3 %
bipolar	6,8 %	8,6 %	8,4 %	5,1 %

eines Patienten haben gegenüber der Allgemeinbevölkerung ein
deutlich erhöhtes Risiko. Wie aus Tabelle 2 zu entnehmen, tritt
eine Affektpsychose unter den Verwandten eines bipolaren
Patienten mit einer deutlich größeren Häufigkeit auf als unter
Angehörigen eines Kranken mit unipolarer Verlaufsform. Die
Daten scheinen der Vorstellung zu widersprechen, daß die
Affektpsychosen sich tatsächlich in zwei Typen zerlegen lassen,
die auch innerhalb einer Familie wiederkehren: Unter den
Angehörigen eines bipolaren Patienten treten auch Verwandte
mit unipolarer Verlaufsform auf. Es ist jedoch zu berücksichtigen,
daß ein als unipolar klassifizierter Patient später durchaus noch
manische Phasen entwickeln kann. Das Auftreten auch bipolarer
Patienten unter den Verwandten unipolarer Kranker läßt sich
damit erklären, daß diese Fälle zu einem kleinen Teil noch mit
eigentlichen bipolaren Patienten »verunreinigt« sind. Solange
man für die Klassifikation auf die Beobachtung des klinischen
Verlaufs angewiesen ist, lassen sich derartige scheinbare Widersprüche leider nicht vermeiden. Je jünger ein Patient zum

Tabelle 3: Risiko für eine affektpsychotische Erkrankung bei den
Verwandten ersten Grades von Patienten, die vor oder nach ihrem
40. Lebensjahr erstmals erkrankt waren[8]

Verlaufstyp der Psychose bei den Patienten	Erstmanifestation bei dem Indexfall	Verwand- te ersten Grades
unipolar	unter 40 Jahre	16,7 %
	über 40 Jahre	9,5 %
bipolar	unter 40 Jahre	19,9 %
	über 40 Jahre	11,2 %

Zeitpunkt des erstmaligen Ausbruchs einer Affektpsychose war, desto höher ist das Wiederholungsrisiko für die Verwandten. Tabelle 3 zeigt die aus mehreren Studien zusammengestellten Risikoziffern, wobei nicht nach dem Erkrankungstyp bei den Verwandten differenziert wurde. Auf diese empirischen Belastungsziffern kann sich zum Beispiel die genetische Beratung stützen[9].

Hinsichtlich der Schizophrenie gibt es verschiedene Forschungsstrategien, die das Ziel haben, zuverlässig die Bedeutung erblicher und nichterblicher Faktoren an der Entstehung dieser Psychose zu gewichten. Erstaunlicherweise sind im Hinblick auf die Affektpsychosen nicht so viele Anstrengungen unternommen worden. Es gibt jedoch eine Adoptionsstudie[10], in der die Autoren von neunundzwanzig bipolaren, also manisch-depressiven Patienten ausgingen, die in ihrem ersten Lebensjahr adoptiert worden waren. Sie untersuchten die Häufigkeit von Affektpsychosen unter den biologischen und den Adoptiveltern der Patienten. Als Vergleich dienten außerdem bipolare Kranke, die bei ihren leiblichen Eltern aufgewachsen waren, und gesunde Adoptivpersonen. Das wesentliche Ergebnis der Studie ist, daß sich eine Häufung von Affektpsychosen unter den biologischen Eltern der manisch-depressiven Adoptivkinder fand. Bei weiterer Fassung des Krankheitsbegriffs war der Unterschied in der Häufigkeit psychiatrischer Auffälligkeiten zwischen biologischen und den Adoptiveltern noch größer. Die Tatsache, daß jemand als Säugling adoptiert worden ist, erhöht die Wahrscheinlichkeit des Auftretens dagegen nicht. Die Ergebnisse dieser Untersuchung sind im Prinzip denen aus der Schizophrenieforschung ähnlich.

Wie bei der Schizophrenie, so ist auch die Erforschung der Affektpsychosen in einer unbefriedigenden Situation: Ganz offensichtlich gibt es genetische Faktoren, die die Entstehung dieser Krankheit begünstigen – es ist sogar eine Differenzierung in zwei verschiedene Verlaufsformen möglich –, aber genetische Faktoren allein können den Ausbruch der Krankheit nicht erklären. Man kann sich dies so vorstellen: Manche Menschen haben eine Neigung zur Entwicklung einer Depression oder Manie; die Realisierung hängt jedoch von weiteren Faktoren, vor allem wohl von lebensgeschichtlichen Einflüssen, ab. Für die Forschung erschwerend kommt hinzu, daß es außerdem andere Formen von Depressionen gibt, die in der Symptomatik vielfach nicht von einer endogenen Depression unterschieden werden können, aber ursächlich mit ihr nichts (oder vielleicht indirekt

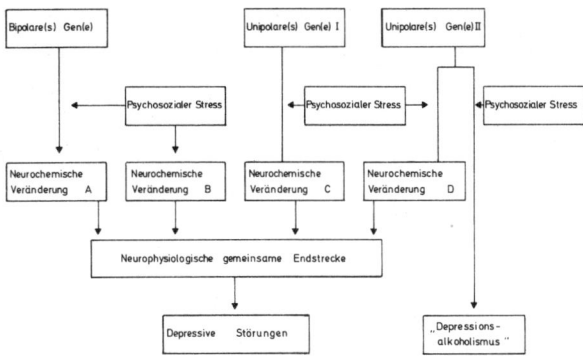

Bipolare(s) Gen(e)		Unipolare(s) Gen(e) I		Unipolare(s) Gen(e) II

Abbildung 1
Die Abbildung soll veranschaulichen, wie es im Zusammenwirken verschiedener »unipolarer« und »bipolarer« Gene mit psychosozialem Streß zunächst zu verschiedenen neurochemischen Veränderungen und schließlich, über eine gemeinsame neurophysiologische Endstrecke, zur depressiven Störung oder auch zum Depressionsalkoholismus kommen kann (nach Akiskal und McKinney, Science 182, 20–29, 1973). Es handelt sich um ein hypothetisches Modell.

doch etwas?) zu tun haben. Es gibt zum Beispiel auch eine neurotische Depression, eine Involutionsdepression im höheren Lebensalter, Depression im Wochenbett oder Klimakterium, bei organischen Hirnkrankheiten usw. Wir wollen darauf aber nicht weiter eingehen.

In Abbildung 1 ist ein hypothetisches Modell zur Erbe-Umwelt-Wechselwirkung am Beispiel der Gemütsleiden wiedergegeben[11]. Obwohl das Modell durch die bisherigen empirischen Befunde einigermaßen belegt ist, kann es noch längst nicht als bewiesen angesehen werden. Darauf kommt es aber auch gar nicht an, denn es soll nur gezeigt werden: Es gibt verschiedene genetische Systeme, die im Verein mit exogenen Faktoren (»Streß«) zu verschiedenen neurochemischen Störungen führen, dann jedoch in eine gemeinsame neurophysiologische Endstrecke einmünden und am Schluß als »depressive Störung« sichtbar werden. Wenn wir diese depressive Störung analysieren und etwa ihre Häufigkeit unter Patienten von Verwandten untersuchen, dann bewegen wir uns auf einer sehr genfernen Analyseebene. Der Phänotyp der »Depression« spiegelt nur bedingt entsprechende Erbanlagen wider. Der Genetiker benötigt dringend Erkenntnisse aus der Biochemie und Neurophysiologie. Aber auch der psychodynamisch orientierte Psychiater könnte großen

167

Nutzen aus solchen Erkenntnissen ziehen, zum Wohle der Kranken. Er könnte dann untersuchen, welcher Genotyp durch welche exogenen Faktoren zu welchem Zeitpunkt in welcher Richtung plastisch veränderbar, also formbar ist. Der alte scheinbare Widerspruch zwischen Anlage und Umwelt wäre dann aufgelöst.

Aufschluß über diese Probleme gab auch die genetische Erforschung einer auf den ersten Blick ganz von außen kommenden Störung. Menschen, die mit den Belastungen des Lebens nicht fertigwerden und deren Stimmung, aus welchen Gründen immer, gedrückt ist, neigen oft dazu, mit Hilfe eines *Rauschmittels* einen Ausweg aus dieser Misere zu suchen. Andere suchen bewußt die besonderen Bewußtseinszustände auf, die ihnen ein chemischer Stoff vermittelt. Für wieder andere dient der Genuß von Rauschmitteln gleichsam als Eintrittskarte in die Gesellschaft, sei es nun in die etablierte Gruppe der Geschäftspartner oder in eine Hippiesubkultur. Demgemäß wechselt die Art der Rauschmittel; es gibt zeitlich und örtlich begrenzte Moden. Am weitesten verbreitet aber ist der *Alkohol*. Er kann alle die oben genannten Funktionen erfüllen: Manchen dient er als Sorgenbrecher (»Wer Sorgen hat, hat auch Likör«), andere lockt die Fröhlichkeit und Enthemmtheit im Rausch, und wieder andere trinken, »weil alle es tun«. Viele Menschen trinken mehr oder weniger regelmäßig alkoholische Getränke; andere – und ihre Zahl nimmt zu – können nicht mehr ohne Alkohol auskommen; sie liefern sich der Droge aus; ihr Leben verkümmert; sie werden zu Alkoholikern. Was hat der *Alkoholismus* mit Genetik zu tun?

Ganz offensichtlich beruht die Aufnahme von Alkohol doch auf der persönlichen Entscheidung eines Menschen. Es gibt keinen unumgänglichen biologischen Zwang zum Alkoholkonsum. Man könnte annehmen, die exogene Ursache dieser Krankheit sei daher klar. Aber die allgemeine Erfahrung zeigt, daß nicht alle Menschen im gleichen Ausmaß Alkohol trinken. Was läßt den einen unmäßig, den anderen in Grenzen trinken und den dritten ganz auf Alkohol verzichten? Gibt es eine biologische Disposition, die den einen anfälliger macht als den anderen? Alkoholismus ist eine eminent häufige Krankheit; sie verursacht unübersehbare Folgeschäden und Folgekosten. 1969 hat man die Zahl der Alkoholiker in der Bundesrepublik Deutschland auf 600 000 bis 800 000 geschätzt. Dieser Wert dürfte wegen der hohen Dunkelziffer jedoch zu niedrig sein. Eine Repräsentativerhebung in Bayern ergab morgendlichen Alkoholkonsum zur Dämpfung von

168

Zittern und Brechreiz am Tagesanfang – also Symptome, die auf Alkoholmißbrauch und Entzugserscheinungen hinweisen – bei 3–4 Prozent der befragten *Jugendlichen.* Nordamerikanische Wissenschaftler geben für die USA eine Alkoholismushäufigkeit von 3–5 Prozent bei Männern und 0,1–1 Prozent bei Frauen an. Die Aufnahme einer einmaligen Alkoholdosis führt zu einem raschen Anstieg der Alkoholkonzentration im Organismus (Kapitel 4), und zwar im Blut gleichermaßen wie im Gehirn. Unmittelbar nach der Alkoholaufnahme durch Magen und Darm setzt auch schon der Abbau ein, bei dem Enzyme (vgl. Kapitel 9 und 10) mithelfen. Zunächst sind Aufnahme und Abbau etwa gleich stark, dann fällt die Blutkonzentration gleichmäßig ab. Der Abfall liegt bei 0,1–0,2 Promille je Stunde. Mehr als die Funktion jedes anderen Organs wird die des Gehirns durch Alkohol verändert: Erhöhtes Selbstwertgefühl, Rede- und Mitteilungsdrang, gesteigerte Lautstärke, Abstandslosigkeit, läppische Albernheit und öde Flachheit, Leichtsinn, Schwächung des Verantwortungsgefühls, erhöhte Bereitschaft zum Wagnis, Egozentrizität und Rücksichtslosigkeit sind der landläufig bekannte Ausdruck der durch Alkohol verursachten »Enthemmung«. Diese Persönlichkeitsveränderungen sind zum Beispiel für die eingeschränkte Fahrtauglichkeit im Straßenverkehr von weitaus größerer Bedeutung als die Beeinträchtigung der Sinnesleistungen oder der Reaktionszeit, die man auch beobachtet.

Die Herstellung und der Konsum von Alkohol sind in Europa seit vorgeschichtlicher Zeit bekannt. Aber erst heute ist sein Genuß unglaublich verbreitet. Eine Untersuchung über das »Trinkverhalten« der Deutschen hat ergeben, daß nur 5 Prozent der erwachsenen Bevölkerung total abstinent leben, 20 Prozent »Gesinnungsabstinente« sind, die nur unter sozialem Druck Alkohol konsumieren, und 30–35 Prozent häufig geringe Mengen alkoholischer Getränke zu sich nehmen. 5 Prozent hingegen sind starke Trinker, die einen täglichen Durchschnittskonsum von mindestens 100 ml reinem Alkohol (entsprechend etwa 1 l Wein oder 300 ml Schnaps) haben; 0,75 Prozent der Bevölkerung konsumieren täglich mehr als 200 ml Alkohol. Die Masse der Bevölkerung trinkt also relativ kleine Mengen, nur ein kleiner Teil große Quanten Alkohol[12]. Etwa 5 Prozent der Bevölkerung konsumieren 36 Prozent des gesamten Alkohols in der Bundesrepublik Deutschland. Der Alkoholgenuß ist auf vielfältige Weise mit unseren mitteleuropäischen Lebensformen verbunden: Wir stoßen mit Wein auf das »Wohl« eines Freundes an, wir

»brauchen« einen Schnaps, wenn wir eine unangenehme Überraschung erlebt haben. Beim Essen in Gesellschaft halten wir eine ausgeklügelte Alkoholikafolge ein. Auffälligerweise werden selbst Schiffe mit einer Flasche Sekt getauft. Der Vergleich verschiedener Kulturen zeigt, daß die Einstellung gegenüber dem Alkohol sehr unterschiedlich ist. Wenn man diese Einstellung in eine Systematik bringen will, dann lassen sich vier Kulturformen unterscheiden[13]: Abstinenzkulturen, wo jeder Alkoholgenuß verboten ist, wie in der islamischen und hinduistischen Kultur. Ritueller Alkoholgenuß, wie zum Beispiel bei den orthodoxen Juden, unter denen man interessanterweise kaum Alkoholiker findet. In Kulturen mit konvivialem Trinken wird der Alkohol bevorzugt zu den Mahlzeiten und meist in Form von Wein konsumiert. Dieser Brauch findet sich viel in mediterranen Ländern. Die beiden letztgenannten Erscheinungsformen lassen sich unter dem Begriff einer Permissivkultur zusammenfassen, in der Alkoholgenuß erlaubt oder gar erwünscht ist, Trunkenheit oder alkoholische Exzesse aber tabuiert sind. Die vierte Konsumform trifft man in Ländern an, wo Alkohol aus persönlichen Gründen zur Spannungsminderung, Angstlösung oder Machtbefriedigung konsumiert wird und der Alkoholrausch sogar gesucht wird wie verbreitet in Skandinavien und Osteuropa. Man kann diese Erscheinungsform als utilitaristisches Trinken bezeichnen. In Mitteleuropa gibt es den konvivialen, zum Teil aber auch den utilitaristischen Alkoholkonsum.

Unter Alkoholismus wird ein Zustand verstanden, in dem ein Individuum die Kontrolle über seinen Alkoholkonsum verloren hat, so daß es unfähig geworden ist, mit dem Trinken vor Eintritt des Vollrausches aufzuhören oder sich des Trinkens zu enthalten. Diese Krankheitsdefinition stellt zwei wesentliche Charakteristika des Alkoholismus in den Vordergrund, den Kontrollverlust und die Unfähigkeit, sich des Alkohols zu enthalten. Diesem Konzept hat sich auch eine Kommission angeschlossen, die 1967 von dem National Institute of Mental Health in den USA zum Studium des Alkoholismus eingesetzt war. Es ist das Verdienst des kanadischen Alkoholismusforschers Jellinek, eine Typologie der Alkoholiker vorgeschlagen zu haben, die sich weitgehend durchgesetzt hat, auch weil sie zum Verständnis der Trinkmotivation beiträgt. Jellinek unterscheidet fünf Typen: den alpha-, beta-, gamma-, delta- und epsilon-Alkoholismus[14].

Der alpha-Alkoholismus ist durch starke individuelle psychische Anfälligkeit gekennzeichnet, während die sozialen Elemente als Bedingung zurücktreten. Es liegt noch kein Kontroll-verlust vor, die Abhängigkeit ist ganz psychischer Natur. Dieser Trinkertyp läßt sich als Konflikttrinker charakterisieren (»Schütt die Sorgen in ein Gläschen Wein«). Bei der Entstehung des beta-Alkoholismus spielen soziokulturelle Elemente die wesentliche Rolle. Auch hier bestehen kein Kontrollverlust und keine sichere Abhängigkeit. Diese Trinker werden als Gelegenheits- oder Verführungstrinker bezeichnet. Der gamma-Alkoholismus ist durch eine erhebliche psychische und körperliche Abhängigkeit gekennzeichnet, während soziokulturelle und wirtschaftliche Fak-toren zurücktreten. Der Kontrollverlust ist ausgeprägt. Der gamma-Alkoholismus weist eine ausgeprägte Neigung zur Ver-schlechterung auf, er führt zu körperlichen, psychischen und sozioökonomischen Schäden. Trinker dieses Typs können als süchtige Trinker bezeichnet werden. Beim delta-Alkoholismus spielen soziokulturelle Faktoren ursächlich die Hauptrolle, wäh-rend psychische Faktoren zurücktreten. Der delta-Alkoholiker konsumiert große Mengen gleichmäßig verteilt über den Tag. Er ist zwar unfähig, sich des Trinkens zu enthalten, behält aber noch relativ lange die Kontrolle über den Alkoholkonsum. Auch dieser Typ neigt zu fortschreitender Alkoholkrankheit. Die psychischen und körperlichen Folgeerscheinungen sind ebenso massiv wie die sozioökonomischen. Delta-Alkoholiker sind bevorzugt unter den Angehörigen der Alkoholberufe verbreitet. Der epsilon-Alkoho-lismus ist durch episodisches Trinken (»Quartalssäufer«) gekenn-zeichnet. Alpha-Alkoholiker entwickeln sich in einem Teil der Fälle zu gamma-Trinkern und beta- zu delta-Alkoholikern.

Alkoholismus ist bei Männern häufiger als bei Frauen; der Anteil des weiblichen Geschlechts hat in letzter Zeit aber zugenommen und wird in deutschen Großstädten auf 25–30 Prozent aller Alkoholiker geschätzt. Man findet unter Alkoholi-kerinnen mehr gamma-Trinker als unter männlichen Patienten. Dies deutet auf die größeren psychischen Spannungen bei Frauen hin, die zu süchtigem Fehlverhalten führen. Die Prognose ist bei weiblichen Alkoholikern im Durchschnitt auch ungünstiger als bei männlichen. Alkohol ist in der modernen Gesellschaft allgegen-wärtig, jedenfalls unbeschränkt zugänglich. Warum ein Teil derer, die Alkohol in Grenzen und zunächst nur gelegentlich getrunken haben, eine Alkoholabhängigkeit entwickeln, bleibt oft unklar. In der Lebensgeschichte manches Patienten mag man im nachhinein Umstände entdecken, die die Entwicklung eines Alkoholismus zu erklären scheinen, wie zum Beispiel zerrüttete Familienverhält-nisse, Mißerfolg im Beruf, Enttäuschung über den Ehepartner,

Einsamkeit oder eine unheilbare körperliche Krankheit. Andererseits gibt es viele Menschen, die unter derartigen Belastungen stehen und trotzdem nicht alkoholabhängig werden. Außerdem hat mancher sich erst selbst in eine Situation gebracht, die ihn zum Alkoholiker werden läßt, oder nachträglich werden Erklärungen gesucht für Probleme, die in Wirklichkeit erst Folge des Alkoholismus sind.

Daß Alkoholismus in manchen Familien gehäuft vorkommt, ist schon lange bekannt. Es hängt dann wieder von der geistigen Herkunft des Betrachters ab, ob er die Familiarität als Folge biologisch vorgegebener oder psychodynamischer Mechanismen ansieht. Wir wollen zunächst das Ausmaß der familiären Häufung kennenlernen und dann die Untersuchungen, die eine Trennung genetischer und nichtgenetischer Einflüsse zulassen. Tabelle 4 gibt eine Zusammenstellung von insgesamt neununddreißig verschiedenen Studien, in denen die Häufigkeit des Alkoholismus bei den Eltern von Patienten ermittelt worden ist. Während bei

Tabelle 4: Häufigkeit des Alkoholismus bei den Eltern von Alkoholikern, psychiatrischen Patienten und Kontrollen[15]

	Alkoholismus	
	väterlich	mütterlich
Alkoholiker		
Anzahl der Studien	32	23
Anzahl der Personen	4329	3500
% Alkoholiker	27,0 %	4,9 %
Schizophrene		
Anzahl der Studien	3	2
Anzahl der Personen	654	553
% Alkoholiker	9,2 %	0,4 %
andere psychiatrische Patienten		
Anzahl der Studien	5	3
Anzahl der Personen	1217	1082
% Alkoholiker	9,9 %	1,8 %
nichtpsychiatrische Patienten (repräsentativ für die Bevölkerung)		
Anzahl der Studien	5	3
Anzahl der Personen	788	692
% Alkoholiker	5,2 %	1,2 %

5,2 Prozent der Väter und 1,2 Prozent der Mütter von Kontroll-
personen Alkoholismus vorliegt, sind die entsprechenden Häufigkeiten bei den Eltern von Alkoholikern etwa fünfmal so hoch.
Andererseits hat nicht etwa jeder Alkoholiker auch einen
entsprechenden Elternteil. In 47–82 Prozent der Fälle tritt in den
Familien kein weiterer Alkoholiker auf.

Zwar ist auch unter den Eltern von Patienten mit einer
Schizophrenie oder einer anderen psychiatrischen Erkrankung
Alkoholismus häufiger, jedoch längst nicht in demselben Ausmaß.
Auch unter Geschwistern und Kindern von Alkoholikern ist diese
Sucht deutlich vermehrt.

In zahlreichen Untersuchungen fällt auf, daß die Alkoholismushäufigkeit in den Familien von weiblichen Alkoholikern, die
im übrigen häufig gamma-Trinker sind, höher ist als in Familien
von männlichen Patienten.

Eine umfangreiche Zwillingsstudie mit dem Ziel, erbliche Fakto-
ren von psychosozialen abzugrenzen, die auf den Alkoholkonsum
Einfluß haben, ist in Finnland durchgeführt worden[16]. In diesem
Land wird Alkohol im Durchschnitt nur mäßig getrunken, zumal
seine Zugänglichkeit reglementiert ist und ein Betrunkener in
Arrest genommen werden kann. Alkohol wird jedoch bei einzelnen Anlässen, insbesondere unter Männern, in zuweilen großen
Mengen getrunken. Ein Rausch ist vielfach geradezu erwünscht.
Im Unterschied zu den mediterranen Ländern gehört Alkoholgenuß in Finnland also nicht zum Alltagsleben. Die Studie analysierte nicht nur die Trinkgewohnheiten, sondern auch die sozialen
Konsequenzen des Alkoholkonsums. Die erstaunliche Anzahl
von 902 erwachsenen männlichen Paaren der beiden Zwillingstypen stand zur Verfügung. Sie alle wurden in einem persönlichen
Interview nach ihren Trinkgewohnheiten befragt. Außerdem
konnten die amtlichen Unterlagen im Hinblick auf die sozialen
Folgen – zum Beispiel Arrest wegen Trunkenheit – eingesehen
werden. Aus den erhaltenen Informationen wurden quantitativ
abgestufte Angaben zu den folgenden Parametern zusammengestellt: die Trinkhäufigkeit, also ein Maß für die Rolle, die Alkohol
im Alltagsleben spielt; die mittlere Trinkmenge bei einem
einzelnen Anlaß; die Dauer dieses Anlasses und der Grad der
Trunkenheit; Kontrollverlust, das heißt Abhängigkeit von Alkohol, und ein »sozialer Komplikationswert«. Im Hinblick auf alle
Parameter wurden ein- und zweieiige Zwillingspaare miteinander
verglichen.

Das wesentliche Ergebnis der Studie ist: Eineiige Zwillinge

sind sich in ihren üblichen Trinkgewohnheiten, auch wenn sie starke Trinker oder Abstinenzler sind, deutlich ähnlicher als zweieiige. Soziale Folgen des Alkoholismus und Kennzeichen einer Sucht sind dagegen bei beiden Typen gleich häufig. Ob jemand überhaupt Alkohol trinkt, wie oft er es tut und wieviel, sozusagen das »Trinkmuster«, wird man also als von erblichen Faktoren beeinflußt anzusehen haben, wenn man die Zwillingsbefunde genetisch interpretiert. Bei den jüngeren Personen zeigten die eineiigen Zwillinge deutlich häufiger als die zweieiigen übereinstimmend einen Verlust der Kontrolle über ihren Alkoholkonsum. Dies galt nicht für die älteren Personen – vielleicht ein Hinweis darauf, daß die äußeren Einflüsse auf die Trinkgewohnheiten im Laufe des Lebens die Oberhand gewinnen. Die Autoren der Studie sind sich des Problems, ob die Zwillingsbefunde überhaupt genetisch interpretiert werden dürfen, durchaus bewußt. Die Tatsache, daß die meisten Paare nicht mehr zusammenleben und sie als Kinder immerhin noch nicht die gleichen Trinkgewohnheiten entwickelt haben können, mag ein Indiz für die Berechtigung einer genetischen Interpretation sein. Ein Argument für den Einfluß erblicher Faktoren beim Alkoholismus kommt auch aus Adoptionsstudien. Es sind mehrere derartige Untersuchungen angestellt worden. Eine Studie aus Dänemark soll etwas genauer besprochen werden.

Die Ausgangsstichprobe bestand aus 5483 Adoptionen, die 1924 bis 1947 in Kopenhagen erfolgt waren. Es wurde die gesamte verfügbare psychiatrische Information über die Adoptierten und über die biologischen und Adoptiveltern zusammengetragen. In einer sehr aufwendigen Untersuchung wurden dann vier Gruppen untersucht[17]: Söhne von Alkoholikern, die bei Adoptiveltern aufgewachsen waren, die selbst nicht Alkoholiker waren, sowie Kontrollfälle, die normale biologische Eltern hatten; Söhne von Alkoholikern, die bei ihren eigenen Eltern aufgewachsen waren, und entsprechende Vergleichspersonen mit gesunden Eltern; die gleichen Untersuchungen wurden auch an weiblichen Adoptierten durchgeführt. Ein Psychiater besuchte jede Person für ein, wie der Fachmann sagt, »strukturiertes Interview«, das heißt alle Fragen wurden in festgelegter Form gestellt. Besonders wichtig für die Aussagekraft der Studie ist, daß das Interview »blind« durchgeführt wurde. Der Psychiater war also nicht darüber informiert, ob sein gerade interviewter Partner zur Alkoholiker- oder zur Kontrollgruppe gehörte. Auf diese Weise wurde eine individuelle Voreingenommenheit des Untersuchers ausgeschaltet.

174

Dies sind die wesentlichen Resultate der Studie:

1. Die Söhne von Alkoholikern hatten ein viermal so hohes Risiko für Alkoholismus wie die Söhne von Eltern, die nicht Alkoholiker waren, unabhängig davon, ob sie bei ihren eigenen oder normalen Adoptiveltern aufgewachsen waren. Die von Adoptiveltern aufgezogenen Söhne von Alkoholikern hatten eine höhere Quote von Ehescheidungen als die entsprechenden Kontrollen, unterschieden sich aber im Hinblick auf eine Reihe anderer psychiatrischer Symptome nicht von den Kontrollen. Dies deutet auf eine gewisse Spezifität des gefundenen höheren Risikos für Alkoholismus hin.

2. Die Söhne von Alkoholikern, die bei ihren eigenen Eltern aufgewachsen waren, unterschieden sich von den nicht-adoptierten Kontrollen nur im Hinblick auf das Merkmal »Alkoholismus«. Dies ist deswegen wichtig, weil der Unterschied dadurch zustande gekommen sein könnte, daß die beiden Gruppen nicht vergleichbar sind, zum Beispiel wenn nur die Kontrollen einer religiösen Gemeinschaft angehörten, die Alkohol strikt ablehnt.

3. Die adoptierten Töchter von Alkoholikern unterschieden sich nicht von den weiblichen Adoptivkindern, die als Kontrollen dienten. Auch in der Gruppe der Töchter, die bei ihren Alkoholikereltern aufgewachsen waren, war Alkoholismus nicht häufiger als bei den Kontrollen. Unter weiblichen Alkoholikern hat sich also ein genetischer Faktor in dieser Untersuchung nicht nachweisen lassen. Die Autoren halten es für nicht ausgeschlossen, daß dies an der Zusammensetzung des Kontrollkollektivs liegt, bei dem die Häufigkeit von Alkoholismus größer war als sonst in der dänischen Bevölkerung. Möglicherweise spielten auch die allgemeinen Trinksitten in dem skandinavischen Land eine Rolle.

Andere Adoptionsstudien haben gleichfalls einen deutlichen Hinweis auf die Existenz genetischer Faktoren bei der Entstehung des Alkoholismus erbracht, auch bei weiblichen Nachkommen. Trotzdem zeigen alle Befunde aber nur, daß die Kinder eines Patienten zwar ein erhöhtes Risiko haben, daß ihnen aber nicht etwa ein unentrinnbares Alkoholikerschicksal bevorsteht.

Wir brechen die Diskussion an dieser Stelle ab. Auch für den Alkoholismus, genau wie für Schizophrenie und Gemütskrankheiten, hat die mit biometrischen Methoden arbeitende humangenetische Forschung Hinweise darauf ergeben, daß es in unserer Bevölkerung genetisch bedingte Unterschiede für die Anfälligkeit geben dürfte. Genau wie bei diesen Krankheiten, so gilt aber auch hier, daß statistische Untersuchungen ihrer Natur nach nicht dazu helfen können, zu erkennen, worin im einzelnen diese genetischen Unterschiede bestehen. Auf welcher Ebene könnten genetische Einflüsse wirksam werden? Es gibt dazu interessante Befunde und Ansätze, die zwar weit davon entfernt sind, ein geschlossenes Bild zu ergeben, die aber zeigen, in welcher Richtung sich die zukünftige Forschung zu bewegen hat, wenn wir die Entstehung des Alkoholismus besser verstehen wollen. Diese Befunde und Ansätze werden noch genau besprochen werden. Es ist zu hoffen, daß sie später einmal helfen werden, den Alkoholismus wirksamer zu behandeln oder – noch besser – ihm überhaupt vorzubeugen.

1   Vgl. Lehrbücher der Psychiatrie, zum Beispiel:
    Weitbrecht, J.J.: Psychiatrie im Grundriß. Berlin/Heidelberg/New York: Springer 1973.
    Bleuler, E.: Lehrbuch der Psychiatrie, bearbeitet von M. Bleuler. Berlin/Heidelberg/New York: Springer 1979.
2   Weitbrecht, H.J., a.a.O.
3   Weitbrecht, H.J., a.a.O.
4   Leonhard, K.: Aufteilung der endogenen Psychosen. Berlin: Akademie-Verlag 1979.
5   Allen, M.G.: Twin studies of affective illness. Arch. Gen. Psychiatr. 33, 1476–1478 (1976).
6   Gershon, E.S., Targum, S.D., Kessler, L.R., Mazure, C.M., Bunney, W.E.: Genetic studies and biological strategies in the affective disorders. Progr. Med. Genet., New Series 2, 101–164 (1977). Diese Arbeit enthält zahlreiche geistreiche Ideen zur Integration genetischer, biochemischer, pharmakologischer und psychiatrischer Befunde.
7   Gershon, E.S., Bunney, W.E., Leckman, J.F., Erdewegh, M. v., DeBauche, B.A.: The inheritance of affective disorders: a review of data and hypotheses. Behav. Genet. 6, 227–261 (1976).
8   Gershon, E.S., et al., a.a.O., 1976.
9   Neue Familienuntersuchungen lassen wieder einen gewissen Zweifel an der strengen Dichotomie von unipolaren und bipolaren Affektpsychosen aufkommen, auch bezüglich des höheren Wiederholungsrisikos für die Verwandten bipolarer Patienten. Vgl.: Angst, J., Frey, R., Lohmeyer, B., Zerbin-Rüdin, E.: Bipolar manic depressive psychoses. Results of a genetic investigation. Hum. Genet. 55, 237–254 (1980).

Taylor, M. A., Adams, R., Hayman, M. A.: The classification of affective disorders – a reassessment of the bipolar-unipolar dichotomy. J. affect. Dis. 2, 95–109 (1980).

10 Mendlewicz, J., Rainer, J. D.: Adoption studies supporting genetic transmission in manic-depressive illness. Nature 268, 327–329 (1977).

11 Akiskal, H. S., McKinney, W. T.: Depressive disorders: toward a unified hypothesis. Science 182, 20–29 (1973).

12 Feuerlein, W.: Alkoholismus – Mißbrauch und Abhängigkeit. Stuttgart: Thieme 1975.

13 Feuerlein, W., a.a.O.

14 Feuerlein, W., a.a.O.

15 Cotton, N. S.: The familial incidence of alcoholism: A review. J. Stud. Alcohol. 40, 89–116 (1979).

16 Partanen, J., Bruun, K., Markkanen, T.: Inheritance of drinking behavior. The Finnish foundation for alcohol studies, Vol. 14. Helsinki 1966.

17 Vgl. als zusammenfassende Übersicht:
Goodwin, D. W.: Alcoholism and heredity. A review and hypothesis. Arch. Gen. Psychiatr. 36, 57–61 (1979).
Vogel, F.: Humangenetische Aspekte der Sucht. Dtsch. Med. Wschr. 106, 717–723 (1981).

9. Die Entwicklung von Mendels Paradigma vom Kreuzungsexperiment bis hin zur modernen Molekularbiologie

In den letzten Kapiteln wurde geschildert, wie psychische Merkmale – Geisteskrankheiten, Neurosen oder auch der Intelligenzquotient – bei Eltern und Kindern, Adoptiveltern und -kindern oder Zwillingen miteinander verglichen wurden. Statistische Methoden halfen, einen Eindruck davon zu bekommen, ob und in welchem Umfange Erbanlagen einen Einfluß auf diese Merkmale haben. Dabei blieben die Natur dieser Erbanlagen und ihre Wirkungsweise außerhalb der Betrachtung. Im zweiten Kapitel wurden die beiden Paradigmen dargestellt, auf denen die moderne humangenetische Forschung begründet ist, das von Francis Galton und das von Gregor Mendel.

Alle diese Untersuchungen folgten dem Paradigma Galtons. Das lag sicher nicht daran, daß die Forscher etwa mit Absicht den Ansatz Mendels vernachlässigt hätten. Ganz im Gegenteil: Viele von ihnen bekannten sich ausdrücklich zu Mendel. In den ersten Jahren nach der Wiederentdeckung von Mendels Arbeit versuchte man auch, etwa das Vorkommen von Geisteskrankheiten in bestimmten Familien in das Prokrustesbett der Mendelschen Gesetze zu pressen. Bald mußte man jedoch einsehen, daß das unmöglich ist: Eine Charaktereigenschaft oder auch eine Geisteskrankheit ist in der Regel das Endprodukt einer komplizierten individuellen Entwicklung, die eben *nicht* ausschließlich von den Erbanlagen abhängt, am wenigsten von der Veränderung *einer* Erbanlage. Die Mendelschen Gesetze können aber nur dann unmittelbar angewandt werden, wenn das besondere Merkmal, das man untersuchen will, durch Mutation *einer* Erbanlage verursacht wird. Die Erkenntnis, daß die Dinge so einfach nicht liegen können, erzwang gewissermaßen den »Rückzug« auf den weniger erklärungskräftigen statistischen Ansatz von Galton. Dieser Rückzug war also das Ergebnis einer Besinnung auf Voraussetzungen und Grenzen. Diese Besinnung bedeutet aber für die Wahrheitssuche einen Fortschritt.

Indessen können uns die Ergebnisse dieser statistischen Studien heute nicht mehr zufriedenstellen. Zwar deuten sie darauf hin, daß die Erbanlagen auch für das Entstehen psychologischer Unterschiede zwischen den Menschen wichtig sind. Dabei bleibt aber die Frage ganz offen: Welche Erbanlagen sind hier wichtig? Und auf welchen Wegen gelangen diese Erbanlagen zur Wirkung?

178

Eine Antwort auf diese Fragen können statistische Untersuchungen, wie wir sie bisher kennenlernten, nicht geben. Dazu müssen wir tiefer in die genetisch gesteuerten Funktionen des menschlichen *Gehirns* eindringen; denn das Gehirn ist das Organ, mit dem wir denken und fühlen. Vielleicht gelingt es, die Prinzipien Mendelscher Analyse auf die Funktionen des Gehirns anzuwenden? Vielleicht kommt man so der Natur und Wirkungsweise von Erbanlagen, die unser Befinden und Verhalten beeinflussen, etwas näher?

In den folgenden Kapiteln werden die Versuche geschildert, auf diesem Wege tiefer in die Zusammenhänge einzudringen. Das macht einen Umweg nötig: Man muß erst einmal zeigen, wie sich Mendels Paradigma vom Kreuzungsexperiment bis hin zur modernen Molekularbiologie entwickelt hat.

Der entscheidende Gedanke Mendels lief darauf hinaus, daß die Erbanlagen in reiner Form in den Keimzellen vorhanden sind und daß sie sich nach den Gesetzen des Zufalls in den Nachkommen kombinieren. Nachdem dieses theoretische Konzept Mendels und die aus ihm sich ergebenden Vererbungsgesetze im Jahre 1900 wiederentdeckt waren, entwickelte sich die neu entstandene Wissenschaft der Genetik hauptsächlich um zwei Problemkreise:
1. Wo sind die Erbanlagen lokalisiert?
2. Wie sind die Erbanlagen chemisch aufgebaut, und wie wirken sie?
In den ersten drei Jahrzehnten unseres Jahrhunderts stand die erste dieser Fragen noch im Vordergrund; seit etwa vierzig Jahren verschiebt sich das Schwergewicht der Forschung mehr und mehr auf die zweite.

Jeder höhere Organismus, auch der Mensch, besteht im wesentlichen aus mikroskopisch kleinen Einheiten, den Zellen (Abbildung 1). Eine Zelle setzt sich zusammen aus dem Zellkern, der von einer eigenen Kernmembran umgeben ist, und aus dem Zytoplasmaleib. Das Interesse der Forscher konzentrierte sich bald auf den Zellkern, denn dort wurden besonders während der Zellteilung eigenartige längliche Strukturen sichtbar, die man[1], weil sie sich mit bestimmten Farbstoffen gut färben ließen, Chromosomen (= Farbkörper) genannt hat.

Zahlreichen Forschern gelang es in den achtziger und neunziger Jahren des 19. Jahrhunderts, das Verhalten dieser Chromosomen während der Zellteilung zu analysieren: Wenn eine Zelle sich zur Teilung anschickt, werden die Chromosomen in

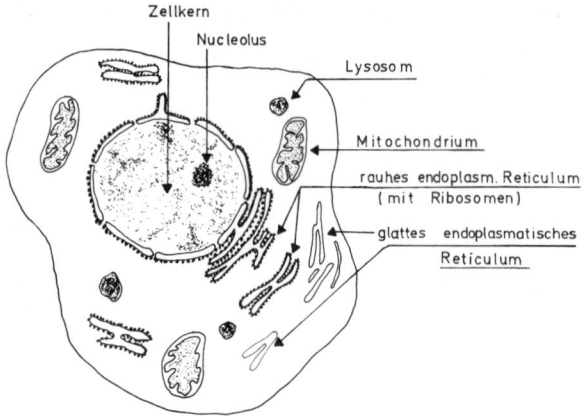

Abbildung 1
Allgemeines Schema einer Zelle mit Zellkern und verschiedenen Zellorganellen. Im Zellkern befinden sich die Chromosomen mit dem genetischen Material; am endoplasmatischen Reticulum läuft die Proteinsynthese ab; Mitochondrien dienen der Energieversorgung; in Lysosomen werden bestimmte sonst schädliche Stoffe abgebaut.

dem bisher ungeordneten Zellkern als lange Doppelfäden sichtbar. Diese Doppelfäden verkürzen sich und ordnen sich in der sogenannten Äquatorialplatte an. Dann wandert jeweils die eine Hälfte des Doppelfadens zu dem einen, die andere zu dem anderen Zellpol. Die Kernmembran, die sich während dieses Vorgangs aufgelöst hatte, bildet sich um die beiden Zellpole herum neu, und die Chromosomen verschwinden wieder in einer amorphen Masse. Die beiden neu entstandenen Zellkerne sehen jetzt wieder so aus wie der eine Kern, aus dem sie entstanden sind. Inzwischen hat auch die Teilung des Zelleibes begonnen. Schließlich sind aus einer Zelle zwei entstanden. Zahl und Form der Chromosomen sind normalerweise in allen Körperzellen eines Individuums und meist auch bei allen Individuen einer Art gleich (Abbildung 2).

Auf diese Weise teilen sich alle Zellen des Körpers immer wieder, bis sie einen Endzustand erreicht haben. So können sich die roten und weißen Blutkörperchen in unserem Blute normalerweise nicht mehr teilen, und auch die Nervenzellen unseres Gehirns büßten bald nach der Geburt ihre Teilungsfähigkeit ein.

Etwas komplizierter verlaufen bestimmte Zellteilungen, die bei der Reifung der männlichen und weiblichen Keimzellen beobachtet werden und dazu führen, daß die Zahl der Chromoso-

180

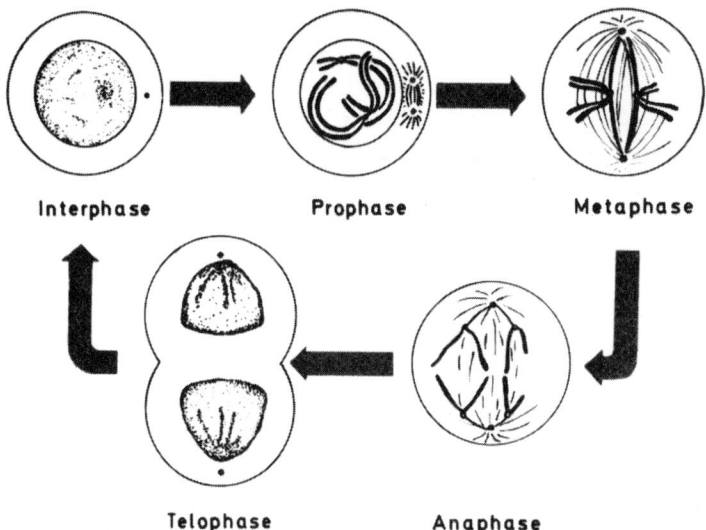

Interphase   Prophase   Metaphase

Telophase   Anaphase

Abbildung 2
Teilungszyklus (Mitose) einer Zelle. In der Prophase verdichten sich die
bis dahin nicht erkennbaren Chromosomen durch Spiralisierung; es sind
bereits die in der Interphase gebildeten Tochterchromatiden eines
Chromosoms sichtbar. In der Metaphase löst sich die Kernmembran auf,
und die Chromosomen ordnen sich beiderseits der »Äquatorialebene«
an. In der Metaphase wird der Zellzyklus üblicherweise angehalten, um
die Chromosomen einer Zelle zu untersuchen. Die Spindelfasern ziehen
die beiden Chromatiden eines Chromosoms in der Anaphase auseinan-
der; in der Telophase bilden sich zwei Tochterkerne, die jeweils das
gleiche genetische Material enthalten. Die Chromosomen werden durch
Entspiralisierung wieder unsichtbar. Die Interphase ist das »Arbeits-
stadium« einer Zelle (nach Buselmaier: Biologie für Mediziner. Berlin/
Heidelberg/New York: Springer 1979).

men pro Zelle auf die Hälfte reduziert wird. Wenn später bei der
Befruchtung die weibliche und die männliche Keimzelle miteinander verschmelzen, dann finden sich der halbe Chromosomensatz
von der Mutter und der halbe Satz vom Vater im neuen Zellkern
zusammen, und die aus dieser Verschmelzung neu entstandene
erste Zelle des neuen Individuums hat wieder die volle Chromosomenzahl. Die Reduktion der Chromosomenzahl und ihre geordnete Zuteilung zu den Keimzellen erfolgt in zwei Teilungsschritten
(Abbildung 3): Vor der ersten Reifungsteilung werden die
Doppelfäden der Chromosomen, ähnlich wie bei einer gewöhnlichen Zellteilung, im Zellkern sichtbar; ungleich der Zellteilung

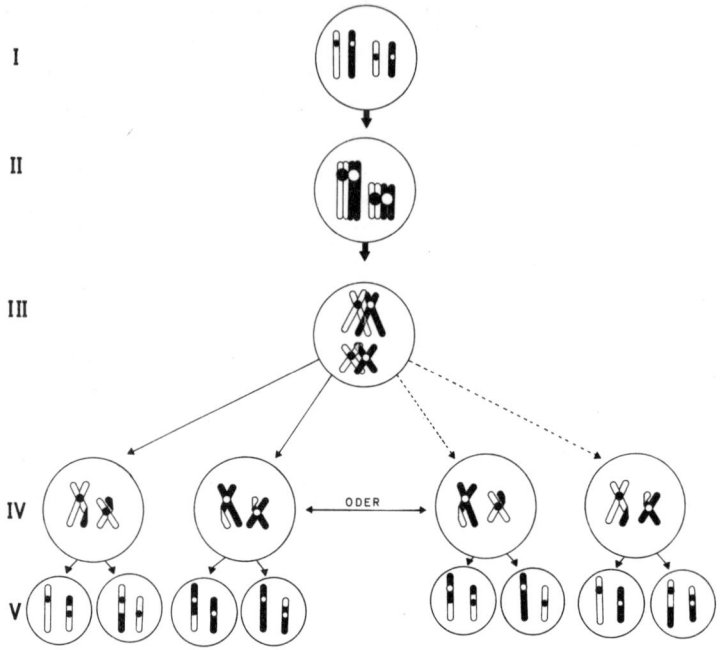

I

II

III

IV   ODER

V

Abbildung 3
Schema einer Reifeteilung (Meiose): Die Stammkeimzelle enthält jeweils
Chromosomenpaare (I), von denen je zwei Paare dargestellt sind.
Zunächst wird das genetische Material verdoppelt, es bilden sich
Tochterchromatiden (II). Es kommt zum »crossing-over«, dem Aus-
tausch genetischen Materials zwischen homologen Chromosomen (III).
In der ersten Reifeteilung werden die homologen Chromosomen
voneinander getrennt, die resultierenden Tochterzellen sind haploid
(IV). In der zweiten Reifeteilung werden die beiden Chromatiden eines
Chromosoms voneinander getrennt, so daß die befruchtungsfähigen,
haploiden Keimzellen entstehen (V). Man beachte die vielfältigen
Möglichkeiten, mit denen die Chromosomen und damit das genetische
Material kombiniert werden können.

ordnen sie sich aber zu Paaren. Es wird jetzt deutlich, daß die
Chromosomen im Zellkern der gewöhnlichen Körperzelle in
Paaren vorkommen; man nennt zwei derartig zusammengehörige
Chromosomen homolog. Von zwei homologen Chromosomen
stammt immer eines vom Vater und das andere von der Mutter.
Auf der Höhe der ersten Reifungsteilung zeigen die nunmehr
gepaarten homologen Chromosomen merkwürdige Überschnei-

182

dungen. Man hat später herausgefunden, daß die Chromosomen in dieser Phase bestimmte Abschnitte austauschen. Schließlich wandern homologe Chromosomen zu verschiedenen Zellpolen, und es bilden sich zwei Zellen, von denen jede die Hälfte des ursprünglichen Chromosomensatzes besitzt. Jede der beiden Zellen enthält einen Partner von jedem Paar homologer Chromosomen. Damit ist die erste Reifungsteilung abgeschlossen. Es folgt jetzt die zweite: In den beiden neu entstandenen Zellen trennen sich die Doppelfäden der Chromosomen voneinander. Die einzelnen Fäden wandern zu den zwei Zellpolen, und aus einer Zelle entstehen zwei. Im Prinzip unterscheidet sich also die zweite Reifungsteilung nicht von der gewöhnlichen Teilung der Körperzelle, es sind aber nur halb so viele Chromosomen in jeder Zelle daran beteiligt. Am Ende der beiden Teilungen sind aus einer Zelle vier geworden, und jede von ihnen enthält halb so viele Chromosomen wie eine gewöhnliche Körperzelle.

Diese Vorgänge waren prinzipiell bekannt, als Mendels Gesetze wiederentdeckt wurden. Für den aufmerksamen Beobachter lag es auf der Hand, daß sich die Chromosomen als Träger der von Mendel postulierten Erbanlagen ideal eigneten. Sie werden in unveränderter Zahl an alle Körperzellen weitergegeben. Bei den Reifungsteilungen gelangt nur eines von zwei homologen Chromosomen in eine Keimzelle, und in dem neu entstandenen Individuum ist von den beiden Eltern je ein Satz zueinander passender Chromosomen zusammengekommen. Auch das dritte Mendelsche Gesetz – die freie Kombinierbarkeit der Erbanlagen für verschiedene Merkmale – fand seine Erklärung, wenn man annahm, daß diese frei kombinierbaren Erbanlagen auf verschiedenen Chromosomen lokalisiert waren. Während der ersten Reifungsteilung werden ja die nichthomologen Chromosomen rein zufällig verteilt (Abbildung 3).

Schon kurz nach der Wiederentdeckung der Mendelschen Gesetze, im Jahre 1902, zogen mehrere Forscher unabhängig voneinander den naheliegenden Schluß: Die Chromosomen sind Träger der Erbanlagen. Nicht lange danach entdeckte man die ersten Abweichungen vom 3. Mendelschen Gesetz, dem Unabhängigkeitsgesetz. Individuen, die mischerbig für die beiden Genpaare A,a und B,b sind, sollten nach diesem Gesetz Keimzellen AB, Ab, aB und ab im Verhältnis $1:1:1:1$ bilden. In der Regel war das auch der Fall; überraschenderweise hatte diese Regel jedoch Ausnahmen. Es kam vor, daß etwa die Kombinationen AB und ab besonders häufig, die beiden anderen Ab und aB wesentlich seltener waren. In anderen Kreuzungen mit den gleichen Erbanlagen waren verwirrenderweise die Typen Ab und aB häufig und die Typen AB und ab selten. Dieses Rätsel konnte gelöst werden, wenn man annahm, die Genpaare Aa und Bb seien auf demselben Chromosomenpaar lokalisiert. Auf den ersten Blick würde man allerdings vermuten, daß Erbanlagen, die auf dem gleichen Chromosom lokalisiert seien, immer gemeinsam weitergegeben werden müßten. Aber da war ja noch die besondere Beobachtung während der ersten Reifungsteilung: die Überkreuzung der Chromatiden. Wie, wenn homologe Chromosomen bei diesem Vorgang Stücke austauschten? Dann wäre das Vorkommen von seltenen Kombinationstypen auf einmal erklärt. Die beiden Gene hätten durch einen solchen Austauschvorgang ihren Partner gewechselt. Lagen ursprünglich zum Beispiel die Gene A und B auf demselben Chromosom, die Allele a und b auf dem anderen, homologen, so konnte ein solcher Austausch dazu führen, daß nunmehr A und b auf demselben, a und B auf dem homologen Chromosom lagen.

Die Erklärung der Abweichungen vom 3. Mendelschen Gesetz erwies sich als richtig. Mehr noch: Je weiter zwei Genpaare auf einem Chromosom voneinander entfernt lagen, desto häufiger kamen solche Neukombinationen vor, desto größer war also die Wahrscheinlichkeit, daß zwischen ihnen eine Überkreuzung von Chromosomen mit Stückaustausch (Crossing over) auftrat. Dieses Prinzip, die Bestimmung der Entfernung zweier Genorte voneinander auf demselben Chromosom aufgrund der im Kreuzungsexperiment gemessenen Austauschrate, entwickelte sich besonders im zweiten und dritten Jahrzehnt unseres Jahrhunderts zum leitenden Prinzip der genetischen Analyse: Bei geeigneten Versuchstieren und -pflanzen wurden auf diese Weise ganze Chromosomenkarten aufgestellt, von denen man die Lokalisierung Hunderter von Erbanlagen relativ zueinander ablesen konnte. Als besonders für diese Experimente geeignet erwies sich eine kleine Fliege, Drosophila melanogaster. Sie ist noch heute das genetisch wohl am besten bekannte Tier. Ein Ergebnis von allgemeiner Bedeutung war das folgende: Erbanlagen sind auf den Chromosomen linear angeordnet, und jedes Lebewesen hat so viele »Kopplungsgruppen«, wie es Chromosomenpaare besitzt.

Die Lokalisation von Erbanlagen auf Chromosomen setzt das Kreuzungsexperiment voraus. Beim Menschen ist ein solches Experiment selbstverständlich nicht möglich. Damit hängt es zusammen, daß man bis vor wenigen Jahren beim Menschen noch so gut wie nichts über die Lokalisation von Erbanlagen auf bestimmten Chromosomen und Chromosomenabschnitten wußte, obwohl man sehr viele einzelne Erbanlagen kannte und auch wußte, wie die einzelnen Chromosomen aussehen. Erst nachdem man gelernt hatte, mit menschlichen Zellen in Zellkulturen zu experimentieren, konnte diese Schwierigkeit überwunden werden. Heute ist die Lokalisation mehrerer hundert Genorte auf den Chromosomen des Menschen bekannt, und die Zahl der Zuordnungen von Genen zu bestimmten Chromosomenabschnitten ist im raschen Ansteigen begriffen.

Für die eigentliche Frage aber, das Verständnis genetischer Variabilität im Befinden und Verhalten des Menschen, hat das erste Problem – die Frage nach der Lokalisierung der Erbanlagen – noch keine wesentliche Bedeutung gewonnen. Seine Entwicklung innerhalb der Genetik hat jedoch zu der Erkenntnis geführt, was Chromosomen sind und wie sie sich in der normalen Zellteilung und bei der Keimzellenbildung verhalten. Diese Erkenntnis wird wichtig, wenn man sich (in Kapitel 12) mit den Störungen in den Chromosomen, den menschlichen Chromosomenaberrationen, und den durch sie verursachten geistig-seelischen Störungen befaßt.

Eine viel größere Bedeutung für das Verständnis genetisch bedingter psychischer Unterschiede beim Menschen gewann jedoch die Erforschung des zweiten eingangs erwähnten Problemkreises: Wie sind die Erbanlagen aufgebaut, und wie wirken sie? In der Geschichte dieser Forschung gab es – neben sehr zahlreichen Versuchen, die nur begrenzten Erfolg hatten – einige besonders wichtige Schritte. Der erste erfolgte schon kurz nach der Wiederentdeckung der Mendelschen Gesetze.

Archibald Garrod war ein wissenschaftlich wie ärztlich besonders erfolgreicher englischer Internist; er wurde später auf den berühmten Lehrstuhl für Medizin an der Universität Oxford berufen, wo er Nachfolger von Osler wurde. Im Jahre 1902 publizierte er eine kurze Mitteilung in der englischen Ärztezeitschrift »Lancet«, die das von Mendel begründete Paradigma in einen neuen Bereich ausweitete und die außerdem zum Grundstein der biochemischen Genetik des Menschen wurde[2].

Es gibt nämlich eine seltene Anomalie, bei der die Patienten schon als Säuglinge dadurch auffallen, daß ihr Urin sich kurz nach der Ausscheidung tief dunkelblau verfärbt. Der Schrecken der Eltern, wenn ihr Neugeborenes einen tintenähnlichen Urin läßt, ist zum Glück unbegründet; die Anomalie ist relativ harmlos. In höherem Alter des Betroffenen kommt es aber zur bläulichen Verfärbung von Gelenkbändern und zu Beschwerden insbesondere im Bereich der Wirbelsäule. Schon bevor Garrod sich für diese Anomalie interessierte, hatte man herausgefunden, daß der blaue Farbstoff sich unter dem Einfluß der Luft aus einer organischen Säure entwickelt. Diese Säure kommt im Urin normaler Menschen nicht vor; sie wurde Homogentisinsäure genannt. Das Zustandsbild nannte man Alkaptonurie.

Garrod befaßte sich nun mit den Berichten über diese Alkaptonurie, stellte die bis dahin bekannten Beobachtungen zusammen und zog aus ihnen eine Reihe von Folgerungen. So konstatierte er zunächst, »daß, soweit wir wissen, eine Person entweder eine eindeutige Alkaptonurie aufweist oder dem Normaltyp entspricht. Das heißt, daß sie entweder mehrere Gramm Homogentisinsäure pro Tag ausscheidet oder überhaupt keine. Daß sie in Spuren oder in graduell ansteigenden oder sich vermindernden Mengen aufgetreten wäre, wurde noch niemals beobachtet.« Dazu kommt als zweites wesentliches Merkmal, »daß die Besonderheit... angeboren ist«. Drittens wird betont: »Die Anomalie kann bei zwei oder mehr Brüdern oder Schwestern auftreten, deren Eltern normal sind und unter deren Vorfahren nichts von ihrem Vorkommen berichtet wurde.« Viertens wies Garrod darauf hin, daß von zehn Familien, die er verglich, die Eltern sechsmal Vetter und Kusine ersten Grades waren. Die allgemeine Häufigkeit der Vetternehen im England seiner Zeit schätze er auf höchstens 3 Prozent. Auf der anderen Seite aber traten Kinder mit Alkaptonurie nur in einer winzigen Minderzahl aller Vetternehen auf. Daraus folgerte er: »Wir haben keinen Grund anzunehmen, daß die Blutsverwandtschaft der Eltern für sich allein ein Zustandsbild wie die Alkaptonurie bei den Nachkommen hervorrufen kann; sondern wir müssen die Erklärung eher in irgendeiner Besonderheit der Eltern suchen, die über Generationen latent bleiben kann, aber die größte Chance hat, sich bei den Nachkommen aus der Verbindung von zwei Mitgliedern einer Familie, in welcher sie übertragen wird, zu manifestieren.«

Garrod dachte darüber nach, was das wohl für eine Besonderheit sein könnte. Das Ergebnis dieses Nachdenkens muß ihn nicht recht befriedigt haben, denn er entschloß sich zu einem Schritt, den die meisten Wissenschaftler viel zu selten tun: Er fragte einen Kollegen von einer anderen Fakultät um Rat. Dabei hatte er das Glück, auf W. Bateson zu stoßen. Bateson hatte gerade kurz zuvor von der Wiederentdeckung der Mendelschen Gesetze erfahren und war von ihnen tief beeindruckt worden. Er wurde in den folgenden Jahren einer der erfolgreichsten Forscher auf dem neu erschlossenen Arbeitsgebiet. Von ihm stammt auch die Bezeichnung »Genetik«.

Für ihn waren Garrods Befunde sonnenklar: Sie erklärten sich zwanglos aus den von Mendel entdeckten Vererbungsgesetzen und deuteten insbesondere darauf hin, daß die Alkaptonurie dem rezessiven Erbgang folgte: Die Eltern waren mischerbig (heterozygot), sie besaßen also neben dem abnormen ein homologes, gesundes Gen und waren deshalb von dem Merkmal frei. Unter den Kindern bestand ein Aufspaltungsverhältnis von 1:3 zwischen Kranken, die reinerbig (homozygot) für das rezessive Gen waren, und Gesunden, genau wie wir das in Kapitel 2 für die kantigen und die runden Erbsen gesehen haben. Garrod bemerkte auch, »daß die Ehe von Vettern und Kusinen ersten Grades genau die Bedingungen dafür erfüllt, daß sich ein seltenes und... rezessives Merkmal am wahrscheinlichsten manifestieren kann, denn Vetter und Kusine ersten Grades werden häufig Träger ähnlicher Keimzellen sein« und – so fügen wir hinzu – die gleiche rezessive Erbanlage von einem gemeinsamen Vorfahren ererbt haben.

Damit wurde Garrod zusammen mit Bateson zum Entdecker des rezessiven Erbganges bei erblichen Anomalien des Menschen. Auch heute schließen wir in den meisten Fällen auf diesen Erbgang, wenn wir bei einer seltenen Anomalie oder Krankheit beobachten, daß Geschwister, aber nicht Eltern und Kinder von Merkmalsträgern betroffen sind, und wenn außerdem unter den Eltern die Ehen zwischen nahen Verwandten häufiger sind als im Bevölkerungsdurchschnitt.

Garrod ging in seinen Schlußfolgerungen jedoch noch zwei wesentliche Schritte weiter: »Die Auffassung, die Alkaptonurie sei ein Naturspiel oder eine Abart des Stoffwechsels, wird zweifellos wesentlich an Gewicht gewinnen, wenn man zeigen kann, daß sie nicht ein isoliertes Beispiel einer chemischen Anomalie ist, sondern daß es andere Zustände gibt, die vernünftigerweise in die gleiche Kategorie gestellt werden können.« Er nannte dann zwei Beispiele, für die sich seine Vermutung später bestätigt hat. Danach fuhr er fort: »Kann es nicht sein, daß andere derartige chemische Anomalien existieren, die nicht von ins Auge fallenden Besonderheiten begleitet sind« (wie die Alkaptonurie) »und die nur durch chemische Analyse entdeckt werden können?« Und weiter: »Wenn es wirklich zutrifft, daß wir es bei der Alkaptonurie und anderen... Zustandsbildern mit individuellen Besonderheiten des Stoffwechsels und nicht mit den Ergebnissen von Krankheitsprozessen zu tun haben, dann bietet sich natürlich der Gedanke an, daß es sich hier um Extrembeispiele der Variationen im chemischen Verhalten handelt, die im geringeren Ausmaße wahrscheinlich überall vorhanden sind, und daß genauso, wie niemals zwei Individuen der gleichen Art sich im Körperbau völlig gleichen, auch die chemischen Vorgänge in ihnen niemals genau gleich ablaufen.«

Die Arbeit von Garrod enthält die folgenden Erkenntnisse:

1. Ob eine Person eine Alkaptonurie hat oder nicht, ist von Geburt an Sache einer klaren Alternative. Übergangsformen gibt es nicht. Auch Mendel hatte ganz bewußt für seine Analysen Merkmale herausgesucht, bei denen eine klare Alternative vorlag. Zwischenformen zwischen runden und kantigen, grünen und gelben Erbsen kamen in seinem Material nicht vor. Es ist eine der großen Schwierigkeiten bei der genetischen Analyse von psychischen Merkmalen des Menschen, daß derartige klare Alternativen meist nicht bestehen.

2. Die Alkaptonurie tritt bei Geschwistern auf, in der Regel aber nicht bei Eltern und Kindern.

3. Die (gesunden) Eltern sind besonders häufig Vetter und Kusine ersten Grades.

Die beiden zuletzt genannten Tatsachen hat Garrod durch das Vorliegen eines rezessiven Erbganges nach Mendel gedeutet. Er hat sie als für diesen Erbgang bei seltenen Merkmalen charakteristisch erkannt.

Über diese Schlußfolgerung ging Garrod aber wesentlich hinaus, indem er zwei kühne Verallgemeinerungen wagte: Erstens gibt es seiner Meinung nach außer der Alkaptonurie noch mehrere derartige chemische »Naturspiele«, das heißt seltene Anomalien des Stoffwechsels. Garrod hat später noch mehrere solche Anomalien zusammengestellt und an ihnen das Konzept der »angeborenen Irrtümer des Stoffwechsels« entwickelt[3]. Heute kennen wir viele hundert derartige Anomalien; die Lehre von den erblichen Stoffwechselkrankheiten gehört inzwischen zu den wichtigsten Arbeitsgebieten der medizinischen Genetik und der Kinderheilkunde (Kapitel 10).

Garrod ging jedoch noch einen Schritt weiter: Er vermutete, die von ihm beschriebenen »Naturspiele« seien nur besonders auffällige Extremfälle. Feinere chemische Unterschiede zwischen den Menschen seien so häufig, daß kein Individuum im Ablauf seiner Stoffwechselvorgänge dem anderen ganz gleiche.

In der Darstellung der genetischen Polymorphismen (Kapitel 11) wird deutlich werden, wie sehr Garrod auch mit dieser für seine Zeit sehr kühnen Voraussage recht behalten hat.

188

Die naheliegende Frage lautete nun: Wie werden die chemischen Abläufe in unserem Körper gelenkt? Und weiter: Wo ist denn Raum für die Unterschiede in der Beschaffenheit von Erbanlagen? Um weitere Fortschritte der genetischen Forschung möglich zu machen, müßte man die chemischen Abläufe im lebenden Organismus verstehen. Es entstand eine neue Wissenschaft, die Biochemie. Besucht man eine chemische Fabrik, so kann man beobachten, daß die Grundstoffe, die zur Herstellung eines gewünschten Endproduktes benötigt werden, nicht einfach durcheinander geschüttelt werden in der Hoffnung, das Endprodukt werde schon irgendwie entstehen. Sondern man gibt die Grundstoffe in einen geordneten und vorgeplanten Ablauf hinein. Sie wandern von einem Gefäß in das andere. Es werden andere Stoffe hinzugesetzt – manchmal nur in ganz kleiner Menge –, die die gewünschte chemische Umsetzung in ganz bestimmter Weise lenken, beschleunigen oder verlangsamen, ohne daß sie selbst in das Endprodukt mit eingehen. Diese Zusatzstoffe nennt man Katalysatoren[4].

Auch im lebenden Organismus laufen die chemischen Umsetzungen geordnet ab[5]. Es sind bestimmte »Gefäße« für sie vorgesehen. So finden im Zytoplasma der Zellen sehr viele derartige chemische Abläufe statt, einige im freien Zellplasma, andere an Membranen oder in einer Art von Reaktionskammern, die im Plasma schwimmen. Unter den Zellen wiederum findet sich eine ausgeprägte Arbeitsteilung: So ist zum Beispiel in der roten Blutzelle nur eine sehr begrenzte Zahl von chemischen Abläufen möglich, gerade so viele, wie notwendig sind, um den Energiebedarf der Zelle für eine begrenzte Zeit zu decken. Danach stirbt die rote Blutzelle ab und muß durch eine neue ersetzt werden. Die Leberzelle dagegen kann viel mehr verschiedene chemische Funktionen ausführen. Hier werden wichtige Bausteine für den Gesamtorganismus auf- und abgebaut, Abfallprodukte entgiftet und Energiereserven angelegt und benutzt.

Es gibt nun eine Gruppe von Verbindungen, deren Funktion es ist, die chemischen Vorgänge in den einzelnen Gefäßen geordnet ablaufen zu lassen. Es sind dies relativ große Moleküle; sie setzen sich aus organischen Säuren zusammen, die man als Aminosäuren bezeichnet (Abbildung 4). Die Aminosäuren sind kettenartig miteinander verbunden. Man bezeichnet derartige Aminosäuren-Ketten als Eiweiße oder Proteine. Solche Proteine werden im Organismus an ganz verschiedenen Stellen benötigt. Ihre Spezifizität, das heißt die Eignung für eine bestimmte Funktion, erhalten sie durch die Reihenfolge der in ihnen

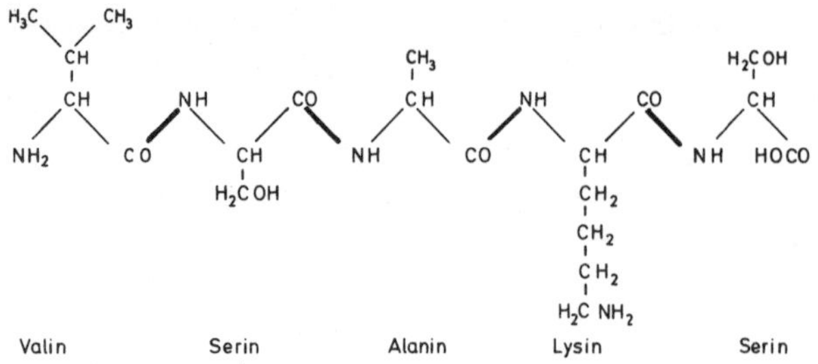

H_3C CH_3
CH
CH NH CO CH_3 CH NH CO $H_2C\,OH$ CH
NH_2 CO CH NH CO CH NH HOCO
$H_2C\,OH$ CH_2
CH_2
CH_2
$H_2C\,NH_2$

Valin   Serin   Alanin   Lysin   Serin

Abbildung 4
Verkettung von Aminosäuren zu einem Eiweißmolekül (Protein).
Typisch ist die Verbindung zwischen der NH_2-(Amino-) und COOH-
(Carboxyl-)Gruppe.

enthaltenen Aminosäuren. Viele Proteine haben eine Katalysa-
torfunktion für die in der Zelle ablaufenden chemischen Vorgänge. Der Biochemiker bezeichnet sie als *Enzyme.* Die Beschaffenheit dieser Enzyme ist also für den Ablauf chemischer
Vorgänge im lebenden Organismus wichtig. Als bekannt wurde,
daß veränderte Erbanlagen zu Abweichungen im Verlauf chemischer Reaktionen führen können, war es daher nicht erstaunlich,
daß sich die Aufmerksamkeit nachdenklicher Forscher auf die
Enzyme richtete. *Verursachten Erbänderungen veränderte Enzymwirkungen?* Diese Frage stellten sich viele – auch Garrod.

Die definitive Antwort ließ jedoch Jahrzehnte auf sich
warten. Wie so oft in der Wissenschaft war diese Verzögerung
darin begründet, daß zunächst nicht die geeignete Forschungsmethode zur Verfügung stand.

Die Genetiker hatten sich bis dahin im wesentlichen mit relativ
komplizierten Organismen befaßt, mit der Taufliege Drosophila,
der Maus oder Getreidearten wie Weizen und Mais. Bei diesen
Organismen gibt es Varianten, die erblich sind und auf spezifische
Veränderungen des genetischen Materials zurückgehen. Man
bezeichnet derartige erbliche Veränderungen als *Mutationen.* Die
Mutationen, die untersucht wurden, betrafen meist Gestaltmerkmale, die während der Embryonalperiode auf ziemlich komplizierte Weise entstehen. So gibt es zum Beispiel eine Drosophila-
Mutante, bei welcher der Brustkorb verdoppelt ist. Eine biochemische Analyse derartig komplizierter Vorgänge und der an ihnen
beteiligten Enzyme war bei dem damaligen Stand der Untersuchungsmethoden von vornherein zum Scheitern verurteilt. Selbst
heute sind die beteiligten Mechanismen noch weitgehend unbe-

190

kannt. Es mußte erst jemand kommen, diese Schwierigkeit klar zu erkennen und durch einen geeigneten Versuchsansatz zu überwinden.

Die beiden Forscher, denen dieser Schritt gelang, waren der Genetiker George Beadle und der Biochemiker Edward Lawrie Tatum. Wie bei der Aufklärung der genetischen Grundlage der Alkaptonurie der Arzt Garrod mit dem Biochemiker Bateson zusammengearbeitet hatte, so waren es auch hier wieder die Vertreter zweier verschiedener Fachrichtungen, aus deren Zusammenarbeit die Lösung des Problems hervorging. In einer klassischen Arbeit, die im Jahre 1941 veröffentlicht wurde, beschrieben Beadle und Tatum ihren Ansatz wie folgt[6]:

»Vom Standpunkt der physiologischen Genetik aus besteht die Entwicklung und Funktion eines Organismus im wesentlichen aus einem integrierten System chemischer Reaktionen, die irgendwie durch Gene kontrolliert werden. Die Annahme ist ganz und gar gerechtfertigt, daß diese Gene ... spezifische Reaktionen in diesem System kontrollieren oder regulieren, entweder indem sie direkt als Enzyme wirken oder indem sie die Spezifität von Enzymen regulieren. Da die Komponenten eines solchen Systems wahrscheinlich in sehr komplexer Weise in Wechselwirkung zueinander stehen ... ist zu erwarten, daß es verschiedene Stufen der Direktheit der Kontrolle durch ein Gen gibt, die von einer einfachen 1 : 1-Beziehung zu Beziehungen von großer Kompliziertheit reichen. Bei der Untersuchung der Genfunktion geht der physiologische Genetiker meist so vor, daß er die physiologische und genetische Basis bereits bekannter erblicher Merkmale untersucht. Dieser Ansatz ... führte zu der Erkenntnis, daß viele biochemische Reaktionen tatsächlich ... durch spezifische Gene kontrolliert werden ... Jedoch hat dieser Ansatz eine Reihe von Nachteilen. Eine ... Schwierigkeit ist, daß der übliche Ansatz ... den Gebrauch von sichtbaren Merkmalen bedingt. Viele von ihnen betreffen morphologische Variationen, und diese beruhen ... auf so komplizierten biochemischen Reaktionssystemen, daß eine Analyse schwierig wird.

Derartige Betrachtungen führen uns dazu, das allgemeine Problem der genetischen Kontrolle von Entwicklungs- und Stoffwechselvorgängen zu untersuchen, indem wir den üblichen Ansatz umkehren und anstatt des Versuches, die chemische Grundlage bekannter Merkmale herauszuarbeiten, daran gingen zu prüfen, ob und wie Gene bekannte chemische Reaktionen kontrollieren. Der Ascomycet Neurospora« (der Pilz des Brotschimmels) »bietet für einen derartigen Ansatz viele Vorteile und ist für genetische Untersuchungen gut geeignet ... Der Grundgedanke ist, daß Behandlung mit Röntgenstrahlen Mutationen von Genen auslösen wird, deren Funktion die Kontrolle bekannter spezifischer Reaktionen ist. Wenn der Organismus, um auf einem bestimmten Medium« (das heißt auf einer Futtergrundlage definierter Zusammensetzung) »zu überleben, imstande sein muß, eine bestimmte chemische Reaktion zu vollbringen, dann wird eine Mutante, die dazu nicht fähig ist, auf diesem Medium letal sein« (also absterben). »Eine solche Mutante kann jedoch am Leben erhalten und studiert werden, wenn man sie auf einem Medium wachsen läßt, zu dem das lebenswichtige Produkt der genetisch-blockierten Reaktion hinzugegeben wird« (Abb. 5).

Beadle und Tatum ließen ihre Schimmelpilze nun unter zwei verschiedenen Bedingungen wachsen: in einem vollständigen Medium, das alle wesentlichen Wuchsstoffe wie Vitamine, Aminosäuren und Energielieferanten enthielt und in dem alle Mutanten sich vermehrten; und in einem Minimalmedium, das außer Energielieferanten nur das Vitamin Biotin enthielt und in dem

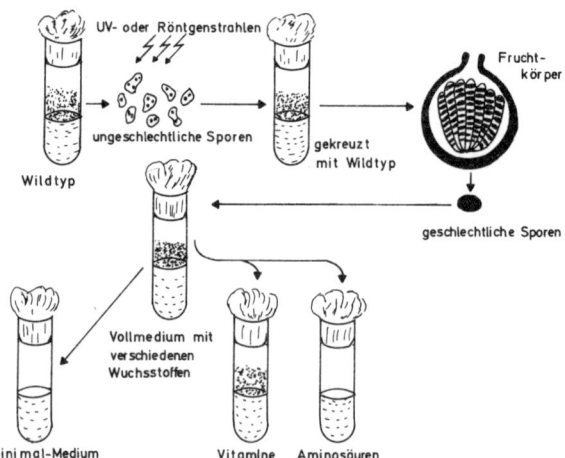

Abbildung 5
Nachweis einer Mutation bei Neurospora, dem Erreger des Brotschimmels. Mit Hilfe von Röntgen- oder UV-Strahlen werden Mutationen erzeugt, die sich bei Wachstum des Pilzes in einem Vollmedium, das alle Wuchsstoffe enthält, nicht bemerkbar machen. Das ausbleibende Wachstum in einem Minimalmedium weist jedoch auf Mutationen hin. In diesem Fall ist durch die Mutation die Fähigkeit zur Synthese eines Vitamins verlorengegangen, da die Zugabe von Vitaminen, nicht jedoch die Zugabe von Aminosäuren den Pilz wachsen läßt (nach Sinnott et al., aus Vogel und Motulsky 1979).

sich nur die intakten Pilzsporen entwickeln können, die also keine Mutation erfahren haben. Die Normal- oder Wildform von Neurospora ist in der Lage, alle für das Leben benötigten komplizierten Stoffe aus einfachen Bausteinen aufzubauen, während eine Mutante den einen oder anderen Grundstoff zum Wachstum benötigt, weil sie die Fähigkeit zu einer bestimmten Syntheseleistung verloren hat.

In ihren ersten Versuchen fanden Beadle und Tatum neben anderen, ähnlichen eine Mutante, die auf dem Minimalmedium nicht wuchs, deren Wachstumspotenz jedoch voll wiederhergestellt wurde, wenn man Vitamin B 6 (Pyridoxin) zusetzte. Züchtungsversuche mit dieser Mutante zeigten, daß nur eine einzige Erbanlage verändert worden war; sie unterbrach offenbar die enzymatisch gesteuerte Reaktionskette zum folgenden Produkt, Vitamin B 6, an einer spezifischen Stelle.

Aufgrund dieser und ähnlicher Beobachtungen stellten Beadle und Tatum die »Ein-Gen-ein-Enzym-Hypothese« auf: Gene bestimmen die Spezifizität von Enzymen; Veränderungen in Enzymwirkungen führen zu den Veränderungen im Erscheinungsbild, deren genetische Analyse uns die Mendelschen Erbgänge erkennen läßt. Diese »Ein-Gen-ein-Enzym-Hypothese« erwies sich als heuristisch außerordentlich fruchtbar. An Neurospora wie an Bakterien wurden zahlreiche »Enzymdefekte« mittels der von Beadle und Tatum eingeführten Methodik analysiert, und es wurden teilweise sehr komplexe Zusammenhänge zwischen Genmutation und Enzymwirkung aufgeklärt. Insbesondere gelang es, die genetischen Regulationsmechanismen zu erforschen, die das An- und Abschalten von Genen in Abhängigkeit von den Lebensbedingungen des Organismus kontrollieren.

Seit Beginn der fünfziger Jahre wurden ganz entsprechend der Voraussage Garrods auch beim Menschen zunehmend Enzymdefekte bekannt, die zu erblichen Stoffwechselerkrankungen führen[7]. Viele von ihnen führen zu Störungen von Wachstum und Funktion des Gehirns und damit zu geistig-seelischen Anomalien. Beispiele, die für unser Verständnis von Störungen im Befinden und Verhalten des Menschen aufschlußreich wurden, sollen später besprochen werden.

Mit der Erkenntnis, daß Genmutationen sich sehr oft als Ausfall einzelner Enzyme oder als Veränderungen von Enzymfunktionen auswirken, wurde die genetische Analyse einen Schritt näher an die Gene und ihre primäre Wirkung herangeführt. Die Frage, was die Gene, chemisch gesehen, eigentlich sind und wie sie die spezifische Information zur Ausbildung bestimmter Merkmale, beispielsweise der Enzyme, in die Zelle übertragen und dort zur Auswirkung bringen, diese Frage blieb weiterhin unbeantwortet. In den dreißiger und vierziger Jahren war wohl die Mehrzahl der Genetiker der Ansicht, die Gene bestünden im wesentlichen aus besonderen Eiweißen; denn nur Eiweißmoleküle seien so variabel in ihrem Aufbau, daß die gesamte Vielfalt der so verschiedenartigen Genwirkungen durch sie verursacht sein könnte. Diese Meinung schien dadurch Unterstützung zu finden, daß die Chromosomen tatsächlich zum Teil aus Eiweiß bestanden. Allerdings enthielten die Chromosomen daneben noch eine ganz andere Gruppe von Verbindungen. Sie kamen sogar ganz vorwiegend im Zellkern vor und wurden deshalb Nukleinsäuren genannt (nucleus = Kern). Jedoch waren sie so relativ monoton aufgebaut, daß eine wesentliche Bedeutung für die Speicherung von »genetischer Information« unwahrscheinlich erschien.

Diese Auffassung wurde im Jahr 1944 durch Oswald Theodore Avery widerlegt[8]. Avery arbeitete im Rockefeller-Institut in New York, und zwar in einer Abteilung, die zu Beginn des Jahrhunderts gegründet worden war mit dem speziellen Ziel, die Lungenentzündung zu bekämpfen. Diese Krankheit wurde damals meist durch ein Bakterium verursacht, das man als Pneumokokkus bezeichnete. Sie war viel schwerer zu behandeln als heute und endete oft tödlich; denn man kannte noch keine Antibiotika.

Avery befaßte sich viele Jahre lang unter verschiedenen Gesichtspunkten mit diesen Pneumokokken. In den vierziger Jahren überprüfte er einen Befund, der an sich schon seit langem bekannt war: Pneumokokken besitzen normalerweise eine Kapsel, an die ihre Virulenz, also ihre Fähigkeit, Lungenentzündung hervorzurufen, gebunden ist (S-Form). Die Fähigkeit, Kapseln zu bilden, kann jedoch durch Erbänderung (Mutationen) verlorengehen (R-Form).

Im Jahre 1926 hatte Griffith Mäusen gleichzeitig lebende (harmlose) R-Zellen und hitzegetötete (dadurch harmlos gemachte) S-Zellen injiziert. Die Mäuse starben an Infektionen, die von lebenden S-Zellen verursacht worden waren. Wenigstens einige der harmlosen R-Zellen hatten offenbar diese erbliche Eigenschaft von den S-Zellen übernommen; sie waren »transformiert« worden. Avery wiederholte diesen Versuch im Reagenzglas und stellte das transformierende Prinzip in gereinigter Form dar. Er fand heraus, daß es die Desoxyribonukleinsäure (DNA) war, also eine Nukleinsäure, kein Eiweiß (Abbildung 6). Es war diese Entdeckung, die die moderne Molekularbiologie begründete. Avery war sie am Ende seines Forscherlebens, kurz vor der Pensionierung, vergönnt. Er bildet damit eine Ausnahme von der Regel, daß in den Naturwissenschaften die meisten großen Entdeckungen von relativ jungen Forschern gemacht werden.

Wie das bei neuen und unerwarteten Entdeckungen oft geht, dauert es auch hier mehrere Jahre, bis die Erkenntnis Gemeingut unter den Genetikern wurde, daß das Geheimnis der Gene im Aufbau des DNA-Moleküls zu suchen sei. Zuvor mußte das Problem klarer formuliert werden: Wie kann spezifische Information übertragen und realisiert werden?

Der Durchbruch in das Zeitalter der modernen Molekularbiologie kam, als in den Jahren 1952/53 James Dewy Watson und Francis Harry Crick in Cambridge den Aufbau des DNA-Moleküls aufklärten[9]. Die Geschichte dieser Entwicklung hat Watson selbst in seinem Buch »Die Doppelhelix« geschildert[10]. Dieses Buch gibt ein außerordentlich fesselndes Bild, wie diese umstürzende Entdeckung zustande gekommen ist; was die Motive waren, die die Hauptbeteiligten bewegten; wie eine sich an der Schwierigkeit des Problems steigernde intellcktuclle Neugier in immer erneuten Versuchen schließlich zum Erfolg führte. Glücklicherweise ist Watson ehrlich: Er verschweigt auch nicht die weniger »edlen« Motive wie Ehrgeiz, den Wunsch, den Nobelpreis zu gewinnen, die Angst vor einem möglicherweise erfolgreichen Konkurrenten und die Eifersüchteleien unter den beteiligten Forschern selbst. Es gehört auch dazu, daß das Buch das wissenschaftliche Geschehen aus der Erinnerung *eines* Beteiligten darstellt. Wie man später hörte, sollen die anderen Beteiligten mit dieser Darstellung keineswegs völlig einverstanden gewesen sein.

Die von Watson und Crick aufgeklärte Struktur der DNA ist – auch in populären Schriften – so oft dargestellt worden, daß man sich auf das Wichtigste beschränken kann (Abbildung 6). Die Frage ging dahin, welche Eigenschaften eine Struktur besitzen müsse, damit sie als Träger von Erbanlagen in Betracht komme. Es ergaben sich drei Antworten:

Sie muß erstens in der Lage sein, sich unter Wahrung ihrer Spezifizität zu vermehren.

Diese erste Eigenschaft wird begrenzt durch die zweite: Von Zeit zu Zeit kommen auch Änderungen einzelner Erbanlagen, sogenannte Mutationen, vor. Die Struktur der Erbsubstanz muß diese Mutationen zulassen. Diese Struktur muß drittens Informationen enthalten und auch weitergeben können; denn die Erb-

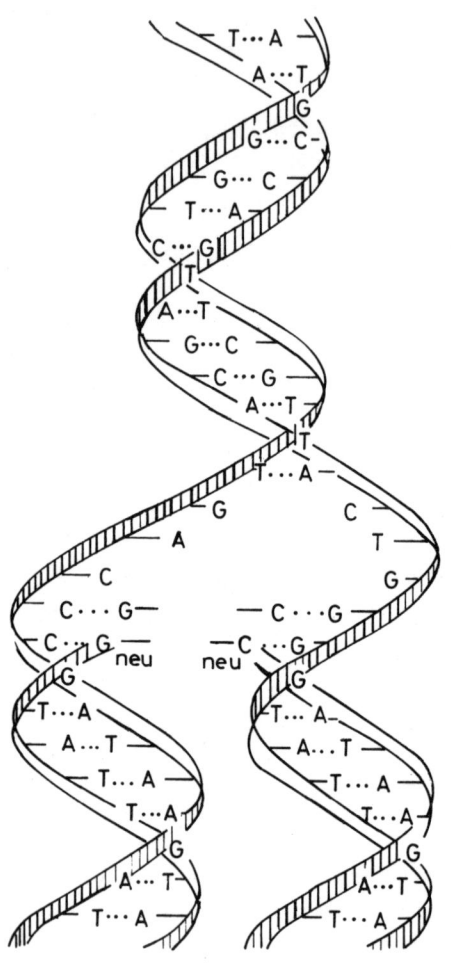

Abbildung 6
Aufbau und Verdoppelung der DNA: Die »Holme« der Wendeltreppe werden durch Zucker- (Desoxyribose) und Phosphatmoleküle gebildet, die »Sprossen« durch Basenpaare (A = Adenin; T = Thymin, G = Guanin, C = Cytosin). Zur Verdoppelung der DNA werden die jeweils komplementären Basen ergänzt und zwei Ausführungen einer DNA-Doppelhelix aufgebaut.

196

anlagen bestimmen ja den Phänotyp des Organismus. Die DNA-Struktur erfüllt in der Tat alle drei Voraussetzungen[11]:

1. Sie besteht aus zwei parallel zueinander verlaufenden Strängen. Diese Stränge sind relativ locker – durch Wasserstoffbrücken – miteinander verbunden. Diese Bindung kann vorübergehend leicht gelöst werden. Die beiden Stränge sind komplementär zueinander aufgebaut: Wo der eine die Purinbase Adenin enthält, hat der andere die Pyrimidinbase Thymin. Der Purinbase Guanin steht immer die Pyrimidinbase Cytosin gegenüber. Daraus ergibt sich ein sehr eleganter Mechanismus für die Selbstverdoppelung: An den Wasserstoffbrücken müssen sich die beiden Stränge voneinander trennen. Dann sind auf beiden Seiten die Basen frei, DNA-Bruchstücke anzubauen, wenn sie die richtige komplementäre Base enthalten. Auf diese Weise entstehen aus einer DNA-Doppelspirale zwei gleiche. Es ist inzwischen bewiesen, daß die DNA-Verdoppelung, die ja jeder Teilung der Chromosomen und der Zellen vorausgehen muß, in der Tat auf diese Weise erfolgt.

2. Diese DNA-Verdoppelung verläuft normalerweise mit einer erstaunlichen Genauigkeit. Darüber hinaus besitzt die Zelle spezielle Mechanismen, mit deren Hilfe eventuell doch einmal auftretende Fehler repariert werden können. Trotzdem kommt es von Zeit zu Zeit vor, daß einmal eine falsche Base eingebaut wird und dieser Fehler durch das Reparatursystem durchschlüpft. Dies ist dann eine Mutation. Wie wir heute wissen, geht die große Mehrzahl aller Mutationen in der Tat auf den Einbau einer falschen Base zurück. Seltener sind Mutationen etwa durch den Verlust einzelner oder mehrerer Basen.

3. Die wichtigste Eigenschaft des genetischen Materials ist seine Fähigkeit, spezifische Informationen zu speichern und abzugeben. Informationsspeicherung setzt Variabilität innerhalb der speichernden Struktur voraus. Eine völlig monotone Struktur kann keine Information enthalten. Monoton ist im Aufbau der DNA der Wechsel zwischen Zucker (Desoxyribose) und Phosphat in den beiden Längsketten. Relativ monoton ist auch die Zusammensetzung aus nur vier verschiedenen Basen. Freiheit besteht dagegen in der Reihenfolge dieser Basenpaare, und dies ist die einzige Freiheit, die das DNA-Molekül zuläßt. Daher war es von Anfang an klar, daß die genetische Information irgendwie in der Reihenfolge der Basen innerhalb des DNA-Moleküls kodiert sein müßte.

Mehr noch: Das Problem konnte bald noch wesentlich spezifischer formuliert werden. Die wichtigsten Genprodukte, die Enzyme, bestehen, wie man längst wußte, im wesentlichen aus Eiweiß. Daneben haben Eiweiße aber noch viele andere wesentliche Funktionen im Organismus; so bilden sie wichtige Strukturbestandteile der Zellen. Sie dienen zum Transport notwendiger Moleküle im Blut, sie sind wichtig für die Verbindung der Zellen untereinander. So war es vernünftig, anzunehmen, die Aufgabe des genetischen Materials bestehe zunächst darin, die Synthese von Eiweißkörpern zu kontrollieren. Alle anderen Bestandteile des Körpers würden dann sekundär mit Hilfe dieser Eiweiße gebildet.

Eiweiße setzen sich aber aus Aminosäuren zusammen. Ihre spezifischen Eigenschaften lassen sich auf die Reihenfolge der in ihnen enthaltenen Aminosäuren zurückführen. Die Zahl der in Eiweißkörpern vorhandenen Aminosäuren ist jedoch gut bekannt: Es sind zwanzig. So reduziert sich das Problem der Kodierung genetischer Information auf die Frage: Wie kann man einen Kode entwickeln, in dem Folgen von vier verschiedenen Elementen – den DNA-Basen – die Information für den Einbau von zwanzig verschiedenen Aminosäuren enthalten? Wie sich sofort herausstellte, geht das nicht, wenn nur zwei Basen die Information für eine Aminosäure enthalten, denn die vier Basen lassen sich nur auf sechzehn verschiedene Arten zu Zweiergruppen ordnen:

AA AT AG AC
GA GT GG GC
TA TT TG TC
CA CT CG CC

Es sind also nicht alle Aminosäuren unterzubringen. Enthalten jedoch drei Basen die Information für eine Aminosäure, so gibt es schon vierundsechzig verschiedene mögliche Kombinationen. Darin sind die zwanzig Aminosäuren leicht unterzubringen, und außerdem sind noch Reserven vorhanden, zum Beispiel für Sequenzen, die etwa anzeigen, daß die Aminosäurenkette beendet werden soll.

Wie sich herausstellte, ist die Natur diesen logisch einfachsten Weg in der Tat gegangen: Der »genetische Kode« ist ein Dreierkode. Es ist jetzt genau bekannt, welche Aminosäuren durch welche Dreiergruppen von Basen (Tripletts) determiniert werden und welche Tripletts den Abbruch der Aminosäurenkette signalisieren. Die meisten Aminosäuren können durch zwei bis sechs verschiedene Tripletts kodiert werden; so hat jedes der vierundsechzig möglichen Tripletts seine bestimmte Bedeutung.

Ein weiteres Problem ist es, *wie* im einzelnen die Informationsablesung und Übertragung von Chromosomen vonstatten geht. Auch diese Vorgänge wurden in den letzten Jahrzehnten genau analysiert: Die Informationsübertragung erfolgt in mehreren Schritten (Abbildung 7). Zunächst öffnet sich die DNA-Doppelhelix durch Auflösung der Wasserstoffbrücken. Dann baut sich an den kodierenden DNA-Strang, also dem einen der beiden komplementären Stränge, ein neuer Nukleinsäurestrang an, ganz ähnlich wie bei der DNA-Verdoppelung. Nur enthält diese Nukleinsäure als Zucker nicht Desoxyribose, sondern Ribose und anstelle der Base Thymin die sehr ähnliche Base Uracil. Man nennt sie deshalb Ribonukleinsäure, abgekürzt RNA. Diese RNA löst sich nun von der DNA, verläßt den Zellkern und verbindet sich mit bestimmten Partikeln im Zytoplasma, den Ribosomen. Man spricht deshalb von Boten- (englisch: »Messenger«-)RNA oder mRNA. Auf dem Wege von der DNA zu den Ribosomen wird das mRNA-Molekül in verschiedener Weise umgeformt und für seine Funktion »zugerichtet«.

Tritt am genetischen Material eine Erbänderung ein, so wird eine »falsche« Base vorhanden sein. Der genetische Code wird falsch abgelesen, und in das resultierende Eiweiß wird an einer bestimmten Stelle eine falsche Aminosäure eingebaut. Das führt – je nach der Art und dem Ort des Einbaus – zu einer mehr oder weniger starken Veränderung in der Funktiontüchtigkeit dieses Eiweißkörpers. In aller Regel wird die Funktion mehr oder weniger stark leiden; gelegentlich mag es auch einmal zu einer Verbesserung kommen. Der Ausfall oder die Beeinträchtigung der Enzymfunktionen, wie sie von Beadle und Tatum und ihren vielen Nachfolgern analysiert wurden, läßt sich auf derartige Veränderungen am Enzymeiweiß zurückführen. Nicht selten ist damit auch eine mengenmäßige Verminderung oder ein Ausfall der Synthese des Enzyms verbunden.

Mit der Entzifferung des genetischen Kodes hat das von Mendel begründete Paradigma seine hohe Erklärungskraft besonders deutlich gezeigt: Die Erbträger, die er im Gesetz von der Reinheit der Gameten theoretisch gefordert hatte und deren Verteilung bei der Keimzellenbildung und der Übertragung auf zukünftige Generationen er mit den Methoden der Statistik untersuchte, sind jetzt als DNA-Sequenzen mit bestimmter Basenzusammensetzung identifiziert.

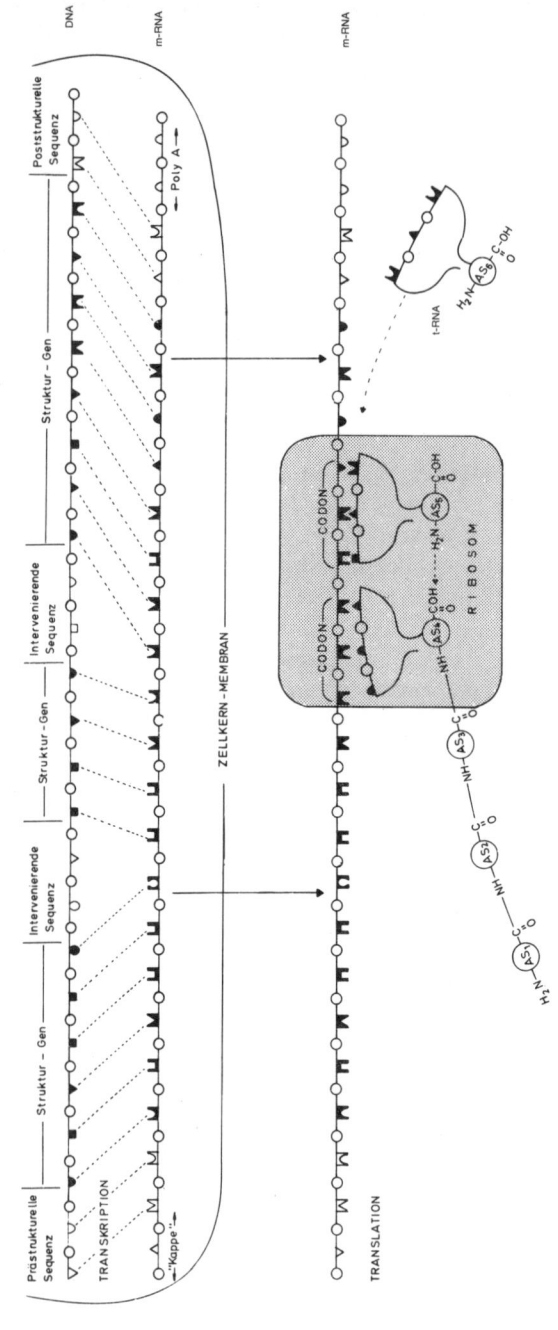

Der prinzipielle Aufbau der Erbanlagen ist (mit Ausnahme einiger Viren) bei allen Lebewesen gleich, und auch der genetische Kode stimmt bei ihnen allen überein. Unterschiede gibt es jedoch in der Art und Weise, wie diese Erbanlagen im einzelnen organisiert und angeordnet sind. Bei Kolibakterien zum Beispiel besteht das genetische Material aus einem einzigen ringförmigen DNA-Molekül, auf dem die Gene wie die Perlen auf einer Kette nebeneinander liegen. Jedoch ist keineswegs der gesamte Raum auf dieser Kette von Genen ausgefüllt, die in der oben beschriebenen Weise Eiweiße kodieren; sondern es gibt in großer Zahl Zwischenräume. Sie enthalten im wesentlichen Kontroll- und Regulatorgene verschiedener Art, durch die das An- und Abschalten der »Strukturgene« in Abhängigkeit von den Außenbedingungen, insbesondere der Nahrungszufuhr, reguliert wird.

Bei höheren Organismen, einschließlich des Menschen, ist das genetische Material komplizierter aufgebaut. Die Forschung ist hier noch in vollem Gange, so daß ein endgültiges Bild noch nicht gezeichnet werden kann. So viel steht jedoch fest: Nur ein geringer Prozentsatz der in den Chromosomen enthaltenen DNA besteht aus »Strukturgenen«, die in der oben beschriebenen Weise die Information für bestimmte Eiweißkörper enthalten.

Abbildung 7
Die DNA-Kette – hier als Einzelstrang skizziert – ist durch eine bestimmte Sequenz von Basen (hier durch vier verschiedene Symbole dargestellt) charakterisiert. Am Anfang und am Ende einer DNA-Kette stehen prä- bzw. poststrukturelle Basenfolgen. Die die eigentliche genetische Information enthaltende Basensequenz – das Strukturgen (durch schwarze Symbole gekennzeichnet) – ist durch sogenannte intervenierende Basenfolgen unterbrochen. Die m-(messenger-)RNA übernimmt die genetische Information ohne die intervenierenden Sequenzen in der Form einer zur DNA komplementären Basenfolge und trägt diese Information aus dem Zellkern in das Zytoplasma. Das Herausschneiden der intervenierenden Sequenzen geschieht schrittweise; es ist hier zur Vereinfachung in einem Schritt dargestellt. Außerdem wird durch Anhängen einer »Kappen«-Sequenz am Anfang und einer abschließenden Basensequenz (zahlreiche Adeninmoleküle) die m-RNA noch modifiziert. Im Zytoplasma wird die m-RNA an ein Ribosom gebunden; in diesem Zustand paart sich jeweils eine Dreier-Basensequenz (»Triplett«, Codon) einer dritten Nucleinsäure, der t-(transfer-)RNA, die mit einer Aminosäure »beladen« ist, mit einer entsprechenden komplementären Basensequenz (»Anticodon«) der m-RNA. Das Ribosom rückt jeweils um ein Basentriplett weiter; dies führt immer zum Anhängen einer weiteren Aminosäure an die Aminosäurenkette. Das Protein »wächst«!

Vor und hinter diesen Strukturgenen gibt es lange DNA-Sequenzen, die nicht in Eiweiße umgeschrieben werden und deren Funktion unbekannt ist. Ja, seit kurzer Zeit weiß man, daß derartige Sequenzen sogar innerhalb der Strukturgene vorkommen. Diese »intervenierenden Sequenzen« werden – wie bestimmte DNA-Bereiche vor und hinter den Strukturgenen – zunächst in Messenger-RNA überschrieben. Die mRNA wird dann aber verkürzt und »zugerichtet«, wie das in Abbildung 7 gezeigt ist. Daneben enthalten menschliche Chromosomen Abschnitte, die aus vielfach identisch wiederholten kurzen DNA-Sequenzen bestehen und über deren Funktion noch spekuliert wird. Alle diese DNA-Sequenzen sind mit bestimmten Eiweißkörpern eine komplizierte Verbindung eingegangen. Diese komplizierte Struktur formt die Chromosomen.

1   Der Name wurde durch Wilhelm Waldeyer 1888 geprägt.
2   Garrod, A. E.: The incidence of alcaptonuria: A study in chemical individuality. Lancet II, 1616–1620 (1902).
3   Garrod, A. E.: Inborn errors of metabolism. London: Henry Frowde 1923. Reprint by Oxford University Press 1963.
    Für eine moderne Darstellung vgl.: Stanbury, J. B., Wyngaarden, J. B., Fredrickson, D. S. (Eds.): The metabolic basis of inherited disease. New York/Toronto/London: McGraw-Hill ⁴1978.
4   Griechisch καταλύω: ich löse auf, binde los.
5   Vgl. Löffler, G., et al.: Physiologische Chemie. Berlin/Heidelberg/New York: Springer ²1979.
6   Beadle, G. W., Tatum, E. L.: Genetic control of biochemical reactions in neurospora. Proc. Nat. Acad. Sci. USA 27, 499–506 (1941).
7   Zur Geschichte der biochemischen Genetik des Menschen vgl.: Vogel, F., Motulsky, A. G.: Human Genetics – Problems and Approaches. Berlin/Heidelberg/New York: Springer 1979, Sect. 4.2.
8   Avery, O. T., et al.: J. exp. Med. 79, 137 (1944).
9   Watson, J. D., Crick, F. H. C.: The structure of the DNA. Cold Spring Harbor Symposium Quant. Biol. 18, 123–132 (1953).
10 Watson, J. D.: The double helix. London: Weidenfeld & Nicolson 1968.
11 Vgl. Bresch, C., Hausmann, R.: Klassische und molekulare Genetik. Berlin/Heidelberg/New York: Springer ³1972.
12 Chambon, B.: Split genes. Sci. American 244, No. 5, 48–59 (1981).

10. Erbkrankheiten des Menschen, die durch Enzymdefekte verursacht werden

Wir betreten die Stoffwechselstation der Heidelberger Universitätskinderklinik. Der Oberarzt hat uns telephonisch benachrichtigt, man habe gerade ein Kind aufgenommen mit einer seltenen Erbkrankheit, die uns interessieren müsse. Man öffnet uns die Tür zu einem Krankensaal, in dem nur ein einziges Bett steht. Aus diesem Bett sieht uns das Gesicht eines ungefähr sechsjährigen Jungen an – erschreckt? geängstigt? Jedenfalls aus großer Ferne und wie aus einem Gefängnis heraus. »Guten Morgen, Thomas.« »G-guten Mo-morgen.« Die Schwester, die uns begleitet, ist gut mit ihm vertraut. Sie spricht ein paar Worte mit ihm und erklärt ihm dann, daß die neuen Doktoren ihn noch einmal untersuchen wollen. Sie deckt ihn auf, und nun sehen wir, daß der ganze kleine Körper von einer ständigen Unruhe beherrscht ist – so, als ob das Kind etwas juckt.

Aber die Haut ist offenbar in Ordnung. Es ist wohl eine von innen kommende Bewegungsunruhe. Die Arme unseres Patienten stecken in Filzmanschetten, die von der Schulter bis zu den Handgelenken reichen und ihn daran hindern, die Ellenbogen zu beugen. Außerdem sind die Handgelenke am Bettrand festgebunden. Unser Gefühl wehrt sich gegen diese »Quälerei«. Aber wir wissen: Würde man dem Jungen die Manschetten abnehmen und ihn die Arme frei bewegen lassen, würde er bald vor Schmerzen weinend wieder nach den Manschetten rufen. Denn nun fällt uns noch etwas auf: Die Kuppen von Daumen und Zeigefinger sind verformt und zeigen frisch verschorfte Wunden. Auch an der Ober- und Unterlippe sehen wir Narben, die über das Lippenrot hinausreichen, und auch einige frische Verletzungen. All diese Wunden hat sich der Junge selbst zugefügt; denn das schrecklichste Symptom dieser Krankheit ist der unüberwindliche Zwang, sich selber zu beschädigen, obwohl die Patienten den Schmerz voll empfinden. Würden wir die Manschetten lösen, so würden die Finger sofort zum Munde gehen, um an den Lippen zu zupfen. Die Zähne würden auf den Fingern herumbeißen – und bald wären neue, schmerzhafte Wunden entstanden.

Die amerikanischen Ärzte M. Lesch und W. L. Nyhan haben dieses Krankheitsbild erstmals im Jahre 1964 beschrieben. Vorher war es in dem großen Topf der ungeklärten Verhaltensanomalien verborgen. Es ist ja eine allgemeine Tendenz in der medizinischen Forschung, daß die Krankheitslehre und damit die Diagnostik sich immer mehr verfeinern. Daran haben vor allem neue Untersuchungsmethoden ihren Anteil. Insbesondere gilt das für genetisch bedingte Erkrankungen. Als allgemeine Faustregel gilt: Sobald jemand anfängt, sich mit einer, wie man bisher glaubte, einheitlichen Erbkrankheit etwas gründlicher zu befassen, muß er feststellen, daß er es in Wirklichkeit mit zwei oder sogar mehreren Krankheiten zu tun hat, die sich durch spezielle Untersuchungsverfahren voneinander unterscheiden lassen. Auch aus der Gruppe der ungeklärten Zustände von Verlangsamungen der geistigen Entwicklung und Verhaltensstörungen werden durch neue Untersuchungsmethoden immer noch spezielle Krankheiten entdeckt, und es sind sicher noch viele darin verborgen.

Noch vor nicht zu langer Zeit war das Herausarbeiten seltener Krankheiten aus einem solchen Sammeltopf in erster Linie von wissenschaftlichem Interesse. Es hatte wenig Konsequenzen für die Patienten selbst, war aber hilfreich für die genetische Familienberatung. Heute hat sich das geändert: Dadurch, daß man die Ursache einer Krankheit besser herausarbeitet, findet man oft auch den Weg zu einer spezifischen Therapie. Bei einer zunehmenden Zahl von erblichen Stoffwechseldefekten kann man die genetische Beratung dadurch verbessern, daß man den Enzymdefekt schon in der frühen Schwangerschaft an Zellen des Fruchtwassers diagnostiziert.

Wenn man den Inhalt des großen Topfes nicht weiter analysiert und etwa nach dem Vorkommen ähnlicher Erkrankungen bei den nahen Verwandten aller Kinder mit schwerem Entwicklungsrückstand und Verhaltensstörungen fahndet, so findet man zwar, daß derartige Störungen bei den Verwandten der Probanden häufiger sind als im Bevölkerungsdurchschnitt. Man kann auch für die einzelnen Verwandtschaftsgrade empirische Belastungsziffern berechnen, wie das in Kapitel 7 und 8 dargestellt wurde. Die gefundenen Zahlenverhältnisse stimmen aber nicht mit denen überein, die man erwarten müßte, wenn einer der von Mendel herausgearbeiteten Erbgänge vorliegen würde. Führt man jedoch zusätzliche Untersuchungen durch, die für einen kleinen Teil der Probanden einen bestimmten Enzymdefekt zeigen, und wiederholt man dann die Familienstudien nur bei den Probanden mit diesem Enzymdefekt, so findet man auch einen einfachen Erbgang.

Beides – ein einfacher Erbgang und ein Enzymdefekt – wurde auch bei dem Lesch-Nyhan-Syndrom nachgewiesen, unter dem der kleine Patient leidet. Der Erbgang ist in diesem Fall X-chromosomal rezessiv. Das Gen liegt auf dem X-Chromosom. Dieses Chromosom ist bei der Frau, wie auch alle anderen Chromosomen, in doppelter Ausfertigung vorhanden. Der Mann dagegen besitzt in allen seinen Zellen nur ein X-Chromosom; er hat außerdem noch ein kleines, sogenanntes Y-Chromosom (Abbildung 1). Dort ist eine Erbanlage lokalisiert, die bewirkt, daß sich die Keimzellenanlage des jungen Embryos zum Hoden entwickelt. Fehlt sie, so wird aus der Keimzellenanlage ein Eierstock. Das Geschlecht des Kindes hängt also davon ab, ob es ein Y-Chromosom besitzt oder nicht. Durch die Reifungsteilungen (Kapitel 9) erhält die eine Hälfte der männlichen Samenzellen das Y-, die andere Hälfte das X-Chromosom (Abbildung 3, Kapitel 9). Die Eizellen der Frau dagegen enthalten alle ein X-Chromosom; eines ihrer beiden X-Chromosomen ist in jeweils der Hälfte ihrer Eizellen vorhanden. Ob das zukünftige Kind ein Mädchen oder ein Junge wird, entscheidet also die Samenzelle des Vaters.

Das X-Chromosom enthält eine große Zahl von Erbanlagen, deren Mutation zu einer Erbkrankheit führen kann. Das Lesch-Nyhan-Syndrom ist ein Beispiel; ein anderes, wesentlich bekannteres ist die Bluterkrankheit. Für das Y-Chromosom dagegen sind keine derartigen Mutationen bekannt, die zu Erbkrankheiten führen. Es enthält insbesondere keine Erbanlagen, die den auf dem X-Chromosom gelegenen homolog wären. So wird sich eine rezessive Mutation, die ein auf dem X-Chromosom gelegenes Gen betrifft, bei männlichen Trägern dieser Mutation in jedem Fall als Erbkrankheit manifestieren, denn sie haben ja kein normales Gen zum Ausgleich. Bei einer Frau dagegen kann das gleiche rezessive Gen nur dann zu einer Erbkrankheit führen, wenn es in jedem der beiden X-Chromosomen in mutierter Form vorhanden ist, wenn die Frau also reinerbig für diese Mutation ist. Das kommt naturgemäß viel seltener vor; deshalb erkranken an X-chromosomal rezessiven Erbleiden in erster Linie Männer und nur ganz selten Frauen.

Viel häufiger kommt es vor, daß Frauen mischerbig (heterozygot) für eine X-chromosomale Mutation sind. Das muß zum Beispiel bei allen Töchtern von Kranken mit einem X-chromosomalen Erbleiden zutreffen; denn sie erhalten ja alle das eine diese Mutation tragende X-Chromosom. Heterozygote Frauen sind zwar selbst gesund; auch ihre Töchter können allenfalls heterozygot sein, wenn nicht gerade der Ehemann an dem gleichen Erbleiden erkrankt ist. Von den Söhnen aber hat jeder ein Risiko

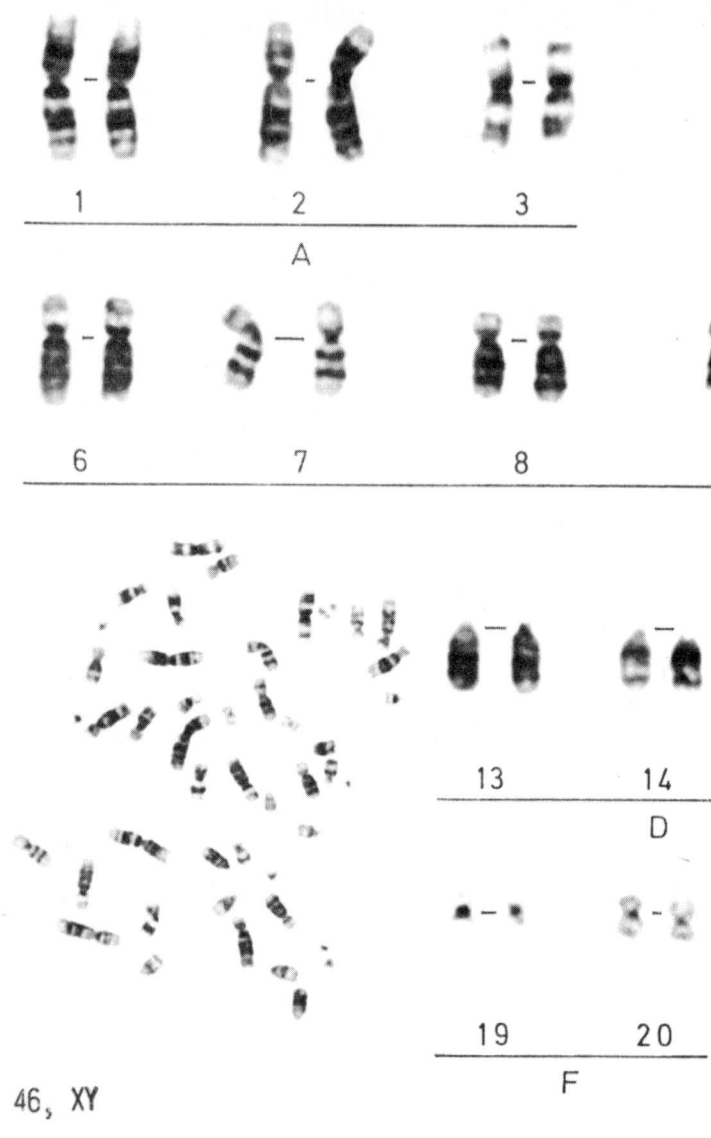

Abbildung 1
Chromosomensatz (Karyotyp) eines Mannes. Links unten sind die Chromosomen so gezeigt, wie man sie unter dem Mikroskop sieht. Im Hauptteil des Bildes sind sie aus dem Mikroskopphoto ausgeschnitten

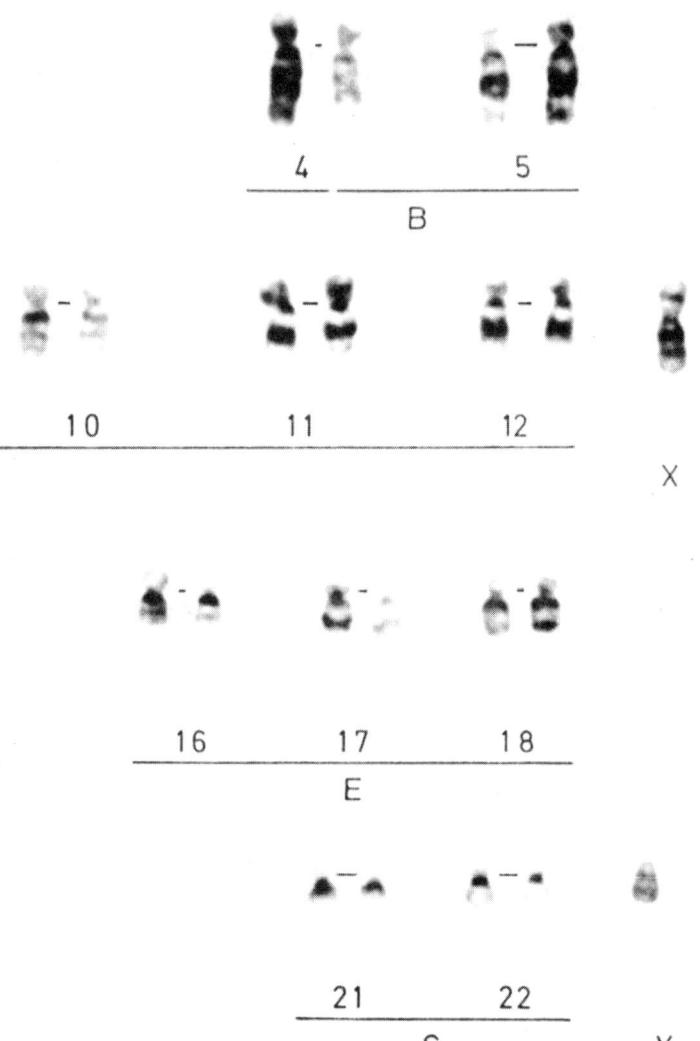

und sortiert, so daß jeweils die beiden »homologen« Chromosomen nebeneinander liegen. Aufgrund ihrer Giemsa-Bandenmuster sind alle Chromosomenpaare voneinander zu unterscheiden.

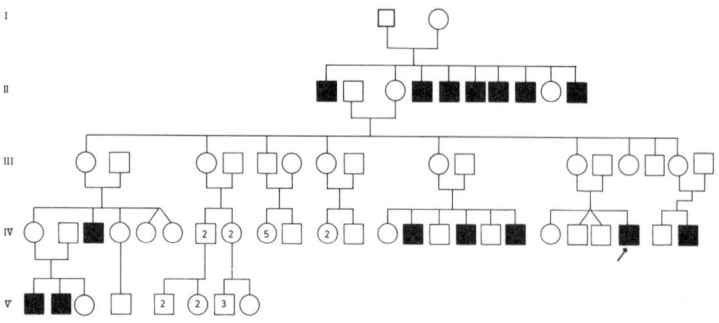

Abbildung 2
Stammbaum einer Familie mit Lesch-Nyhan-Syndrom. Das mutierte Gen liegt auf dem X-Chromosom und ist rezessiv. So erkranken nur männliche Familienangehörige; die Übertragung erfolgt über gesunde Frauen (nach Nyhan 1967; aus Vogel und Motulsky 1979).

von 50 Prozent, das mutierte Gen zu erhalten und deshalb krank zu werden. So entstehen die berühmten Stammbäume mit erkrankten Männern, die über gesunde weibliche Überträgerinnen miteinander verwandt sind. Ein solcher X-chromosomaler Erbgang liegt auch bei dem Lesch-Nyhan-Syndrom vor (Abbildung 2).

Auch der Enzymdefekt, der diese Krankheit verursacht, ist bekannt. Der Weg zu ihm wurde gewiesen durch eine klinisch-chemische Besonderheit dieser Patienten: Läßt man ihren Urin in einem Röhrchen eine Weile stehen, so setzt sich am Boden ein rötliches, wie Ziegelmehl aussehendes Pulver ab. Ein solches Sediment ist dem Arzt gut bekannt. Es besteht aus Harnsäure. Patienten mit Lesch-Nyhan-Syndrom haben also zuviel Harnsäure im Urin; genauso übrigens wie Patienten, die an der viel häufigeren Gicht leiden. Im Unterschied zur Gicht ist aber die Harnsäurevermehrung beim Lesch-Nyhan-Syndrom dadurch verursacht, daß den Patienten ein bestimmtes Enzym fehlt, das normalerweise einen Teil der Vorstufen der Harnsäure abfängt und in nützliche Verbindungen umwandelt. Dieses Enzym erhielt von den Biochemikern den Namen Hypoxanthin-Guanin-Phosphoribosyltransferase[1]. Aber selbst Biochemiker sprechen ein so langes Wort nicht gern aus, deshalb haben sie es in HPRT abgekürzt.

Wie die Bewegungsunruhe und wie vor allem der unwiderstehliche Drang, sich selbst zu beschädigen, mit diesem Enzymdefekt in Zusammenhang steht, das ist im einzelnen noch unbekannt. Übt die im Übermaß vorhandene Harnsäure einen

Reiz auf die Nervenzellen aus? Besteht ein Mangel an anderen Stoffwechselprodukten? Alle diese Fragen harren noch der Beantwortung. Hat man aber die hier zugrundeliegenden Mechanismen verstanden, dann werfen sie vielleicht auch ein Licht auf die Ursachen für häufige Verhaltensanomalien. Es wäre nicht das erstemal, daß seltene Erbkrankheiten helfen, auch Vorgänge im Bereich des »Normalen« und seiner Grenzgebiete besser zu verstehen.

Wir haben uns inzwischen mit unserem kleinen Patienten etwas unterhalten. Das ist nicht ganz leicht, denn es fällt ihm schwer zu artikulieren. Auch die Sprechmuskulatur ist von der ständigen Bewegungsunruhe befallen. Deshalb ist man leicht geneigt, die Patienten für dümmer zu halten, als sie es ursprünglich sind. Im Laufe der Jahre bleiben sie dann allerdings auch in ihrer geistigen Entwicklung mehr und mehr zurück.

Wie kann man den Patienten über den Schutz vor der Selbstbeschädigung hinaus helfen? Bisher gibt es keine ursächliche Therapie. Erleichterung ist auf verschiedenen Wegen möglich, und man kann in gewissen Grenzen auch die Stoffwechsellage günstig beeinflussen. Zu diesem Zweck wurde der kleine Patient für einige Wochen in das medizinische Zentrum von La Jolla in Südkalifornien geschickt. Dort existiert eine Forschungsgruppe, die sich speziell mit dem Lesch-Nyhan-Syndrom befaßt und auch in der Behandlung dieser seltenen Erkrankung die weitaus meisten Erfahrungen besitzt.

Die Mutter unseres Jungen ist heterozygot für die HPRT-Mutante. Jeder ihrer anderen Söhne hätte also ein Risiko von 50 Prozent, an der gleichen schweren Erbkrankheit zu leiden. Jede ihrer Töchter hätte das gleiche Risiko, heterozygote Überträgerin zu werden. Wenn die Familie sich ein weiteres Kind wünscht, so kann man der Frau eine Fruchtwasseruntersuchung anbieten: In der 16.–17. Schwangerschaftswoche werden der Gebärmutter einige Kubikzentimeter Fruchtwasser entnommen. Darin befinden sich Zellen aus der Mundhöhle, dem Enddarm oder der Haut des Kindes. Einige dieser Zellen leben noch und lassen sich auf einem geeigneten Nährmedium zum Wachsen bringen. An diesen Zellen kann man nach zwei bis drei Wochen untersuchen, ob der Embryo einen Enzymmangel hat oder nicht. Findet man den Enzymdefekt, so kann man die Schwangerschaft abbrechen und so der Geburt eines schwer geschädigten und schwer leidenden Kindes vorbeugen.

Wie wir sahen, sind unsere Möglichkeiten, ein Kind mit diesem Enzymdefekt zu behandeln, sehr begrenzt. Zum Glück trifft das nicht mehr für alle Enzymdefekte zu; bei einigen von ihnen wurden sogar sehr wirksame Behandlungsmethoden entwickelt[2]. Darunter sind solche, die unbehandelt zu erheblichen Entwicklungsstörungen bis zum schweren Schwachsinn führen. Bei einigen von ihnen kann man heute durch eine entsprechende Behandlung eine normale körperliche und geistige Entwicklung erreichen.

Im Jahre 1978 hat sich im Hörsaal der Heidelberger Universitätskinderklinik eine festliche Gesellschaft versammelt: Ärzte, Krankenschwestern, Studenten, Universitätsbedienstete, Gäste. Man feiert den sechzigsten Geburtstag des Klinikdirektors, Professor Horst Bickel. Es werden Gäste begrüßt, Ansprachen gehalten, man würdigt die Verdienste des Jubilars, wie das bei solchen Gelegenheiten üblich ist. Da öffnet sich eine Tür, und es kommt eine Gruppe von Kindern in den Hörsaal, alle offenbar gesund und fröhlich. In der einen Hand halten sie ein Papierfähnchen, in der anderen eine Rose. Mit wohlgesetzten Worten überreichen sie die Rose und stellen sich dann zu beiden Seiten des Rednerpults auf. Nun kann man erkennen, daß die Fähnchen eine Aufschrift tragen. Häufig sind es die Buchstaben PKU; auf anderen Fähnchen stehen längere Wörter. Der Jubilar ist sichtlich bewegt und mit ihm die ganze Festgesellschaft. Denn man weiß, daß alle diese Kinder einen erblichen Enzymdefekt haben; keines von ihnen könnte in Gesundheit ein einigermaßen normales Leben führen, hätte nicht Bickel vor fünfundzwanzig Jahren eine Behandlung erfunden, die vor den Folgen ihrer Erbkrankheit schützt. Sie wären entweder schon längst gestorben, oder sie würden in einer Anstalt dahinvegetieren, schwer schwachsinnig, nicht in der Lage, sich mit den primitivsten Lebensbedürfnissen selbst zu versorgen, und oft von epileptischen Anfällen geschüttelt.

Die Phenylketonurie (PKU) wurde im Jahre 1934 durch den norwegischen Arzt Asbjørn Følling bei schwer schwachsinnigen Geschwistern entdeckt, die einen merkwürdigen mäuseurinartigen Geruch ausströmten. Man fand in ihrem Urin eine Verbindung, die normalerweise dort nicht vorkommt: die Phenylbrenztraubensäure. Bald stellte sich heraus, daß die Patienten die Aminosäure Phenylalanin nicht auf dem normalen Wege in eine andere Aminosäure, Tyrosin, umwandeln können. Phenylalanin ist in allen Eiweißkörpern unserer Nahrung vorhanden. Es wird in kleinen Mengen zum Aufbau körpereigener Eiweiße benötigt; der

210

größte Teil wird jedoch zu Tyrosin weiterverarbeitet. Ist das nicht möglich, so steigt der Phenylalaninspiegel im Blut und in allen Geweben an, auch im Gehirn. Es bilden sich pathologische Stoffwechselprodukte wie die Phenylbrenztraubensäure. Das sich entwickelnde Gehirn wird chronisch vergiftet. Das Kind, das noch normal zur Welt kam, bleibt in seiner geistigen Entwicklung immer mehr zurück. Die Körpermuskulatur zeigt Neigung zum Verkrampfen, und oft entwickeln sich epileptische Anfälle. Schließlich sind die bedauernswerten Patienten schwer schwachsinnig; sie müssen ihr Leben in einem Heim verbringen.

Diese Krankheit ist rezessiv erblich. Im Gegensatz zu dem Gen für das Lesch-Nyhan-Syndrom ist das PKU-Gen nicht auf einem der Geschlechtschromosomen, sondern auf einem Autosom lokalisiert. Mädchen erkranken also genauso häufig wie Jungen, und das Gen wird unabhängig vom Geschlecht weitervererbt. In praktisch allen Familien, in denen dieses Gen herausspaltet, sind beide Eltern heterozygot und deshalb äußerlich gesund. Unter den Kindern dieser Eltern besteht ein Aufspaltungsverhältnis von drei Gesunden zu einem Kranken. Oder besser gesagt: Jedes Kind aus einer solchen Verbindung hat ein Risiko von $1/4$ oder 25 Prozent, homozygot zu werden und an PKU zu erkranken.

Wie bei anderen rezessiven Stoffwechselerkrankungen, so wurde auch bei der PKU ein Enzymdefekt nachgewiesen. Die

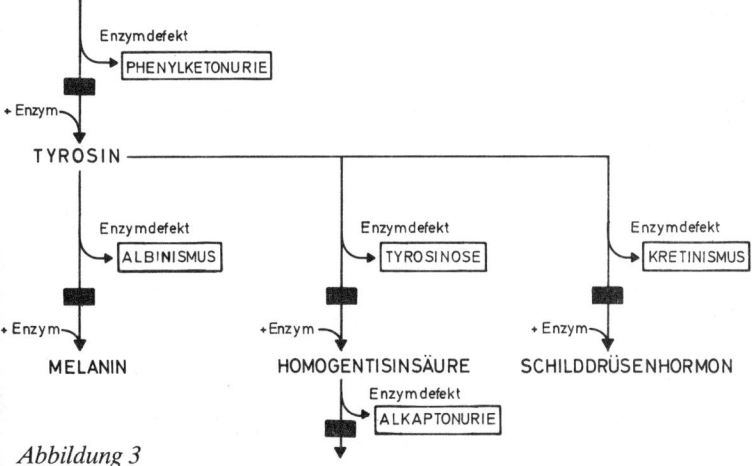

Abbildung 3
Um- und Abbau der Aminosäuren Phenylalanin und Tyrosin (stark vereinfachtes Schema). Es sind mehrere genetische Blocks eingetragen, die zu verschiedenen Erbkrankheiten führen, Einzelheiten siehe Text.

211

Aktivität des Enzyms Phenylalaninhydroxylase fehlt oder ist bis auf Spuren herabgesetzt. Dieses Enzym ist normalerweise in Leberzellen aktiv. Dort wird der größte Teil des Phenylalanins in Tyrosin umgesetzt (Abbildung 3).

Wie kann man diese Erkrankung wirksam behandeln? Die erste Möglichkeit, an die man denken wird, ist der Ersatz des mutierten Gens durch ein normales, funktionsfähiges. Eine solche Genmanipulation wird in der Tat diskutiert. Von der praktischen Verwirklichung beim Menschen ist man jedoch noch weit entfernt. Die zweite Möglichkeit wäre eine Zufuhr des fehlenden Enzyms von außen. Aber wie will man das Enzym in die Leberzellen bekommen? Außerdem werden Enzymmoleküle im Körper rasch abgebaut. Man müßte einen ständigen Zufluß gewährleisten. Dem stehen noch heute unüberwindliche Schwierigkeiten entgegen. Bickel kam im Jahre 1953 auf eine andere Idee[3]: Wenn der Enzymdefekt dazu führt, daß über den Bedarf hinaus zugeführtes Phenylalanin das Gehirn vergiftet oder zu giftigen Verbindungen umgebaut wird, warum kann man dann nicht dafür sorgen, daß nur gerade so viel Phenylalanin zugeführt wird, wie der Organismus zum Aufbau seiner Körpereiweiße braucht? Eine Diät muß entwickelt werden, die den Schaden für das kindliche Gehirn von vornherein vermeidet.

Das ist allerdings leichter gesagt als getan. Findet sich doch Phenylalanin in allen Nahrungseiweißen in beträchtlicher Menge. Und ein bestimtes Minimum an Eiweiß ist unentbehrlich, wenn man schwere Ernährungsfehler vermeiden will. Phenylalanin mußte also aus dem Eiweiß chemisch entfernt werden, bevor man es Kindern zu essen geben konnte. Eindrucksvoll beschreibt Bickel den Erfolg der Ernährung mit dem ersten von ihm hergestellten Präparat bei einem zweijährigen Mädchen. Nach Bickels lebhafter Beschreibung war dieses Mädchen »ein Idiot; sie konnte weder stehen noch gehen, noch sprechen. Sie zeigte weder an ihrer Nahrung noch an ihrer Umgebung Interesse und verbrachte ihre Zeit stöhnend, weinend und mit ihrem Kopf stoßend.« Für vier Wochen wurde überhaupt kein Phenylalanin zugeführt. In dieser Zeit verlor das Kind an Gewicht. Sonst traten im klinischen Bild keine Änderungen ein. Jedoch verschwand der charakteristische Geruch. Der Phenylalaninspiegel in Blut und Urin ging auf normale Werte zurück, und die Ausscheidung von Phenylbenztraubensäure nahm ab. Danach begann es dem Kind wieder schlechter zu gehen. Stoffwechseländerungen traten ein, wie man sie bei Eiweißmangelerscheinungen kennt. Man erkannte richtig, daß diese Veränderung auf den völligen Phenylalanin-

212

mangel zurückzuführen war, und fügte der Nahrung vorsichtig Phenylalanin in kleinen Mengen hinzu. Danach besserte sich der Zustand des Kindes, und innerhalb mehrerer Monate kam es auch zu einer langsamen Besserung des geistig-seelischen Zustands. Das Kind hörte auf, mit dem Kopf zu stoßen und dauernd zu weinen, und lernte zu kriechen.

Bei diesem Kind konnte man zwar eine Besserung, aber keine völlig normale Entwicklung erreichen. Dazu war die Schädigung des Gehirns bei Beginn der Behandlung schon zu weit fortgeschritten.

Schon bald wurde die günstige Wirkung der Diätbehandlung an vielen Kliniken in der Welt bestätigt. Die Behandlung hat eine desto bessere Wirkung, je früher sie einsetzt – am besten unmittelbar nach der Geburt – und je konsequenter sie durchgeführt wird.

Aber wie soll man die kranken Kinder schon in den ersten Tagen nach der Geburt erfassen? Denn nur zu diesem Zeitpunkt sind sie noch nicht geschädigt. Sie nehmen bis zur Geburt keine Nahrung auf, sondern werden über das Blut der Mutter ernährt, und die Leber der Mutter hat natürlich die Fähigkeit, Phenylalanin umzusetzen. Nach der ersten eigenen Nahrungsaufnahme steigt der Phenylalaninspiegel innerhalb von wenigen Tagen an, und kurz darauf beginnen Phenylalanin und seine abnormen Stoffwechselprodukte das Gehirn zu schädigen. Man hat also nicht viel Zeit.

Um trotzdem möglichst jedem Kind die Wohltaten der Diättherapie zugänglich zu machen, hat man in den Jahren nach Bickels Entdeckung Methoden entwickelt, wie man bereits wenige Tage nach der Geburt in einem Blutstropfen, der aus der Ferse des Babys entnommen wird, eine Vermehrung von Phenylalanin nachweisen und damit die Diagnose einer PKU stellen kann. In allen entwickelten Ländern ist diese Methode heute in Gebrauch. Die Häufigkeit der Phenylketonurie ist von Land zu Land etwas verschieden. In der Bundesrepublik Deutschland findet man diese Krankheit etwa bei jedem 10 000. Neugeborenen. Bis zum Herbst 1979 sind in der Welt etwa 34 Millionen Neugeborene getestet worden. Dabei wurden etwa 3000 Kinder mit PKU entdeckt und der Behandlung zugeführt[4]. Außer der Phenylketonurie hat man inzwischen gelernt, noch eine Reihe anderer Stoffwechselkrankheiten durch eine entsprechende Diät zu behandeln. Die Entdeckung Bickels ist damit zu einem therapeutischen Prinzip geworden.

Viele Menschen sind der Meinung, die Tatsache, daß eine Krankheit eine erbliche Grundlage habe, bedeute, daß man sie nicht oder doch nur schlecht behandeln könne; sie nehme einen »schicksalhaften Verlauf«. Gerade im Bereich der geistig-seelischen Erkrankungen findet man deshalb bei Laien, aber auch bei vielen Psychologen und Psychiatern einen gefühlsmäßigen Widerstand gegen die Erkenntnis, eine bestimmte Erkrankung sei ganz oder zu einem wesentlichen Teil genetisch bedingt. Wie die Befunde bei der Phenylketonurie und anderen behandelbaren Stoffwechselerkrankungen zeigen, trifft die These von dem schicksalhaften Verlauf und der schlechten Behandelbarkeit erblicher Erkrankungen nicht zu. Wie gut eine Krankheit behandelbar ist, das hängt davon ab, wie genau man die ihr zugrundeliegenden Mechanismen durchschaut und wie gut es gelingt, in diese Mechanismen einzugreifen. Es hat nichts damit zu tun, ob die Krankheitsursache außerhalb des Organismus – etwa bei einem Krankheitserreger – oder innerhalb des Organismus – bei einem Enzymdefekt – liegt.

An der Diätbehandlung der Phenylketonurie kann man kritisieren, sie richte sich nicht eigentlich auf die Krankheitsursache. Das mutierte Gen bleibe unbeeinflußt. Das ist zwar richtig. Aber auch sonst ist ärztliche Behandlung in der großen Mehrzahl der Fälle auf die Beseitigung der Symptome oder bestenfalls auf einen Zwischenschritt in der Kette der krankmachenden Ereignisse gerichtet. Trotzdem kann sie sehr wirksam sein.

Stoffwechselvorgänge im menschlichen Körper laufen in einer geordneten Reihenfolge ab: Ein bestimmter Stoffwechselschritt stellt eine chemische Verbindung bereit, die dann im nächsten Schritt weiterverarbeitet wird. So schließen sich die einzelnen Schritte der chemischen Bearbeitung zu *Kettenreaktionen* zusammen. Diese Kettenreaktionen werden durch Enzyme gesteuert, und die Enzyme wiederum sind genetisch determiniert. Betrachtet man also diese Reaktionsabläufe von den beteiligten Genwirkungen aus, so kann man sie als *Genwirkketten* bezeichnen. Auch die Umwandlung von Phenylalanin in Tyrosin durch das Enzym Phenylalaninhydroxylase ist in eine Genwirkkette eingebunden. In ihr gibt es noch mehrere Enzymdefekte, die genauer analysiert werden müssen (Abbildung 3).

Phenylalanin wird zu Tyrosin umgewandelt; Tyrosin ist außerdem in Nahrungseiweißen vorhanden, so daß selbst der Ausfall der Umwandlung aus Phenylalanin nicht zu einem ernsten Tyrosinmangel führt. Vom Tyrosin aus laufen in unserem Schema nicht weniger als drei Reaktionsketten weiter: Ein Teil des

Tyrosins wird umgewandelt in Melanin, das Pigment, das in unserer Haut, den Haaren, den Augen und an anderen Stellen für die charakteristische Färbung sorgt. Die schwarze Rasse zum Beispiel lagert in der Haut viel Melanin ab, die weiße Rasse viel weniger. Es gibt auch Menschen, die überhaupt kein Melanin bilden können. Bei ihnen entsteht ein genetischer Block zwischen Tyrosin und Melanin. Wir nennen sie *Albinos*. Bei ihnen sind Haut, Haare und Augen völlig frei von Melanin. Deshalb müssen sie ihre Augen mit dunklen Gläsern vor der Einwirkung des Sonnenlichtes schützen. Wenn sie die Haut der Sonne aussetzen, bekommen sie leicht Sonnenbrand und haben auf die Dauer ein besonders hohes Risiko, an Hautkrebs zu erkranken. Die Melaninbildung kann man nicht beeinflussen. Die Behandlung besteht nur darin, daß man den Körper vor stärkerer Sonneneinstrahlung schützt. Es ist schon fast überflüssig zu erwähnen, daß auch der Albinismus autosomal-rezessiv erblich ist. Er kommt bei uns einmal unter 20 000 Menschen vor.

Ein anderer Teil des Tyrosins wird im Organismus dazu verwendet, das Hormon der Schilddrüse aufzubauen. Hormone sind Botenstoffe, die in bestimmten Drüsen gebildet werden, von dort aus meist auf dem Blutwege durch den Organismus wandern und an ganz anderen Stellen bestimmte Stoffwechselvorgänge anregen. Sehr wichtig ist die Schilddrüse, die am Hals vor dem Kehlkopf gelegen ist. Sie bildet die Hormone Thyroxin und Dijodthyronin. Im erwachsenen Organismus regulieren Hormone der Schilddrüse den Gesamtstoffwechsel, indem sie den Energieumsatz in den Zellen anregen. Auch auf das Wachstum und die Entwicklung des jugendlichen Organismus haben sie großen Einfluß. Ein Mensch, dessen Schilddrüse nicht mehr ausreichend Hormone produziert, verändert sich auf erschreckende Weise: Die Haut wird dick und trocken, das Haar brüchig, das Auge verliert seinen Glanz. Vor allem aber gehen geistige Präsenz, Schwung und Temperament verloren. Die geistige Leistungsfähigkeit nimmt ab, und der Mensch versackt in sich selbst. Ist die Hormonproduktion schon in der frühen Kindheit ungenügend, so entsteht das, was man einen Kretin nennt: ein kleiner Mensch mit kurzen Gliedmaßen und plumpem Gesicht, schwachsinnig und geistig stumpf. Genau dieses Zustandsbild findet man auch bei Menschen, bei denen ein Enzymdefekt den normalen Aufbau der Schilddrüsenhormone verhindert.

Es gibt viele verschiedene genetische Anomalien im Aufbau der Schilddrüsenhormone, die alle autosomal-rezessiv erblich sind (Abbildung 3). Drei besonders charakteristische seien hervorgehoben. Es ist entweder das Anhängen von Jod an das Tyrosinmolekül oder die Verbindung zweier solcher Moleküle zum Hormon Thyroxin oder das Festhalten von Jod in der Schilddrüse durch einen Enzymdefekt gestört. Ein Mangel an Schilddrüsenhormon kann – außer aus genetischer Ursache – auch aus äußeren Gründen eintreten. So findet man vor allem im Alpengebiet, aber auch in Süd- und Südwestdeutschland noch relativ viele Menschen, bei denen die Schilddrüse vergrößert ist; sie haben einen Kropf. Diese Menschen leiden an Jodmangel in der Nahrung. Der Organismus kann in solchen Fällen eine ausreichende Thyroxinbildung dadurch erreichen, daß das Schilddrüsengewebe vermehrt wurde. Die geistig-seelischen Folgen eines Schilddrüsenhormonmangels bleiben aus. Früher gab es jedoch besonders in der Schweiz nicht wenige echte Kretins. Sie hatten seit der frühen Kindheit an einem so schweren Jodmangel gelitten, daß ihr Körper praktisch überhaupt kein Schilddrüsenhormon bilden konnte, obwohl alle Enzyme dafür vorhanden waren. Seit einigen Jahrzehnten setzt man dem Kochsalz in der Schweiz etwas Jod zu. Seitdem sind Fälle mit Jodmangel-Kretinismus dort nicht mehr aufgetreten. Das Beispiel des Kretinismus ist sehr instruktiv. Es zeigt, daß die gleiche Anomalie einmal aus genetischen Gründen, in anderen Fällen rein umweltbedingt auftreten kann.

Aber kehren wir zum Tyrosin in Abbildung 3 zurück. Ein weiterer Teil dieser Aminosäure wird über mehrere Schritte abgebaut, und die Abbauprodukte werden ausgeschieden. Auf diesem Abbauweg finden wir zwei genetische Blocks. Der erste führt zur Tyrosinose, einer Erbkrankheit, die in den meisten Gegenden der Welt extrem selten ist, aber im französischsprechenden Teil von Kanada eine gewisse Häufigkeit erlangt hat. Es ist eine Besonderheit rezessiver Erbkrankheiten, daß sie in manchen Bevölkerungen eine unerwartete Häufigkeit erreichen. Das gilt besonders dann, wenn sich eine solche Bevölkerungsgruppe innerhalb kurzer Zeit aus kleinen Anfängen zu einer beträchtlichen Kopfzahl vergrößert hat und während dieser Zeit fast ausschließlich untereinander heiratete. Trug zufällig einer der wenigen ersten Neuankömmlinge ein seltenes rezessives Gen in heterozygotem Zustand, also überdeckt und ohne gesundheitliche Auswirkungen, an sich, so hat dieses Gen eine gute Chance, sich mit der starken Bevölkerungsvermehrung ebenfalls zu vermehren. Einige Generationen später werden dann reinerbig Kranke herausspalten. Klinisch führt die Tyrosinose in erster Linie zu einem schweren Leberschaden, dem Nierenschäden und oft auch Erweichung der Knochen folgen können.

Schließlich begegnet uns am Ende der gleichen Genwirkkette noch als weiterer Enzymdefekt jene Alkaptonurie, bei der sich der Urin kurz nach dem Lassen dunkel verfärbt und die Archibald Garrod schon im Jahre 1902 beobachtet hatte. An diesem Beispiel hatte er ja zusammen mit W. Bateson zum erstenmal beim Menschen einen Mendelschen Erbgang nachgewiesen und außerdem sein Konzept der »angeborenen Irrtümer des Stoffwechsels« entwickelt.

Die Genwirkkette, die hier als Beispiel betrachtet wurde, verbindet Aminosäuren und Hormone miteinander. Genauso gibt es im Organismus sehr viele andere Genwirkketten, innerhalb derer der Abbau vieler anderer Stoffe abläuft: andere Aminosäuren, aber auch Fette, Zucker oder komplexe Verbindungen zwischen Zuckern und Eiweißen, die zum Beispiel zum Aufbau von Zellmembranen gebraucht werden. Der geordnete Ablauf von chemischen Reaktionen innerhalb dieser Genwirkketten wird durch Enzyme geregelt. Genetische Defekte dieser Enzyme führen zu erblichen Stoffwechselerkrankungen. Man kennt zur Zeit mehr als 170 verschiedene derartige Erbkrankheiten, bei denen der Enzymdefekt genau identifiziert werden konnte. Bei noch viel mehr Erbkrankheiten sind nur der Erbgang und die klinischen Symptome, also der Phänotyp, bekannt. Man kann zwar vermuten, daß ein Enzymdefekt vorliegt; dieser wurde jedoch noch nicht genauer identifiziert[5].

Wie viele verschiedene Enzyme gibt es im menschlichen Körper? Auf diese Frage können uns die Biochemiker noch keine genaue Antwort geben. Man geht jedoch wohl nicht allzusehr in die Irre, wenn man vermutet, daß ihre Zahl etwa zwischen 10 000 und 15 000 liegen dürfte. Auf jeden Fall umfassen die bisher bekannten Enzymdefekte sicher nur einen kleinen Bruchteil aller Mutationen, die in Genen für Enzyme vorkommen und deren Folgen das Enzymmolekül unbrauchbar machen.

Warum kennen wir nicht viel mehr solcher Defekte? Das hängt sicher damit zusammen, daß bei den meisten Erbkrankheiten des Menschen der zugrundeliegende biochemische Mechanismus noch nicht ergründet ist. Allerdings darf man nicht annehmen, daß alle diese Erbkrankheiten letztlich auf Enzymdefekte zurückgehen. Gene determinieren nicht nur das chemische Funktionieren des Organismus, sondern sie sorgen auch dafür, daß der Organismus sich sozusagen »bauplangemäß« entwickeln kann. Hierzu ist erforderlich, daß besonders während der Embryonalentwicklung viele Gene in geordneter Reihenfolge an-

217

und abgeschaltet werden. Die damit verbundenen stofflichen Vorgänge sind bisher nur in einigen Ansätzen bekannt. Sie sind auch viel schwerer zu analysieren als die Stoffwechselvorgänge, in welche die bekannten Enzymdefekte eingreifen. Aber selbst wenn man das alles berücksichtigt, bleibt doch ein Mißverhältnis bestehen zwischen der Zahl der bekannten Erbkrankheiten durch Enzymdefekte und der Gesamtzahl der enzymatisch gesteuerten Reaktionen. Wahrscheinlich beruht das darauf, daß sehr viele Enzymdefekte eben nicht zu sichtbaren Erbkrankheiten führen. Viele von ihnen dürften so grundlegende und von Anfang an lebenswichtige Funktionen beeinträchtigen, daß sie mit der Aufrechterhaltung des Lebens nicht vereinbar sind. Embryonen, die von ihnen betroffen sind, sterben sehr wahrscheinlich schon vor der Geburt ab; manche von ihnen sicher so früh, daß die Mutter nur eine leichte zeitliche Verschiebung der Monatsblutung bemerkt.

Die klinischen Zeichen eines Enzymdefektes können sehr verschieden sein. Das zeigt uns die in Abbildung 3 dargestellte Genwirkkette besonders anschaulich. Die Folgen des Defektes können ziemlich harmlos sein, wenn die gestörte Reaktion nicht lebenswichtig ist. Garrods Alkaptonurie ist ein Beispiel. Schon schwerer sind die Folgen beim Albinismus. Der Pigmentmangel erfordert von den Betroffenen umfangreiche Schutzmaßnahmen, wenn sie nicht gefährliche Schäden davontragen wollen. Noch schwerwiegendere Folgen haben die Enzymdefekte, die zur Phenylketonurie oder zum Kretinismus führen. Der Schaden wird auf verschiedene Weise verursacht: bei der Phenylketonurie dadurch, daß ein Stoffwechselprodukt sich vor dem Block anhäuft und nun den Organismus vergiftet; beim Kretinismus durch das Fehlen des Stoffwechselproduktes hinter dem Block, das für eine wichtige Funktion gebraucht wird.

Gemeinsam ist der Phenylketonurie und den Formen des Kretinismus, daß sie die Funktion des Gehirns schädigen und damit den geistig-seelischen Gesamtzustand des Kranken nachteilig beeinflussen. Das ist eine Eigenschaft, die vielen erblichen Stoffwechselkrankheiten gemeinsam ist, so verschieden die Symptome auch sonst sein mögen. Sehr oft schädigen sie das Gehirn und führen so zu einem Zustand, den der Psychiater als leichten oder schweren Schwachsinn klassifiziert (vgl. Kapitel 5). Das Gehirn ist das komplizierteste Organ, das die Natur im Laufe einer langen Entwicklung zustande gebracht hat. Deshalb ist es auch am empfindlichsten gegen Störungen. Vielfältige Anomalien können seine Funktion verändern. Warum und über welche Zwischen-stufen führt die Phenylketonurie zum Schwachsinn, der mit einer Anspannung vieler Muskeln und oft mit epileptischen Anfällen verbunden ist? Warum hat der Defekt des Enzyms HPRT beim Lesch-Nyhan-Syndrom ausgerechnet den unüberwindlichen Zwang zur Folge, sich selbst zu beschädigen? Wir wissen es nicht. Eine Lehre aber können wir vom Studium der erblichen Enzym-defekte mitnehmen: Anomalien im allgemeinen Stoffwechsel, im Chemismus unseres Körpers, auch wenn sie nicht im Gehirn ihren Ursprung haben, können sich auf die Funktion des Gehirns und damit auf unsere geistig-seelische Verfassung auswirken. Das muß man im Gedächtnis behalten, wenn es um die Bemühungen geht, die an körperlichen Vorgängen – zum Beispiel den Abläufen in der chemischen Fabrik unseres Körpers – erarbeiteten Prinzipien und Konzepte auch auf eine Analyse derjenigen genetischen Faktoren anzuwenden, die unser Befinden und Verhalten und unsere geistig-seelische Leistungsfähigkeit beeinflussen.

Erbliche Enzymdefekte sind zum Glück selten. Daß die medizinische Genetik sich trotzdem so viel mit ihnen beschäftigt, hat zunächst praktische Gründe: Ärzte müssen sich mit Krankhei-ten befassen – und in erster Linie mit schweren Krankheiten. Die Beschäftigung mit den Enzymdefekten hat aber auch theoretische Vorteile: Die Störungen, die hier auftreten, sind besonders grober Natur und deshalb auch leichter zu erkennen, als das bei kleineren Varianten im Rahmen des »Normalen« der Fall wäre. In der Wissenschaft verfolgt man oft die Strategie, theoretische Kon-zepte und analytische Methoden zunächst einmal an einem einfach strukturierten Objekt auszuprobieren. So gewinnt man die Erfahrungen, die einen befähigen, dann auch kompliziertere Probleme mit Erfolg anzugreifen. Wie wir sahen (Kapitel 9), gingen G. W. Beadle und E. L. Tatum so vor, als sie den Brotschimmelpilz Neurospora in die Analyse der Beziehungen zwischen Gen und Enzym einführten. Genauso machen wir es uns leichter, wenn wir zunächst die erblichen Enzymdefekte betrach-ten, bevor wir uns der Analyse genetischer Variabilität in weniger extremen Fällen zuwenden. Ein Weg in Richtung auf »normale« Variabilität bietet sich hier besonders an, und man muß sich wundern, daß er nicht öfter gegangen worden ist: die psychologi-sche Analyse der *Heterozygoten* von Erbleiden, die im homozygo-ten Zustand schwere geistig-seelische Störungen verursachen[6]. Die ersten Ergebnisse dieser Arbeitsrichtung werden später noch (Kapitel 16) besprochen.

219

1   Vgl. Bruyn, C. H. M. M. de: Hum. Genet. 31, 127–150 (1976).
2   Vgl. Vogel, F., Motulsky, A.G.: Human Genetics – Problems and Approaches. Berlin/Heidelberg/New York: Springer 1979, Sect. 4.2.2.7.
3   Bickel, H.: Lancet II, 812 (1953).
4   H. Bickel, persönliche Mitteilung.
5   Vgl. McKusick, V. A.: Mendelian inheritance in man. Baltimore: The Johns Hopkins University Press ⁵1978.
     Für erbliche Stoffwechselleiden im allgemeinen ist das Standardwerk: Stanbury, J. B., et al., 1978, a.a.O.
6   Thalhammer, O., et al.: Hum. Genet. 38, 285–288 (1977).

11. Genetische Variabilität im Bereich des Normalen

In seiner berühmten Alkaptonurie-Arbeit von 1902 hatte Archibald Garrod einige Voraussagen gemacht. Eine Anzahl von seltenen Stoffwechselerkrankungen wurde bereits geschildert, die durch Enzymdefekte verursacht sind. Garrod hatte also recht mit seiner Ansicht, außer der Alkaptonurie müsse es noch mehrere solcher »Naturspiele« geben. Er sagte jedoch noch etwas anderes voraus: »Wenn es wirklich zutrifft, daß wir es bei der Alkaptonurie und anderen erwähnten Zustandsbildern mit individuellen Besonderheiten des Stoffwechsels und nicht mit dem Ergebnis von Krankheitsprozessen zu tun haben, dann bietet sich natürlich der Gedanke an, es handle sich hier um Extrembeispiele für Variationen im chemischen Verhalten, die in geringem Ausmaße wahrscheinlich überall vorhanden sind, und daß genauso, wie niemals sich zwei Individuen der gleichen Art im Körperbau völlig gleichen, auch die chemischen Vorgänge in ihnen niemals genau gleich ablaufen.«

Garrod hat auf überraschende Weise auch damit recht behalten. Besonders deutlich wurde das, als man begann, das Blut gesunder Menschen auf erbliche Unterschiede hin zu untersuchen.

Eine wesentliche Aufgabe des Blutes ist es, die Organe des Körpers mit Sauerstoff zu versorgen; denn Sauerstoff wird für alle Lebensvorgänge benötigt. Sinkt die Blutmenge im Körper eines Menschen unter einen kritischen Wert, so können die Lebensvorgänge nicht mehr weiterlaufen; der Mensch stirbt. Noch bis zum Anfang dieses Jahrhunderts waren dadurch der chirurgischen Technik enge Grenzen gesetzt: Der Patient durfte während der Operation auf keinen Fall zuviel Blut verlieren. Auch nach Unfällen und im Kriege mußten die Ärzte oft tatenlos zusehen, wie Menschen durch Blutverlust zugrunde gingen. Was lag näher als der Versuch, fremdes Blut von außen zuzuführen, um dadurch den Verlust auszugleichen? So hat man schon sehr früh in der Geschichte der Menschheit immer wieder versucht, Blut zu übertragen. Leider mußte man bald erkennen, daß Zufuhr von Tierblut immer wieder zu schweren Krankheitserscheinungen führte. Anstatt dem Verletzten zu helfen, die Folgen des Blutverlustes leichter zu überwinden, beschleunigte eine Bluttransfusion seinen Tod. Widerspruchsvoller waren die Ergebnisse, wenn man Menschenblut verwendete. Manchmal wurde der

Eingriff ohne Schwierigkeiten ertragen, und das fremde Blut half dem Patienten bei seiner Genesung. In anderen Fällen kam es zu schweren Reaktionen. Die Patienten bekamen ein rasch ansteigendes Fieber. Die Nieren versagten ihren Dienst: Wenn der Kranke überhaupt noch Harn produzieren konnte, so war er rot verfärbt, und bald trat der Tod ein. Die Blutübertragung wurde so zum Glücksspiel, und die meisten Ärzte lehnten sie als unethisch ab.

Das Rätsel dieser Transfusionszwischenfälle wurde erst im Jahre 1900 gelöst, im selben Jahre, in dem die Mendelschen Gesetze wiederentdeckt wurden. Der österreichische Arzt Karl Landsteiner mischte systematisch das Blutserum zahlreicher Menschen mit den roten Blutkörperchen anderer in verschiedenen Kombinationen. Er konnte die Menschen in zunächst drei Gruppen einteilen, je nachdem, welche Blutseren dazu führten, daß ihre Blutkörperchen verklumpten. Er benannte diese »Blutgruppen« mit den römischen Ziffern I, II und III. Wenig später kam noch eine Gruppe IV hinzu, die offenbar wesentlich seltener war. Durch die Ergebnisse Landsteiners angeregt, begannen mehrere Forscher, sich mit den neuen Blutgruppen zu beschäfti-

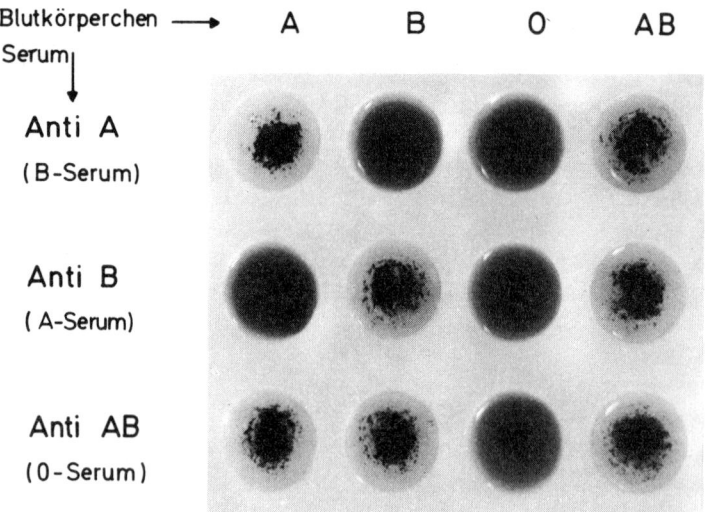

Abbildung 1
Agglutinationsreaktionen der roten Blutkörperchen der Blutgruppen A, B, 0 und AB mit den Seren Anti-A, Anti-B und Anti-A und -B. Ist der passende Antikörper vorhanden, so werden die Zellen verklumpt; fehlt er, bleiben die Zellen unverändert.

222

gen, und bald entschloß man sich, die römischen Ziffern aufzugeben und die vier Gruppen mit A, B, 0 und AB zu benennen. Die Reaktionen, die diese Blutgruppen definieren, sind in Abbildung 1 erkennbar. Blutkörperchen der Gruppe A werden verklumpt von Seren der Gruppe B und 0. B-Blutkörperchen werden verklumpt von Seren der Gruppe A und 0. AB-Blutkörperchen reagieren in gleicher Weise mit Seren aller drei anderen Blutgruppen: A, B und 0. Blutkörperchen der Gruppe 0 zeigen keine Reaktion mit irgendeinem Serum. Jeder Mensch hat also diejenigen Eigenschaften in seinem Serum, für die er die »Empfänger« auf den Blutkörperchen nicht besitzt. Das muß auch so sein; denn besäße ein Mensch zum Beispiel A-Blutkörperchen und Anti-A-Serum, so müßte sein Blut in den Adern verklumpen.

Schon wenige Jahre nach ihrer Entdeckung wiesen erste Familienbefunde darauf hin, daß die AB0-Blutgruppen offenbar erblich waren. Es dauerte jedoch bis zur Mitte der zwanziger Jahre, bis es dem Mathematiker Felix Bernstein in Göttingen gelang, die genetische Grundlage aufzuklären. Der Genort für diese Blutgruppen kann drei verschiedene Beschaffenheiten haben: A, B oder 0. Ist ein Mensch reinerbig (homozygot) AA oder mischerbig (heterozygot) A0, so ist sein Phänotyp A. Das Gen A ist also dominant über das Gen 0. Genauso verhalten sich B und 0 zueinander: Die Genotypen BB und B0 ergeben beide den Phänotyp B. Der Phänotyp AB findet sich bei dem Heterozygoten AB und der Phänotyp 0 bei dem Homozygoten 00. Das Gen 0 ist also rezessiv gegenüber den beiden anderen. In einer deutschen Bevölkerung wurden unter 21 104 Personen 43,2 Prozent mit Gruppe A, 14,2 Prozent mit B, 36,6 Prozent 0 und 6,0 Prozent AB gefunden. Damit war der erste »genetische Polymorphismus« des Menschen entdeckt. *Es gibt offenbar innerhalb der normalen Bevölkerung Merkmale des Blutes, die man nur mit speziellen Untersuchungsmethoden nachweisen kann und die einem einfachen Mendelschen Erbgang folgen*[1].

Jahrzehnte hindurch war unbekannt, ob diese genetischen Unterschiede für ihre Träger – abgesehen von der Notwendigkeit, bei Bluttransfusionen darauf zu achten – irgendeine Bedeutung haben. Erst in den fünfziger und sechziger Jahren stellte sich heraus, daß die Blutgruppe einen gewissen Einfluß auf das Risiko hat, an einer häufigen Krankheit zu erkranken[2]. So bringt die Blutgruppe A ein erhöhtes Risiko für einige Krebsformen wie auch für Venenthrombosen und den Herzinfarkt mit sich. Träger der Gruppe 0 dagegen neigen eher zu Magen- und Zwölffingerdarmgeschwüren. Worauf diese unterschiedlichen Krankheitsrisiken zurückzuführen sind, das ist im einzelnen noch unbekannt. Lange Jahre hindurch schienen die AB0-Gruppen das einzige Blutgruppensystem des Menschen zu sein. Erst 1927/28 wurde das nächste System entdeckt. Inzwischen kennt man ein gutes Dutzend derartiger Blutgruppen, für die ein Polymorphismus in der Bevölkerung vorkommt. Eine davon ist der berühmtberüchtigte Rhesusfaktor. Wenn das ungeborene Kind von seinem Vater eine bestimmte Rhesuseigenschaft geerbt hat, die seiner Mutter fehlt, so kann es unter gewissen Umständen dazu kommen, daß der Körper der Mutter ein Antiserum gegen das Kind bildet. Dieses Antiserum schädigt dann das Kind, so daß es mit einer schweren Gelbsucht zur Welt kommt. Manchmal beeinträchtigt diese Gelbsucht das kindliche Gehirn so schwer, daß Schwachsinn die Folge ist.

Inzwischen kann man derartigen fatalen Komplikationen jedoch erfolgreich vorbeugen, indem man die gefährdeten Mütter nach der Geburt des ersten Kindes mit einem besonderen Serum impft. Auch dies ist ein gutes Beispiel dafür, daß man erblichen Erkrankungen nicht automatisch hilflos gegenübersteht.

Erst seit den fünfziger Jahren weiß man, daß erbliche Unterschiede in häufigen »normalen« Merkmalen nicht nur an den Blutkörperchen, sondern auch im Blutplasma vorkommen. Seit längerer Zeit war allerdings bekannt, daß das Blutplasma unter anderem ein Gemisch von Eiweißkörpern enthält. Diese Bluteiweiße sind im Wasser vollkommen löslich. Man kann sie voneinander trennen und einzeln analysieren, indem man sich ihre unterschiedliche elektrische Ladung zunutze macht.

Derartige Techniken wurden seit den fünfziger Jahren entwickelt. Mit ihrer Hilfe entdeckte man mehrere genetische Polymorphismen in Bluteiweißen. Diese Eiweißkörper im Blutplasma sind ein Gemisch aus sehr zahlreichen Einzelkomponenten, die verschiedene Funktionen haben. Einige von ihnen dienen zum Beispiel zum Transport von Kupfer, Eisen oder Vitamin D. Andere haben die Aufgabe, bei der Immunabwehr mitzuwirken. Trennt man diese Eiweiße, wie geschildert, im elektrischen Feld auf, so zeigen sich manchmal Unterschiede zwischen den untersuchten Individuen, während die Muster beim selben Menschen in der Zeit konstant zu sein pflegen. Wie Familienuntersuchungen zeigten, sind auch diese Muster genetisch bedingt und zeigen einen einfachen Mendelschen Erbgang. Wie bei den Blutgruppen, so ist es auch hier nicht ohne Bedeutung für den Organismus, welchem

224

Typ ein Mensch angehört. So scheint die Zusammensetzung des Transporteiweißes für Vitamin D in früheren Jahrhunderten einen Einfluß darauf gehabt zu haben, ob ein Mensch an Rachitis, der englischen Krankheit, erkrankte. Das ist eine Erweichung der Knochen, die durch Vitamin-D-Mangel verursacht wird. Die Anfälligkeit gegenüber diesem Mangel wurde offenbar durch das besagte Transporteiweiß beeinflußt, ein Beispiel dafür, wie Erbe und Umwelt zusammenwirken können[3]. Heute gibt es bei uns die Rachitis kaum noch; denn der Kinderarzt verabreicht jedem Kind im ersten Lebensjahr ein Vitamin-D-Depot, das für die normale Knochenentwicklung ausreicht.

Ermutigt durch den Erfolg bei der Suche nach genetischen Polymorphismen bei den Eiweißen des Blutplasmas, ging man noch einen Schritt weiter: Man fragte sich, ob vielleicht auch an den normalen und funktionsfähigen *Enzymen* des Blutes genetisch bedingte Unterschiede nachweisbar seien. Bis dahin kannte man einerseits nur normal funktionierende Enzyme und andererseits Enzymdefekte, wie wir sie im vorigen Kapitel dargestellt haben. Aber die Aktivität funktionstüchtiger Enzyme ist von Mensch zu Mensch oft deutlich verschieden. Nur eineiige Zwillinge zeigen meist sehr ähnliche Aktivitäten. Das deutet auf genetische Unterschiede hin. Da Eiweißkörper durch die Erbanlagen bestimmt werden und da Enzyme im wesentlichen aus Eiweißkörpern bestehen, ist es sinnvoll, systematisch nach genetischen Unterschieden in Enzymeiweißen zu suchen. Da Blut das einzige menschliche Gewebe ist, das man leicht und ohne allzu starke Belästigung von einer großen Zahl von Menschen gewinnen kann, wurden die meisten Untersuchungen am Blut durchgeführt. Die Suche war überaus erfolgreich: Nicht nur im Blutplasma, sondern auch in den roten und weißen Blutzellen fand man eine große Zahl von Enzymen. Sehr viele von ihnen zeigten einen genetischen Polymorphismus[4].

Vor einigen Jahren haben englische Forscher zusammengestellt, wie viele Enzyme man bis dahin auf das Vorkommen von Polymorphismen hin abgeklopft hatte und bei wie vielen tatsächlich einer gefunden wurde. Von den im Blut vorhandenen Enzymproteinen hatte man einundsiebzig untersucht. Von ihnen zeigten zwanzig (28,2 Prozent) einen Polymorphismus. Nimmt man alle bekannten Polymorphismen zusammen – Blutgruppen, Serumeiweißkörper, Blutenzyme und dazu noch die überaus vielseitigen Erbmerkmale, die bei der Gewebeübertragung eine Rolle spielen –, so kann man ausrechnen, daß unter Millionen Menschen nicht zwei miteinander übereinstimmen (von eineiigen

225

Zwillingen abgesehen)[5]. Garrod hat mit seiner Voraussage recht behalten.

Leider haben wir bisher nur in einigen Ausnahmefällen eine Vorstellung, welche Bedeutung diese Polymorphismen für Gesundheit und Krankheit, für das Befinden und Verhalten und überhaupt für das Lebensschicksal ihrer Träger haben. Manchmal wird diese Bedeutung durch Zufall bekannt – etwa, wenn bestimmte Gruppen von Menschen auf ein Medikament anders reagieren als andere. Zu Beginn des Kapitels über Zwillinge wurde ein solcher Polymorphismus erörtert. Er betraf das Enzym für Acetylierung und Ausscheidung des Tuberkulosemittels Isoniazid: Je nachdem, welche erbliche Variante dieses Enzyms vorhanden ist, scheiden manche Menschen dieses Mittel rascher, andere langsamer durch ihre Nieren aus. Für die Wirksamkeit der Tuberkulosebehandlung spielt es offenbar keine Rolle, ob ein Mensch das Medikament etwas rascher oder auch weniger rasch wieder ausscheidet. Man läßt es den Patienten in so hoher Dosis einnehmen, daß auf jeden Fall ein Blutspiegel erhalten bleibt, der das Wachstum der Tuberkelbazillen hemmt. Wohl aber hat die Geschwindigkeit der Ausscheidung einen Einfluß auf die Nebenwirkungen. Bei einer kleinen Zahl von Patienten kommt es unter Isoniazidbehandlung zu einer Nervenentzündung mit erheblichen Schmerzen und auch Lähmungen. Diese unangenehme Komplikation ist bei Menschen, die die Droge langsamer ausscheiden, deutlich häufiger.

Übrigens vermuten einige Forscher, daß das Enzym, das man von der Acetylierung von Isoniazid her kennt, normalerweise eine Funktion im Stoffwechsel von zentralnervösen Überträgerstoffen, also von Neurotransmittern, hat. Es ist zumindest unwahrscheinlich, daß die Natur uns in weiser Voraussicht mit einem besonderen Enzym ausgestattet hat, nur damit wir ein von uns künstlich in der Retorte hergestelltes Medikament abbauen können. Aber die Hypothese, das Acetylierungsenzym habe eine Bedeutung für die Gehirnfunktion, ist noch umstritten.

Neben diesem Acetylierungs-Polymorphismus gibt es noch andere genetische Polymorphismen, die normalerweise stumm sind, sich aber bei Behandlung mit spezifischen Arzneimitteln bemerkbar machen – oft in Form unerwünschter und manchmal auch recht gefährlicher Nebenwirkungen. Überhaupt sind der Stoffwechsel, die Ausscheidung und auch die Wirkung von Arzneimitteln bei verschiedenen Menschen sehr unterschiedlich, und diese Unterschiede sind weitgehend genetisch bedingt[6]. Das haben unter anderem Zwillingsuntersuchungen gezeigt. Unter den Mitteln, bei denen sich derartige Wirkungsunterschiede finden, sind auch Psychopharmaka, also Medikamente, die gegeben wurden, um den psychischen Zustand des Patienten in einer oder der anderen Richtung zu beeinflussen. In Zukunft werden die Ärzte mehr und mehr lernen müssen, diese genetische Variabilität bei der Arzneimitteltherapie zu berücksichtigen. Bei der Phenylketonurie kann man durch eine spezifische Diät den schädlichen Folgen eines genetisch bedingten Enzymdefektes vorbeugen. Dieses und andere Beispiele legen den Gedanken nahe, es könne auch im weniger extremen, »normalen« Bereich genetische Unterschiede in der Verarbeitung von Nahrungsstoffen geben, denen man durch eine entsprechende Auswahl der Nahrung Rechnung tragen sollte. Beispiele dafür sind in den letzten Jahren in der Tat bekannt geworden.

Unsere Milch enthält den Zucker Lactose. Dieser Milchzucker setzt sich aus zwei verschiedenen einfachen Zuckermolekülen zusammen – Glucose (Traubenzucker) und Galactose. Damit die Lactose aus dem Darm resorbiert werden kann, muß die Galactose zunächst von der Glucose abgespalten werden. Dazu ist ein Enzym notwendig – die Lactase. Bei Säuglingen aller Rassen findet sich dieses Enzym gleichermaßen, so daß sie Milchzucker spalten können. Ungefähr im Alter von ein bis zwei Jahren bildet sich diese Fähigkeit aber in der Mehrzahl der Rassen bei fast allen Kindern zurück. Die meisten erwachsenen Chinesen, Japaner, Südostasiaten oder auch Neger haben die Fähigkeit, Milchzucker zu spalten, längst verloren. Trinken sie größere Mengen Milch, so sammelt sich dieser Zucker im Darm an, und sie bekommen Bauchschmerzen und Durchfall. Nur wir Nord- und Westeuropäer bewahren die Fähigkeit, Milchzucker abzubauen, für das ganze Leben. Bei uns verlieren nur wenige Prozent der Bevölkerung diese Fähigkeit: Diesen Menschen bekommt daher Milch nicht, so daß sie sie in der Regel auch instinktiv meiden. Umgekehrt gibt es auch in den anderen Rassen einige wenige Menschen, die Milch vertragen, weil bei ihnen das Enzym erhalten bleibt. Familienuntersuchungen zeigten auch hier die genetische Grundlage und vor allem den einfachen Mendelschen Erbgang.

Das Enzym Lactase, das Milchzucker spaltet, zeigt also einen genetischen Polymorphismus, und die verschiedenen Phänotypen sind bei den Rassen unterschiedlich verteilt[7]. Derartige Rassenunterschiede in der Verteilung genetischer Polymorphismen sind eher die Regel als die Ausnahme. Es gibt sie auch bei den Blutgruppen, den Serumeiweißen und außer der Lactase noch bei vielen anderen Enzymen. Dem Anthropologen erzählen sie manches über die Unterschiede der Völker und Rassen.

Am Beispiel der Lactase wird deutlich, daß die genetische Variabilität auch soziale und politische Folgen haben kann. In vielen Entwicklungsländern brauchen die Kinder zusätzliche Eiweißnahrung, um sich gesund zu entwickeln. Milchpulver ist ein reichlich vorhandener und gut transportierbarer Eiweißträger. So hat man in bester Absicht in großem Umfange Milchpulver eingeführt und damit sicher in manchen Fällen Durchfälle hervorgerufen. Inzwischen ist man wesentlich vorsichtiger geworden. Man gibt Milch und Milchzucker enthaltende Produkte nur noch in so kleiner Menge, daß keine Komplikationen mehr auftreten.

Am Anfang dieses Buches wurde deutlich: Wohin immer man blickt, finden wir Unterschiede zwischen den Menschen. Daß die äußerlichen Unterschiede im Körperbau, in der Haut- und Haarfarbe, der Bewegungsform und in vielen anderen Merkmalen großenteils durch entsprechende Unterschiede in den Erbanlagen verursacht sind, zeigten Beobachtungen an eineiigen Zwillingen. Familien- und Zwillingsstudien bei geistig-seelischen Anomalien und Krankheiten wie an psychischen Merkmalen im normalen Bereich wiesen darauf hin, daß eine ähnliche Variabilität auch im Bereich derjenigen Erbanlagen bestehen dürfte, die unser Befinden und Verhalten beeinflussen. Allerdings gaben diese Studien noch keine Hinweise auf die genaueren dieser Variabilität zugrundeliegenden genetischen Mechanismen.

Diese Mechanismen sind aber in der allgemeinen Genetik gut bekannt. Von den Mendelschen Gesetzen bis zum chemischen Aufbau der Erbanlagen wurden sie Schritt für Schritt analysiert. Die Anwendung der dabei entwickelten Prinzipien beim Menschen führte zum Nachweis vieler Enzymdefekte und zur Entdeckung zahlreicher genetischer Polymorphismen im Bereich des Normalen. Ihre Bedeutung für das Schicksal des einzelnen ist noch weitgehend unbekannt. Erste Ergebnisse weisen jedoch darauf hin, daß sie erheblich sein dürfte. Allerdings wurde die große Mehrzahl der »normalen« Polymorphismen im Blut entdeckt, weil man, wie schon gesagt, nur Blut bei einer größeren Anzahl von Menschen ohne allzu große Belästigung untersuchen kann.

Eine 1:1-Beziehung zwischen Genwirkung einerseits sowie Befinden und Verhalten andererseits fand sich nur bei einigen Enzymdefekten, die schweren Schwachsinn oder eine grobe

Verhaltensstörung zur Folge haben. Wir haben jedoch Grund zu der Vermutung, daß auch manche genetischen Varianten im Bereich des »Normalen« nicht ganz gleichgültig für die Gehirnfunktion sein dürften (Kapitel 16).

Inwieweit können nun die Erfahrungen und Erkenntnisse, welche die Genetiker bei der genetischen Analyse im körperlichen Bereich gewonnen haben, auch bei der Erforschung der genetischen Mechanismen helfen, die unserem Befinden und Verhalten zugrundeliegen?

1   Vgl. Schwarzfischer, F., Helmbold, W.: Blutgruppen – allgemeine Grundlagen und formale Genetik. In: Becker, P. E. (Hrsg.): Humangenetik – ein kurzes Handbuch in 5 Bänden, Bd. I/4. Stuttgart: Thieme 1975, S. 1–128.
2   Vgl. Becker, P. E. (Hrsg.): Humangenetik – ein kurzes Handbuch in 5 Bänden, Bd. I/3. Stuttgart: Thieme 1972.
3   Vgl. die Diskussion in: Vogel, F., Motulsky, A. G.: Human Genetics – Problems and Approaches. Berlin/Heidelberg/New York: Springer 1979, Sect. 7.3.1.
4   Vgl. Becker, P. E. (Hrsg.), a.a.O.
5   Vgl. Vogel, F., Motulsky, A. G., a.a.O., Sect. 6.1.2.
6   Motulsky, A. G., et al. (Eds.).: Human Genetic Variation in Response to Medical and Environmental Agents: Pharmacogenetics and Ecogenetics. Hum. Genet. Suppl. 1. Berlin/Heidelberg/New York: Springer 1978.
7   Vgl. Vogel, F., Motulsky, A. G., a.a.O., Sect. 7.3.1.

12. Gibt es ein Mörderchromosom?
Chromosomenaberrationen und Psyche

Im Jahre 1968 stand in Paris Daniel Hugon vor Gericht. Er hatte eine ältere Prostituierte ermordet. Zur Überraschung aller Beteiligten behauptete der Verteidiger, sein Klient könne vor dem Gesetz für den Mord nicht verantwortlich gemacht werden, denn er habe ein Y-Chromosom zuviel, und diese Anomalie zwinge ihn gewissermaßen dazu, ein solches Verbrechen zu begehen. Und wirklich verurteilte das Gericht Hugon zu einer reduzierten Strafe.

Plädoyer und Urteil beunruhigten die Öffentlichkeit: Leben unter uns Menschen, die aus genetischen Gründen – nämlich weil sie ein zusätzliches Y-Chromosom besitzen – schwere Verbrechen, ja sogar Morde begehen *müssen*? Gibt es ein Mörderchromosom? Und wenn das so ist, müssen wir uns, unsere Frauen und Kinder, die Gesellschaft nicht vor solchen Menschen schützen – etwa, indem wir jeden, bei dem dieses ominöse Chromosom gefunden wird, vorsorglich einsperren?

Was hat es mit diesem zusätzlichen Y-Chromosom auf sich[1]? Um das zu verstehen, muß man weiter ausholen. Die Erbanlagen sind in den Chromosomen lokalisiert, die sich im Zellkern einer jeden Zelle unseres Körpers finden. Beim Menschen beträgt ihre Zahl normalerweise 46, von denen 23 vom Vater und 23 von der Mutter kommen. Jeweils eines der vom Vater stammenden ist einem mütterlichen Chromosom »homolog« (Kapitel 9), das heißt, es ist ähnlich aufgebaut und enthält Erbanlagen für die gleichen Funktionen. Die einzelnen Chromosomen sieht man im allgemeinen nur während der Zellteilung; denn zum Zwecke einer geordneten Verteilung an die beiden Tochterzellen werden die Chromosomen eng aufspiralisiert. Sie werden gewissermaßen gut verpackt, um eine Verletzung während des etwas turbulenten Teilungsvorganges zu verhindern. In der Ruhepause zwischen den Zellteilungen kann man selbst mit dem Elektronenmikroskop keine individuellen Chromosomen im Zellkern erkennen. Man sieht nur ein unentwirrbares Netz von Fäden. Wer Chromosomen studieren will, muß also Zellen untersuchen, die sich gerade in Teilung befinden.

Derartige Zellen gibt es vor allem im Knochenmark; denn dort werden die neuen Blutkörperchen durch fortlaufende Teilung von Blutstammzellen erzeugt. Darum wurden viele der frühen Untersuchungen an menschlichen Chromosomen gegen

Ende der fünfziger Jahre an Knochenmarkszellen vorgenommen. Doch die Entnahme einer Knochenmarksprobe ist umständlich und nicht ganz schmerzlos. So bedeutete es einen großen Fortschritt, als 1960 eine Methode bekannt wurde, Chromosomen in weißen Blutkörperchen des strömenden Blutes nachzuweisen; denn Blut kann man für Untersuchungen leicht entnehmen[2]. Da diese Blutkörperchen sich normalerweise nicht teilen, muß man sie durch den Zusatz einer bestimmten Substanz zur Teilung veranlassen. Man entnimmt also den Patienten einige Kubikzentimeter Blut aus der Armvene und gibt die weißen Blutkörperchen zusammen mit dem die Teilung anregenden Stoff und einem Nährmedium in eine »Kulturflasche«. Zwei oder drei Tage später sind zahlreiche Zellen in Teilung. Die Zellen werden nun auf Objektträgern ausgestrichen und in geeigneter Weise gefärbt; dann kann man unter dem Mikroskop die Chromosomen auswerten.

Die Abbildung 1 in Kapitel 10 zeigt die Chromosomen eines gesunden Mannes, links unten originalgetreu im mikroskopischen Bild, rechts der Übersicht halber nach Länge, Gestalt und Färbemuster geordnet. Offensichtlich sind von jedem Chromosom in der Tat zwei gleiche oder doch sehr ähnliche Kopien vorhanden, mit Ausnahme des X- und des Y-Chromosoms (rechte Seite), die sich erheblich voneinander unterscheiden. Die normale Frau hat anstelle dieses X-Y-Paares zwei X-Chromosomen.

In Kapitel 9 wurde geschildert, wie die 46 Chromosomen so auf die Keimzellen aufgeteilt werden, daß jede Keimzelle 23 Chromosomen erhält, und zwar von jedem der Paare homologer Chromosomen eines. Diese Aufteilung erfolgt während der beiden Reifungsteilungen. In manchen Fällen verlaufen diese Teilungen anormal. So kann es vorkommen, daß zwei homologe Chromosomen, die eigentlich im Laufe der ersten Reifungsteilung auf zwei verschiedene Zellen verteilt werden sollten, aneinander haften bleiben und so in dieselbe Keimzelle gelangen. Diese Zelle hat dann ein Chromosom zuviel, also nicht 23, sondern 24. Kommt sie zur Befruchtung, so wird auch das neue Individuum in jeder seiner Zellen nicht 46, sondern 24 + 23 = 47 Chromosomen haben. Man spricht von einer Trisomie. Derartige Verteilungsstörungen der Chromosomen sind gar nicht so selten.

Die Folgen für das Individuum richten sich nach dem speziellen Chromosom, das überzählig ist[3]. Sehr oft führt die Vermehrung um ein Chromosom zu schweren Entwicklungsstörungen, so daß das Individuum nicht einmal bis zum Zeitpunkt seiner Geburt überleben kann. Es kommt zu einer Fehlgeburt.

231

Nur bei einigen wenigen Chromosomen hat eine Trisomie weniger schwere Konsequenzen. Die Entwicklungsstörung hat aber dann die Geburt eines Kindes mit Fehlbildungen zur Folge. Bei Trisomien der Chromosomen 8, 9, 13 oder 18 sind diese Fehlbildungen so schwer, daß die Kinder meist nach wenigen Wochen oder Monaten sterben. Am bekanntesten ist die Trisomie von Nr. 21, einem der kleinsten Chromosomen, das sogenannte Down-Syndrom. Die Kinder zeigen einen eigenartigen Gesichtsausdruck. Die Augen sind schräggestellt und etwas schlitzartig; der Mund steht oft offen, und die Gliedmaßen wirken kurz und plump. Vor allem aber ist die geistige Entwicklungsfähigkeit sehr

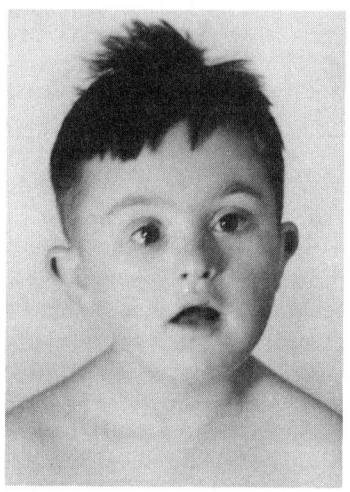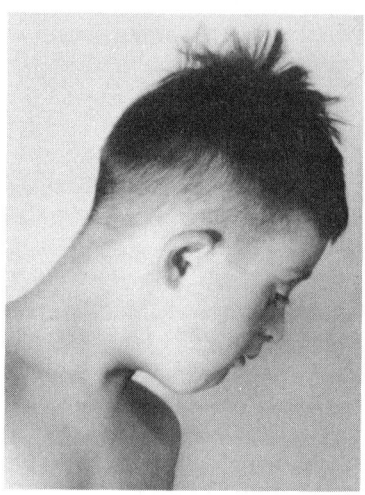

Abbildung 1
Kind mit Down-Syndrom (Trisomie 21).

stark eingeschränkt (Abbildung 1). Wegen einer oberflächlichen Ähnlichkeit mit dem mongolischen Rassentyp sprach man früher auch von »mongoloider Idiotie«. Dieses Zustandsbild kommt etwa ein- bis zweimal unter 1000 Neugeborenen vor. Seine Häufigkeit steigt mit zunehmendem Alter der Mutter stark an. Das gilt übrigens auch für andere Trisomien. Offensichtlich sind die Reifungsteilungen bei älteren Frauen für Störungen anfälliger als bei jüngeren.

Auch die Geschlechtschromosomen können während der Reifungsteilungen falsch verteilt werden, so daß es bei den

232

Nachkommen zu Trisomien kommt. So gibt es Menschen mit drei X-Chromosomen (XXX), solche mit zwei X- und einem Y-Chromosom (XXY) und andere mit einem X- und zwei Y-Chromosomen (XYY). Alle drei Typen sind relativ häufig. Sie finden sich etwa bei einem von 1000 Neugeborenen des jeweiligen Geschlechts. Daneben gibt es – wenn auch in geringerer Zahl – Menschen, die überhaupt nur ein Geschlechtschromosom, also insgesamt nur 45 Chromosomen, besitzen (X0-Typ). Die Entwicklungsstörungen, die durch Anomalien in der Zahl der Geschlechtschromosomen verursacht werden, sind weniger schwer als die bei den übrigen Chromosomenanomalien. Immerhin finden sich auch hier charakteristische Merkmalskombinationen, die es dem Fachmann schon aufgrund des klinischen Bildes möglich machen, eine Vermutungsdiagnose zu stellen. Anomalien der Geschlechtsentwicklung stechen hier besonders hervor.

Die Träger des XXY-Typs (Klinefelter-Syndrom) sind Männer. Hoden und Penis sind kleiner, Arme und Beine etwas länger als normal. Oft erinnern die Körperproportionen besonders in der Brust- und Hüftgegend mehr an den weiblichen Typus; auch die Verteilung der Körperbehaarung ist eher weiblich. Die Bildung männlicher Hormone ist herabgesetzt, und der Geschlechtstrieb ist zwar vorhanden, aber nicht sehr ausgeprägt. Geschlechtsverkehr ist möglich; die Patienten sind jedoch unfruchtbar. Befruchtungsfähige Spermien werden nicht gebildet.

Frauen mit dem Chromosomensatz XXX fallen äußerlich wesentlich weniger auf. Gelegentlich zeigen sie Zeichen geschlechtlicher Unterentwicklung. Oft sind sie jedoch normal entwickelt und haben auch gesunde Kinder. Viel stärker weichen X0-Frauen von dem normalen Phänotyp ab (Turner-Syndrom). Vor allem sind sie klein – meist etwa 1,50 m. Außerdem fehlt bei ihnen die weibliche Brustentwicklung, und das Genitale bleibt kindlich. Dazu kommen meist noch einige Anomalien der Körperform, so ein breiter Hals, ein tonnenförmiger Brustkorb und eine Art von Fischmund.

Im Gegensatz dazu sind Männer mit dem Chromosomensatz XYY meist besonders groß und kräftig, in unserer Bevölkerung in der Regel über 1,80 m. In der Pubertät leiden sie oft besonders stark unter Entzündungen ihrer Haarbälge im Gesicht, die der Hautarzt als Akne bezeichnet. In einigen Fällen wurde über geschlechtliche Unterentwicklung berichtet. In der Regel zeigen die XYY-Männer jedoch normale geschlechtliche Aktivität, und sie können auch Kinder bekommen.

Psychisch weichen Patienten mit Chromosomenaberrationen meist mehr oder weniger stark von der Norm ab. Deswegen bieten sie auch für den Arzt viele Probleme. Chromosomenanomalien führen, wie bereits deutlich wurde, zu Störungen in der normalen Embryonalentwicklung. Die Entwicklung des Gehirns, unseres kompliziertesten Organs, bedarf eines feinen Zusammenspiels der Entwicklungsvorgänge, die deshalb besonders leicht gestört werden können. Die auffälligste Folge ist eine Abnahme der allgemeinen Leistungsfähigkeit des Gehirns, die sich insbesondere auf die »höheren« Funktionen auswirkt[4]. Das führt zu einer Einschränkung der intellektuellen Leistung, die wir als Schwachsinn bezeichnen.

In Kapitel 5 wurde der Intelligenzquotient (IQ) als Maß für die intellektuelle Leistungsfähigkeit eines Menschen vorgeführt. Patienten mit Down-Syndrom haben einen IQ zwischen 20 und 60. Viele von ihnen lernen, einfache Mitteilungen zu lesen und zu schreiben, und einige können sich sogar ihr Brot selber verdienen, wenn sie unter geeigneter Aufsicht in einer beschützenden Werkstätte arbeiten. Derartige »beschützende Werkstätten« werden in der Bundesrepublik unter anderem durch die »Lebenshilfe« unterhalten, eine private Organisation, die sich die Sorge für geistig Behinderte zur Aufgabe gemacht hat.

In der Art der Einschränkung ihrer geistigen Leistungsfähigkeit unterscheiden sich die Patienten mit Down-Syndrom offenbar nicht von anderen geistig Behinderten. Es finden sich keine spezifischen Defekte etwa im Sprachvermögen oder in der Fähigkeit, sich im Raum zu orientieren. Der englische Humangenetiker Penrose, der sich viele Jahre mit diesen Patienten beschäftigte und im Umgang mit ihnen wohl die meisten Erfahrungen sammeln konnte, beschrieb sie als fröhliche und freundliche Persönlichkeiten. Ihre Fähigkeit zur Nachahmung und ihr Erinnerungsvermögen für Menschen, für Musik und für komplexe Situationen kann weit über ihre sonstigen Fähigkeiten hinausgehen. Erwachsene Patienten wirken jedoch oft mißvergnügt und stumpf. Die intellektuelle Leistungsfähigkeit pflegt schon im dritten Lebensjahrzehnt wieder abzunehmen. Ein Patient, Nigel Hunt, der Sohn eines Lehrers, schrieb sogar eine Autobiographie[5]. Die Eltern hatten den Jungen zwar zum Schreiben ermuntert; sie nahmen aber keinen Einfluß auf den Inhalt. So bietet dieses Buch einen Einblick in die innere Welt eines solchen Kindes. Manche Situationen werden lebendig und sogar mit einem gewissen Humor geschildert. So schreibt er von einem Pferd namens Roger: »Einmal hat er sich an der Vorderseite des Hauses aufgerichtet und hat den Rosenbusch gefressen; und einmal hat er

234

wieder Unfug gemacht und ist im hinteren Garten erwischt worden, wie er den ganzen Apfelbaum unserer Nachbarn gefressen hat.« Es fehlen jedoch alle Ansätze zur Abstraktion. Und nicht einmal der Vater in seinen beiden sozialen Rollen als Vater und Lehrer wird klar als dieselbe Person identifiziert.

Das Down-Syndrom stellt unsere Gesellschaft in zunehmendem Maße vor soziale Probleme. In früheren Jahren pflegten diese Patienten in der Regel früh zu sterben; denn viele von ihnen leiden zusätzlich an angeborenen Herzfehlern, und alle sind besonders anfällig gegenüber Infektionen. Heute kann man Herzfehler operieren und Infektionen mit Hilfe von Antibiotika wirksam bekämpfen. So überleben die Patienten länger, und die Gesellschaft muß Möglichkeiten finden, für sie zu sorgen. Andererseits bürgert sich in den meisten Ländern die vorgeburtliche Diagnostik genetischer Defekte immer mehr ein. Bei Frauen, deren Kinder für ein Down-Syndrom besonders gefährdet sind, kann man in Zellen des Fruchtwassers die Trisomie 21 schon so rechtzeitig nachweisen, daß die Schwangerschaft noch abgebrochen werden kann[6]. Aber diese Möglichkeit schafft ethische Probleme, die es früher nicht gegeben hat.

Allen numerischen Anomalien der *Geschlechts*chromosomen ist gemeinsam, daß die Ausfälle in der intellektuellen Leistung viel geringfügiger sind als zum Beispiel beim Down-Syndrom. Der Durchschnitt liegt bei Patienten mit Klinefelter-Syndrom (XXY) und auch bei Frauen mit dem Chromosomenstatus XXX sowie bei XYY-Männern etwas unter dem Bevölkerungsmittelwert von 100. IQ-Werte um 80 werden als Durchschnittswerte mitgeteilt. Um diese Durchschnittswerte herum streuen jedoch die bei einzelnen Personen gefundenen Werte sehr stark. So gibt es durchaus Patienten mit Klinefelter-Syndrom (XXY) mit Werten weit über 100, und einzelne Patienten sind selbst in akademischen Berufen erfolgreich gewesen.

Besonders interessant sind die Ergebnisse über intellektuelle Ausfälle beim Turner-Sydrom (X0). Der Gesamt-IQ dieser Patientinnen bleibt im Durchschnitt nur wenig hinter dem Mittelwert der Allgemeinbevölkerung zurück. In der Schule zeigen die Turner-Mädchen in der Regel recht gute Leistungen, wobei wir offen lassen, inwieweit das teilweise darauf zurückzuführen ist, daß Lehrer die sehr kleinen, niedlichen, kindlich wirkenden, meist eifrigen und freundlichen Mädchen mit besonderer Sympathie beurteilen. Was bei Turner-Patientinnen auffällt, ist jedoch ein spezifischer kognitiver Defekt. Sie haben oft besondere Schwierigkeiten, sich im Raum zu orientieren. So sind sie in Gefahr, sich in einer unbekannten Stadt zu verlaufen, weil sie sich nicht nach einem Stadtplan orientieren können. Eine Patientin mußte etwa ein kompliziertes Ritual befolgen, wenn sie ihre Küchengerätschaften wegräumte; sonst hätte sie selbst im eigenen Schrank nichts wiedergefunden. Wie in Kapitel 5 beschrieben, enthalten moderne Intelligenztests eine Reihe von Aufgaben, mit denen die Fähigkeit, sich räumlich zu orientieren, untersucht wird. In diesen Aufgaben pflegen Patientinnen mit Turner-Syndrom schlechter abzuschneiden als Frauen mit normalem Chromosomensatz. Nun gehört es zu den gesicherten Ergebnissen der Testpsychologie, daß Frauen in Aufgaben, die Orientierung im Raum erfordern, ohnehin im Mittel schlechter abschneiden als Männer (sie pflegen dafür in Testaufgaben, deren Lösung geschickten Umgang mit Wörtern erfordert, besser zu sein). Turner-Patientinnen bieten also den gleichen Befund, nur wesentlich ausgeprägter.

Die Ursache ist wahrscheinlich in einer funktionellen Schwäche einer bestimmten Hirnregion zu suchen. Diese Region liegt auf der rechten Seite des Gehirns, zwischen der Hinterhaupts- und der Zentralregion (Kapitel 13, Abbildung 1). Sie schließt sich also an die Sehregion an und berührt vorn den Bereich, von dem aus unsere Bewegungen gesteuert werden. Die Verarbeitung von Eindrücken vom Auge her ist für die räumliche Orientierung besonders wichtig. Bisher haben die Hirnanatomen allerdings noch nicht klären können, welche spezifischen Veränderungen an den Nervenzellen dieser Gegend beim Turner-Syndrom vorliegen.

Sind zu wenige Zellen vorhanden? Sind die Architektur und die räumliche Anordnung der Nervenzellen in diesem Bereich gestört? Oder haben die Zellen zu wenige oder falsche Verbindungen miteinander? Alle diese Probleme sind bis jetzt noch ungelöst. Ihre Lösung könnte uns viel über die Funktionsweise des Gehirns lehren.

Praktisch noch wichtiger als die intellektuellen Ausfälle sind die Besonderheiten in Persönlichkeit und Charakter, die sich bei Patienten mit numerischen Anomalien der Geschlechtschromosomen finden[7]. Bei Patientinnen mit Turner-Syndrom fallen diese Besonderheiten relativ wenig auf. Manche Beobachter beschreiben eine allgemeine Verzögerung der psychischen Entwicklung und eine infantile Einstellung auch bei Erwachsenen. Die Interessen der Patientinnen beschränken sich offenbar auf banale

Inhalte. In ihren sozialen Beziehungen neigen sie mehr zu abhängigen Rollen. Bei den intelligenteren von ihnen findet sich gelegentlich eine Neigung zur Überkompensation durch ehrgeiziges Verhalten in der Schule und im Sport.

Im allgemeinen leiden die Patientinnen unter ihrer geringen Körpergröße mehr als unter der sexuellen Unterentwicklung. Sie sollten möglichst früh, schon als Kinder, in die Behandlung eines Spezialarztes für Hormonstörungen kommen; denn manchmal gelingt es, das Längenwachstum etwas zu verbessern. Psychisch kann ein Gewinn von wenigen Zentimetern schon viel ausmachen. In der Pubertät wird der Arzt eine Turner-Patientin mit Geschlechtshormonen behandeln; denn viele der Symptome lassen sich darauf zurückführen, daß keine funktionsfähigen Eierstöcke vorhanden sind, so daß die weiblichen Geschlechtshormone nicht gebildet werden können. Durch eine Hormonbehandlung erreicht man nicht nur eine weibliche Ausbildung der Brust und der äußeren Geschlechtsorgane, sondern die Patientinnen bekommen auch Menstruationsblutungen. Sie können sexuelle Partnerschaften aufnehmen und heiraten; Kinder können sie allerdings nicht bekommen.

Schwerer wiegen die psychologischen Anomalien beim Klinefelter-Syndrom (XXY). Die Patienten haben häufiger Schulprobleme als normale Kinder. Das hängt offenbar nicht nur mit dem im Durchschnitt leicht verminderten IQ zusammen, sondern läßt sich oft auch auf Störungen in der Persönlichkeitsentwicklung zurückführen. Erwachsene XXY-Patienten findet man oft als ungelernte Arbeiter; einzelne sind allerdings sogar in akademischen Berufen erfolgreich. Psychiater berichten über zahlreiche Abweichungen von der Norm. Das Verhalten der Patienten wird als vorwiegend passiv geschildert, wobei aggressive Ausbrüche vorkommen. Oft vermeiden sie soziale Kontakte, vor allem auch solche mit dem anderen Geschlecht, und neigen zum Einzelgängertum. Ihre Reifung zum unabhängigen Erwachsenen ist häufig verzögert, und die Stimmungslage ist oft deprimiert und mißvergnügt. Die Ärztin Thea Lüers, die über psychiatrische und zytogenetische Kenntnisse verfügt – eine seltene Kombination –, gab die folgende, sehr lebhafte Schilderung vom Problem eines Studenten mit Klinefelter-Syndrom[8]:

Der Patient, nennen wir ihn Klaus, nahm im Alter von 25 Jahren als Biologiestudent an einem Chromosomenpraktikum teil. Dort hatte jeder Student auch von sich selbst einen Mundschleimhautabstrich auf X-Chromatin zu färben. Das X-Chromatinkörperchen findet sich in den Zellkernen aller Menschen, die mehr als ein X-Chromosom besitzen, also normalerweise nur bei Frauen. Klaus hatte jedoch einen positiven Befund. Eine Chromosomenuntersuchung ergab ein zusätzliches X-Chromosom, also ein Klinefelter-Syndrom (XXY). Aus den Gesprächen, die daraufhin geführt wurden, entwickelte sich eine dreieinhalb Jahre andauernde psychotherapeutische Beziehung zu Thea Lüers. Zum Zeitpunkt der Diagonose war Klaus auch äußerlich auffällig: »Alles an ihm war schlaff, die Art, wie er die Hand reichte, wie er ging, stand, saß und sprach ... Er ist 1,80 m groß, mager, mit langen Armen und Beinen, einem schmalen Kopf mit langem Gesicht und fahler, zarter, bartloser Haut und glanzlosen Augen.« Außerdem wirkte er auffallend ungepflegt. Er sprach leise und stockend.

Klaus hatte keinen festen Wohnsitz; bei seinen Eltern war er zwar polizeilich gemeldet, lebte jedoch meist in einer Laube, denn das Verhältnis zum Vater war denkbar schlecht. »Der Vater sei ein absolut negativer Mensch, der nur das Schlechte in der Welt sehe ... Er könne sich an kein einziges Lob vom Vater erinnern, keine Zärtlichkeit, keine Fürsorge, nur Szenen, Streit und Geschrei.« Die ständige Angst, auch vor anderen Vaterfiguren wie Lehrern und Vorgesetzten, »habe sein Leben zerstört«. Mit seiner Mutter dagegen habe Klaus immer zusammengehalten.

Nun ist der Vater-Sohn-Konflikt ja ganz allgemein häufig. Gerade bei Klinefelter-Patienten scheint er jedoch besonders oft schroffe Formen anzunehmen. Offensichtlich widersprechen das schlaffe Äußere und die geringe Aktivität dem Männlichkeitsideal der Väter, die aus ihrem Sohn »einen ganzen Mann« machen wollen. Auch mit dem Studium hatte Klaus Schwierigkeiten: Er war vielfach langsamer, unkonzentrierter und leichter ermüdbar als seine Kommilitonen und litt oft an einer Arbeitshemmung. Bevor er im Labor mit der eigentlichen Arbeit beginnen konnte, mußte er in einem komplizierten Ritual alle benötigten Gegenstände einzeln zusammentragen. Er neigte auch zu Zerstreutheit. Das alles erfüllte ihn mit Sorge, ob er in Zukunft den Belastungen des Berufslebens gewachsen sein werde. Nach dem Eindruck befragt, den die Mitteilung der Diagnose auf ihn gemacht habe, sagte er, es sei kein Schock für ihn gewesen. Er habe nie besonderen Stolz auf seine Männlichkeit empfunden. Besorgt aber war er wegen der körperlichen Folgen des Syndroms, insbesondere wegen einer Strukturstörung der Knochen, die man als Folge des Mangels an männlichen Geschlechtshormonen nicht selten beobachtet. In seinen sozialen Beziehungen fühlte er sich durch seinen Körper gestört; so hatte er zum Beispiel eine Scheu, mit anderen Studenten ins Schwimmbad zu gehen: Dort müsse man nackt duschen, und er fürchtete, wegen seines kleinen Genitales gehänselt zu werden. Nach seiner sexuellen Entwicklung befragt, gab er an, er sei mit zwölf oder dreizehn Jahren in den Stimmbruch gekommen und habe auch Pollutionen und sexuelle Träume gehabt. Zu intimen Beziehungen mit einem Mädchen sei es bisher nicht gekommen. Es sei schwierig für ihn, mit Mädchen Kontakt aufzunehmen. Seit acht Jahren habe er jedoch eine Freundin, mit der er ins Kino gehe und Spaziergänge mache. Sie sei in einem sozialen Beruf tätig, und er verstehe sich sehr gut mit ihr. Sexuelle Beziehungen zu ihm lehne sie jedoch ab. Dagegen erzähle sie ihm von ihren Beziehungen zu anderen Männern.

Später entschloß er sich, diesem Mädchen einen Heiratsantrag zu machen; sie wies ihn in einem ausführlichen Brief ab. Dieser Brief einer klugen und warmherzigen Frau ist vielleicht charakteristisch dafür, wie solche Menschen von Frauen erlebt werden: Sie sei erschrocken gewesen, daß gerade er ihr den Antrag gemacht habe; denn er sei seit vielen Jahren ihr bestes Beispiel, ihr stichhaltigstes Argument für die Möglichkeit einer reinen Freundschaft zwischen den Geschlechtern gewesen. Sie hätten sich in vielem gefunden, in der Musik, in der Natur, aber nicht in der Liebe. Sie würden keine Ehe miteinander führen können. Nach diesem Brief war er nicht so niedergedrückt, wie seine Freundin vermutet hatte, sondern – nachdem er die erste Enttäuschung überwunden hatte – eher erleichtert. Er meinte, es sei wohl besser für ihn, Junggeselle zu bleiben.

Neben den über dreieinhalb Jahre mit Unterbrechungen fortgesetzten psychotherapeutischen Sitzungen wurde Klaus mit männlichen Geschlechtshormonen behandelt. Beide Behandlungen zusammen wirkten sich sehr vorteilhaft aus: Schon äußerlich wirkte er am Ende dieser Zeit wesentlich frischer und aktiver als zu Anfang. Auch sein Biologiestudium konnte er erfolgreich fortsetzen. Er meinte selbst, Müdigkeit, allgemeine Erschöpfung und Verlust der Initiative seien vorwiegend durch die Hormongaben gebessert worden. Gleichzeitig hätten sich die seelischen Verhaltensstörungen, vor allem Angst und Menschenscheu, durch die Psychotherapie gebessert.

Betrachtet man dieses Lebensschicksal, das für viele andere steht, so überrascht es nicht, daß sich Patienten mit Klinefelter-Syndrom unter verurteilten Straftätern häufiger finden als in der Allgemeinbevölkerung. Die Verurteilung wegen einer Straftat ist ja nur der letzte Akt eines Dramas, in welchem der Mensch sich mit mehr oder weniger Erfolg bemüht hat, ein sinnvolles und auch erfolgreiches Leben zu führen. Dabei muß er sich mit den Forderungen auseinandersetzen, welche die Umwelt an ihn stellen. Eltern, Geschwister, Schule, Beruf – jeder will etwas von ihm: Einordnung, Anpassung an notwendige Normen, aktive Mitarbeit. Jeder bietet ihm aber auch etwas im Tausch dafür – Liebe, Aufgenommensein in eine Gemeinschaft, die Möglichkeit zu lernen und etwas zu leisten. Die meisten von uns sind in diesem Spiel mehr oder weniger erfolgreich. Von Objekten anderer werden wir immer mehr zu Mitspielern, die schließlich lernen, die Richtung dieses Spiels, wenn auch in gewissen Grenzen, aktiv mitzubestimmen. Patienten mit Klinefelter-Syndrom gehen in dieses Spiel von vornherein mit einem deutlichen Handicap hinein. Haben sie das Unglück, auch sonst noch auf erschwerte Bedingungen zu stoßen, so ist ihr Risiko zu scheitern größer als bei anderen Menschen. Dieses Scheitern kann ganz verschiedene Formen annehmen: Verwahrlosung, schwere Neurose, die psychiatrisches oder psychotherapeutisches Eingreifen erfordert, oder auch Straffälligkeit, je nach den besonderen Lebensumständen. So überrascht es uns nicht, daß Patienten mit Klinefelter-Syndrom, die straffällig geworden sind, in unterschiedlichster Weise mit dem Gesetz in Konflikt kommen können, zum Beispiel durch Diebstahl oder Brandstiftung. Nur kompliziertere Betrugsaffären fehlen. Dazu sind die meisten Patienten nicht intelligent genug.

Was kann man tun, um den Patienten zu helfen, ihre besonderen Schwierigkeiten besser zu überwinden? Man muß von früher Kindheit an spezielle Unterstützung bieten. In Dänemark hat eine Gruppe von Wissenschaftlern schon seit über zehn Jahren Chromosomenuntersuchungen bei Neugeborenen durchgeführt. Ziel dieser Studien ist es, zunächst Aufschluß über die Häufigkeit von Chromosomenanomalien unter Neugeborenen zu gewinnen. Darüber hinaus wollte man eine eventuelle Vermehrung derartiger Anomalien feststellen und ihre möglichen Ursachen herausfinden[9]. Vor allem aber will man Patienten mit Chromosomenstörungen schon in der frühen Kindheit an beobachten, feststellen, worin sie sich von anderen Kindern unterscheiden, und, wenn nötig, mit besonderen erzieherischen Maßnahmen eingreifen. Bei dieser Erhebung, bei der die Kinder im Alter von zwei bis fünf Jahren mit umfassender psychologischer und psychiatrischer Methode nachuntersucht wurden, zeigte sich, daß Patienten mit Klinefelter-Syndrom genau wie solche mit XXX- und XYY-Status sich im Durchschnitt schon im Säuglingsalter von anderen Kindern unterschieden. Sie schliefen mehr und waren ruhiger. Zum Zeitpunkt der Untersuchung zeigten alle drei Gruppen – XXY, XXX, XYY – Zeichen einer gewissen intellektuellen Entwicklungsverzögerung, die sich besonders in der sprachlichen Ausdrucksfähigkeit auswirkte. Manche der Kinder – besonders Mädchen mit XXX-Status – waren motorisch weniger geschickt. Auffällig war bei vielen von ihnen eine gewisse Armut des mimischen Ausdrucks; auch Schwächen bei der Unterscheidung von visuellen und akustischen Eindrücken wurden beobachtet. Offenbar ist nicht nur die intellektuelle Leistung, also die »oberste« Ebene der Gehirnfunktion, beeinträchtigt, sondern die Leistungsfähigkeit des gesamten Gehirns auf allen Funktionsebenen ist, verglichen mit der Norm, herabgesetzt.

So überrascht es nicht, daß diese Kinder oft auch als Persönlichkeiten auffallen: Beim Gruppenspiel im Kindergarten neigen sie eher dazu, sich zu isolieren, und während der Testuntersuchung selbst waren sie oft unsicher und leicht ablenkbar. Erziehungsschwierigkeiten verschiedener Art schienen bei ihnen öfter aufzutreten als bei anderen Kindern.

Derartige Besonderheiten fanden sich also bei allen drei Gruppen mit einem überzähligen Geschlechtschromosom – XXY, XXX und XYY. Die X0-Patientinnen, also die kleinen Mädchen mit Turner-Syndrom, scheinen sich dagegen als kleine Kinder normal zu entwickeln.

Der Anlaß dieser Überlegungen war jener Mörder, dessen zweites Y-Chromosom ihm zu einer milden Strafe verholfen hatte. Die Befunde, die die neuere Forschung bereitgestellt hat, machen es leichter, nun auch die speziellen Verhaltensauffälligkeiten von Männern mit dem XYY-Status besser zu verstehen.

Im Jahre 1965 untersuchte die berühmte britische Genetikerin Patricia Jacobs, die Ende der fünfziger Jahre einen wesentlichen Anteil an der Entdeckung der ersten numerischen Chromosomenanomalien beim Menschen gehabt hatte, 196 Männer mit verminderter Intelligenz, die wegen »gefährlicher, gewalttätiger oder krimineller Neigungen« in einer besonderen Institution festgehalten wurden[10]. Zwölf hatten eine abnorme Chromosomenzahl, davon sieben XYY und einer XXYY. Probanden mit einem überzähligen Y-Chromosom waren also unter den Insassen dieser Institution erstaunlich häufig. Vorsichtig, wie sie war, betonte Patricia Jacobs, sie könne nicht entscheiden, ob man diese Männer vor allem wegen ihrer verminderten Intelligenz, ihres aggressiven Verhaltens oder wegen einer Kombination beider Eigenschaften festhielt.

Diese Arbeit zog viele ähnliche Untersuchungen nach sich, die das Ergebnis im wesentlichen bestätigten: Unter männlichen Kriminellen – und insbesondere unter solchen, deren geistige Leistungsfähigkeit herabgesetzt war – fand sich der Chromosomenstatus XYY unerwartet oft. Damals wußte man noch nicht, daß jene Anomalie auch in der Allgemeinbevölkerung nicht gerade selten ist; sie findet sich einmal unter 1000 gesunden Männern. So lag der Schluß nahe: Das antisoziale Verhalten ist durch das zusätzliche Y-Chromosom verursacht. Männer mit diesem zusätzlichen Chromosom schienen zur Kriminalität genetisch prädisponiert.

Auch eine Erklärung war zur Hand: Männer sind normalerweise aggressiver als Frauen. Männer haben ein Y-Chromosom, Frauen nicht. Also ist das Plus an Aggressivität durch das Y-Chromosom verursacht. Darum müssen Männer, die zwei Y-Chromosomen besitzen, doppelt so aggressiv sein wie Männer mit nur einem Y-Chromosom. Diese größere Aggressivität sprengt die Grenzen des sozial Tragbaren. So kommen XYY-Männer mit dem Gesetz in Konflikt. Sie sind »Supermänner«.

Zur gleichen Zeit, als diese Betrachtungen die wissenschaftliche Welt bewegten, ermordete ein gewisser Speck in Chicago acht Krankenschwestern. Da er groß gewachsen und in seiner geistigen Entwicklung leicht zurückgeblieben war und außerdem Akne im Gesicht hatte, vermutete jemand, er könne die XYY-Anomalie haben. Diese Vermutung ging durch die Weltpresse. Später stellte sich heraus, daß Speck völlig normale 46 Chromosomen, darunter ein X- und auch nur ein Y-Chromosom, besaß. Auf die öffentliche Meinung hatte das aber keinen Einfluß mehr: Der Mythos vom »Mörderchromosom« war geboren. Er entwickelte ein Eigenleben und war durch die schlichte Wahrheit nicht zu beseitigen[11].

Nun begannen die Diskussionen zwischen Wissenschaftlern und Juristen, welche Konsequenzen man daraus zu ziehen habe, daß bestimmte Menschen aufgrund ihrer Chromosomen sozusagen geborene Verbrecher seien. Es wurde sogar der Vorschlag diskutiert, man solle XYY-Männer bereits prophylaktisch ihrer Freiheit berauben, um die Gesellschaft vor ihren gefährlichen Instinkten zu beschützen. Das war am Ende der sechziger Jahre, als auch Daniel Hugon wegen Mordes vor Gericht stand und sein mildes Urteil erhielt.

Um die gleiche Zeit hatten Ausbrüche von Gewalttätigkeit in bestimmten Vierteln mancher nordamerikanischen Städte die öffentliche Meinung beunruhigt. Auch in anderen Teilen der

Welt, so in Paris und auch in der Bundesrepublik, nahm anscheinend die Gewalttätigkeit zu. Kurz, es war ein geistiges Klima entstanden, in dem die Furcht vor Gewalt zur Gegengewalt herauszufordern schien. Gegengewalt auch gegen Menschen, die angeblich gar nicht anders konnten als gewalttätig werden.

Nun begannen die Wissenschaftler, einige wichtige Fragen zu stellen, so zum Beispiel: Wie häufig sind XYY-Männer in der Allgemeinbevölkerung? Als die Häufigkeit mit etwa 1:1000 männliche Neugeborene ermittelt wurde, ergab sich die Schlußfolgerung: Also werden die allermeisten von ihnen niemals straffällig. Oder eine andere Frage: Zeigt die Art der Vergehen, für welche XYY-Männer verurteilt wurden, bestimmte Besonderheiten? Findet man bei ihnen in der Tat mehr Gewalt- oder Sittlichkeitsverbrechen, wie das die Einzelbeobachtungen nahelegten, die man so bereitwillig verallgemeinert hatte? Das war nicht der Fall. Genau wie beim Klinefelter-Syndrom, fand man auch hier alle Arten von Vergehen mit Ausnahme derer, für die besondere Intelligenz erforderlich ist. Und schließlich: Wie verhalten sich XYY-Männer im Gefängnis? Sind sie aggressiver als andere Männer? Es stellte sich heraus, daß sie in Wirklichkeit oft angepaßtere Gefangene waren, die insbesondere zum Wachpersonal bessere Beziehungen unterhielten.

Unbestreitbar aber sind XYY-Männer genau wie Männer mit Klinefelter-Syndrom (XXY) unter Strafgefangenen wie unter Insassen von Institutionen zur Sicherheitsverwahrung gemeingefährlicher Männer häufiger als in der Allgemeinbevölkerung. Worauf ist das nun wirklich zurückzuführen, wenn der Mythos vom unbändigen »Supermann« nicht der Wirklichkeit entspricht?

Die Antwort brachte eine gründliche, mit sauberer statistischer Methodik durchgeführte Studie in Dänemark[12]. Es ist erstaunlich, wie viele grundlegende Arbeiten auf verschiedenen Gebieten der Humangenetik in diesem kleinen Land durchgeführt wurden. In Kapitel 7 wurden die dänischen Adoptivstudien erwähnt, mit deren Hilfe die Beteiligung genetischer Faktoren an der Disposition für Schizophrenie bewiesen wurde. Auch die prospektiven Studien an Neugeborenen mit Chromosomenanomalien wurden in Dänemark begonnen, und so gibt es noch viele andere humangenetische Probleme, die in diesem Land exemplarisch bearbeitet wurden. Sicher hängt das damit zusammen, daß eine relativ abgeschlossene Bevölkerung von nur 5,1 Millionen noch einigermaßen gut übersehbar ist. Dazu kommt eine ungebrochene Tradition humangenetischer Forschung. Sie geht auf einen einzigen genialen Organisator zurück – Tage

Kemp. Seit den dreißiger Jahren hatte er in seinem humangenetischen Institut in Kopenhagen ein genetisches Register aufgebaut. Mit Hilfe dieses Registers erforschten zahlreiche Schüler einige der wichtigsten Erbkrankheiten. Viele der später einflußreichsten Ärzte gingen zu Beginn ihrer wissenschaftlichen Laufbahn durch das Institut. Diese Erfahrung prägte sie für ihr ganzes Leben und ließ sie auch später als Kliniker oder niedergelassene Ärzte an der Wichtigkeit der humangenetischen Forschung festhalten. So wurde eine Tradition begründet, die viele Jahre nach Kemps Tod auch heute noch fortlebt. Betrachtet man im Vergleich dazu etwa den Stand der humangenetischen Forschung in Deutschland gegen Ende der zwanziger Jahre, so muß man feststellen, daß auch bei uns damals die Chance bestanden hatte, eine ähnliche Tradition zu begründen. Die unselige Verquickung der Humangenetik mit dem Nationalsozialismus, von mehreren ihrer führenden Vertreter aktiv unterstützt, hat das alles zerstört. Nach einer Pause von einem vollen Jahrzehnt und nach zögernden Anfängen in der Mitte der fünfziger Jahre mußte man neu beginnen.

Die dänische Studie über das XYY-Problem war so angelegt, daß sie die Frage zu untersuchen erlaubte: Warum ist die XYY-Anomalie unter Straffälligen häufiger als in der Allgemeinbevölkerung? Drei mögliche Ursachen wurden vor allem in Betracht gezogen:
1. XYY-Männer sind wirklich besonders aggressiv; 2. sie werden deshalb häufiger straffällig, weil sie im Durchschnitt weniger intelligent sind als andere Männer; oder sie sind 3. einfach immer größer und kräftiger als ihre Altersgenossen; das verschafft ihnen Erfolgserlebnisse in gewaltsamen Auseinandersetzungen, was sie zu weiteren Gewalttaten animiert.

Die Studie ging von 28 884 Männern aus, die zwischen 1944 und 1947 in Kopenhagen geboren waren. Da XYY-Männer im Durchschnitt besonders groß sind, wurden aus der Gesamtserie bei denjenigen die Chromosomen untersucht, die über 184 cm groß waren. So hatte man eine bessere Chance, XYY-Männer zu erfassen, während eine Chromosomenuntersuchung von fast 30 000 die Kapazität der beteiligten Laboratorien überschritten hätte. Unter den 4139 Männern über 184 cm, die untersucht wurden, fanden sich 12 mit dem Chromosomensatz XYY und 16 mit XXY.

Infolge der zentralen Registrierung aller wichtigen Daten in Dänemark standen für alle Untersuchten zusätzlich psychologische Testdaten von der Musterung für den Militärdienst, insbesondere solche über die Intelligenzleistung, aber auch Daten über frühere Verurteilungen wegen krimineller Vergehen zur Verfügung. Und tatsächlich bestätigte die Studie, was man schon wußte: Personen mit den beiden Chromosomenanomalien waren im Durchschnitt weniger intelligent als ihre Altersgenossen. Sie waren demzufolge auch in der Schule weniger erfolgreich und häufiger mit dem Gesetz in Konflikt geraten. Andererseits stimmte erwartungsgemäß die Verteilung der sozialen Schichten, aus denen sie stammten, mit der sozialen Schichtung der Bevölkerung überein.

Darüber hinaus hatte die Studie die drei oben genannten Hypothesen geprüft: Die Art der Kriminalität hatte meist nichts mit Gewalttätigkeit oder Aggressivität zu tun, sondern die Vergehen verteilten sich über den gesamten möglichen Bereich. Sie unterschieden sich nicht von den Vergehen der normalen XY-Männer, die in derselben Studie erfaßt worden waren. Die Aggressionshypothese konnte somit verworfen werden. Auch waren diejenigen XYY-Männer, die mit dem Gesetz in Konflikt geraten waren, im Durchschnitt keineswegs größer als die übrigen, sondern (vermutlich zufällig) sogar etwas kleiner. Das machte auch die dritte Hypothese unwahrscheinlich, wonach die Straffälligkeit eine Funktion der Körpergröße sein sollte. Nur die zweite Möglichkeit blieb: Straffälligkeit als Folge einer verminderten Intelligenzleistung.

Es ist eine allgemeine Erfahrung, daß Menschen, die mit dem Gesetz in Konflikt kommen, und insbesondere auch Gefängnisinsassen, im Durchschnitt weniger intelligent sind als die Bevölkerung, aus der sie stammen. Womit das im einzelnen zusammenhängt, soll hier nicht diskutiert werden. Vermutlich gehört ein gewisses Maß an Dummheit dazu, daß sich einer überhaupt einen Vorteil erhofft, wenn er das Gesetz übertritt. Daneben mag auch das erhöhte Risiko, gefaßt zu werden, eine Rolle spielen und vielleicht sogar die geringere Geschicklichkeit, sich vor Gericht herauszureden. Übrigens ist auch unser System der Bewachung von Strafgefangenen auf diese verminderte Intelligenz abgestellt und funktioniert nur unter dieser Voraussetzung. Inhaftiert man intelligente Menschen in größerer Zahl, so gelingt es ihnen über kurz oder lang immer, innerhalb des Gefängnisses das Heft in die Hand zu bekommen, mag auch das Bewachungssystem noch so perfekt erscheinen. Literarische Zeugnisse dafür gibt es genug – von Fritz Reuters »Ut mine Festungstid«[13] über Eugen Kogons KZ-Bericht[14], Albert Speers Spandauer Tagebuch[15], Walter Kempowskis Bericht über seine Haftzeit in der DDR[16] bis zum erfolgreichen Selbstmord der Baader-Ensslin-Gruppe 1977 in Stammheim.

Aus der dänischen Studie ergab sich nun, daß XXY-(Klinefelter-)Männer nicht häufiger mit dem Gesetz in Konflikt geraten waren als normale Männer des gleichen Intelligenzgrades. Hier reichte also die Hypothese Nr. 2 zur Erklärung vollständig aus. Auch für den XYY-Typ erklärte die verminderte Intelligenz einen wesentlichen Teil der erhöhten Häufigkeit von Gesetzesübertretungen. Allerdings ließ sich bei dieser Gruppe nicht der gesamte Umfang der Kriminalität durch geringere Intelligenz erklären. Gesetzesübertretungen waren etwas häufiger, als man es nur aufgrund des Intelligenzdefektes erwartet hätte. Neben der verminderten Intelligenz scheinen also noch andere Persönlichkeitsfaktoren eine Rolle zu spielen.

Über die Art dieser Faktoren gab dann eine Studie aus Frankreich näheren Aufschluß[17]. Vierzehn XYY-Männer wurden psychiatrisch untersucht. Bei ihnen wurde eine Reihe von psychologischen Tests durchgeführt. Die Testresultate unterschieden sich deutlich von denen chromosomal normaler Männer. XYY-Männer zeigten eine erhöhte Impulsivität, eine erhöhte Neigung, Handlungen auf unmittelbare Belohnung hin auszurichten, und einen gewissen Mangel an emotionaler Selbstkontrolle. Bei einigen Probanden fand sich eine besonders rigide Selbstkontrolle – offenbar eine Art von Kompensationsmechanismus. Die Probanden zeigten schwache Abwehrmechanismen gegenüber Angst, und das Bild von der eigenen Persönlichkeit war oft schwach, leicht zerstörbar und infantil. Derartige Persönlichkeitsmerkmale könnten in der Tat ein erhöhtes Risiko für antisoziales Verhalten mit sich bringen.

Wie all diese Befunde eindeutig zeigen, gibt es *kein* Mörderchromosom. Niemand ist schicksalhaft durch seinen Chromosomenstatus gezwungen, gewalttätig zu werden, Verbrechen zu begehen. Das Mörderchromosom ist ein Mythos.

Wie aber konnte es zu der Entstehung dieses Mythos kommen? Und wie konnten sich Wissenschaftler an seiner Entstehung beteiligen? Um das zu verstehen, müssen wir uns eben von der Vorstellung freimachen, Wissenschaftler seien gegen irrationale Einflüsse gefeit. Möglicherweise unterliegen sie derartigen Einflüssen etwas weniger leicht als andere Menschen. Aber gefeit sind sie nicht. Der Fortschritt der Wissenschaft führt zu einer schrittweisen Annäherung an die Wahrheit, indem Positionen, die einzelne Wissenschaftler eingenommen haben, von anderen überprüft und, wenn nötig, korrigiert werden. So ist es auch mit dem Mythos von dem Mörderchromosom geschehen: Die Wissenschaft selbst hat ihn schließlich widerlegt. Trotzdem sollte uns die Erfahrung warnen, scheinbar naheliegende Schlußfolgerungen aus wissenschaftlichen Hypothesen, die auf nicht kritisch überprüften Daten beruhen, zu schnell zur Grundlage für sogenannte Reformen, zum Beispiel im sozialen Bereich, zu machen. In diese Falle tappen wir besonders gern, wenn die Schlußfolgerungen unsere Wünsche oder Befürchtungen zu bestätigen scheinen, das heißt, wenn sie in der Richtung unserer Vorurteile liegen.

Wenn wir also Männer mit XYY-Status nicht als potentielle Mörder in Sicherheitsverwahrung nehmen wollen, was soll dann mit ihnen geschehen? Sie haben doch offenbar besondere Probleme. Sie sind stärker gefährdet als andere Männer, mit den Normen unserer Gesellschaft in Konflikt zu geraten.

Übrigens ist die Erkenntnis, daß für die größere oder geringere Anfälligkeit, straffällig zu werden, neben den auf der Hand liegenden Einflüssen von seiten der Umwelt auch genetische Faktoren eine Rolle spielen, keineswegs besonders neu. Sie ist auch nicht auf Chromosomenanomalien beschränkt. Ergebnisse, die mit klassischen humangenetischen Methoden erarbeitet wurden, hatten schon seit Jahrzehnten auf genetische Einflüsse hingewiesen. So erschien schon im Jahre 1929 eine Monographie des Psychiaters Johannes Lange mit dem provozierenden Titel »Verbrechen als Schicksal«[18]. Lange hatte gezeigt, daß eineiige Zwillinge viel häufiger beide straffällig werden als zweieiige, obwohl auch diese in der gleichen zu antisozialem Verhalten verleitenden Umwelt aufgewachsen waren. Dieses Resultat wurde seitdem in vielen verschiedenen Bevölkerungen bestätigt, an Zwillingen und auch an Adoptivkindern. Gleichzeitig haben auch diese Studien jedoch gezeigt, daß es nicht schicksalhaft bestimmt ist, ob ein Mensch kriminell wird oder nicht. Freilich haben es manche Menschen von Natur aus schwerer und andere weniger schwer, einen Konflikt mit dem Gesetz zu vermeiden. Aber dies ist natürlich kein Grund, bestimmte Gruppen von Menschen – etwa eineiige Zwillingspartner Straffälliger – vorsorglich zu inhaftieren. Andererseits muß jeder – unabhängig von seiner genetischen Konstitution – die Verantwortung für seine Taten übernehmen, es sei denn, er war zum Zeitpunkt der Tat nicht fähig, das Verbrecherische seines Tuns zu erkennen und sich im Sinne dieser Erkenntnis zu verhalten.

Im Prinzip nicht anders ist es bei den XXY- oder XYY-Männern. Auch sie haben es von Natur aus schwerer als andere. Bei beiden Gruppen kann man es von Geburt an erkennen. Man muß nur die Chromosomen untersuchen. Und hier gewinnen

Studien wie die erwähnte dänische Erhebung über Chromosomenanomalien bei Neugeborenen ihre praktische Bedeutung:
Man kann dann die Kinder, die wegen ihrer Chromosomen
gefährdet sind, erkennen und sich rechtzeitig ihrer annehmen.
Wie entwickeln sich XYY-Kinder in den ersten Lebensjahren? Unterscheiden sie sich von Kindern mit normalen Chromosomen? Wie oben erwähnt wurde, sind sie zum Beispiel im ersten
Lebensjahr ruhiger als normale Kinder und schlafen mehr. Es
wäre sicher wichtig, auch zu wissen, ob sie auch später laufen,
sitzen und sprechen lernen oder ob an der Entwicklung ihres
Hirnstrombildes (EEG) (vgl. Kapitel 16) Zeichen einer verzöger-
ten Reifung ihres Gehirns zu erkennen sind. Der erste Schritt
einer genaueren Analyse ist jedoch eine sorgfältige klinisch-
pädagogische Beschreibung; denn nur sie kann uns zum Formulieren von Hypothesen anregen, die dann statistisch überprüft
werden können. Die dänische Studie enthält eine Reihe von
Fallberichten, die darauf hindeuten, daß schon die Entwicklung in
den ersten Lebensjahren mit mehr Schwierigkeiten verbunden
sein kann, als das normalerweise der Fall ist.

Dazu ein Beispiel[19]: Der Junge, bei dem man nach der
Geburt einen XYY-Status festgestellt hatte, wurde im Alter von
sechs Jahren psychologisch untersucht. Als Baby hatte er es seinen
Eltern leichtgemacht. Als er zwei Jahre alt war, gab es zunehmend
Schwierigkeiten. Er war sehr aktiv, tyrannisierte seine Mutter und
hatte Wutanfälle, in denen er eine wahre Zerstörungswut entwikkelte. Mit drei Jahren mußte er eine Sprachtherapie beginnen, da
sein Sprachvermögen gestört war. Mit sechs Jahren war das alles
ziemlich behoben. Er war jedoch immer noch sehr aktiv und froh,
wenn diese Aktivität auch in entsprechende Spiele und Tätigkeiten gelenkt wurde.

Bei der Intelligenzuntersuchung ergab sich eine Diskrepanz
zwischen dem Verbalteil und dem Handlungteil des Wechsler-
Intelligenztestes (vgl. Kapitel 5). Im Handlungteil schnitt der
Junge relativ gut ab, während er im Verbalteil erhebliche
Schwierigkeiten hatte, so im abstrakten Denken und in der
Sprachgeschicklichkeit. Er verfügte nur über ein dürftiges Voka-
bular, und seine Aussprache war schlecht. Während der Untersu-
chung wirkte er verängstigt und unruhig. Er verlangte ständig die
Hilfe des Untersuchers. Im Kindergarten war seine mangelnde
Fähigkeit sich auszudrücken auch schon aufgefallen. Er hatte dort
auch Schwierigkeiten mit seinen Altersgenossen; denn er neigte
dazu, Meinungsverschiedenheiten mit Gewalt auszutragen.

Auf den ersten Blick ordnet sich diese Schilderung gut in das

Bild eines späteren »Soziopathen« ein. Andererseits darf man nicht unerwähnt lassen, daß der Vater, eine gestörte Persönlichkeit, straffällig geworden war. Die Mutter wird als unreif beschrieben. So betrachtet, befriedigt diese Familie nicht nur das Erklärungsbedüfnis des Genetikers, der mit Recht auf den XYY-Karyotyp des Jungen hinweisen wird, sondern auch desjenigen, der geneigt ist, die meisten Störungen in der kindlichen Entwicklung ausschließlich auf den Einfluß der wichtigsten Kontaktpersonen – also der Eltern – zurückzuführen. Derartige Beispiele können uns verstehen lehren, wie sich Genetiker die Interaktion zwischen genetischer Disposition und Umwelteinflüssen vorstellen.

Welches sind nun die praktischen Konsequenzen unserer Erkenntnis über den XYY-Karyotyp? Was sollten wir tun – oder nicht tun? Hier sind die Meinungen der Fachleute durchaus geteilt. Manche vertreten die Meinung, man solle die Eltern über die Chomosomenanomalien ihres Kindes überhaupt nicht informieren. Sie würden dadurch nur beunruhigt, würden ihr Kind anders behandeln als ein Kind ohne diese Besonderheit und würden dadurch eine abnorme Entwicklung fördern – etwa im Sinne einer »Self-fulfilling prophecy«, also einer Prophetie, die selbst zu ihrer Erfüllung beiträgt. In den USA wurde eine begleitende Studie an Kindern mit abnormen Karyotypen, die für die Wissenschaft bereits hoffnungsvolle Ergebnisse erbracht hatte, aus ähnlichen Gründen abgebrochen.

Die meisten der mit diesem Problem befaßten Fachleute sind jedoch der Meinung, daß die Eltern informiert werden sollten. In der erwähnten dänischen Studie wird empfohlen, die Information sollte erst erfolgen, wenn die Kinder das erste Lebensjahr bereits vollendet haben. Dann wüßten die Eltern schon aus Erfahrung, daß das Kind sich in seiner Entwicklung von anderen Kindern gar nicht so sehr unterscheidet. So könne der Schock der Mitteilung abgemildert werden.

Im übrigen muß man natürlich pädagogische und, soweit das notwendig ist, auch therapeutische Hilfen anbieten. Bei Kindern mit Klinefelter-Syndrom (XXY) und auch beim Turner-Syndrom sollten diese Hilfen rechtzeitig durch eine Behandlung mit Geschlechtshormonen ergänzt werden, damit eine wenigstens äußerlich normale Pubertätsentwicklung eintritt. Beim Klinefelter-Syndrom zum Beispiel wird empfohlen, die Behandlung mit männlichen Geschlechtshormonen schon um das zwölfte Lebensjahr zu beginnen. Dadurch kann man die zusätzliche psychische

Belastung, die für einen Heranwachsenden mit einem etwas femininen Körperbau – oft mit Brustentwicklung – und mit kleinen Genitalien verbunden ist, vermeiden. Außerdem haben Geschlechtshormone auch eine direkte Wirkung auf die Funktionen des Gehirns (vgl. Kapitel 16). Um mit einer Hormonbehandlung rechtzeitig beginnen zu können, muß man aber die Diagnose kennen. Schon aus diesem Grunde ist es notwendig, die Eltern zu informieren.

Bisher stammen alle Daten über Chromosomenbefunde bei Neugeborenen aus Pionierstudien an begrenzten Serien von Kindern. Bei der überwiegenden Mehrzahl der Neugeborenen in aller Welt werden bisher die Chromosomen nicht untersucht. Vom Standpunkt des Humangenetikers aus wäre es wünschenswert, die Chromosomen jedes Neugeborenen zu kennen. Die Untersuchung ist jedoch zeitraubend und teuer, und es bleibt höchst zweifelhaft, ob jede Gesellschaft sich diesen Aufwand leisten will und kann.

Eine andere Entwicklung stellt uns vor noch schwierigere ethische Probleme. Wie schon erwähnt, ist es heute möglich, Chromosomenstörungen schon beim Embryo mit Hilfe einer Fruchtwasserpunktion zu diagnostizieren. Die Diagnose liegt so rechtzeitig vor, daß ein Schwangerschaftsabbruch noch möglich ist. Bei nachgewiesener schwerer Schädigung des Kindes ist dieser Abbruch bis zur 22. Woche auch gesetzlich erlaubt[20].

Heute streben die Genetiker an – und die Parlamente und Regierungen unterstützen sie dabei –, diese Untersuchung allen Frauen anzubieten, von denen man weiß, daß ihr Risiko, ein Kind mit Chromosomenstörungen zur Welt zu bringen, im Vergleich mit dem allgemeinen Durchschnitt erhöht ist. Neben Müttern, die schon einmal ein Kind mit einer Chromosomenstörung gehabt haben, sind das vor allem Frauen über 35 Jahren. Natürlich erfolgt dieses Angebot nicht, um Embryonen mit Anomalien in der Zahl der Geschlechtschromosomen herauszufinden. Man will die viel schwereren chromosomalen Störungen diagnostizieren, zum Beispiel das Down-Syndrom. In unserer säkularisierten Gesellschaft stimmt die Mehrzahl aller Menschen dahingehend überein, daß ein Kind mit Down-Syndrom eine so schwere Belastung für eine Familie darstellt – man kann dem Kind ja nicht wirksam helfen –, daß ein Schwangerschaftsabbruch ethisch vertreten werden kann. Das gilt erst recht für andere Chromosomenstörungen, die noch viel schwerere Fehlbildungen und auch schwerere Funktionsmängel des Gehirns zur Folge haben.

Anders sieht es jedoch mit den Anomalien der Geschlechtschromosomen aus. Auch sie werden bei einer pränatalen Chromo-somendiagnose miterfaßt. Man kann das gar nicht vermeiden. Ist aber ein X0-, XXY- oder XYY-Karyotyp ein ausreichender Grund für einen Schwangerschaftsabbruch? Bei guter Therapie braucht der Klinefelter-Patient ja nicht unglücklich zu werden. Er hat es allerdings oft schwerer, zu einer »normalen« Lebenserfüllung zu kommen, als ein anderer Mensch. Auch der Träger eines XYY-Typs hat es schwerer, einen für ihn selbst wie für seine Umgebung befriedigenden Platz in unserer Gesellschaft zu finden. Aber die meisten schaffen es doch. Und ist es für die Eltern nicht zumutbar, die zusätzliche Mühe und das größere Risiko auf sich zu nehmen?

Das alles führt in sehr ernste Fragen, bis hin zur Frage nach dem Sinn des Leidens und der zu tragenden Belastungen im menschlichen Leben. Je nach eigener Einstellung ergeben sich hier für den praktisch tätigen Humangenetiker Entscheidungen, die er in seiner täglichen Arbeit immer wieder zu fällen hat: Wann soll man die Eltern informieren? Unmittelbar nach der Diagnose, so daß ein Abbruch noch möglich ist? Nach der Geburt? Nach Vollendung des ersten Lebensjahres? Oder überhaupt nicht? Aber auf alle diese Fragen gibt es keine Patentantwort. Und soll man im Gespräch mit ihnen einen Schwangerschaftsabbruch befürworten? Soll man als Gutachter die im Gesetz vorgesehenen Bedingungen als gegeben ansehen? Das Gesetz ist – zum Glück – so formuliert, daß dem Gutachter hier viel Freiheit bleibt.

Wir selber bemühen uns, den Eltern das Problem so deutlich wie möglich auseinanderzusetzen. Dabei verwenden wir Fallbeispiele wie die oben zitierten. Wir weisen auch deutlich darauf hin, welche Möglichkeiten heute in der psychagogischen Führung und der medizinischen Behandlung bestehen. Entscheiden sich die Eltern dann nach ruhiger Überlegung für einen Abbruch der Schwangerschaft, so unterstützen wir diese Entscheidung mit unserem Gutachten. – Aber sehr wohl ist uns dabei nicht.

Noch eine weitere Frage: Welche Bedeutung haben die psychologischen Besonderheiten bei Trägern von Chromosomenanomalien für die wissenschaftliche Erforschung der genetischen Variabilität, die Befinden und Verhalten des Menschen beeinflussen? Das ist deshalb von großer Bedeutung, weil wir uns hier nicht nur mit psychologischen Phänotypen zufrieden geben müssen, die wir in Familien und bei Zwillingen vergleichen können, sondern weil wir auch eine klare Ursache vor uns haben. Die Chromosomenanomalie beeinflußt ganz offenbar die Psyche ihrer Träger. Es käme nun darauf an zu fragen, wie im einzelnen – und über welche

Zwischenstufen – sich dieser Einfluß auswirkt? Chromosomenstörungen beeinträchtigen die Embryonalentwicklung in viel-
facher Weise. Kinder mit Störungen der Autosomen, aber auch
der Geschlechtschromosomen, können unter angeborenen Fehlbildungen des Gesichts, der Gliedmaßen oder der inneren Organe
leiden. So liegt es nahe, die psychologischen Veränderungen mit
Entwicklungsstörungen des Gehirns in Zusammenhang zu bringen. Erste Untersuchungen an Gehirnen von Embryonen und
Kindern mit Chromosomenaberrationen haben auch Störungen in
der geordneten Anordnung von Nervenzellen ergeben. Bisher ist
es jedoch noch nicht gelungen, sie zu den geistig-seelischen
Ausfällen in unmittelbare Beziehung zu setzen.

Auch bei erblichen Enzymdefekten wie der Phenylketonurie oder den genetisch bedingten Schilddrüsenstörungen kennt
man bisher keine genaue Ursache für eine psychische Anomalie
(Kapitel 10). Dort liegen jedoch extreme Varianten vor, die zu
einer erheblichen Funktionsstörung mit schwerem Schwachsinn
führen. Bei manchen Chromosomenstörungen – und besonders
bei Anomalien der Geschlechtschromosomen – sind die psychologischen Abweichungen vom Durchschnitt jedoch wesentlich
geringer. Sie bewegen sich in dem Rahmen, der uns von den
häufigen Erziehungs- und Sozialisationsstörungen her vertraut ist.
Bei denen sind wir im allgemeinen viel eher bereit, Fehlern in der
elterlichen Fürsorge und Erziehung die Hauptverantwortung
zuzuschreiben. Es ist aber eine wichtige Erkenntnis, daß – und auf
welche Weise – klar definierte genetische Unterschiede, wie ein
XXY- oder ein XYY-Status, sich auch in diesem Bereich
auswirken können. So sind zum Beispiel manche Klinefelter-
Patienten leicht schwachsinnig, andere dagegen sind sogar überdurchschnittlich intelligent. Neben den äußeren Einflüssen von
seiten des Elternhauses hat das sicher auch damit zu tun, auf
welche Veranlagung sich die Störung aufpfropft, das heißt wie
hoch die Leistungsfähigkeit desselben Menschen wäre, wenn er
keine Chromosomenanomalie hätte.

Ganz befriedigt eine solche Analyse jedoch nicht. Wir
wissen einfach noch nicht genau genug, welcher Art die Veränderungen in der Embryonalentwicklung sind, die von Chromosomenaberrationen verursacht werden. Bei einem XXY-Indivi-
duum oder auch bei einem Menschen mit Down-Syndrom sind ja
alle Erbanlagen vorhanden. Keine von ihnen ist durch eine
Mutation außer Kraft gesetzt, wie das etwa bei der Phenylketonurie der Fall ist. Nur das Mengenverhältnis einiger Gene ist
verschoben. Störungen im Phänotyp können also nicht auf den

Ausfall einzelner Gene zurückgeführt werden, sondern sie müssen auf Störungen im Gleichgewicht zwischen verschiedenen Genwirkungen zurückgehen. Es sind Regulationsanomalien. Die genetischen Regulationsvorgänge während der Entwicklung eines Individuums sind uns jedoch wesentlich weniger bekannt als die Wirkungsweise einzelner Gene. So ist es uns auch noch nicht möglich, viel über die biologischen *Mechanismen* zu sagen, die psychologischen Besonderheiten bei Patienten mit Chromosomenanomalien letztlich zugrunde liegen. Was genau läuft eigentlich in ihren Gehirnen anders ab? Gerade auf das Verstehen dieser Mechanismen käme es jedoch an. Den Weg vom Genotyp – und speziell bei Mutanten einzelner Gene – bis zum Phänotyp wollen wir in allen Zwischenstufen verstehen. Das ist das eigentliche Ziel der genetischen Analyse. Zur Erreichung dieses Ziels hat die Analyse der Chomosomenaberrationen bisher sehr wenig beigetragen. Hier sind andere Forschungsansätze notwendig.

Man muß sich zunächst mit den genetisch bedingten Unterschieden auf den verschiedenen Funktionsebenen des menschlichen Gehirns beschäftigen. Derartige Studien befinden sich jetzt erst in den Anfängen; aber hier liegen die aufregendsten Probleme verborgen. Um die Forschungsansätze zur Lösung dieser Probleme zu verstehen, muß man zunächst Aufbau und Funktionsweise des Gehirns wenigstens in großen Zügen kennen.

1   Vgl. Vogel, F., Motulsky, A.G.: Human Genetics – Problems and Approaches. Berlin/Heidelberg/New York: Springer 1979, Sect. 8.2.2.3.
    Borgaonkar, D. S., Shah, S. H.: Progr. Med. Genet. 10, 135–220 (1974).
2   Vgl. Schwarzacher, H. G., Wolf, U. (Eds.): Methods in Human Cytogenetics. Berlin/Heidelberg/New York: Springer 1974.
3   Vgl. Vogel, F., Motulsky, A. G., a. a. O., Sect. 2.2.
4   Vgl. Vogel, F., Motulsky, A. G., a. a. O., Sect. 8.2.2.
5   Hunt, N.: Die Welt des Nigel Hunt (Tagebuch eines mongoloiden Jungen). München: Reinhard ²1976.
6   Vgl. Murken, J.-D., Stengel-Rutkowski, S.: Pränatale Diagnostik. Stuttgart: Enke 1978.
7   Züblin, W.: Chromosomale Aberrationen und Psyche. Basel/New York: Karger 1969.
8   Lüers, Th.: Das Erlebnis des Klinefelter-Syndroms. Psychoanalytische Gespräche mit einem Patienten. Als Manuskript veröffentlicht 1970.

9   Nielsen, J., et al.: Birth Defects 15, 15–73 (1979).
10 Jacobs, P. A., et al.: Nature 208, 1351–1352 (1965).
11 Vgl. Borgaonkar et al., a. a. O.
12 Witkin, H. A., et al.: Science 193, 547–555 (1976).
13 Reuter, F.: Ut mine Festungstid. München: dtv 1978.
14 Kogon, E.: Der SS-Staat. Berlin: Druckhaus Tempelhof 1947.
15 Speer, A.: Spandauer Tagebuch. Frankfurt/Berlin/Wien: Ullstein 1975.
16 Kempowski, W.: Ein Kapitel für sich. München: Carl Hanser 1975.
17 Noël, B., et al.: Clin. Genet. 5, 387–394 (1974).
18 Lange, J.: Verbrechen als Schicksal. Leipzig: Thieme 1929.
19 Nielsen, J., et al.: Birth Defects 15, 15–73 (1979), Fall Nr. 8761.
20 § 218b Abs. 2,5. Gesetz zur Reform des Strafrechtes vom 18. 6. 1974.

13. Wie ist das menschliche Gehirn aufgebaut, und wie funktioniert es?

Laufen wir barfuß über eine Wiese und treten in eine Glasscherbe, so durchzuckt uns ein plötzlicher Schmerz. Dieser Schmerz kann quälend werden, wenn sich die Wunde infiziert. Wir haben dabei aber immer die Empfindung, daß sich hier irgend etwas »weit weg von uns« abspielt. Haben wir dagegen Zahnschmerzen, so beeinträchtigt uns das weitaus mehr: Der Schmerz scheint »uns selbst« viel näher. Offenbar empfinden wir unseren Körper nicht gleichmäßig als »wir selbst«. Wir lokalisieren unser Ich in den Kopf, noch genauer: in die Mitte hinter unseren Augen. Dort sitzt das Gehirn. Unser subjektives Erleben, unsere Erfahrung der Außenwelt, Fühlen und Denken, auch alle nach außen gerichteten Aktivitäten wie unser gesamtes Innenleben hängen irgendwie vom Funktionieren des Gehirns ab. Wollen wir also wissen, wie psychische Vorgänge entstehen und wie sie ablaufen, so müssen wir uns mit der Funktionsweise des Gehirns vertraut machen.

Das gilt besonders dann, wenn wir fragen, in welcher Weise genetische Variabilität sich als psychische Unterschiede zwischen den Menschen auswirken kann. In der Tat gibt es auch genetisch bedingte Unterschiede im Aufbau und in der Funktion des Gehirns. Man könnte das schon aufgrund der allgemeinen Erfahrungen annehmen, die man auf anderen, der Analyse leichter zugänglichen, Gebieten der Humangenetik gemacht hat. Diese Unterschiede gelten für die Art unserer subjektiven Erfahrung, für unsere Befindlichkeit und auch für unsere geistig-seelischen Leistungen. Ihre Analyse kann uns viel über die biologischen Mechanismen lehren, die der Funktion des Gehirns und den seelischen Vorgängen zugrunde liegen. Dabei wollen wir schon hier betonen, daß geistig-seelische Erfahrungen und Leistungen selbstverständlich nicht ausschließlich das Ergebnis genetisch determinierter biologischer Vorgänge im Gehirn sind. Schon die Entwicklung des kindlichen und jugendlichen Gehirns bedarf der ständigen Stimulation durch die Umwelt, und diese Stimulation bleibt auch im weiteren Verlauf des Lebens notwendig, um eine normale Hirnfunktion zu entwickeln und den normalen anatomischen Aufbau zu bewahren. Beispielsweise treten bei der Ratte in dem Gehirnteil, der mit dem Sehen zu tun hat, der sogenannten »Sehrinde«, Degenerationserscheinungen auf, wenn das Individuum infolge einer rein äußerlichen Störung des Auges nicht mehr sehen kann[1]. Prinzipiell das gleiche gilt wohl für viele andere Funktionsbereiche. Eine derartige wechselseitige Abhängigkeit zwischen Beanspruchung und Leistungsfähigkeit besteht übrigens nicht nur für das Zentralnervensystem, sondern auch für andere Organsysteme unseres Körpers. Bei der Muskulatur ist das jedermann geläufig: Üben wir unsere Muskeln regelmäßig, so wachsen sie und leisten mehr. Legen wir uns dagegen für einige Wochen ins Bett, dann vermindert sich die Muskulatur unserer Beine so stark, daß uns beim Aufstehen das Laufen schwerfällt. Selbst bei gleicher Veranlagung und auch dann, wenn alle Erbanlagen identisch sind, können sich im Wechselspiel mit den Reizen der Umwelt Unterschiede im Bereich körperlicher oder psychischer Funktionen entwickeln.

Die klassischen Studien der Zwillingsforschung über Intelligenz, Persönlichkeitsmerkmale, Krankheiten und geistig-seelische Anomalien machten deutlich, wie verschieden auch erbgleiche Individuen sein können (Kapitel 5, 7, 8). Aber gerade weil so vielfältige Wechselwirkungen mit der Umwelt den Weg vom Gen bis zum psychologischen Phänotyp beeinflussen können, ist es um so wichtiger, genetische Variabilität, die auf psychische Vorgänge Einfluß haben kann, auf einer möglichst gennahen Ebene zu untersuchen. Nur indem wir gewissermaßen den Weg vom Gen zum Phänotyp nachzuvollziehen suchen, können wir hoffen, einen genaueren Einblick in diese Wechselwirkungen zu bekommen.

Ein Problem bleibt dabei freilich außerhalb unseres Zugriffes: Wie ist es überhaupt möglich, daß wir bewußte seelische Vorgänge haben? Wie kann es geschehen, daß biochemische Vorgänge im Gehirn von Gedanken und Empfindungen begleitet sind, daß Gedanken biochemische Vorgänge in Gang setzen, elektrische Ströme zum Fließen bringen und daß wir, umgekehrt, durch chemische Manipulationen, etwa indem wir ein Rauschmittel einnehmen, psychische Vorgänge verändern können?

Dieses Problem hat die Philosophen seit Jahrhunderten beschäftigt. Erst kürzlich ist ein gedanklich tiefes und informationsreiches Buch erschienen, in dem der Philosoph Karl Popper und der Hirnforscher und Nobelpreisträger John Eccles sich gemeinsam um eine Lösung bemühen, ohne sie freilich zu finden? Biologen glauben manchmal, das philosophische sogenannte Leib-Seele-Problem dadurch umgehen zu können, daß sie etwa sagen: Im Laufe der Evolution ist deshalb allmählich ein Bewußtsein entstanden, weil es die Informationsverarbeitung erleichterte und damit einen Vorteil bei der natürlichen Auslese mit sich brachte. Aber diese Antwort reicht nicht weit genug.

Denn auch ein noch so großer Vorteil in der natürlichen Auslese kann nicht etwas erzeugen, was aufgrund der physikalischen und chemischen Eigenschaften der Materie unmöglich ist. Und daß es der Materie, wenn auch in noch so komplizierter Weise strukturierten Materie, möglich sein soll, zu denken, zu fühlen und bewußte Erfahrung zu haben, das ließe sich aufgrund unserer Kenntnis naturwissenschaftlicher Gesetze niemals vermuten, wüßten wir es nicht aus eigener, unmittelbarer Erfahrung.

Die beiden Paradigmen, das von Francis Galton begründete biometrische Paradigma und das Genkonzept Gregor Mendels, sind noch heute die Orientierungspunkte der humangenetischen Forschung. Der biometrische Ansatz Galtons besteht darin, daß man Phänotypen mißt und bei Verwandten oder Zwillingen mit statistischer Methode vergleicht. Aus diesen Vergleichen schließt man dann, ob und in wie hohem Grade Unterschiede in diesen Phänotypen, die man in der Bevölkerung vorfindet, durch Unterschiede in Erbanlagen verursacht sind. Die Methode bietet den großen Vorteil, sehr allgemein anwendbar zu sein. Schließlich kann man alle Merkmale, die irgendwie zu messen oder wenigstens einigermaßen klar zu definieren sind, auf diese Weise vergleichen. Das Ergebnis, wie immer es ausfällt, sagt jedoch nichts über die genaueren biologischen Mechanismen aus, durch die sich verschiedene Erbanlagen im Phänotyp auswirken. Diese Art von Analyse wird »black-box-Analyse« genannt.

Dem steht das Genkonzept von Mendel gegenüber, das zum Kern für eine wissenschaftlich außerordentlich fruchtbare Theorie wurde. Die Produktivität dieser Theorie äußerte sich darin, daß sie eine kausale Analyse der Genwirkung bis herunter zu den letzten Ursachen, den Unterschieden in der DNA der Chromosomen, ermöglichte. Gene determinieren Proteine. Diese haben im Organismus teilweise Enzymfunktion, teilweise dienen sie als Membranbestandteile oder Rezeptoren. Erbänderungen (Mutationen) in der DNA führen zu entsprechenden Veränderungen in den Proteinen. Je nachdem, ob diese Veränderungen sich auf die spezifische Funktion des Proteins gar nicht, leicht oder stark auswirken, kommt es zu einem genetischen Polymorphismus (Kapitel 11) oder zu einer Erbkrankheit.

Eine Analyse aufgrund von Mendels Paradigma hantiert also nicht mit der verschlossenen »black box«; es ist ihr Ziel, die »black box« schrittweise aufzubrechen. Für die Analyse der genetischen Variabilität, die psychische Vorgänge in Gesundheit und Krankheit beeinflussen kann, gibt es hier eine Reihe von

Ansatzpunkten. Um sie zu verstehen, muß man sich zunächst den Aufbau und die Funktionsweise des Nervensystems und speziell des Gehirns klarmachen[3].

Wir besuchen einen Hirnanatomen in seinem Laboratorium und bitten ihn, uns das menschliche Gehirn zu erklären. Er greift in einen Topf und zieht ein Gebilde hervor, das von oben gesehen etwa wie ein halber vergrößerter Walnußkern aussieht und ein Gewicht von etwa 1500 Gramm hat (Abbildung 1). In der Mitte hat es einen Längsspalt, der es in zwei gleiche Hälften unterteilt, eine linke und eine rechte. Die Oberfläche ist von zahlreichen Furchen durchzogen, die auf beiden Seiten ein unregelmäßiges spiegelbildliches Muster ergeben. Was wir hier vor uns haben, ist das Großhirn. Nun schneiden wir das Gehirn entlang des von vorn nach hinten verlaufenden Längsspaltes durch und betrachten die Schnittflächen (Abbildung 2). Auch sie sind zueinander spiegelbildlich. Zunächst fällt uns an der hinteren Schnittfläche ein Gebilde auf, das fast wie eine Wiederholung des Großhirns

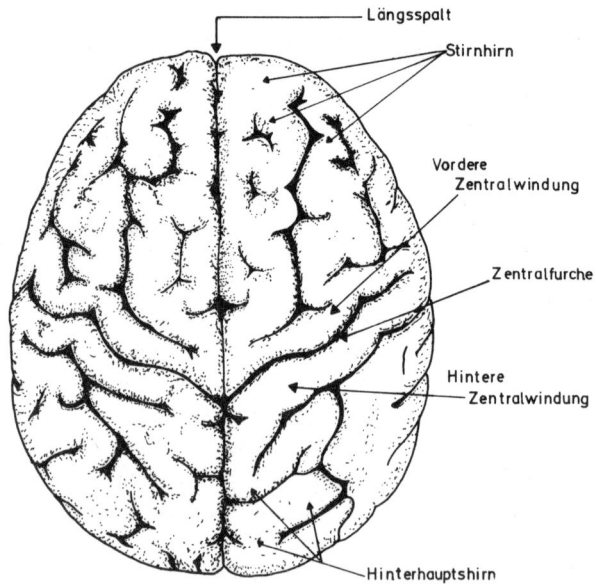

Abbildung 1
Ansicht eines menschlichen Gehirns von oben (Stirnseite oben; Hinterhauptsseite unten). Die Furchen sind dunkel dargestellt.

258

aussieht, nur daß es wesentlicher kleiner ist und engere Furchen hat. Das ist das Kleinhirn, das wir uns als paariges Organ vorzustellen haben. Das Kleinhirn ist nicht nur räumlich deutlich vom übrigen Gehirn abgesetzt; es liegt auch funktionell in einer Art »Nebenschluß«. Seine wichtigste Aufgabe bezieht sich auf die zentrale Koordination unserer Bewegungen. Vor dem Kleinhirn findet sich ein kleineres unpaariges, oben kolbig verdicktes Gebilde, das aus der Unterseite des Gehirns herausreicht. Das sind Stammhirn und Mittelhirn. Nach unten setzt sich das Stammhirn in das Rückenmark fort, das in einem Kanal der Wirbelsäule, durch Knochen gut geschützt, bis in die Lendengegend hinabreicht. Hier verlaufen die wesentlichsten Leitungsbahnen; sie leiten Empfindungen vom Körper und seinen Gliedmaßen zum Gehirn und die Impulse vom Gehirn in den Körper.

Zu Beginn dieses Kapitels wurden die Schmerzen beschrieben, die man empfindet, wenn man barfuß in eine Glasscherbe tritt. Diese Schmerzimpfindung wird von der Haut über einen peripheren, »sensiblen« Nerv durch das Rückenmark zum Gehirn geleitet und kommt dort zum Bewußtsein. Auch wenn man etwa eine Hand oder einen Fuß bewegen will, läuft der Impuls umgekehrt durch das Rückenmark und die von diesem ausgehenden peripheren Nerven bis in die Muskulatur.

Noch einmal zurück zum Längsschnittpräparat des Gehirns. Zwischen Kleinhirn und Stammhirn sehen wir in einen schmalen, von oben nach unten verlaufenden Kanal, der sich oben erweitert und das Stammhirn gewissermaßen überdacht (Abbildung 2). In diesen Hohlräumen fließt beim lebenden Menschen das »Gehirnwasser«. Oberhalb dieses mit Flüssigkeit gefüllten Raumes blicken wir auf eine Schnittfläche, die die Form eines C hat, den Balken. Dieser kompakte Teil des Gehirns stellt eine mächtige Faserverbindung zwischen den beiden Gehirnhälften dar; er ist klar von den Hirnwindungen abgegrenzt, die nicht nur die konvexe äußere Oberfläche des Gehirns bedecken, sondern – wie wir auf dem Längsschnitt deutlich erkennen können – auch in den Längsschnitt zwischen den beiden Hirnhälften hineinreichen.

Jetzt will der Anatom uns durch eine andere Schnittführung noch einen besseren räumlichen Eindruck vom Aufbau des Gehirns verschaffen. Deshalb nimmt er ein zweites Gehirn und schneidet es mit einem flachen Messer etwa auf halber Strecke zwischen dem vorderen und hinteren Pol von oben nach unten durch. Man nennt dies einen Frontalschnitt, weil die Schnittebene parallel zur Stirn verläuft. Wir werfen einen Blick auf die vordere Schnittfläche (Abbildung 3): Hier können wir wieder die Furchen

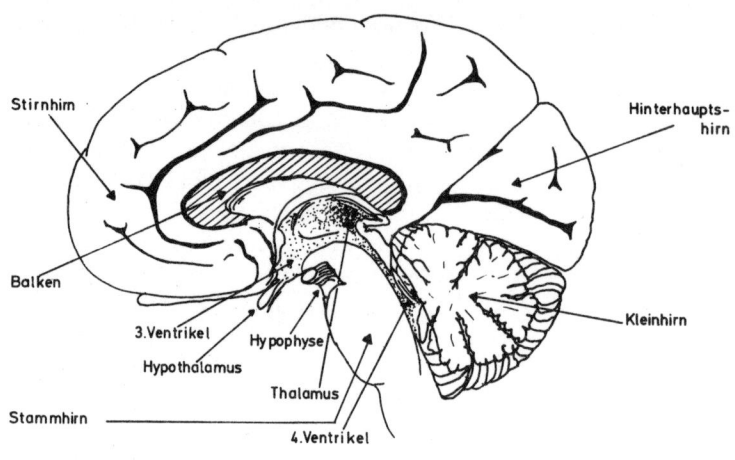

Abbildung 2
Längsschnitt durch ein menschliches Gehirn.

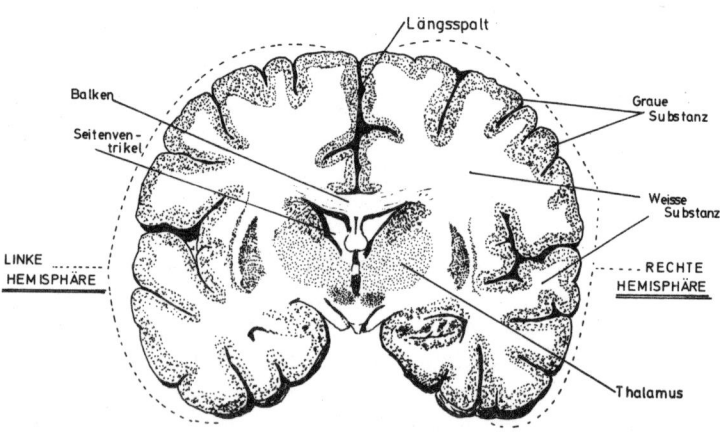

Abbildung 3
Schnitt in der Frontalebene durch ein menschliches Gehirn in Höhe des Thalamus. Die graue Substanz, welche die Nervenzellen enthält, ist gepunktet dargestellt.

260

erkennen, die uns schon bei Betrachtung der Hirnoberfläche aufgefallen waren. Sie reichen mehrere Millimeter tief in das Gehirn hinein. Das Organ ist gewissermaßen von einem viele Millimeter dicken, vielfach eingefälteten Wulst überlagert. Dieser Wulst sieht grau aus; er ist gegen das darunterliegende Gehirngewebe, das weiß und faserig ist, scharf abgesetzt. Von dieser weißen Substanz hebt sich die grau gefärbte Substanz ab. Die graue Substanz enthält im wesentlichen Zellen und ihre Verbindungen. Zwei Gruppen von Zellen sind hier vor allem zu unterscheiden: die Nervenzellen und die Gliazellen. Die Nervenzellen sind die eigentlichen Funktionselemente des Gehirns. Von ihnen werden ankommende Impulse angenommen und gehen neue Impulse aus. Die Zahl der Nervenzellen oder Neurone im Gehirn des Menschen wird auf 10^{10}–10^{11} geschätzt. Das sind 10–100 Milliarden; eine unvorstellbare Zahl – etwa 2,5- bis 25mal soviel, wie Menschen im Jahre 1980 auf der Erde lebten. Die Gliazellen haben wahrscheinlich die Aufgabe, Nervenzellen und ihre Verbindungen gegeneinander zu isolieren, vielleicht haben sie auch eine Ernährungsfunktion.

Die Funktion des Gehirns besteht im Wechselspiel verschiedener Nervenzellgruppen. Aus diesem Grunde hat sich die Forschung besonders intensiv mit der Funktionsweise der Nervenzellen beschäftigt. Hier liegt der Schlüssel für unser Verständnis der Gehirnfunktion und ihrer genetischen Variabilität.

Die weiße Substanz enthält keine Nervenzellen (Abbildung 3, nichtgepunkteter Teil). Sie setzt sich aus den Nervenbahnen zusammen, welche die verschiedenen Teile der Hirnrinde und der grauen Kerne miteinander verbinden und auch den Kontakt von der Hirnrinde zum Hirnstamm und über das Rückenmark weiter bis in die Peripherie herstellen.

Sehen wir uns die Schnittfläche unseres Gehirns noch etwas genauer an. Außen sehen wir die graue Hirnrinde. Oben in der Mitte erkennen wir die tiefe Einbuchtung, die der Zweiteilung des Gehirns entspricht und entlang derer der Anatom den ersten Schnitt geführt hatte. Die Zweiteilung des Gehirns war uns auch schon bei der Betrachtung von außen oben aufgefallen (Abbildung 1). Unterhalb der Einbuchtung sehen wir wieder den Balken, jenes dicke weiße Faserbündel, das die beiden Gehirnhälften miteinander verbindet. Unterhalb dieses Balkens erkennen wir wieder den Hohlraum und sehen deutlich, wie er die beiden Hirnhälften voneinander trennt. Rechts und links springt eine runde bis ovale graue Masse in den Hohlraum hinein vor: der Thalamus. Er ist eine wesentliche Schaltzentrale für die Nervenimpulse, welche die Großhirnrinde von der Außenwelt oder auch vom Stammhirn und anderen Gehirnteilen her erreichen sollen. Nach außen und oberhalb des Thalamus sieht man noch weitere graue Massen. Ihre Funktion besteht großenteils darin, Bewegungsimpulse, die von der Hirnrinde ausgehen, zu modifizieren und zu ergänzen.

Unterhalb des Thalamus und des Hohlraums, der beim lebenden Menschen mit Gehirnwasser gefüllt ist, sind noch weitere graue Teile sichtbar. Es handelt sich um Anhäufungen von Nervenzellen: Auch diese Region gehört zum Zwischenhirn; sie wird als Hypothalamus bezeichnet. Sie hat viel mit der Regulation vegetativer Funktionen zu tun, beispielsweise mit Hunger und Durst. Außerdem dient diese Region als übergeordnete Kontrollzentrale für das »vegetative Nervensystem«. Im Unterschied zu den sensiblen und motorischen Zentren und Nervenbahnen, welche die Verbindung mit der Außenwelt herstellen, vermittelt das vegetative Nervensystem zwischen dem Gehirn und den Organen unseres Körpers. Es besteht im wesentlichen aus zwei zueinander gegensätzlich wirkenden Subsystemen. Das eine wird »Sympathikus« genannt. Sein Zentrum liegt im Stammhirn und Zwischenhirn; seine Subzentren sind in Form von zwei Strängen beiderseits der Wirbelsäule angeordnet (»Grenzstrang«). Erregung des Sympathikus führt etwa zur Beschleunigung des Herzschlags, zum Ansteigen des Blutdrucks und des Blutzuckers und zur Erweiterung der Pupille. Subjektiv fühlen wir uns erregt, unruhig und alarmiert. Man spricht auch von einer Notfallsreaktion, weil bei nahender Gefahr biologische Funktionen in Gang gesetzt werden, welche die Aggressions- oder Fluchtbereitschaft erhöhen.

Das zweite Subsystem des vegetativen Nervensystems ist das parasympathische System. Dessen wichtigster Bestandteil ist der Nervus vagus. Erregung dieses Systems führt dazu, daß der Puls sich verlangsamt, Blutdruck und Blutzucker abfallen und daß zum Beispiel vermehrt Magensaft gebildet wird. Subjektiv fühlen wir uns ruhig und entspannt; wir bekommen zum Beispiel Hunger oder bereiten uns zur Nahrungsaufnahme oder auch zum Schlaf vor. Der biologische Sinn der Parasympathikus-Reaktion liegt im Einschalten einer langsameren Gangart zur Schonung und zum Wiederauffüllen von Energiereserven.

Beim gesunden Menschen sollten sich beide Systeme im Gleichgewicht befinden. Die inneren Organe werden durch die zwei Zügel des unwillkürlichen Nervensystems gesteuert. Verschiebt sich dieses Gleichgewicht auf längere Zeit etwa in

Richtung des Sympathikus, so steigt der Blutdruck und damit die Gefahr für Schlaganfälle oder Herzinfarkt. Eine Verschiebung nach der Vagusseite hin kann zu einem niedrigen Blutdruck, zu Magengeschwüren oder einer andauernden Darmträgheit führen. Diese kurze Betrachtung über die peripheren Auswirkungen der Erregung von Sympathikus und Vagus waren nötig, weil das übergeordnete Regulationszentrum sich im Zwischenhirn befindet. Es steht außerdem in enger Verbindung mit dem hinteren Teil der Hirnanhangsdrüse (Hypophyse), einem erbsenförmigen Organ, das vor dem Stammhirn auf der Unterseite des Gehirns gelegen ist. Dieser Hypophysenhinterlappen reguliert – zusammen mit dem Stammhirn – zum Beispiel den Wasserhaushalt des Körpers.

Die beiden Gehirnschnitte haben uns Aufschluß nicht nur über den Aufbau, sondern auch über einige Funktionen des Zentralorgans vermittelt. Wenn man sich einen genaueren Eindruck von der komplizierten Anatomie des Gehirns verschaffen will, muß man seitlich Serien senkrechter und horizontaler Schnitte durch das Organ legen. Nach diesem groben Überblick

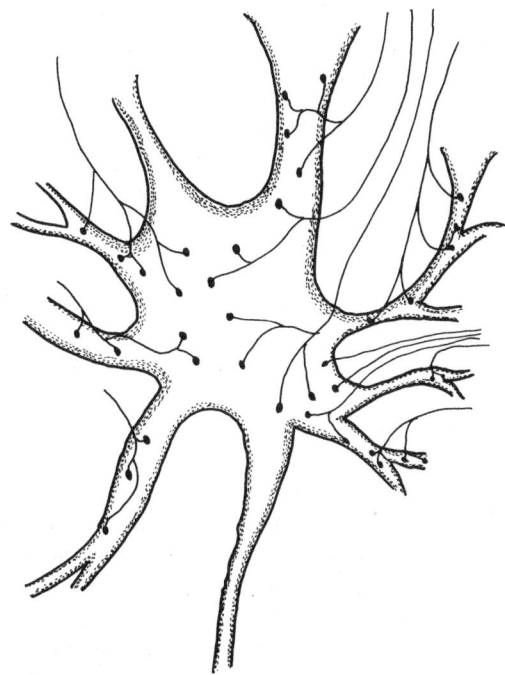

Abbildung 4
Nervenzelle mit Zellkörper, Axon, Dendriten und zahlreichen Synapsen.

über den Aufbau des Gehirns sollen jetzt die eigentlichen Funktionselemente des Nervensystems untersucht werden: die *Nervenzellen.*

Eine Nervenzelle (Abbildung 4) besteht aus dem Zellkörper (Soma), in dem wir den Zellkern entdecken, und aus einer Reihe von meist lang ausgezogenen Fortsätzen. Die meisten dieser Fortsätze sind vielfach verzweigt. Einer zeichnet sich dadurch aus, daß er meist länger als die anderen und über seine größte Länge hin unverzweigt ist. Das ist das sogenannte Axon. Die kürzeren und auch schon in der Nähe des Zellkörpers stärker verzweigten Fortsätze nennt man die Dendriten. Die Nervenzelle zusammen mit all ihren Fortsätzen bezeichnet man als Neuron. Mit Hilfe seiner Fortsätze steht das Neuron mit vielen anderen Neuronen in Verbindung. Die Dendriten und das Soma empfangen die Impulse, die dem Neuron von anderen Neuronen her zugeführt werden; durch das Axon gibt es seinerseits Impulse an andere Neuronen weiter. Die Funktion des gesamten Nervensystems läßt sich als ein geordneter Ablauf von Erregungen von einem Neuron zum anderen beschreiben[3].

Nun erfüllt jedoch das Nervensystem seine biologischen Aufgaben nur dann, wenn es mit der Außenwelt in Verbindung steht, wenn es also Informationen aus der Außenwelt aufnimmt und »Befehle« an den Organismus erteilt, so daß dieser sich zweckmäßig verhalten kann. Dieses zweckmäßige Verhalten ist von zwei Gruppen von Einflüssen bestimmt – einerseits von der Art der Informationen, die aus der Außenwelt hereinkommen, andererseits von den von innen kommenden Bedürfnissen des Organismus. Die experimentelle Physiologie hat lange Zeit hindurch vor allem die Bedeutung der von außen kommenden Informationen betont. Der Name des großen russischen Physiologen Pawlow stehe für viele andere. Im Gegensatz dazu betont die Verhaltensphysiologie (Konrad Lorenz; Erich von Holst und andere) vor allem die von innen, vom Organismus selbst kommenden Verhaltensmuster. Beide Forschungsansätze haben wichtige Aspekte für unser Verständnis der Funktionsweise des Nervensystems beigetragen. Das Wechselspiel zwischen von außen kommenden Reizen und ihrer Modifikation durch aktive, spontane Tätigkeit des Gehirns bietet Raum für genetisch bedingte Variabilität.

Wir betrachten zunächst den Nervenimpuls, der benötigt wird, wenn wir zum Beispiel einen Finger bewegen wollen. Ist der Entschluß dazu gefaßt, so sendet eine Gruppe von Nervenzellen in

264

einem bestimmten Teil der Hirnrinde, der Hirnwindung, die vor der sogenannten Zentralfurche gelegen ist (Abbildung 1), einen Impuls aus. Dieser Impuls läuft entlang dem Axon bis zu seinem Ende. Das Axon gerade dieser Zellen ist besonders lang. Es verläuft vom Gehirn abwärts durch das verlängerte Mark bis in das Rückenmark hinein und endet in seinem vorderen Teil, etwa in der Höhe der Muskelgruppe, die bewegt werden soll. Dort trifft es auf eine Gruppe von Nervenzellen, wo der Impuls umgeschaltet und moduliert werden kann. Diese Nervenzellen senden dann Impulse über periphere Nervenbahnen etwa zur Muskulatur des Fingers, wo sie auf die Muskelfasern übertragen werden. Daraufhin kontrahieren sich die Muskelfasern, und der Finger bewegt sich. Subjektiv erscheint uns dieser Vorgang ungewöhnlich schnell; die Impulsleitung über das Axon und auch der Übergang der Erregung auf den Muskel erfordern jedoch einen meßbaren Zeitabschnitt, der es den Physiologen möglich machte, diese Vorgänge zu analysieren.

Etwas komplizierter verläuft die Aufnahme von Informationen aus der Außenwelt. Bleiben wir beim Muskel: Um unsere Muskulatur richtig benutzen zu können, brauchen wir eine Empfindung dafür, in welcher Lage sie sich zur Zeit gerade befindet. Es müssen also Signale aus dem Muskel an das Gehirn gesendet werden. In der Tat finden wir im Muskel einzelne Fasern, die von feinsten Nervenenden umsponnen werden. Hier wird Information über die Lage des Muskels aufgenommen. Diese Information wandert dann in Richtung Rückenmark und, nach Umschaltung, innerhalb des Rückenmarks aufwärts bis ins Gehirn. Dort haben die Nervenfasern verschiedene Ziele. Einige laufen bis zum Thalamus, wo sie bei anderen Neuronen enden, die ihrerseits ihr Axon in die Hirnrinde senden. Hier wird also der Impuls noch einmal umgeschaltet. Sehr viele Fasern gelangen jedoch nicht bis zum Thalamus, sondern enden schon im Hirnstamm bei Neuronen, die ihrerseits ihr Axon in den Thalamus oder in noch andere Hirnteile entsenden. Von dort aus läuft eine direkte Leitung zur Hirnrinde, und zwar in unserem Beispiel zu einer Gehirnwindung, die *hinter* der Zentralfurche gelegen ist (Abbildung 5). Wir erinnern uns, daß der Impuls für die Bewegung des Fingers von der Gehirnwindung ausging, die *vor* der Zentralfurche gelegen war.

Man kann sich nun fragen: Warum diese Umschaltungen einkommender Information durch oft zwei Relaisstationen in tieferen Ebenen des Gehirns, bevor sie die Hirnrinde erreicht[5]? Die Antwort ist, daß auf beiden Ebenen offenbar wichtige

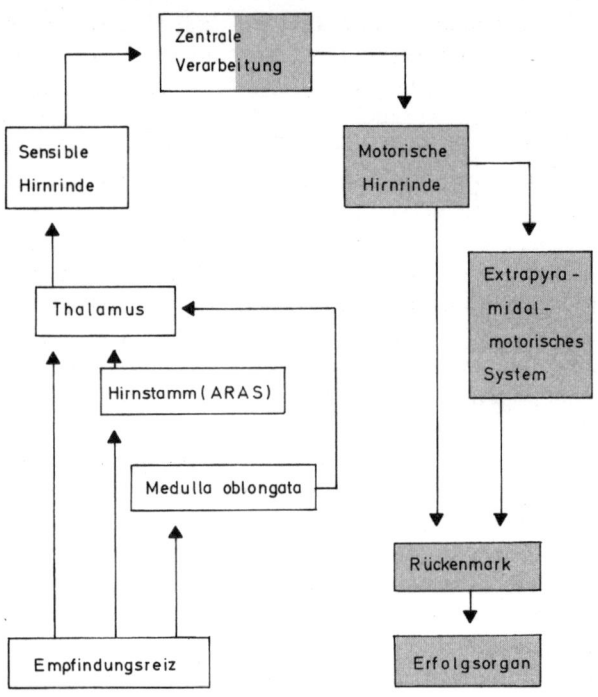

```
          ┌──────────────┐
   ┌──────│   Zentrale   │──────────┐
   │      │ Verarbeitung │          │
   │      └──────────────┘          │
   │                                ▼
┌──────────┐              ┌──────────────┐
│ Sensible │              │  Motorische  │
│ Hirnrinde│              │   Hirnrinde  │────┐
└──────────┘              └──────────────┘    │
   ▲                           │              ▼
   │                           │      ┌──────────────┐
┌──────────┐                   │      │ Extrapyra -  │
│ Thalamus │◄──────────────────┘      │  midal -     │
└──────────┘                          │  motorisches │
   ▲  ▲                               │   System     │
   │  │  ┌──────────────────┐         └──────────────┘
   │  └──│ Hirnstamm (ARAS)│                 │
   │     └──────────────────┘                │
   │         ▲                                │
   │     ┌──────────────────┐                │
   │     │ Medulla oblongata│─────┐          │
   │     └──────────────────┘     │          │
   │         ▲                    │          │
   │         │                    ▼          ▼
   │                        ┌──────────────┐
   │                        │  Rückenmark  │
   │                        └──────────────┘
   │                               │
   │                               ▼
┌────────────────┐        ┌──────────────┐
│ Empfindungsreiz│        │ Erfolgsorgan │
└────────────────┘        └──────────────┘
```

Abbildung 5
Schematische Darstellung der Verarbeitung eines sensiblen (afferenten)
Reizes und der Erzeugung eines motorischen (efferenten) Impulses.

Modifikationen dieser Information erfolgen. Welcher Art diese
Modifikationen sind und wie sie mit der spontanen, von innen
kommenden Aktivität dieser Funktionsebenen des Gehirns
zusammenhängen, ist lange eine der großen Fragen der Forschung
gewesen. Sehr bald wurde deutlich, daß einkommende Information im Gehirn offenbar auf mindestens drei Ebenen bearbeitet
wird: in Hirnstamm, Thalamus und Hirnrinde.

Ähnlich wie bei den Lageempfindungen aus den Muskeln
erfolgt die Weiterleitung von Informationen auch für andere
Empfindungsqualitäten, etwa Wärme, Kälte und Schmerz.
Anhand dieser Informationen modifizieren wir ständig unbewußt
unser Verhalten in zweckmäßiger Weise. Erkranken die peripheren Nerven, so daß diese Sinnesempfindungen ausbleiben, so
funktioniert unsere Verhaltensselbstkontrolle nicht mehr, und es
kann zu schweren Verstümmelungen der betroffenen Gliedmaßen
kommen.

Einen Sonderfall der Verarbeitung hereinkommender Information stellen unsere Sinnesorgane dar – Sehorgan, Gehör, Gleichgewichtssinn, Geschmack, Geruch, Tastsinn. Hier hat die Natur Empfängerorgane ausgebildet, die für bestimmte Reizqualitäten spezifisch sind. Unser Auge ist spezialisiert auf elektromagnetische Wellen im Frequenzbereich zwischen 400 und 800 nm. In den Zellen der Netzhaut wird diese Information in Nervenerregungen umgesetzt, die dann im Prinzip genauso weitergeleitet und umgeschaltet werden, wie wir das am Beispiel der Lageempfindungen gezeigt haben. Schließlich kommt der Impuls im Gehirn an – aber diesmal nach optischem Reiz nicht in der Windung hinter der Zentralfurche, sondern in den am Hinterhaupt gelegenen Windungen der »Sehrinde«.

Lange war undeutlich, auf welche Weise die Impulse in den Nervenbahnen geleitet werden und wie sie von einer Nervenzelle zur anderen gelangen. Mit diesem Problemkreis haben sich Neurophysiologen und Biochemiker seit Jahrzehnten befaßt, und man hat Schritt für Schritt immer tiefere Einblicke gewonnen. Wir müssen hier eine stark vereinfachende und auf einige wenige Hauptlinien reduzierte Skizze geben. Die Leitung von Impulsen entlang den Nervenbahnen erfolgt auf elektrischem Wege. Die Faser ist von einer Membran umgeben. An dieser Membran herrscht im Ruhezustand eine elektrische Spannung: Die Außenseite ist gegenüber der Innenseite positiv geladen. Der Erregungsimpuls besteht darin, daß sich diese Entladung kurzfristig umkehrt; jetzt wird die Innenseite positiv. Das führt zum Fließen eines Stromes, der zum Ausgleich der Spannung führt. Die erregte

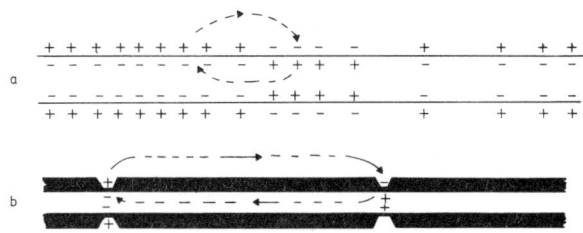

Abbildung 6
Nervenleitung in a) markloser, b) markhaltiger Nervenfaser. a) In ruhenden Nerven besteht ein elektrisches Potentialgefälle zwischen außen (positiv) und innen (negativ). Ein Reiz dreht dieses Gefälle um; es stellt sich kurz darauf, wenn der Reiz weitergelaufen ist, wieder her. b) Bei einer markhaltigen Faser springt der Reiz von Einschnürung zu Einschnürung; das erhöht die Geschwindigkeit der Fortleitung.

Stelle pflanzt sich so entlang der Nervenfaser fort. Ist die Erregung vorbei, so stellt sich das ursprüngliche Potential auf chemischem Wege wieder her. Das benötigt eine gewisse Zeit. Während dieser Zeit ist die Membran für erneute Reize nicht erregbar (Abbildung 6)[4].

Die Nervenzelle erhält ihren Erregungsimpuls in der Regel von anderen Nervenzellen, und zwar von den feinverzweigten Enden ihres Axons. Ausnahmen bilden diejenigen Nervenzellen, die ihren Impuls von Sinnesorganen bekommen. Damit diese Impulse das Neuron veranlassen können, einen Impuls über sein eigenes Axon zu »feuern« und damit die Erregung an andere Neurone weiterzuleiten, müssen sie eine gewisse Schwelle überschreiten. Es wird also nicht jeder ankommende Reiz in einen Impuls umgesetzt. Die Schwelle erhöht sich sofort, wenn eine Zelle feuert; sie kehrt dann allmählich zum Ausgangspunkt zurück. So kommt es, daß Neuronen, die ständig gereizt werden, doch nicht ständig, sondern nur in bestimmten regelmäßigen Abständen feuern.

Nicht alle Impulse, die ein Neuron von außen her treffen, kumulieren sich so, daß das Neuron schließlich »feuert« und so die Erregung an andere Nervenzellen weitergibt. Neben diesen erregenden gibt es auch hemmende Impulse: Sie erhöhen die Resistenz des Neurons gegenüber anderen erregenden Impulsen.

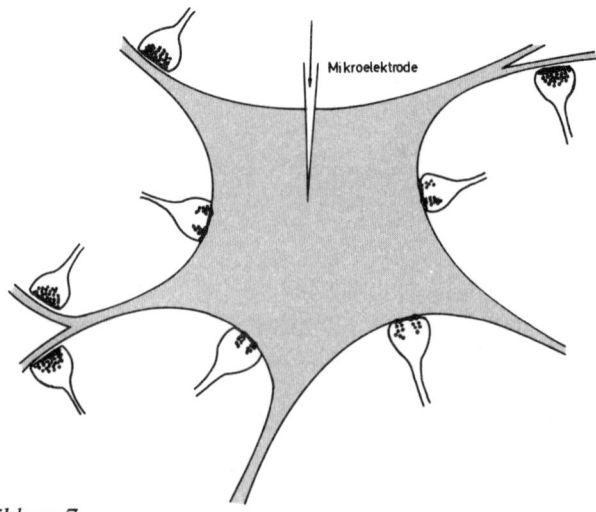

Abbildung 7
Nervenzelle (motorische Vorderhornzelle) mit eingestochener Mikroelektrode und einigen Synapsen.

268

Das Feuern bestimmter auf Hemmung spezialisierter Neurone bewirkt, daß viele andere Nervenzellen schwerer erregbar werden. Die Funktion des Nervensystems wird verständlich als geordnetes Widerspiel von Erregung und Hemmung. Alle diese Vorgänge haben die Neurophysiologen mit bewundernswerter Technik analysiert, indem sie winzige Elektroden in sorgfältig präparierte Nervenzellen geeigneter Versuchstiere einführten, dann Reizversuche anstellten und die so erzeugten Erregungen analysierten (Abbildung 7). Die Ergebnisse dieser Studien gehören zu den Triumphen experimenteller Technik. Wie aber wird ein Impuls im einzelnen von einem Neuron auf das nächste übertragen? Da Impulse *innerhalb* eines Neurons auf elektrischem Wege weitergeleitet werden, lag es nahe, zu vermuten, auch die Impulsübertragung *zwischen* den Neuronen erfolge elektrisch. Das ist jedoch nicht der Fall: Die Übertragung erfolgt chemisch. Speziell für diesen Zweck haben sich Strukturen herausgebildet, die man als *Synapsen* bezeichnet.

Betrachten wir ein Neuron noch etwas genauer (Abbildung 4). Es ist von einem Geflecht fein verzweigter Fasern umgeben. Diese Fasern enden an den Dendriten und am Soma. An ihren Enden sieht man feine Verdickungen. Das sind die Synapsen. Könnten wir das Axon bis in seine feinen Verzweigungen verfolgen, so würden wir sehen, daß auch sie überall in Synapsen auslaufen.

In den letzten Jahrzehnten gelang es, Aufbau und Funktionsweise der Synapsen und insbesondere den Weg der chemischen Informationsübertragung weitgehend aufzuklären. Die Vermutung liegt nahe, daß es gerade hier genetische Unterschiede zwischen verschiedenen Menschen gibt und daß diese Unterschiede eine Bedeutung für seelische Krankheiten und Gesundheit haben. Aufbau und Funktion der Synapsen wird in einem eigenen Kapitel behandelt werden (Kapitel 14).

Bei der Analyse der Funktionsebenen des Gesamthirns hat man sich vor allem elektrophysiologischer Methoden bedient. Zwei dieser Methoden sollen hier geschildert werden, weil ihre Anwendung zu besonders wichtigen Ergebnissen und weitgehenden Schlußfolgerungen geführt hat: die Ableitung von Aktionspotentialen von Einzelzellen und das Hirnstrombild oder Elektroenzephalogramm (EEG). Diese beiden Methoden ergänzen sich in vorteilhafter Weise. Sie erlauben eine Analyse der Hirnfunktion auf zwei verschiedenen, einander ergänzenden Ebenen. Während man mit Hilfe der ersten Methode beobachten kann, wann und

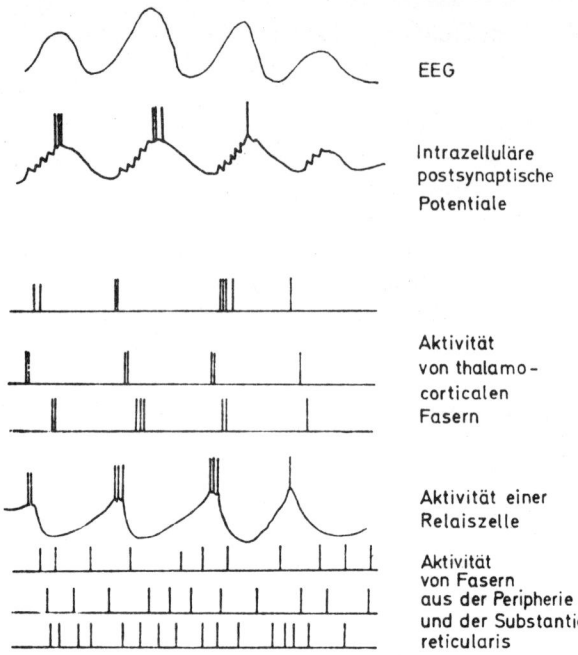

EEG

Intrazelluläre
postsynaptische
Potentiale

Aktivität
von thalamo-
corticalen
Fasern

Aktivität einer
Relaiszelle

Aktivität
von Fasern
aus der Peripherie
und der Substantia
reticularis

Abbildung 8
Beziehungen zwischen den Makrowellen des EEG (oben) und der Aktivität einzelner Neurone. Die senkrechten Striche stellen jeweils das Feuern einzelner Neurone dar. Oben EEG; darunter die Aktivität von Nervenzellen der Hirnrinde; darunter Aktivität gemessen in Nervenfasern, die vom Thalamus in die Hirnrinde reichen; darunter Aktivität einer Zelle, die im Thalamus der Umschaltung peripherer Impulse dient; wieder darunter Aktivität, die in Fasern aus der Peripherie und dem Hirnstamm (Substantia reticularis; ARAS) gemessen wurde. Beachte, daß die zuletzt genannte Aktivität unregelmäßig und mehr oder weniger ständig vorhanden ist, während vom Thalamus an aufwärts eine Beziehung der rhythmischen Aktivität zu den EEG-Makrorhythmen besteht (Abbildung nach Birbaumer: Physiologische Psychologie. Berlin/ Heidelberg/New York: Springer 1975).

unter dem Einfluß welcher Reize ein einzelnes Neuron feuert, erlaubt die zweite Methode, das EEG, eine Analyse von elektrischen Potentialschwankungen als Ergebnis der gemeinsamen Aktivität sehr vieler Neurone. Viel Mühe hat die experimentelle Neurophysiologie darauf verwendet, zu analysieren, wie diese beiden Funktionsebenen miteinander in Zusammenhang stehen. Trotzdem ist das bisher noch nicht völlig geklärt. Einige Zusammenhänge konnten aber aufgeklärt werden.

270

Die ersten Untersuchungen an Einzelneuronen wurden an motorischen Vorderhornzellen durchgeführt, also an denjenigen Zellen, die im Rückenmark den vom Gehirn kommenden Bewegungsimpuls umschalten. Diese Zellen sind nämlich besonders groß und beim Versuchstier auch besonders leicht zugänglich. Abbildung 7 zeigt eine derartige Zelle mit eingestochener Meßelektrode. Man kann so die elektrischen Impulse, welche die Zelle empfängt, messen und gleichzeitig am Axon oder am Erfolgsorgan, dem Muskel, feststellen, ob und wann die Zelle feuert. Auf diese Weise konnte man den Unterschied zwischen erregenden und hemmenden Synapsen herausarbeiten.

Nervenzellen im Gehirn sind meist nicht so groß, daß man eine Elektrode, und sei sie auch noch so fein, in sie einführen kann. So muß man sich damit zufrieden geben, wenn man eine Nadel in unmittelbarer Nähe einer Zelle anbringen kann. Auch so kann man das Feuern von Einzelzellen erfassen. Auf diese Weise war es den Neurophysiologen möglich, viele Aspekte im Zusammenspiel verschiedener Gehirnareale aufzuklären.

In Abbildung 8 bezeichnen senkrechte Striche das Feuern einzelner Neurone. In diesem Schema ist unten die elektrische Aktivität»tieferer«Hirnregionen angegeben, deren Einfluß bis in die Hirnrinde verfolgbar ist. An der Oberfläche des Gehirns treten große, langsame Wellen auf. Diese Wellen wurden von der Hirnrinde desselben Versuchstiers abgeleitet; sie deuten auf das Zusammenwirken vieler Nervenzellen hin. Durch gleichzeitige Entladung benachbarter Neurone kommt es zu einer Synchronisation der elektrischen Aktivität. Man bezeichnet diese, wenn sie mittels spezieller Elektroden von der Gehirnoberfläche abgeleitet werden, als Elektrocorticogramm (ECG). Prinzipiell die gleichen Wellen kann man jedoch auch von der unversehrten Kopfhaut ableiten; denn die dazwischenliegenden Knochen und Weichteile erhöhen den Widerstand nicht so sehr, daß eine Ableitung unmöglich würde. Die von der Kopfhaut abgeleiteten Wellen bezeichnet man als Elektroenzephalogramm (EEG). Dieses EEG läßt sich – im Gegensatz zu den meisten anderen neurophysiologischen Techniken – auch beim Menschen selbst leicht ableiten und wurde deshalb für die humangenetische Forschung wichtig.

Das menschliche EEG wurde in den zwanziger Jahren von Hans Berger, Professor für Psychiatrie in Jena, entdeckt. Bergers Ziel war es, tiefer in psychophysische Zusammenhänge einzudringen. Bei einzelnen Patienten, deren Schädeldecke aus dem einen oder dem anderen Grunde eine von Haut überwachsene Trepanations-

271

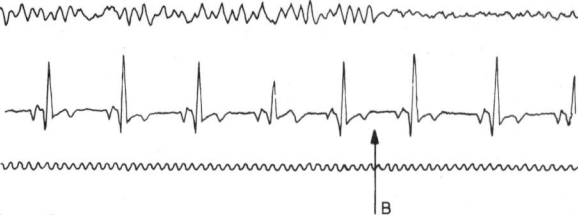

Abbildung 9
Originalbild von der Entdeckung des menschlichen EEG (nach Hans
Berger). Die Abbildung zeigt α-Wellen, die zwischen einem Ableitungs-
punkt an der Stirn und einem am Hinterhaupt von einem dreißigjährigen
Arzt abgeleitet wurden. Die Abbildung zeigt außerdem das EKG; sie
demonstriert, daß die EEG-α-Wellen vom EKG unabhängig sind. Bei B
öffnet der Arzt die Augen; die Amplitude der EEG-Wellen nimmt ab,
und ihre Frequenz nimmt zu (aus: Berger, Medizin. Welt 4, 911–913,
1930).

lücke enthielt, stach er feine Meßelektroden in die Haut ein. Diese
Elektroden wurden mit einer Verstärkereinrichtung und mit einer
Vorrichtung verbunden, welche die Ausschläge der durch die
Elektrode geleiteten elektrischen Spannung als Kurvenzüge auf
Photopapier aufzeichneten. Schloß der Patient die Augen, so
zeigten sich relativ regelmäßige Kurvenzüge einer Frequenz von
etwa 10/sec (Abbildung 9).

Berger nannte sie α-(alpha-)Wellen. Diese α-Wellen ver-
schwanden sofort, wenn der Patient die Augen öffnete. Sie
machten dann einer unregelmäßigen, höherfrequenten Wellentätigkeit mit viel niedrigerer Amplitude Platz (Abbildung 9), die
Berger als β-(beta-)Wellen bezeichnete. Die EEG-Wellen sind
außerordentlich schwach. Die Spannungsunterschiede liegen in
der Größenordnung von einigen millionstel Volt. Eine durchschnittliche α-Welle zeigt einen Ausschlag von ungefähr 50mil-
lionstel Volt (μV). Man bräuchte also 60 000 in Phase α-Wellen
produzierende menschliche Gehirne, um eine Taschenlampen-
birne von drei Volt zum Glühen zu bringen. So hingen der
regelmäßige Nachweis und die wissenschaftliche Analyse des
EEG von der Konstruktion ausreichend empfindlicher Verstärker
ab. Die Erfindungen der Radioröhre und des Transistors lösten
dieses Problem.

Ein modernes EEG-Gerät erlaubt es, von mehreren, etwa
acht bis sechzehn, verschiedenen Punkten der Kopfoberfläche
gleichzeitig abzuleiten. Jede Ableitung erfordert die Verbindung
von zwei Punkten miteinander; denn man ist ja an einer
Spannungs*differenz* interessiert. Man kann diese zwei Punkte

272

verschieden wählen, je nach der speziellen Fragestellung. Will man die Merkmale des persönlichen, normalen Ruhe-EEG untersuchen, so benutzt man zweckmäßig das Ohr zum Anlegen der Bezugselektrode; denn das Ohr gibt uns eine relativ gleichmäßige Basisspannung, gegen die sich die Spannungsschwankungen auf der Kopfoberfläche gut abheben. Abbildung 10 zeigt ein EEG, das vor allem durch Wellen einer Frequenz von etwa 10/sec (α-Wellen) beherrscht wird. Diese α-Wellen sind über der Hinterhauptsregion besonders deutlich ausgeprägt. Lassen wir den Probanden die Augen öffnen, so verschwinden sie und machen einer Wellentätigkeit rascherer Frequenz und niedrigerer Amplitude (β-Wellen) Platz. In Abbildung 10 handelt es sich in Wirklichkeit um die EEGs zweier Personen, nämlich von eineiigen Zwillingen. Sie sind praktisch identisch; man könnte das eine für die Fortsetzung des anderen halten. Abbildung 11 zeigt die EEG-Ableitungen eines anderen eineiigen Zwillingspaares. Hier ist die gesamte Ableitung – auch bei geschlossenen Augen – von raschen β-Wellen beherrscht, und zwar ebenfalls bei beiden Zwillingen gleichermaßen. Beides sind normale Befunde bei gesunden Menschen. Untersuchen wir denselben Menschen wiederholt im Abstand von etwa einem Vierteljahr, so werden die Ableitungen in der Regel so ähnlich aussehen wie die abgebildeten EEG-Kurven eineiiger Zwillinge.

Diese Regel hat jedoch Ausnahmen. Unter besonderen Bedingungen kann das EEG auch verändert werden; etwa durch die Einnahme von Medikamenten, die vorübergehend die Gehirnfunktion beeinflussen. Das gilt schon für Alkohol. Die Analyse dieser Veränderungen ist genetisch von besonderem Interesse (Kapitel 16). Noch mehr trifft es jedoch zu für Medikamente, mit deren Hilfe man geistige und seelische Erkrankungen behandeln kann. Nun gibt es aber heute kaum noch psychiatrische Patienten, die nicht medikamentös behandelt sind. Das macht es schwierig, die Bedeutung des EEG für den Funktionszustand des Gehirns bei solchen Erkrankungen zu erforschen.

Das EEG wird aber auch beeinflußt durch Hirntumoren, altersbedingte Anomalien an den Blutgefäßen des Gehirns, epileptische Erkrankungen oder auch Anomalien des Körperstoffwechsels, besonders wenn sie zu abnormen Bewußtseinslagen führen. Diese pathologischen EEG-Veränderungen haben dazu geführt, daß das EEG zu einer Routinemethode der klinischen Untersuchung geworden ist, die in den Jahrzehnten etwa seit 1940 für die Diagnose von Gehirnkrankheiten eine große Bedeutung gewonnen hat.

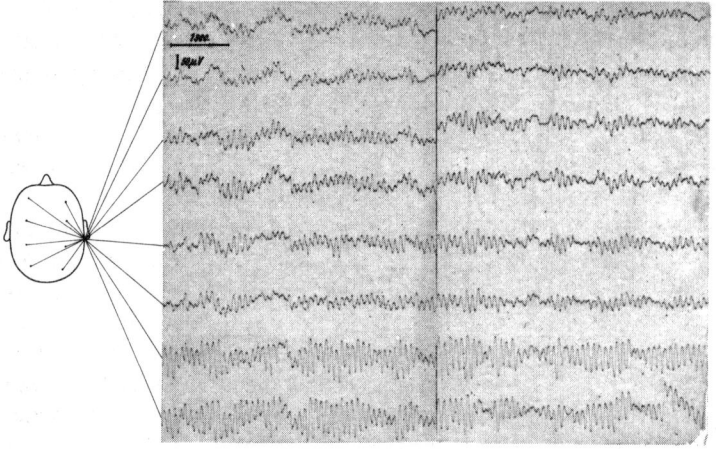

Abbildung 10
Von α-Wellen beherrschtes EEG (»unipolare« Ableitungen zum rechten
Ohr) bei fünfzehnjährigen männlichen eineiigen Zwillingen. Die EEG-
Ableitungen der Zwillinge sind nicht verschiedener als Ableitungen von
derselben Person zu verschiedenen Zeiten.

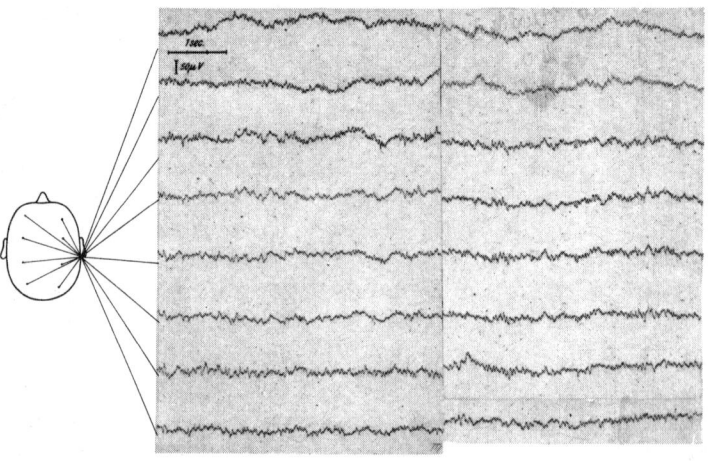

Abbildung 11
EEG von zweiundzwanzigjährigen weiblichen eineiigen Zwillingen. Im
Gegensatz zu dem in Abbildung 10 gezeigten EEG ist dieses von
unregelmäßigen Wellen meist rascherer Frequenz und niedriger Amplitude (β-Wellen) beherrscht.

274

Beim gesunden Menschen zeigt das EEG im Schlaf typische Veränderungen. Gerade die Analyse des Schlaf-EEG hat den Neurophysiologen viele neue Informationen über die Mechanismen der normalen Hirnfunktion gebracht. Auch im Laufe unseres Lebens gibt es langsame Veränderungen: Vom Neugeborenenalter bis zum jugendlichen Erwachsenenalter entwickelt sich das EEG von unregelmäßigen Formen bis zum endgültigen reifen EEG, das sich dann über Jahrzehnte hinweg nur wenig zu ändern pflegt. Im Alter werden die EEG-Wellen langsamer, die Amplitude nimmt manchmal ab, und es finden sich außerdem zunehmend Zeichen, die auf Blutgefäßveränderungen hindeuten.

Wie und wo werden die rhythmischen elektrischen Potentialschwankungen im Gehirn erzeugt, die wir als EEG-Wellen ableiten, und was für eine Funktion haben sie? Diese Probleme können am Menschen selbst aus naheliegenden Gründen nicht vollständig erforscht werden. So bemühten sich die Neurophysiologen, ein geeignetes Versuchstier für ihre Experimente zu finden. Ein solches Versuchstier ist die Katze. Sie hat allerdings im wachen Zustand keine EEG-Wellen, die den menschlichen α-Wellen vergleichbar sind. Man kann einem Versuchstier ja nicht sagen: Setz dich ruhig hin, entspann dich und schließe bitte die Augen! Mit Hilfe einer geringen Dosis eines Barbiturat-Schlafmittels ist es jedoch möglich, Wellen zu erzeugen, die viele Eigenschaften mit den menschlichen α-Wellen gemeinsam haben. An diesen Wellen sind die meisten experimentellen Studien über die Entstehung des EEG durchgeführt worden.

Eines der ersten Ergebnisse dieser Untersuchungen war: Das EEG, das wir von der Kopfoberfläche ableiten, wird in der Hirnrinde, also in der grauen Substanz, erzeugt[7]. Auch von tiefer gelegenen grauen Massen kann man EEG-Wellen ableiten. Dazu muß man jedoch mit seinen Elektroden in das Gehirn hineingehen. Man kann sagen: Die Hirnrinde enthält die EEG-»Batterie«. Diese Batterie arbeitet jedoch – jedenfalls unter normalen Bedingungen – nicht unabhängig von tieferen Hirnabschnitten (Abbildung 8). Eine besonders wichtige Rolle für ihre rhythmische Aktivität spielt der *Thalamus*. Hier wurde schon in den vierziger Jahren eine Reihe von Neuronengruppen entdeckt, welche die rhythmische Aktivität der Hirnrinde in Gang setzen sowie Ausmaß und Frequenz der α-Wellen bestimmen. Offenbar sind das die »Schrittmacher« für die rhythmische Aktivität der Hirnrinde. Thalamus und Rinde sind durch zahlreiche Fasern miteinander verbunden, auf denen Impulse vom Thalamus zur Rinde, und durch andere, auf denen Impulse den umgekehrten Weg geleitet werden.

275

Es wurde bereits deutlich, wie einkommende Reize von der Körperperipherie und von den Sinnesorganen im Thalamus umgeschaltet werden. Die gleiche Struktur erweist sich nun als maßgeblich für die spontane rhythmische Aktivität der Hirnrinde. Die Vermutung liegt nahe, daß diese beiden Eigenschaften, Umschaltung zentripetaler Impulse (aus der Peripherie in Richtung Zentrum) und spontane rhythmische Aktivität, auch funktionell etwas miteinander zu tun haben. Einen solchen Zusammenhang nehmen die gegenwärtigen Hypothesen über die Funktion der EEG-Rhythmen und insbesondere des α-Rhythmus in der Tat auch an. Bevor das näher geschildert wird, soll noch eine andere Struktur am Gehirn beschrieben werden.

Bereits in den dreißiger Jahren führte der belgische Forscher Bremer wegweisende Experimente am Gehirn der Katze durch (Abbildung 12). Er durchtrennte die Gehirne an zwei verschiedenen Stellen. Ein Schnitt auf der mit 2 bezeichneten

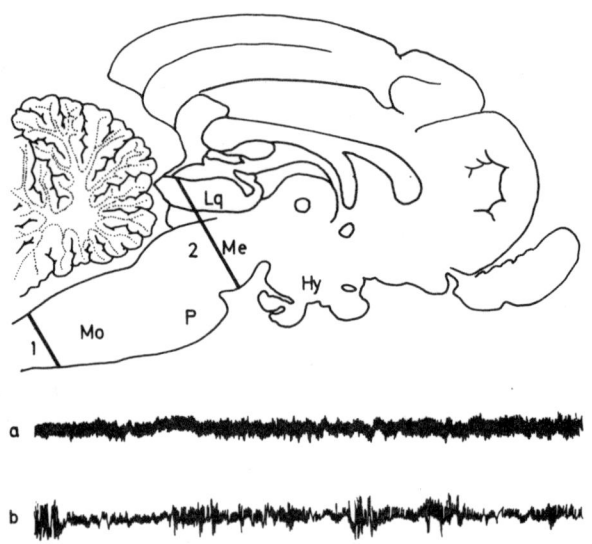

Abbildung 12
Gehirn einer Katze, in dem die beiden Durchtrennungsebenen im Bremer-Versuch zur Erzielung des »encéphale isolé« (Ebene 1) und des »cerveau isolé« (Ebene 2) eingezeichnet sind. Darunter die dazugehörigen EEG-Ableitungen: a) normales Wach-EEG beim »encéphale isolé«; b) Schlaf-EEG beim »cerveau isolé«. Mo = Medulla oblongata; P = Brücke; Me = Mittelhirn; Lq = Vierhügelplatte; Hy = Hypothalamus (nach Birbaumer: Physiologische Psychologie. Berlin/Heidelberg/New York: Springer 1975).

Ebene, also im Bereich des Mittelhirns, trennte den gesamten Hirnstamm von den höheren Hirnregionen ab. Thalamus und Hirnrinde waren so von den tieferen Ebenen isoliert (cerveau isolé). Derartig behandelte Tiere verfielen in einen Schlaf, aus dem sie nicht erweckt werden konnten; ihr EEG zeigte diejenigen Wellenspindeln, die Neurophysiologen mit den menschlichen α-Wellen vergleichen. Durchtrennt man das Gehirn jedoch auf der mit 1 gekennzeichneten Ebene (encéphale isolé), so bleibt der normale Schlaf-Wach-Rhythmus des Tieres erhalten, und auch das EEG bietet das gleiche von raschen Wellen niedriger Amplitude beherrschte Bild, das wir vom normalen, unbeeinflußten Wach-EEG der Katze kennen. Offenbar enthält also der zwischen den beiden Schnittebenen gelegene Bereich, der Hirnstamm, Strukturen, die etwas mit der Desynchronisation von EEG-Wellen und gleichzeitig mit dem normalen Schlaf-Wach-Rhythmus zu tun haben.

Experimente sehr vieler Untersucher haben diese Schlußfolgerung bestätigt und erweitert[8]. Es gelang, diese Funktionen in der sogenannten Substantia reticularis zu lokalisieren, einer unscharf begrenzten, von vielen Fasern kreuz und quer durchzogenen Region, die viele Gruppen von Neuronen enthält. So führt zum Beispiel elektrische Reizung dieser Region meist zu Desynchronisation des EEG, also zu einer Zunahme der Frequenz und Abnahme der Amplituden. Die wache Aktivität der Hirnrinde und damit unser waches Bewußtsein und die Möglichkeit, unsere Aufmerksamkeit einem bestimmten Objekt zuzuwenden, werden – auf dem Weg über den Thalamus – durch einen ständigen Erregungszustand innerhalb der Substantia reticularis aufrechterhalten. Wegen dieser Funktion wird die Substantia reticularis zusammen mit den ihr funktionell zugehörigen Hirnregionen auch als »aufsteigendes retikuläres aktivierendes System« (abgekürzt ARAS) bezeichnet. Eine geordnete Funktion des ARAS ist für die Funktionsfähigkeit der höheren Hirnregionen (vor allem Thalamus und Hirnrinde) außerordentlich wichtig. Viele Nervenbahnen, die Informationen und Impulse von der Peripherie, zum Beispiel von den Sinnesempfindungen der Haut, ins Gehirn bringen, werden im Hirnstamm umgeschaltet. Wie die Anatomen gezeigt haben, stehen diese Umschaltzellen mit zahlreichen Zellen ihrer Umgebung in enger Verbindung. Das legte den Gedanken nahe, diese Impulse würden im ARAS moduliert, und sie würden ihrerseits die spontane Aktivität der Neurone im ARAS modulieren.

Damit sind *drei Funktionsebenen* deutlich geworden, die das EEG beeinflussen: Die normale rhythmische Aktivität wird in der Hirnrinde erzeugt. Die Schrittmacher für die wichtigste Komponente, den α-Rhythmus, befinden sich im Thalamus. Vom ARAS ausgehende Impulse modulieren die Produktion der EEG-Rhythmen, indem sie zum Beispiel die EEG-Rhythmen desynchronisieren, das heißt zum Ersatz relativ langsamer Wellen hoher Amplitude durch raschere Wellen niedriger Amplitude führen. Natürlich ist diese Skizze der Funktionsebenen des Gehirns grob vereinfacht. In Wirklichkeit ergibt sich aus den vorliegenden experimentellen Befunden ein wesentlich komplexeres Bild, und die Zusammenhänge sind noch nicht in allen Einzelheiten geklärt. Vor allem haben – neben den drei genannten – noch andere Hirnregionen einen Einfluß auf die Funktionen und das EEG. Besonders zu erwähnen ist das »limbische System«, ein Bereich der Hirnrinde, der Zwischenhirn und Stammhirn umgibt und überlagert (Abbildung 13). Das limbische System steht in enger Verbindung mit Nervenbahnen, die Geruchseindrücke vermitteln. Es besitzt aber auch viele Bahnen zu anderen Teilen des Gehirns, so zum Stammhirn, zum Thalamus und auch zum Zwischenhirn, wo unsere vegetativen Funktionen – wie Hunger und Durst – repräsentiert sind. Das limbische System hat viel mit

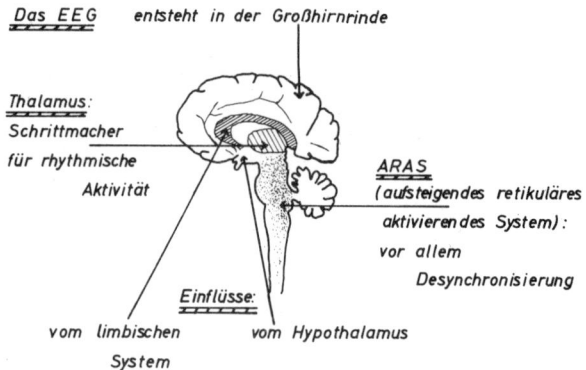

Abbildung 13
Zusammenfassende Darstellung der wichtigsten Ebenen, auf denen ein Einfluß auf das normale menschliche EEG erfolgt: Die »Batterie« des EEG befindet sich in der Hirnrinde, der »Schrittmacher« im Thalamus. Von seiten des ARAS kommen vor allem desynchronisierende Einflüsse; andere Einflüsse kommen vom limbischen System.

unserer Emotionalität zu tun, mit Affekten, Aggressivität, aber auch mit Angst und Flucht. Im EEG macht sich das durch Einstreuung von sogenannten ϑ-Wellen (Frequenz $\vartheta = 4$–7/sec) bemerkbar.

Die oben skizzierten Ergebnisse der neurophysiologischen Forschung – zusammen mit einer Vielzahl anderer experimenteller Daten – führten zur Formulierung einer Hypothese über die physiologische *Funktion* derjenigen rhythmischen Aktivitäten von Neuronen, die wir im EEG vor uns haben. Es liegt nahe, zu vermuten, daß ein Zusammenhang mit der Art der Informationsverarbeitung besteht. Diese Verarbeitung erfolgt offenbar auf zwei Ebenen: Im Thalamus werden die Impulse moduliert, indem Einzelimpulse – besonders dann, wenn sie für das Individuum wichtig sind – in Impulsketten umgewandelt werden. Das macht es der Hirnrinde leichter, sie biologisch sinnvoll zu verarbeiten. Diese Funktion des Thalamus wird ihrerseits modifiziert und ergänzt durch tieferliegende Hirnstrukturen, insbesondere das ARAS. Es sorgt für die notwendige Wachheit und Aufmerksamkeit, kann aber – bei zu hohem Erregungsniveau – das Wechselspiel zwischen Thalamus und Hirnrinde auch stören. Impulse vom limbischen System tragen dazu bei, daß das Wechselspiel der anderen drei Ebenen eine mehr oder weniger starke Affekttönung erhält – bis hin zu Wut oder Angst.

Mit alldem ist die Großhirnrinde aber nur einerseits als Empfänger von Informationen, andererseits – am Beispiel der Bewegung eines Fingers – als Absender von Befehlen an die Muskulatur deutlich geworden. Ihre Hauptaufgabe besteht aber in dem, was zwischen diesen beiden Funktionen gelegen ist. Wie kommen uns all diese Eindrücke zum Bewußtsein? Wie verarbeiten wir sie zu einem Bild von der Außenwelt? Und wie setzen wir diese Bilder in Handlungen um? Warum sind die Handlungen des einen Menschen zweckmäßig, intelligent und sinnvoll, während es einem anderen offenbar viel schwerer fällt, die notwendigen Schlußfolgerungen zu ziehen und sich vernünftig zu verhalten? Das Kapitel 5 beschäftigte sich mit Intelligenzleistungen. Was bedeutet das alles, in Hirnfunktionen übersetzt? Und was liegt den langfristigen Tendenzen des Erlebens und Handelns zugrunde, die man als »Persönlichkeit« oder »Charakter« bezeichnet und die es möglich machen, einen individuellen Menschen von allen anderen zu unterscheiden, ihn zu lieben, ihn zum Freund oder zum Feind zu haben?

Alle diese Fragen sind großenteils noch unbeantwortet, und

wahrscheinlich werden sie niemals so vollständig gelöst werden, wie man etwa den Aufbau eines von Menschenhand gebauten Computers durchschaut. Immerhin hat die Hirnforschung einige Ergebnisse doch schon erarbeitet. Als aufschlußreich erwies sich die Untersuchung von Patienten, bei denen einzelne Gehirnabschnitte durch Verletzung ausgefallen waren. So gibt es unter anderem Teile der Hirnrinde, die mit der Fähigkeit zu sprechen, aber auch mit der Erkennung individueller Gesichter zu tun haben. Eine bestimmte Region der Hirnrinde, die zwischen den sensiblen Zentren hinter der Zentralwindung und den Sehzentren in der Hinterhauptgegend gelegen ist, hat offenbar einen großen Einfluß auf die Fähigkeit, sich im Raum zu orientieren[9].

Bei der Besprechung der psychologischen Besonderheiten, die man bei Patienten mit X0-Karyotyp, dem Turner-Syndrom, findet, haben wir die im Durchschnitt schlechte Raumorientierung erwähnt. Psychologen, die sich mit dieser Besonderheit befaßten, diskutierten darum die Hypothese, daß diese Hirngegend bei Turner-Patienten funktionell minderwertig sein könnte. Wie so viele Probleme ist auch dieses auf der Ebene der anatomischen Forschung noch nicht hinreichend untersucht.

Beim Menschen besteht eine ziemlich gute Arbeitsteilung zwischen linker und rechter Gehirnhälfte[10] (Abbildung 14). So sind das Sprachvermögen und weitgehend auch das bewußte Denken in der linken Hirnhälfte lokalisiert, räumliches Vorstellungsvermögen, Sinn für Muster und Musikalität dagegen in der rechten. Man hat die Aufgabe der linken Hirnhälfte als eher analytisch, die der rechten als eher synthetisch bezeichnet. Die Art

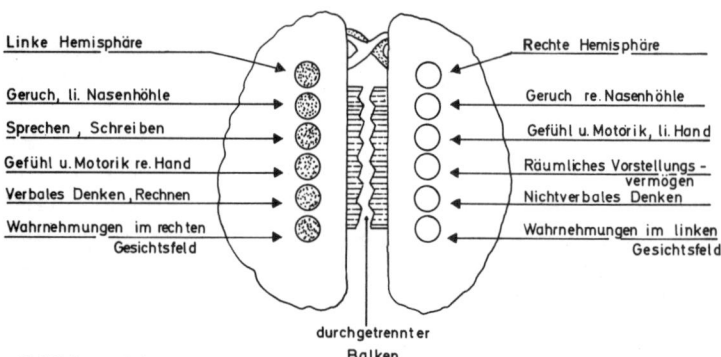

Abbildung 14
Arbeitsteilung zwischen linker und rechter Gehirnhälfte. Synoptische Darstellung aus Experimenten vieler Untersucher (nach Sperry und Preilowski, Bild der Wissenschaft, September 1972).

280

des Zusammenwirkens beider Hälften scheint nicht bei allen Menschen ganz gleich zu sein. Insbesondere überwiegt offenbar bei Frauen im Durchschnitt die linke Hälfte etwas mehr, während beim Mann die rechte Hirnhälfte wichtiger zu sein scheint. So erzielen Männer – immer im Durchschnitt betrachtet – bei Intelligenztests etwas bessere Ergebnisse bei Aufgaben, die gutes räumliches Vorstellungsvermögen verlangen. Frauen dagegen sind etwas besser in Aufgaben, die sprachliche Fähigkeiten prüfen. Bisher ging es um Teile der Hirnrinde, die für spezielle Funktionen unerläßlich sind. Andere Gehirnteile scheinen eine allgemeinere, mehr integrative Funktion zu haben. Das gilt besonders für das Stirnhirn. Es hat offenbar viel mit unserem Antrieb, der Dynamik unseres Verhaltens, aber auch mit einer Verhaltenskontrolle etwa durch ethische Normen zu tun. Bisher haben wir das Gehirn und insbesondere die Hirnrinde sozusagen mit unbewehrtem Auge betrachtet, und wir konnten so eine gewisse Arbeitsteilung feststellen. Wie aber macht es das Gehirn, alle diese Funktionen in geordneter Weise auszuführen? Bitten wir den Anatomen, mit dessen Hilfe wir uns die Gestalt des Gehirns erarbeitet haben, er möge uns einen Blick in das Mikroskop tun lassen. Er zeigt uns eine sehr dünne, aus der Sehrinde präparierte und mit einer speziellen Methode gefärbte Scheibe. Wie wir sehen, baut sich die Rinde aus einer Anzahl von Schichten auf; an dieser Stelle sind es sieben. Sie unterscheiden sich voneinander durch die Anzahl, die Größe und die Verteilung der Zellen, aus denen sie sich zusammensetzen. Wir erinnern uns dabei, daß die Nervenzellen durch ihre Dendriten und durch das Soma von vielen, oft mehreren tausend, anderen Nervenzellen erregende und hemmende Impulse erhalten und daß sie ihrerseits durch das Axon Impulse an andere Nervenzellen abgeben. In den Verschaltungen der Nervenzellen miteinander und im geordneten Ablauf ihrer Impulse im Wechselspiel mit einer spontanen, rhythmischen Tätigkeit von Nervenzellgruppen bestehen der Aufbau und die Tätigkeit des Zentralnervensystems.

Im Laufe der Embryonalentwicklung und teilweise auch noch der frühkindlichen Entwicklung entstehen die Nervenzellen durch Teilung embryonaler Zellen. Sie müssen innerhalb der Hirnrinde und der übrigen grauen Substanz ihren vorbestimmten Platz finden, und zwischen ihnen müssen sich die Verschaltungen herstellen. Im späteren Leben können sich Nervenzellen nicht mehr teilen. Der Mensch muß für sein ganzes Leben mit dem einmal vorhandenen Bestand auskommen. Ja, viele Nervenzellen gehen vorzeitig zugrunde. Bis zu einem bestimmten Punkt ist das nicht tragisch; denn das Gehirn zeigt eine bemerkenswerte Elastizität, Ersatzschaltungen aufzubauen. Nimmt der Zelluntergang aber überhand, dann kommt es zu Funktionsstörungen, wie zum Beispiel im hohen Greisenalter und bei manchen Krankheiten.

Die Zahl der Nervenzellen bleibt also konstant oder nimmt sogar ab. Was sich aber in gewissen Grenzen ändern kann, ist die Zahl ihrer Verbindungen, der Synapsen. Und zwar ändern sich diese Verbindungen unter dem Einfluß der Funktion. Wir erwähnten schon, daß in der Sehrinde der Ratte die Zahl der synaptischen Verbindungen zwischen den Neuronen drastisch abnimmt, wenn man die Tiere im Dunkeln aufwachsen läßt. Daß es sich nicht um einen unspezifischen Vernachlässigungseffekt handelt, kann man daran erkennen, daß die Regionen für die Verarbeitung akustischer Reize sich ganz normal entwickeln. Und die α-Wellentätigkeit über dem Hinterhaupt des Menschen ist im Durchschnitt bei von Geburt an blinden Kindern geringer ausgeprägt als bei sehenden.

Das Gehirn erfährt also seine letzte Ausprägung erst unter dem Einfluß der Funktion. Es ist vernünftig, zu folgern – und auch viele Untersuchungen sprechen dafür –, daß das Gehirn seine Leistungsfähigkeit im Alter desto länger und besser erhält, je ausgiebiger und vielseitiger es genutzt wird. Bei Versuchstieren wie der Maus kennt man erbliche Varianten in der »Verdrahtung« der Neurone untereinander[12]. Es ist plausibel, anzunehmen, daß es auch beim Menschen erbliche Unterschiede im »Verdrahtungsprogramm« der Nervenzellen im Gehirn gibt und daß diese Unterschiede etwas mit der geistigen Leistungsfähigkeit zu tun haben. Genauso plausibel ist es, zu vermuten, daß diese genetisch vorprogrammierte Ordnung im Laufe der Entwicklung – insbesondere im frühen Kindesalter – durch mehr oder weniger vielseitigen und zweckmäßigen Gebrauch in positiver oder negativer Richtung modifizierbar ist.

Gerade diese Modifizierbarkeit unter dem Einfluß der Funktion ist wohl die bemerkenswerteste genetisch vorprogrammierte Eigenschaft des Gehirns höherer Organismen und insbesondere des Menschen. Pädagogen und Psychologen bezeichnen diese Eigenschaft als »Lernfähigkeit«. Es gibt eine riesige Literatur über die Psychologie des Lernens. Die Leistungen bei Intelligenztests hängen entscheidend davon ab, ob und wie rasch wir in der Lage sind, aus Erfahrungen zu lernen.

Wie bereits deutlich wurde, werden die Verbindungen

zwischen den Nervenzellen hergestellt durch die *Synapsen* (Abbildung 4). Zahl und wohl auch Größe der Synapsen ändern sich unter dem Einfluß der Funktion. Ihr Funktionieren ist von entscheidender Bedeutung für die Leistungsfähigkeit des gesamten Nervensystems. Wie weiter geschildert wurde, wird die Erregung an den Synapsen auf chemischem Wege übertragen. Geistes- und Gemütskrankheiten gehen vermutlich mit Veränderungen an diesen chemischen Vorgängen einher und sind – wenn wir einer heute vieldiskutierten Hypothese folgen – zum Teil durch sie verursacht. Bevor wir nun diskutieren, an welchen Stellen im Aufbau und in der Funktion unseres Gehirns und des gesamten Nervensystems genetische Variabilität zu Unterschieden zwischen den Menschen führen kann und wie man sie untersuchen könnte, wird es gut sein, sich noch etwas genauer mit den Synapsen zu beschäftigen.

1   Valverde, F.: Structural Changes in the area striata of the mouse after enucleation. Exp. Brain Res. 5, 274–292 (1968).
2   Popper, K., Eccles, J. C.: The self and its brain. Berlin/Heidelberg/New York: Springer 1977.
3   Vgl. Scientific American, das Heft über das Gehirn, 241, 3 (1979); auch: Gehirn und Nervensystem. Weinheim: Spektrum-der-Wissenschaft-Verlagsgesellschaft 1980.
4   Letztlich liegen auch der elektrischen Nervenleitung chemische Prozesse zugrunde: Natrium- und Kaliumionen werden mit Hilfe enzymatisch gesteuerter Prozesse über die Nervenmembran transportiert. Vgl. Scientific American, a.a.O.
5   Vgl. Eccles, J. C.: Das Gehirn des Menschen. München/Zürich: R. Piper 1973.
6   Berger, H.: Das Elektrenkephalogramm des Menschen. Halle: Nova Acta Leopoldina 6, Nr. 38, 1938.
7   Andersen, P., Andersson, S. A.: Physiological basis of the alpha rhythm. New York: Appleton-Century-Crofts 1968.
8   Vgl. Birbaumer, N.: Physiologische Psychologie. Berlin/Heidelberg/New York: Springer 1975.
9   Vgl. Geschwind, N.: Scientific American 241, 3, 158–172.
10 Sperry, R. W.: Lateral Specialization in the structurally separated hemispheres, S. 5–20. In: Schmitt, W. (Ed.): The Neurosciences, third study program. Cambridge/London: The MIT Press 1974.
11 Eccles, J. C., a. a. O., S. 263–266.
12 Caviness, V. S., Rakic, P.: Mechanisms of cortical development: A view from mutations in mice. Ann. Rev. Neurosci. 1, 297–326 (1978).

14. Die Synapse

Über das Axon der Nervenzelle wird die Erregung elektrisch fortgeleitet. In Form elektrischer Erscheinungen ist der Erregungsvorgang aber auch besonders gut einer Untersuchung zugänglich. Letztlich geht er mit chemischen Veränderungen an der Wand des Axons einher. Am Übergang von einer Nervenzelle zur nächsten, an der *Synapse*, wird die kontinuierliche Leitung unterbrochen. Wenn man das Axon mit einem elektrischen Kabel vergleicht, dann entspricht die Synapse dem Stecker und der Fassung. Der Berliner Pharmakologe Otto Loewi wies 1921 in einem klassisch gewordenen Experiment die Existenz einer chemischen Vermittlung nervöser Impulse nach:

Der Nervus Vagus, der zum parasympathischen Anteil des autonomen Nervensystems gehört, innerviert den Vorhof des Herzens; seine Erregung führt eine Verlangsamung der Schlagfrequenz herbei. Loewi verwendete, wie in der Pharmakologie verbreitet üblich, das Froschherz als Experimentalobjekt, weil es den Vorteil hat, außerhalb des Körpers noch eine ganze Weile weiterzuschlagen. Er schaltete nun zwei Froschherzen hintereinander, ein erstes mit intaktem Nervus Vagus und ein zweites, an dem der Nerv entfernt worden war.

Das erste Herz pumpte Flüssigkeit in das zweite. Wenn der Vagusnerv des ersten Herzens elektrisch gereizt wurde, kam es nicht nur in diesem Herzen zu einer Verlangsamung der Schlagfrequenz bis zum Herzstillstand, sondern mit einer kurzen Verzögerung auch im zweiten Herzen. Dieses stand mit dem ersten nur dadurch in Verbindung, daß es die Flüssigkeit von dort erhielt. Die Flüssigkeit mußte also einen Stoff enthalten, der auf die elektrische Reizung hin vom ersten Herzen ausgeschüttet worden war und der die Frequenzverlangsamung des zweiten Herzens vermittelt hatte. Loewi nannte ihn »Vagusstoff« und identifizierte ihn später als Acetylcholin. Acetylcholin ist nicht nur im Nervus Vagus Überträgerstoff, sondern im ganzen parasympathischen System.

Die Kommunikation zwischen Nervenzellen einerseits und zwischen Nervenzellen und dem Zielorgan andererseits erfolgt an hochspezialisierten Strukturen der Neurone, den Synapsen[1]. Ein Neuron kann bis zu 1000 Nervenendigungen aussenden und ebenso viele Rezeptorbereiche enthalten, so daß sich für die 10^{10} bis 10^{11} Nervenzellen des menschlichen Gehirns etwa 10^{13} bis 10^{14} Kontaktstellen ergeben. Die Erregungsübertragung an

Synapsen erfolgt auf chemischem Wege mit Hilfe von sogenannten Neurotransmittern, zum Beispiel dem Acetylcholin. Die Nervenzellen sind eine hochgradig spezialisierte Fabrik zur Herstellung dieser chemischen Substanzen.

Man kann sich fragen, warum die Natur ein chemisches Prinzip zur Erregungsübertragung zwischen verschiedenen Nervenzellen entwickelt hat und warum auf die einfachere elektrische Leitung hier verzichtet wurde. Die chemische Übertragung bietet zwei wichtige Vorteile. Einmal legt sie eine bestimmte Richtung fest, was bei elektrischer Leitung nicht der Fall ist; denn das präsynaptische Neuron kann Neurotransmittermoleküle freisetzen, die nur die postsynaptischen Rezeptoren erkennen können. Zum anderen gibt es eine ganze Reihe verschiedener Neurotransmitter; eine bestimmte Nervenzelle produziert jedoch immer nur einen Typ. Die Spezifität der neurohumoralen Überträgerstoffe ermöglicht also trotz der engen Nachbarschaft von Nervenzellen eine gezielte Erregungsübertragung zwischen bestimmten Neuronen.

Die Aufklärung der synaptischen Mechanismen hat auch praktische Bedeutung erlangt, weil man an diesen Orten mit Medikamenten gezielt einwirken kann. Da Neurotransmitter spezifisch für bestimmte Neuronensysteme sind, kann man pharmakologisch auch spezifisch einwirken. Es gibt blutdrucksenkende Medikamente, die an Synapsen angreifen, aber auch viele Psychopharmaka entfalten hier ihre Wirkung (s. Kapitel 15).

Wir wollen eine Synapse etwas genauer kennenlernen, die Noradrenalin als Transmitter benutzt (Abbildung 1). Noradrenalin ist der Überträgerstoff, der im sympathischen Teil des autonomen Nervensystems die Erregung vom Neuron auf die Zellen des Zielorgans überträgt. Die komplizierte neuronale Fabrik zur Herstellung von Neurotransmittern und die Regulation ihrer Konzentration, an der Enzyme entscheidenden Anteil haben, lassen den Genetiker vermuten, daß es auch erbliche Unterschiede in diesem System gibt.

Noradrenalin wird in der Nervenendigung in mehreren enzymatisch katalysierten Schritten hergestellt. Ausgangsstoffe sind die Aminosäuren Phenylalanin und Tyrosin, die mit der Nahrung aufgenommen werden (Abbildung 3, Kapitel 10). Das fertige Noradrenalin wird in einer Art von kleinen Säcken portionsweise gespeichert. Erreicht nun eine elektrische Erregung über die Nerven die Synapse, dann wird Noradrenalin schlagartig in großer Menge in den synaptischen Spalt hinein freigesetzt. Es reagiert mit postsynaptischen Rezeptoren, die eine zunächst

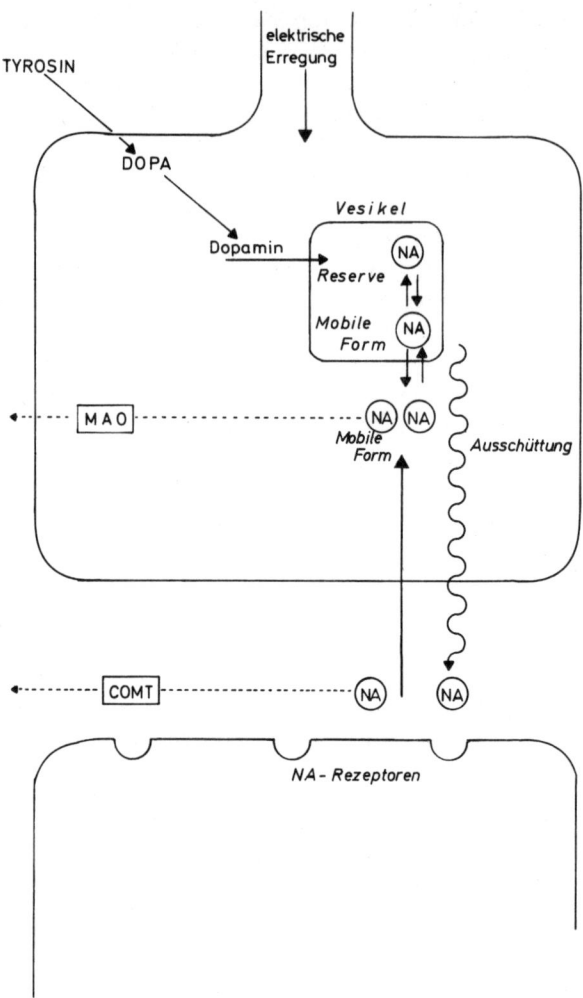

Abbildung 1
Vereinfachte Darstellung einer Noradrenalinsynapse. Tyrosin wird über verschiedene Zwischenstufen in Noradrenalin (NA) umgewandelt. Dieses wird in den Vesikeln als Reserve und als mobile Form gespeichert. Auf eine elektrische Nervenerregung hin wird die mobile Form in den Synapsenspalt ausgeschüttet und erregt die NA-Rezeptoren der postsynaptischen Zelle. Ein Teil des Noradrenalins wird entweder in die Synapse zurückgeleitet (nach oben weisender Pfeil) oder durch das Enzym COMT abgebaut. Ein Abbau erfolgt auch innerhalb der Synapse durch das Enzym MAO.

286

örtliche, dann fortgeleitete Erregung an der nächsten, der postsynaptischen, Zelle bewirken. Das einmal ausgeschüttete Noradrenalin muß rasch wieder aus dem synaptischen Speicher entfernt werden, weil es sonst eine Dauererregung hervorrufen würde. Dies geschieht einmal durch Wiederaufnahme in die Herkunftszelle, außerdem durch enzymatischen Abbau. Man muß sich das ganze Geschehen an der Synapse als Regelkreis vorstellen. Aufbauende und abbauende Funktionen stehen im »Ruhezustand« in einem Gleichgewicht und wirken auf einen Sollwert an verfügbaren Transmittern hin. Gibt es in diesem Zusammenhang auch genetische Unterschiede zwischen verschiedenen Individuen? Wenn dies zuträfe, dann sollten die Unterschiede auch funktionelle Konsequenzen haben, sich also auf das Befinden und Verhalten auswirken. Es gibt Zwillings- und Familienuntersuchungen, die tatsächlich gezeigt haben, daß genetische Faktoren die Aktivität von drei der Enzyme, die mit dem Auf- und Abbau von Noradrenalin zu tun haben, DBH, COMT und MAO, erheblich beeinflussen. Diese Enzyme sind nicht nur im Nervensystem, sondern auch im Blut nachweisbar; sonst wäre eine Zwillingsuntersuchung nicht möglich gewesen.

Wie sich genetische Unterschiede in diesen Enzymen auf das Verhalten auswirken können, zeigten Untersuchungen an der Maus. In der genetischen Forschung werden besonders Inzuchtstämme verwendet, die durch ständige Bruder-Schwester-Verpaarung erzeugt werden. Wenn diese Inzucht über viele Generationen fortgesetzt wird, dann gibt es zwischen den einzelnen Tieren eines Stammes praktisch keinen genetischen Unterschied mehr, während sich verschiedene Stämme deutlich voneinander unterscheiden. Alle Tiere gehören aber nach wie vor zu der zoologischen Art »Maus« und sind untereinander kreuzbar.

An zwei Stämmen, die beide vor längerer Zeit einen gemeinsamen Ursprung hatten, wurden drei Enzyme der Noradrenalinsynthese gemessen[2]. Der eine Stamm zeigte viel höhere Werte als der andere; kreuzte man die Stämme miteinander, so hatten die Nachkommen mittlere Werte. Kreuzte man diese Nachkommen wieder untereinander, dann fand sich eine Aufspaltung zwischen hohen, mittleren und niedrigen Werten aller drei Enzyme gemeinsam im Verhältnis $1:2:1$. Die Enzymaktivitäten werden also gemeinsam durch ein Genpaar kontrolliert, welches die nach dem zweiten Mendelschen Gesetz erwartete Aufspaltung zeigt. Der amerikanische Forscher R. D. Ciaranello, dem wir diese Experimente verdanken, prüfte nun, ob dieser genetische Unterschied in der Enzymaktivität sich auch auf das Verhalten der Tiere auswirkt. Er fand einen Einfluß auf die Aggressivität: Männchen des Stammes mit hohen Enzymwerten pflegten andere Männchen, die man zu ihnen in den Käfig setzte, sofort anzugreifen. Männchen des anderen Stammes dagegen verhielten sich in der gleichen Situation gleichgültig. In den Kreuzungsexperimenten blieb das Kampfverhalten an die Enzymaktivität gebunden: Die Tiere mit den hohen Enzymaktivitäten waren auch hier aggressiver als die mit mittleren oder niedrigen Werten. Die Versuche zeigen in eindrucksvoller Weise, wie man in einem biologischen System nicht nur einen Zusammenhang zwischen biochemischer Grundlage und Verhaltensphänotyp herausfinden kann, sondern auch, wie dadurch genetische Unterschiede eine Erklärung finden. Man darf aber nicht in den Fehler verfallen, jede Aggressivität auf diese Weise erklären zu wollen; denn sicher gibt es dafür sehr verschiedene Mechanismen. Die Versuche zeigen aber deutlich, in welche Richtung sich die genetische Forschung entwickeln wird. Ein Jungenaustausch zwischen den beiden Mäuselinien hatte zwar auch gezeigt, daß die Nachkommen sich in ihrer Aggressivität wie ihre biologischen Eltern, nicht wie ihre Ammeneltern verhalten. Aber die Einführung biochemischer Parameter hat ein weitergehendes, ein »tieferes« Verständnis für die Verhaltensunterschiede ermöglicht. Beim Menschen werden inzwischen Störungen in der chemischen Übertragung von Nervenendigungen an den Synapsen als Ursache für bestimmte geistige Störungen vermutet.

1   Vgl. zum Beispiel: Rahmann, H.: Neurobiologie. Stuttgart: Eugen Ulmer 1976.
2   Ciaranello, R. D.: Genetic regulation of the catecholamine synthesizing enzymes: Relationships to behavior and psychiatric disturbances. In: Fields, W. D. (Ed.): Neurotransmitter Function: Basic and Clinical Aspects. Stratton Intercontinental Medical Book 1977.

15. Neurophysiologische und biochemische Befunde bei Geistes- und Gemütskrankheiten

Die wesentlichen Befunde, welche die Beteiligung von Erbfaktoren an der Entstehung bestimmter psychiatrischer Krankheiten belegen, sind schon geschildert worden (Kapitel 7 und 8). Die Hirnfunktionen der Patienten mit solchen Krankheiten müssen Besonderheiten zeigen, die sie von Gesunden unterscheiden. Diese Besonderheiten sollten aufgrund ihrer genetischen Bestimmtheit entweder ständig vorhanden oder zumindest unter bestimmten Lebensbedingungen provozierbar sein. Es kommt also darauf an, erbliche Funktionsgrößen zu finden, welche die Anfälligkeit für eine bestimmte psychiatrische Krankheit, etwa eine Schizophrenie, widerspiegeln.

Der Erfolg der biochemischen Humangenetik hat uns gelehrt (Kapitel 9), daß unser Verständnis für eine bestimmte, genetisch bedingte, Krankheitsneigung um so besser ist, je direkter die Meßgröße dabei die Wirkung einzelner Erbanlagen wiedergibt. Im vorhergehenden Kapitel haben wir die synaptische Erregungsübertragung kennengelernt, bei der chemische Verbindungen eine wesentliche Rolle spielen. Diese »Transmitter« müssen durch Enzyme synthetisiert und abgebaut werden, und ein spezifischer Rezeptor muß sie erkennen können. Die chemischen Nahtstellen der Erregungsübertragung von einer Nervenzelle zur nächsten, also die Synapsen, stehen im Mittelpunkt der Forschung. Hier greifen nachweislich verschiedene Psychopharmaka an, und hier hofft man, Besonderheiten der Hirnfunktion bei Geisteskrankheiten zu finden. Biologisches Analogiedenken läßt den Genetiker vermuten, daß in dem komplizierten System einer Synapse auch erbliche Unterschiede zwischen verschiedenen Menschen vorkommen. Das Gehirn des lebenden Menschen entzieht sich jedoch der direkten Untersuchung, und aufgrund der Spezialisierung der Zellen verschiedener Organe geben Untersuchungen an leichter zugänglichem Gewebe das chemische Geschehen im Gehirn entweder gar nicht oder nicht verläßlich wieder. Wir sind darum heute noch weit davon entfernt, die normale Funktion und Wechselwirkung verschiedener Synapsensysteme voll zu verstehen oder gar die Veränderungen im Krankhaften. Im folgenden sollen trotz aller Vorläufigkeit einige der interessantesten Befunde genannt werden.

So beispielsweise bei der *Schizophrenie*. Unter diesem

Oberbegriff werden ja sehr wahrscheinlich verschiedene Krankheiten zusammengefaßt, oder, anders ausgedrückt, die Schizophreniesymptomatik ist die gemeinsame Endstrecke unterschiedlicher ursächlicher Mechanismen. Dies ist für die Suche nach den biochemischen Grundlagen natürlich denkbar nachteilig und dürfte zum Teil erklären, warum immer wieder neue »Ursachen« dieser Psychose entdeckt werden, die andere Untersucher dann meist nicht bestätigen können. Dem neu entdeckten »pink spot« (»rosa Fleck«), der auf einer Dünnschichtplatte erscheint und der die für die Schizophrenie verantwortliche chemische Verbindung sein soll, die sich im Blut oder Urin von Patienten gefunden hat, wird von Eingeweihten daher zunächst mit Mißtrauen begegnet. Eine einzige und allgemein gültige neurophysiologische oder biochemische Ursache der Schizophrenie scheint es nicht zu geben. Welche experimentellen Befunde können aber einen Fingerzeig auf mögliche Entstehungsmechanismen bieten?

Ein gegenwärtig intensiv verfolgter Forschungsansatz vereinigt genetische mit psychophysiologischen Befunden: Man untersucht Kinder schizophrener Eltern im Hinblick auf solche funktionellen Parameter, in denen sich die Patienten von gesunden Vergleichspersonen unterscheiden. Hierfür haben sich besonders Tests als aussichtsreich erwiesen, welche die Aufmerksamkeit und Konzentrationsfähigkeit messen. Mindestens ein Teil der schizophrenen Patienten schneidet nämlich in solchen Tests schlechter ab als Gesunde. Die Kinder eines Schizophrenen haben ein Risiko von 10–15 Prozent (Kapitel 7), auch eine derartige Psychose zu entwickeln. Die Beobachtung der Nachkommen von Patienten von früher Kindheit an könnte es also möglich machen, bereits vor dem Krankheitsausbruch Besonderheiten bei den späteren Schizophrenen zu entdecken. Wenn die Untersuchung schon im Kindesalter begonnen hat und in gewissen Abständen wiederholt wird, läßt sich das Auftreten der Krankheit vielleicht genau beobachten. Derartige Studien werden in der psychiatrischen Wissenschaft als »high-risk-Forschung« bezeichnet, weil Personen mit einem bekanntermaßen erhöhten Risiko für Schizophrenie untersucht werden. Man führt solche Längsschnittstudien nicht nur aus wissenschaftlicher Neugier durch, sondern vor allem, weil man hofft, durch ein besseres Verständnis für die Entstehungsbedingungen und Auslösemechanismen der Psychose mögliche Schutzmaßnahmen entwickeln zu können.

Eine Gruppe von Wissenschaftlern an der Columbia-Universität in New York hat Untersuchungen in dieser Richtung angestellt[1]. Bei dem Aufmerksamkeitstest, an dem Kinder schizophrener Eltern teilnahmen, wurden den Versuchspersonen auf Diapositiven in rascher Folge Spielkarten gezeigt. Die Aufgabe bestand darin, so schnell wie möglich einen Knopf zu drücken, wenn die gleichen Bilder erschienen. Während eines Testteils wurden die Versuchspersonen zusätzlich dadurch verwirrt, daß man ihnen während der Projektion über einen Kopfhörer Zahlenreihen vorsprach. Diese Störung wurde eingebaut, weil man weiß, daß schizophrene Patienten unwesentliche Reize aus ihrem Bewußtsein schlechter ausblenden können als Gesunde. Aus Untersuchungen an manifest erkrankten Schizophrenen weiß man auch, daß der Unterschied in der Leistung in Aufmerksamkeitstests zwischen Patienten und Gesunden noch größer wird, wenn während des Experiments Störreize auf die Versuchspersonen einströmen. Die Hypothese, die die Wissenschaftler überprüfen wollten, lautete: a) Risikopersonen reagieren häufiger mit fehlerhaftem Knopfdruck als die Gesunden; b) ihre Reaktionszeit ist länger; c) der Unterschied zwischen Versuchs-und Kontrollgruppe vergrößert sich, wenn während der Untersuchung zusätzlich Störreize eingebaut werden. Tatsächlich ließen sich die Hypothesen a) und c) durch das Experiment bestätigen, obwohl die Unterschiede zum Teil nicht groß waren. Die Risikopersonen zeigten jedoch keine Verlängerung ihrer Reaktionszeit. Die Ergebnisse deuten also darauf hin, daß sich an einem Kollektiv von Personen, von denen später ein bestimmter Anteil eine schizophrene Psychose entwickeln wird, bereits vor Krankheitsausbruch eine gewisse Einschränkung der Aufmerksamkeitsleistung und Konzentrationsfähigkeit nachweisen läßt. Die bisherigen Befunde erlauben aber nicht, eine bestimmte Person als später schizophren zu identifizieren. Da die Risikopersonen zum Zeitpunkt der Untersuchung noch Kinder waren, läßt sich auch noch nicht sagen, ob die mit den schlechtesten Leistungen auch die späteren Patienten sein werden.

Dieser Befund der New Yorker Wissenschaftlergruppe ist zweifellos interessant. Es wäre aber sicher zu einfach, wenn man in der Aufmerksamkeitsschwäche eine Ursache der schizophrenen Psychose sehen würde. Die in einer bestimmten Experimentalsituation nachweisbare Schwäche dürfte eher eine andere Folge der Grundstörung bei Schizophrenie sein.

Bei der Schizophrenie gibt es auch einen interessanten »high-risk-Ansatz« mit Hilfe des EEG. Hans Berger, der Entdekker des EEG, hatte schon vor über vierzig Jahren vermutet, daß sich in den Hirnstromkurven Geisteskranker gewisse Besonderheiten finden. Später wurde jedoch sehr Widersprüchliches über das EEG Schizophrener veröffentlicht. Mit der Entwicklung der Computeranalyse des EEG hat man in den letzten Jahren interessante Befunde erhalten, die den alten Vermutungen zum Teil sogar recht nahekommen. In einer Untersuchung an einhundert schizophrenen Patienten, die nicht medikamentös behandelt wurden, fand sich nun ein Unterschied gegenüber Vergleichspersonen: Die Patienten hatten einen erhöhten Anteil an Wellen langsamerer und auch höherer Frequenzen (theta- bzw. hochfrequente beta-Wellen), aber einen niedrigeren Anteil an Wellen mittlerer Frequenz (alpha-Wellen) in ihrem EEG[2]. Derartige Frequenzverschiebungen haben möglicherweise neurophysiologische Bedeutung. Jedenfalls scheint das Großhirn der Patienten in einem »anderen« Erregungszustand zu sein als bei Gesunden. Interessanterweise ergab die Untersuchung von Kindern mit einem oder gar zwei schizophrenen Eltern, die bislang selbst noch keine Schizophrenie hatten, einen ganz analogen EEG-Befund. Die bei schizophrenen Patienten nachweisbaren EEG-Besonderheiten ließen sich also lange vor Ausbruch der Krankheit nachweisen. Dies deutet darauf hin, daß gewisse EEG-Charakteristika einen Teil der genetischen Disposition zur Schizophrenie widerspiegeln. Interessanterweise führen die in der Schizophreniebehandlung verwendeten Medikamente, die Neuroleptika, zu einer Angleichung der EEG-Frequenzverteilung an die der Normalpersonen. Ähnlich wie bei den zuvor erwähnten »highrisk«-Studien soll aber einschränkend hinzugefügt werden, daß die Kinder, an denen das EEG untersucht wurde, noch nicht das Alter erreicht hatten, in dem sich eine Schizophrenie manifestiert. Eine spätere Nachuntersuchung der Kinder wird zeigen, ob sich tatsächlich auch im Einzelfall ein Zusammenhang zwischen EEG und Schizophrenie-Entstehung nachweisen läßt.

Die »high-risk-Studien« nehmen viele Jahre in Anspruch und verlangen von den Wissenschaftlern nicht nur ungewöhnliche Ausdauer, sondern werfen neben praktischen Schwierigkeiten (die Versuchspersonen müssen schließlich immer wieder zu einer Untersuchung bereit sein) oft auch methodische Probleme auf. Denn die Einzelheiten des Versuchsablaufs müssen während der ganzen Zeit unbedingt konstant gehalten werden.

Ein ganz anderer Forschungsansatz für die Aufklärung biologischer Teilursachen der Schizophrenie geht von den sogenannten Modellpsychosen aus, die sich durch Einnahme bestimmter Substanzen auslösen lassen. 1943 hatte der Chemiker Hofmann zufällig die Eigenschaft von LSD (Lysergsäurediäthylamid) entdeckt, Halluzinationen hervorzurufen. Wer freiwillig eine einmalige LSD-Dosis eingenommen hat, erlebt eine Änderung seiner Stimmung, empfindet Euphorie oder Dysphorie. Er lacht oder schreit grundlos, kann dramatische optische Sinneseindrücke erleben; sein Denken ist stark beeinträchtigt. In gewisser Weise ähnelt dieses Bild dem mancher schizophrener Patienten. Darauf baute die Hypothese auf, manche Menschen würden in ihrem Gehirn eine »psychoseerzeugende« Substanz bilden. Damit gäbe es eine »endogene« Erklärung für die Schizophrenie. Bei der Suche nach Stoffen, die für eine derartige Wirkung in Betracht kommen, stieß man auf das Serotonin, einen Neurotransmitter des Gehirns. Serotonin hat mit LSD große chemische Ähnlichkeit (Abbildung 1). So könnte man sich vorstellen, daß der Serotonin-

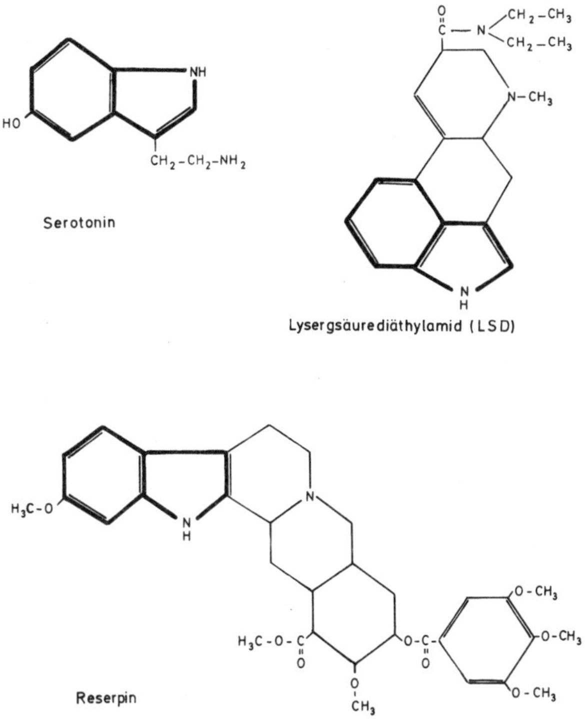

Serotonin

Lysergsäurediäthylamid (LSD)

Reserpin

Abbildung 1
Chemische Formeln von Lysergsäure-diäthylamid (LSD) und Reserpin, in denen das Grundgerüst des körpereigenen Serotonin, ein sogenannter Indolkern, hervorgehoben ist.

rezeptor LSD fälschlich für Serotonin hält. Das könnte zu abnormen Reaktionen führen, die wir subjektiv als Halluzinationen wahrnehmen. Andererseits gibt es ein chemisch ähnlich aufgebautes Arzneimittel, das Reserpin, das eine gewisse antipsychotische Wirkung hat. Möglicherweise verdrängt dieses Mittel das zuviel vorhandene Serotonin vom Rezeptor und führt so zu einer Verbesserung des psychischen Zustandsbildes.

Wo ist in diesen Vorstellungen Raum für den Einfluß genetischer Faktoren? Darüber weiß man noch nichts Verläßliches. Immerhin sind aber zwischen verschiedenen Menschen erhebliche Unterschiede in der Reaktion auf LSD bekannt. Es ist sogar beobachtet worden, daß LSD bei gesunden Verwandten von schizophrenen Patienten Erscheinungen hervorrufen kann, die an eine schizophrene Erkrankung erinnern, und zwar in ausgeprägterer Weise als bei Personen ohne derartige Verwandte[3]. Der Genetiker wird sofort fragen: Wie konstant ist die Art der Reaktion auf LSD bei einer Person, das heißt, führt der wiederholte Versuch zu demselben Ergebnis, und bleiben die Unterschiede zwischen verschiedenen Menschen die gleichen? Sind Verwandte einander ähnlicher als beliebige Personen? Das ist bisher nicht bekannt und wird aus verständlichen Gründen wohl auch nur schwer untersucht werden können.

Modellpsychosen können aber auch von einer Reihe von Stoffen ausgelöst werden, die dem Noradrenalin nahestehen, das wir bei der Besprechung der Synapse (Kapitel 14) als Neurotransmitter kennenlernten (Abbildung 2). *Meskalin,* benannt nach den Mescalero-Apachen in Neumexiko, ist ein Inhaltsstoff der Kakteenart Peyote. Es läßt den, der es genommen hat, besonders farbige Eindrücke erleben und kann auch optische Halluzinationen auslösen. Der englische Schriftsteller Aldous Huxley hat in Selbstversuchen die Wirkung von Meskalin studiert. In seiner Studie »Die Pforten der Wahrnehmung« beschreibt er den Gang durch einen Garten unter Meskalineinfluß[4]: »Durch die Glastür trat ich unter eine Art von Pergola hinaus, die zum Teil von einer Schlingrose bedeckt ist, zum Teil von Lattenstäben, je einen Zoll breit, mit einem halben Zoll Zwischenraum zwischen ihnen. Die Sonne schien, und die Schatten der Stäbe bildeten ein Zebramuster auf dem Boden und über Sitz und Lehne eines Liegestuhls, der hier unter der Pergola stand. Dieser Liegestuhl – werde ich ihn je vergessen? Wo die Schatten auf seine Kanevasbespannung fielen, wechselten Streifen eines tiefen, aber glühenden Indigoblaus mit Streifen eines so hellen Leuchtens ab, daß es schwer zu glauben war, sie könnten aus etwas anderem als blauem Feuer sein. Eine, wie mir vorkam, unendlich lange Zeit blickte ich hin ohne zu wissen, ja sogar ohne wissen zu wollen, was sich mir da gegenüber befand. Zu jeder andern Zeit hätte ich einen abwechselnd von Licht und Schatten gestreiften Liegestuhl gesehn. Heute aber hatte der Wahrnehmungsinhalt den Begriffsinhalt verschlungen. Ich war so völlig vom Schauen in Anspruch genommen, so sehr wie vom Donner gerührt von dem, was ich tatsächlich sah, daß ich mir sonst nichts bewußt zu sein vermochte ... Es war unaussprechlich wundervoll, fast in erschreckendem Grad wundervoll. Und plötzlich hatte ich eine Ahnung davon, was für ein Gefühl es sein muß, wahnsinnig zu sein.«

Ein chemisch verwandter Stoff mit ähnlicher Wirkung ist das Amphetamin. Dieses »Weckmittel« verhindert das Aufkommen von Müdigkeit oder läßt gar ein vorhandenes Erschöpfungs-

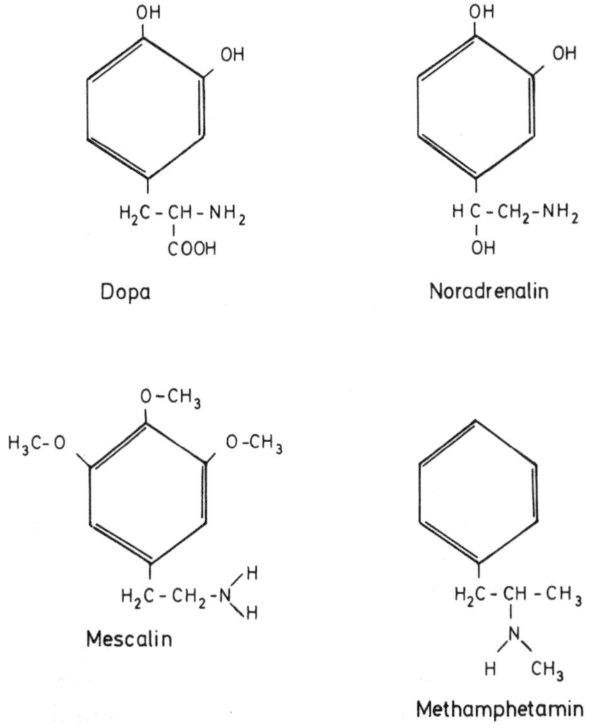

Abbildung 2
Die chemischen Formeln von Meskalin und Methamphetamin zeigen die Ähnlichkeit mit dem körpereigenen Dopa und dem Transmitter Noradrenalin.

gefühl wieder verschwinden, weswegen es mißbräuchlich als Dopingmittel zur Steigerung der körperlichen Belastbarkeit verwendet worden ist. Die Einnahme über eine längere Zeit kann das nahezu typische Bild einer Schizophrenie mit Halluzinationen und Wahnvorstellungen hervorrufen. Man benutzt heute Amphetaminpsychosen im Tierversuch als ein tierisches Krankheitsmodell für die Entwicklung neuer Medikamente zur Behandlung von Psychosen.

Damit sind zwei Klassen von chemischen Verbindungen genannt worden, durch die man abnorme subjektive Empfindungen künstlich erzeugen kann, die dem Erleben des Schizophrenen ähnlich sind: solche vom Typ des LSD und solche vom Typ des Meskalins und der Amphetamine (Abbildung 2). Ihre auffällige Ähnlichkeit mit chemischen Verbindungen, die auch natürlicherweise im Gehirn vorkommen, legt es nahe, daß sie auf Mechanismen einwirken, die sonst für die entsprechenden »natürlichen Verwandten« vorgesehen sind. Die Natur wird hier überlistet. Dies ist – das sei am Rande bemerkt – ein in der Pharmakologie lange bekanntes Prinzip, das man sich auch bei der Entwicklung neuer Medikamente zunutze macht. Die Parallelität der Wirkungen legt den Gedanken nahe, auch die spontan, also ohne Einwirkungen von Drogen, auftretende schizophrene Psychose könne durch Abweichungen in der Konzentration und Wirkung der natürlichen Überträgerstoffe wie Serotonin oder Noradrenalin (und ihrer verwandten Verbindungen) verursacht sein. Aber man muß vorsichtig sein mit solchen Schlußfolgerungen: Wenn die Symptome, die sich mit den Halluzinogenen hervorrufen lassen, auch in mancher Hinsicht an schizophrene Bilder erinnern, ist damit noch lange nicht gesagt, daß die gleichen Wirkungsmechanismen vorliegen. Man kann die Analogien bisher nur als Hinweise auf die Funktionssysteme sehen, die an der Entstehung der Schizophrenie beteiligt sein könnten.

Erfahrungen mit Drogen haben unseren Horizont aber auch in anderer, vielleicht noch wesentlicherer Richtung beträchtlich erweitert. Im Jahre 1952 ist durch die Franzosen Delay und Deniker das Medikament Chlorpromazin in die Behandlung der Schizophrenie eingeführt worden. Damit begann die Ära der Psychopharmakonbehandlung von Psychosen. Bis zu diesem Zeitpunkt hatte man der Schizophrenie weitgehend hilflos gegenübergestanden. Viele Patienten mußten zu ihrem eigenen Schutz und zum Schutz anderer in geschlossenen Kliniken untergebracht werden. Der psychopharmakologischen Behandlung ist es ganz wesentlich zu verdanken, daß die Zahl der langfristig stationär untergebrachten schizophrenen Patienten drastisch vermindert werden, daß die Krankenhaus-Verweildauer im Durchschnitt verkürzt und die Rückfallquote gesenkt werden konnte. Trotz der unbestreitbaren Erfolge bestimmter Psychopharmaka sind diese Mittel in letzter Zeit aber ins Feuer öffentlicher Kritik geraten. Man wirft den behandelnden Ärzten vor, sie würden sich des Patienten auf bequeme Weise entledigen, indem sie ihn in eine chemische Zwangsjacke steckten. Mit der Verschreibung von Tabletten beruhige der Psychiater sein Gewissen. Er mache den Patienten gedankenlos zu einem »Fall«, wo eigentlich menschliche Zuwendung und Verständnis nötig seien. Das Psychopharmakon manipuliere das Bewußtsein des Kranken, breche seinen Lebensmut und mache ihn unfrei. Am Ende zerstöre es seine Persönlichkeit.

Die Vorwürfe sind sicher dadurch begünstigt worden, daß Psychopharmaka in bestimmten Ländern dafür mißbraucht worden sind, unbequeme Kritiker, die nicht krank waren, auf »unauffällige« Weise mundtot zu machen. In den Vorwürfen gegen die Psychopharmakontherapie der Schizophrenie schwingt etwas von dem politisch motivierten Mißbrauch mit. Hinzu kommt, daß die Mittel tatsächlich eine ganze Reihe von Nebenwirkungen haben, die von Anwendern und Kritikern der Therapie jedoch verschieden beurteilt werden. Während letztere sie als unzumutbar und unmenschlich ansehen, meinen erstere, die Nebenwirkungen im Interesse der Behandlung notgedrungen in Kauf nehmen zu müssen.

Nach unserer Auffassung sind diese Vorwürfe ganz und gar unberechtigt. Früher war eine Schizophrenie vielfach ein unglaublich schweres Schicksal für die Patienten selbst wie für ihre Familie. Die Patienten litten oft unsäglich unter ihren Wahnvorstellungen, Halluzinationen und Ängsten. Ihr Verhalten wirkte auf die Umwelt so unverständlich und war manchmal auch so gefährlich, daß man sie zu ihrem eigenen Schutz und zum Schutz ihrer Mitmenschen in Krankenanstalten einweisen mußte – oft für viele Jahre. Die abnormen Lebensbedingungen in diesen Anstalten hatten oft zusätzliche schwere Beeinträchtigungen der Persönlichkeit zur Folge. Demgegenüber macht es die Behandlung mit Chlorpromazin und ähnlichen Medikamenten, den Neuroleptika, möglich, die meisten Patienten schon frühzeitig in ihre gewohnte Umwelt zu entlassen, wo sie soziale Beziehungen aufnehmen und arbeiten können. Auch ein psychotherapeutischer Zugang wird durch die medikamentöse Hilfe eher erleichtert. Der Patient wird unter dem Einfluß von Chlorpromazin ruhiger. Er spricht langsam und bedächtig mit monotoner Stimme. Seine Antworten auf Fragen sind jedoch angemessen; er ist also wach und aufmerksam. Die irrealen Sinneseindrücke und quälenden Wahnideen werden zurückgedrängt. Der Patient verliert seine Ängste. Er wirkt auch auf seine Umwelt »normaler«.

Nachdem Chlorpromazin seinen therapeutischen Wert bewiesen hatte, ist eine große Zahl weiterer, ähnlich wirkender Stoffe gefunden worden. Was ist über den Mechanismus ihrer

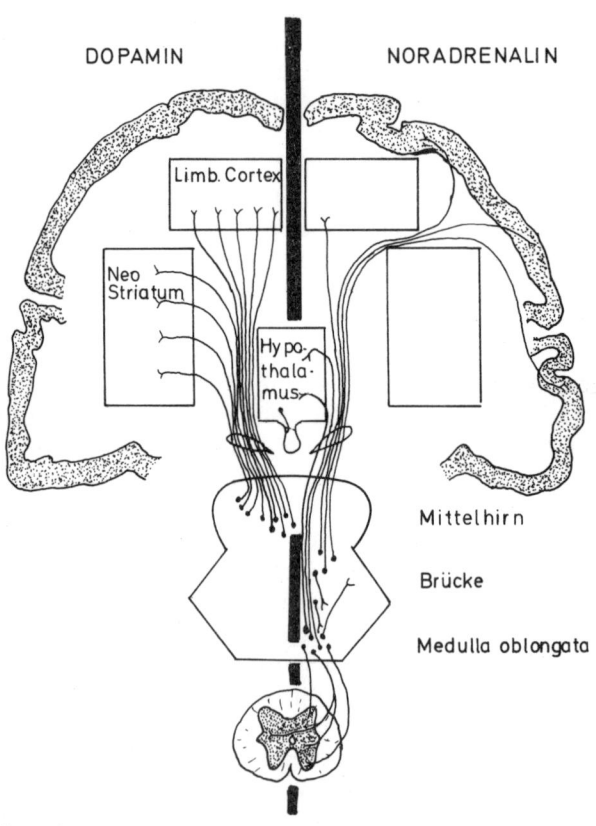

Abbildung 3
Frontalschnitt durch ein Gehirn, in das die Nervenbahnen eingezeichnet sind, deren Transmitter Dopamin (links) und Noradrenalin (rechts) sind. Die dopaminergen Neuronenverbände ziehen vom Mittelhirn in das Striatum und in das limbische System. Die noradrenergen Nervenbahnen gehen vom Mittelhirn sowohl in das Rückenmark als auch in höhere Regionen (Hypothalamus, Cortex) (nach Anden, aus Beckmann, H., Fortschr. Neurol. Psychiatr. 48, 415–437, 1980).

antipsychotischen Wirkung bekannt? Sie greifen in die chemische Erregungsübertragung an den Synapsen ein, deren Transmitter Dopamin ist, ein Verwandter des Noradrenalin. Sie blockieren offenbar die Dopaminrezeptoren, ohne die postsynaptischen Neurone zu erregen. Infolgedessen findet der physiologische Überträgerstoff bereits »besetzte« Rezeptoren vor. An zwei Stellen des Gehirns befinden sich besonders viele Nervenzellen, die Dopamin als Überträgerstoff verwenden. Eine dieser Nervenbahnen zieht in das limbische System (Abbildung 3), von dem wir schon früher erwähnten, daß es etwas mit unseren Emotionen – wie Wut und Angst – zu tun hat. Die andere Nervenbahn führt in bestimmte graue Kerne innerhalb der weißen Substanz, die an der unwillkürlichen Regulation unserer Körperbewegungen beteiligt sind.

Eine neurologische Erkrankung, die allerdings auch gewisse psychiatrische Aspekte besitzt und ihre Ursache in einem Dopaminmangel in diesen grauen Kernen hat, ist die Parkinsonsche Krankheit. Die Erkrankung geht mit einem feinschlägigen Zittern besonders der Hände einher, das der Patient nicht beherrschen kann. Die Muskulatur ist in einem Zustand dauernder Spannung und Starre. Die Patienten empfinden die Symptome als sehr unangenehm und leiden unter ihnen beträchtlich. Seitdem man der Ursache nähergekommen ist, kann man den Patienten dadurch helfen, daß man ihren Dopaminmangel behebt, indem man ihnen ein dem Dopamin ähnliches Medikament gibt. Wir erwähnen den Parkinsonismus deswegen, weil bei der Therapie mit antischizophrenen Medikamenten sehr oft ein Bild von Nebenwirkungen auftritt, das dieser Krankheit sehr ähnlich ist.

Die antipsychotische Wirkung von Chlorpromazin und verwandten Stoffen geht dagegen sehr wahrscheinlich auf die Blockierung von Dopaminrezeptoren in der anderen wesentlichen dopaminergen Bahn zurück, die in das limbische System führt. Auf diesem Befund baut die Vorstellung auf, die biochemische Ursache schizophrener Symptomatik sei eine Erhöhung der Dopaminkonzentration an den Dopaminrezeptoren im limbischen System[5]. Dazu paßt auch der erwähnte Befund, daß eine längere Einnahme von Dopa – es wird im Stoffwechsel zu Dopamin umgewandelt – bei einem Parkinson-Patienten eine schizophrenieartige Symptomatik hervorrufen kann.

Bis hierher ist das Bild in sich durchaus geschlossen: Es gibt offensichtlich zwei dopaminerge Neuronensysteme, deren Untererregung im einen Fall das Bild einer Parkinsonschen Krankheit und dessen Übererregung im anderen Fall die Erscheinungen einer Schizophrenie hervorrufen. Viele Fragen sind jedoch noch ungelöst. So muß es nicht eine Erhöhung der Dopaminkonzentration am Rezeptor sein, die die Erscheinungen der Schizophrenie hervorruft. Vielleicht ist – bei unveränderter Dopaminkonzentration – nur die Empfindlichkeit oder die Anzahl der Rezeptoren für Dopamin erhöht, vielleicht gibt es aber normalerweise auch Stoffe, die dem Dopamin entgegenwirken und deren Wirksamkeit aus irgendwelchen Gründen herabgesetzt ist. Schließlich ist längst nicht gesagt, daß das Überwiegen des Dopaminsystems die eigentliche Ursache der psychotischen Symptomatik ist. Vielleicht sind andere Systeme, die mit den Dopaminneuronen in Wechselwirkung stehen, in ihrer Funktion herabgesetzt, so daß es sich nur um ein relatives Überwiegen des

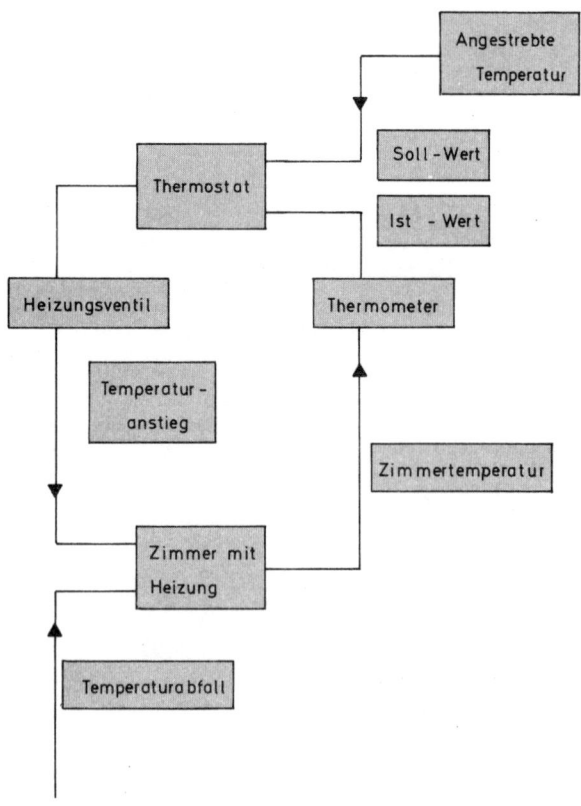

Abbildung 4
Prinzip eines Regelkreises am Beispiel der Zimmertemperatur.

Dopaminsystems handelt. Man muß sich vorstellen, daß die verschiedenen Neuronenverbände in Form von *Regelkreisen* aufeinander abgestimmt sind. Der Genetiker kann sich dann auch leicht vorstellen, daß bei verschiedenen Menschen verschiedene Gleichgewichtswerte zwischen den einzelnen Teilsystemen eines solchen Regelkreises eingestellt werden (Abbildung 4).

Neben den genannten sind weitere biochemische Vorstellungen über die Ursache der Schizophrenie entwickelt worden, für die sich zwar gewisse Belege anführen lassen, die aber letztlich bisher auch nicht überzeugen können.

Die andere große Gruppe der geistig-seelischen Erkrankungen, mit denen es der Psychiater oft zu tun bekommt, sind die *Affektpsychosen.* Das klinische Erscheinungsbild wurde in Kapitel 8 geschildert. Dabei war deutlich geworden, daß die Familien- und Zwillingsforschung zwei besonders wichtige Ergebnisse gehabt hat:

1. Erbfaktoren spielen für das Risiko, an einer Affektpsychose zu erkranken, eine wesentliche Rolle; und
2. Affektpsychosen stellen weder klinisch noch genetisch eine Einheit dar. Es gibt verschiedene Formen von ihnen.

Genau wie bei der Schizophrenie, liegen auch für die Affektpsychosen biochemische Befunde vor, und es wurden Vorstellungen über die Natur ihrer biologischen Teilursachen entwickelt. Wieder stützen sich die am besten gesicherten Hypothesen auf die Kenntnis des Wirkungsmechanismus von Medikamenten, welche die depressiven Symptome bei einem Patienten mildern oder gar beseitigen können. Viele dieser Stoffe entfalten ihre Wirksamkeit an der Synapse. Dem Gang der historischen Entwicklung folgend, soll daher zunächst der Wirkungsmechanismus von zwei verschiedenen Typen antidepressiver Medikamente miteinander verglichen werden. Abbildung 5 zeigt noch einmal eine Synapse mit Noradrenalin als Überträgerstoff. Das gespeicherte Noradrenalin wird auf einen Nervenreiz hin freigesetzt, dann auf der anderen Seite des Spaltes durch den Rezeptor aufgenommen und kann nun die zweite Nervenzelle erregen. Damit keine Dauererregung entsteht, muß das ausgeschüttete Noradrenalin nach kurzer Zeit wieder irgendwie beseitigt werden. Dafür gibt es drei Wege: Wiederaufnahme in den Speicher, woher es gekommen ist, oder enzymatischer Abbau außerhalb und innerhalb der Nervenzelle. Für beide Abbauvorgänge gibt es verschiedene Enzyme, COMT und MAO. In diesen Vorgang kann man heute auf zwei verschiedenen Wegen und mit zwei verschiedenen Substanzgrup-

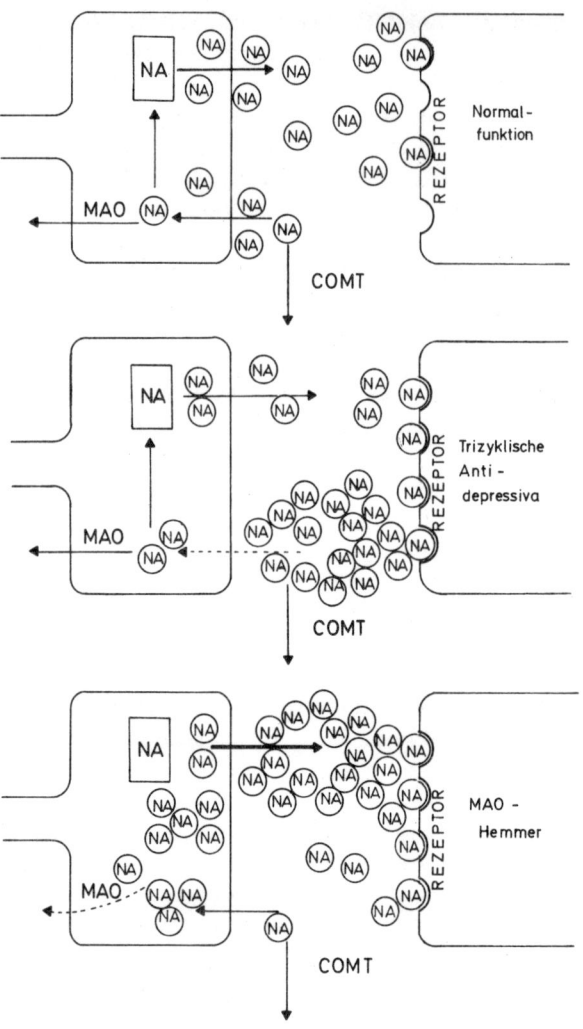

Abbildung 5
Wirkung von zwei verschiedenen Typen antidepressiver Medikamente an
der noradrenergen Synapse. Oben: Es besteht ein Gleichgewicht
zwischen Erregung der Rezeptoren durch Noradrenalin (NA) und seinem
Verschwinden aus dem synaptischen Spalt. Der Abbau von Noradrenalin
wird durch die Enzyme MAO und COMT bewerkstelligt, außerdem wird
es in die Zellen wieder aufgenommen. Mitte: Nach Gabe eines »trizy-
klischen Antidepressivums« wird die Wiederaufnahme von Noradrenalin gehemmt, es kommt zu einem Überschuß von Noradrenalin am Rezeptor. Unten: Ein Medikament, das als MAO-Hemmstoff wirkt, ruft ebenfalls eine höhere Konzentration von Noradrenalin am Rezeptor hervor.

302

pen eingreifen: Entweder verhindert man die Wiederaufnahme von Noradrenalin in die Zelle (durch Imipramin oder ähnliche Stoffe), oder man vermindert den Abbau in der Zelle (MAO-Hemmer).

Die gemeinsame Wirkung zweier Substanzgruppen, die erwiesenermaßen antidepressiv wirken, besteht also in einem erhöhten Angebot an Transmittern mit der Folge einer gesteigerten Erregung der postsynaptischen Nervenzellen (Abbildung 5). Die Kenntnis dieses Effekts war die Grundlage für die Catecholaminhypothese der affektiven Störungen[6]: Die depressive Phase der Krankheit soll durch ein Zuwenig von Noradrenalin gekennzeichnet sein, während man in der manischen Phase eine Erhöhung der wirksamen Menge dieses Transmitters annimmt. Allerdings ist diese Vorstellung wahrscheinlich noch zu einfach. Vermutlich spielen außer dem Noradrenalin noch andere Neurotransmitter hinein; möglicherweise auch das Serotonin, das bereits oben in Zusammenhang mit der Schizophrenie erwähnt wurde.

Wahrscheinlich ist einer der Gründe für Widersprüche in den biochemischen Befunden, daß die Affektpsychosen weder klinisch noch genetisch eine einheitliche Krankheit sind. Während eine Zweiteilung von uni- und bipolaren Formen einigermaßen gesichert ist (Kapitel 8), bleibt die Aufteilung in weitere Unterformen noch unklar. Daß jedoch verschiedene Formen der Depressionen existieren, legen interessanterweise auch wieder therapeutische Erfahrungen nahe. Nur bei etwa zwei Drittel der depressiven Patienten sind antidepressive Medikamente therapeutisch wirksam[7]. Bei manchen Kranken bessert sich das depressive Bild nur nach Medikamenten einer bestimmten Substanzgruppe. Das Symptom »Depression« ist eben nur die gemeinsame Endstrecke verschiedener Krankheiten und damit auch verschiedener Entstehungsmechanismen.

Man sollte also geradezu erwarten, daß eine allgemeine, bei jedem Menschen erzielbare antidepressive Wirkung um so unwahrscheinlicher wird, je direkter ein Medikament die eigentliche Ursache einer Depression beseitigt. Gerade für genetisch bedingte Krankheiten gilt: Eine spezifische Besonderheit erfordert eine spezifische Therapie. Wenn ein Patient auf ein Antidepressivum vom Typ der MAO-Hemmer besser angesprochen hat als auf ein Mittel einer anderen pharmakologischen Gruppe, dann wird einem Verwandten, der auch an einer Depression erkrankt ist, mit höherer Wahrscheinlichkeit dasselbe Medikament helfen[8]. Leider sind diese Zusammenhänge bisher noch längst nicht zureichend untersucht. Vielleicht könnte man die Ansprechbarkeit auf Medikamente zur Klassifizierung psychiatrischer Krankheiten benutzen. Es sind jedoch ethische Grundsätze und kaum überwindbare praktische Schwierigkeiten, die eine systematische, genetisch orientierte Therapieforschung verhindern.

Man könnte die bisher dargestellte Noradrenalinhypothese der Affektpsychosen etwa so formulieren: Affektive Erkrankungen entstehen, wenn an denjenigen Synapsen des Gehirns, die Noradrenalin als Überträgerstoff verwenden, entweder zuviel oder zuwenig Noradrenalin zur Wirkung kommt. Im ersten Fall entsteht eine Manie, im zweiten Fall eine Depression. Die letzte Ursache für die Vermehrung oder Verminderung von Noradrenalin kann verschieden sein, etwa Störungen in der Produktion, der Abgabe, der Aufnahme oder dem Abbau. Je nach Art dieser Störung werden solche Medikamente besonders wirksam sein, die gerade *diese* spezifische Störung beheben.

Genetische Anomalien und Defekte können in dieses System an verschiedenen Stellen eingreifen: So kann es für die beteiligten Enzyme Varianten mit veränderter Aktivität geben. Solche Varianten sind für die besser analysierten Enzyme des Blutes gut bekannt. Auch die Rezeptoren können aus genetischen Gründen verändert sein, wie Erfahrungen etwa an den Androgenrezeptoren gezeigt haben. Es kann auch genetische Anomalien der Nervenzellwände geben, welche die Durchlässigkeit für Noradrenalin herauf- oder herabsetzen. Schließlich können alle diese Einzelkomponenten intakt sein, aber die Regulation ihres Zusammenspiels funktioniert nicht richtig. Beim gegenwärtigen Stande des Wissens müssen alle diese Möglichkeiten ins Auge gefaßt werden. Wahrscheinlich trifft in manchen Familien die eine, in anderen Familien die andere zu. Schließlich braucht die Störung nicht – oder nicht primär – bei den mit Noradrenalin arbeitenden Synapsen zu liegen. Andere Befunde deuten auf Nervenzellen hin, die einen ganz anderen Neurotransmitter verwenden, das Acetylcholin. Und endlich brauchen Störungen in der Aktivität von Neurotransmittern auch nicht unbedingt eine genetische Grundlage zu haben. Wie viele Tierexperimente gezeigt haben, kann man ihre Konzentration und Wirkung auch durch äußere Einflüsse wie Angst, Streß oder Änderung der Populationsdichte beeinflussen. Alle diese Befunde können zu neuen Hypothesen über die Entstehung affektiver Erkrankungen Anlaß geben.

Wenn eine Hypothese in der Wissenschaft nicht zu überzeugen vermag, wird bald eine neue entwickelt. Spötter haben geradezu formuliert, man wisse über ein wissenschaftliches Problem um so weniger Zuverlässiges, je mehr Hypothesen es gäbe. Ganz falsch ist das auch bei Affektpsychosen nicht; denn über mehr oder weniger gut begründete Denkvorstellungen ist man bis heute nicht hinausgekommen. Dennoch sind Hypothesen wichtig für den wissenschaftlichen Fortschritt. Wie der Philosoph Karl Popper immer wieder betont hat, kann man in der Wissenschaft nur vorwärtskommen, wenn man kühn und phantasievoll Hypothesen entwirft und dann mit den rigorosesten Mitteln versucht, diese Hypothesen zu überprüfen und, wenn möglich, zu widerlegen. In dieser Phase befindet sich im Augenblick die Forschung über die biologischen Grundlagen der Affektpsychosen.

Stimmungsschwankungen haben wir alle, der eine mehr, der andere weniger. Bei dem einen schwankt es zwischen »himmelhoch jauchzend« und »zu Tode betrübt«, der andere ist mehr gleichmäßig fröhlich, ein dritter gleichmäßig ernst gestimmt. In gewisser Weise sind die affektiven Psychosen nur das Extrem dieser normalen Stimmungsunterschiede. Deshalb ist es sinnvoll zu fragen, ob auch die normalen Unterschiede mit ähnlichen, wenn auch vielleicht weniger ausgeprägten biochemischen Befunden einhergehen, wie sie bei den Affektpsychosen beschrieben wurden. In der Tat gibt es neuerdings Befunde, die in diese Richtung deuten.

Die Monoaminoxidase (MAO) ist eines der abbauenden Enzyme von Noradrenalin und Serotonin. Von diesem Enzym gibt es nun im Gehirn zwei Formen, von denen sich die eine auch in den Blutplättchen des strömenden Blutes nachweisen läßt. Es ist nicht recht klar, warum sich dieses Enzym in Blutplättchen findet. Diese Zellen, die eigentlich bei der Blutgerinnung mitwirken, haben eine gewisse Ähnlichkeit mit Nervenzellen. Sie werden daher für verschiedene Untersuchungen als ein Nervenzellmodell verwendet. Für Studien am Menschen hat die MAO in Blutplättchen den großen praktischen Vorteil, daß sie ohne eingreifende Maßnahmen untersucht werden kann.

Die Aktivität der MAO aus Blutplättchen variiert nun zwischen verschiedenen Menschen ganz beträchtlich. Wenn man eine große Stichprobe gesunder Menschen untersucht, dann ist sie bei Personen mit dem höchsten Wert etwa achtmal so hoch wie bei Personen mit dem niedrigsten. Dieselbe Person hat dagegen an verschiedenen Tagen eine weitgehend gleichbleibende Enzymaktivität. Gewisse Schwankungen der MAO-Werte sind allerdings auch bei einer Person nachweisbar, ohne daß man die Ursachen dafür kennt. Eine amerikanische Untersuchergruppe am »National Institute of Mental Health« ist nicht von Personen mit bestimmten psychiatrischen Erscheinungen ausgegangen, sondern hat den umgekehrten Weg gewählt[9]. Die Wissenschaftler haben bei 375 gesunden Personen, in diesem Fall Studenten, die MAO-Aktivität bestimmt. Sie haben auf diese Weise Personen mit besonders hohen und besonders niedrigen Werten identifizieren können, die nicht aufgrund einer psychischen Auffälligkeit erfaßt worden sind, die also in dieser Hinsicht nicht ausgelesen waren. Diese Studenten wurden nun einem sorgfältig geplanten, im Ablauf festgelegten Gespräch, einem sogenannten »strukturierten Interview«, unterzogen. Dabei ergab sich die interessante Tatsache, daß die Personen mit niedriger MAO-Aktivität zuvor etwas häufiger psychiatrisch auffällig waren als die Personen mit hohen Werten. Der gleiche Unterschied fand sich auch bei den Verwandten der Studenten, die zwar selbst nicht auf ihre Enzymaktivität untersucht worden waren, von denen man aber aufgrund anderer Familienstudien wußte, daß ihre Enzymwerte im Durchschnitt denen des jeweiligen Ausgangskollektivs ähnlich sein mußten. Zu dem Kontakt mit dem Psychiater war es zum Beispiel anläßlich notwendiger Klinikaufnahmen oder Selbstmordversuchen gekommen, und auch ein eventueller Gefängnisaufenthalt oder die Verurteilung wegen Aggressivität wurde als Auffälligkeit gewertet.

Die Autoren interpretierten den Befund dahin, daß eine erniedrigte MAO-Aktivität eine gewisse Disposition für psychiatrische Erkrankungen widerspiegelt. Wie es in einer noch unsicher tastenden Wissenschaft oft vorkommt, hielten diese interessanten Befunde einer Nachprüfung nicht stand. Trotzdem ist die angewandte Untersuchungsstrategie – einen Probanden zunächst biochemisch-genetisch zu definieren und dann in einem zweiten Untersuchungsschritt nach psychologischen Korrelaten zu suchen – sinnvoll. Man muß sie gegebenenfalls mit anderen aussichtsreich erscheinenden Parametern wiederholen. Es ist das Ziel weiterer Forschungen, Krankheitsdispositionen schon früh zu erkennen – wenn möglich so früh, daß man rechtzeitig vorhersieht, welchen Belastungen gerade *dieser* Mensch möglichst nicht ausgesetzt werden sollte.

Mit diesem Ziel geht die Forschung über genetische Mechanismen geistig-seelischer Erkrankungen in eine Erforschung der genetischen Grundlagen psychologischer Unterschiede im Bereich des Normalen über. Denn Gesundheit und

Krankheit sind ja nicht von Anfang an voneinander zu trennen. Es gibt Ansätze, normale psychische Unterschiede nach der genetischen Seite hin zu untersuchen.

1   Erlenmeyer-Kimling, L., Cornblatt, B.: Attentional measures in a study of children at high risk for schizophrenia. In: Wynne, L. C., Cromwell R. L., Matthyse, S. (Eds.): The nature of schizophrenia. New York: John Wiley and Sons 1978.
2   Itil, T. M.: Qualitative und quantitative EEG-Befunde bei Schizophrenen. Z. EEG/EMG 9, 1–13 (1978).
3   Anastasopolous, G., Photiades, H.: Effects of LSD-25 on relatives of schizophrenic patients. J. ment. Sci. 108, 95–98 (1962).
4   Huxley, A.: Die Pforten der Wahrnehmung – Himmel und Hölle. München: R. Piper 1970, S. 37 f.
5   Vgl. Ackenheil, M., Hippius, H., Matussek, N.: Ergebnisse der biochemischen Forschung auf dem Schizophrenie-Gebiet. Nervenarzt 49, 634–649 (1978).
6   Schildkraut, J. J., Kety, S. S.: Biogenic amines and emotion. Science 156, 21–30 (1967).
7   Vgl. Benkert, O.: Biochemische Grundlage der Depression. Klin. Wochenschrift 57, 651–660 (1979).
8   Vgl. Angst, J.: Antidepressiver Effekt und genetische Faktoren. Arzneimittel-Forschung 14, 496–500 (1964).
9   Buchsbaum, M. S., Coursey, R. D., Murphy, D. L.: The biochemical high-risk paradigm: behavioral and familial correlates of low platelet monoamine oxidase activity. Science 194, 339–341 (1976).
     Nachuntersuchung durch: Propping, P., et al.: The biochemical high-risk paradigm revisited. Arch. Psychiat. Nervenkrankh. 1981.

16. Genetische Variabilität, die zu psychologischen Unterschieden zwischen Menschen führen kann

In den letzten Kapiteln wurden Aufbau und Funktionsweise des menschlichen Gehirns beschrieben. Diese Kenntnisse sind Voraussetzung für eine Beantwortung der Frage, wo überall im Gehirn man erwarten kann, genetische Unterschiede aufzufinden, die einen Einfluß auf das Befinden und Verhalten haben könnten. In Kapitel 11 wurde deutlich, wie groß die genetische Variabilität des Blutes beim Menschen ist. Daß man gerade über das Blut so gut Bescheid weiß, hat äußere Gründe: Blut kann man ohne starke Belästigung und innerhalb kurzer Zeit von vielen Menschen entnehmen und in Laboratorien untersuchen. Das Gehirn ist jedoch am lebenden Menschen einer direkten Untersuchung nicht zugänglich. Man ist deshalb vor allem auf zwei Umwege angewiesen:

1. Man kann sich fragen: Wo können wir beim Menschen genetische Variabilität erforschen, die auf das Befinden und Verhalten und auf die geistige Leistungsfähigkeit von Einfluß ist und die sich ohne unzumutbare Eingriffe untersuchen läßt? Tatsächlich gibt es solche Möglichkeiten.
2. Daneben bietet sich die Möglichkeit, bestimmte Probleme im Tierversuch zu bearbeiten. Dabei bleibt aber immer die Frage, inwieweit sich Ergebnisse aus Tierversuchen auf den Menschen übertragen lassen.

Wie läßt sich die bekannte genetische Variabilität des Menschen für die Lösung verhaltensgenetischer Probleme nutzen? Es gibt da einen – jedenfalls auf den ersten Blick – sehr simplen Weg. Nehmen wir die bekannten Polymorphismen des Blutes und untersuchen wir, ob sie etwas mit psychischen Prozessen zu tun haben! Der am längsten bekannte Polymorphismus ist derjenige der AB0-Blutgruppen. Jeder Mensch gehört einer der Gruppen A, B, AB oder 0 an. Dazu kommt, daß die Anfälligkeit gegenüber einigen häufigen Krankheiten, wie manchen Krebsformen, Venenthrombosen oder Zwölffingerdarmgeschwür, durch die Blutgruppe etwas, wenn auch nicht sehr stark, beeinflußt wird. Aber vielleicht finden sich derartige Beziehungen der Blutgruppe auch zu Merkmalen des Befindens und Verhaltens, beispielweise zu Geisteskrankheiten, Alkoholismus oder zum IQ? In der Tat liegen Untersuchungen dieser Art nicht nur für die AB0-Blutgruppen,

308

sondern auch für andere genetische Polymorphismen vor[1]. Ja, mehr noch: Manche von ihnen scheinen auf tatsächliche Beziehungen zu Verhaltensmerkmalen hinzudeuten. Tiefergehende Aufschlüsse über die Art und Weise, wie genetische Unterschiede auf Gehirnfunktion und Psyche einwirken, haben diese Untersuchungen aber nicht erbracht. Das hängt damit zusammen, daß man über die physiologische Funktion der untersuchten Polymorphismen noch sehr wenig oder nichts weiß. Insbesondere hat man keine Vorstellungen, auf welchem Wege die Gehirnfunktion beeinflußt werden könnte. Die Untersuchungen waren also nicht von einer spezifischen *Hypothese* geleitet. Nun kommt es zwar vor, daß auch einmal ein ungezieltes Probieren zu einem interessanten Ergebnis führt. Auch ein blindes Huhn findet bekanntlich manchmal ein Korn. Solche Glücksfälle sind aber selten. Viel mehr Erfolg verspricht dagegen ein Ansatz, bei dem man von bestimmten Hypothesen ausgeht, die sich aufgrund des schon Bekannten bilden lassen, und wo man diese Hypothesen dann durch gezielte Untersuchungen überprüft.

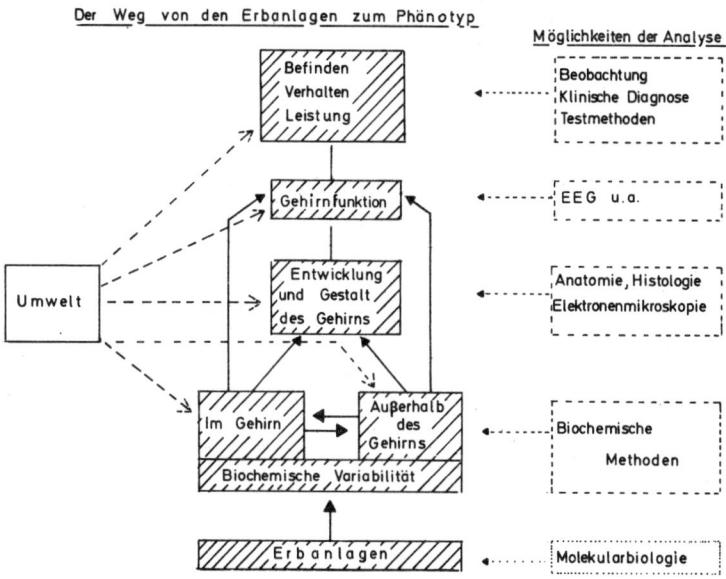

Abbildung 1
Schematische Darstellung der verschiedenen Ebenen, auf denen genetische Variabilität denkbar ist und die, in Kombination mit der Umwelt, Einfluß auf das Befinden und das Verhalten haben können. Jede Einflußebene kann nur durch bestimmte Analysemethoden untersucht werden (aus Vogel und Motulsky 1979; vereinfacht).

Welche genetisch determinierten Funktionen, von denen genetische Unterschiede beim Menschen bekannt sind oder vermutet werden dürfen, können einen Einfluß auf unsere Psyche haben? Die Abbildung 1 gibt einen Überblick. Es ist zweckmäßig, zwei Bereiche genetischer Variabilität zu unterscheiden: solche, bei denen die primäre Ursache außerhalb des Gehirns und des gesamten Nervensystemes liegt und die nur sekundär auf das Nervensystem einwirken, und andere, für welche die primäre Ursache im Nervensystem selbst gelegen ist. In beiden Bereichen können Unterschiede im Genotyp primär zu Unterschieden in Enzymen, Hormonen oder auch in Strukturproteinen führen. Diese wieder beeinflussen – oft über Zwischenstufen im Stoffwechsel – die Abläufe biochemischer Vorgänge innerhalb wie außerhalb des Gehirns. Die biochemischen Vorgänge ihrerseits wirken sich auf die Ausbildung der Gestaltmerkmale und vor allem die Architektur des Gehirns aus. Sie haben einen Einfluß darauf, ob genügend Nervenzellen gebildet werden, ob sie ihren richtigen Platz finden und wie sie sich durch Fortsätze und Synapsen miteinander verschalten. Einen solchen Einfluß findet man schon während der Embryonalentwicklung. Man findet ihn aber auch später – in Kindheit und Jugend und selbst im Erwachsenenalter. Das ist nicht verwunderlich, da das Gehirn ja seine endgültige gestaltliche Ausprägung erst unter dem Einfluß seiner in Gang gesetzten Funktionen erhält.

Beispiele für genetische Variabilität außerhalb des Gehirns, aber mit Einfluß auf die Hirnfunktion, bieten die erblichen Stoffwechselkrankheiten. In Kapitel 10 wurde die Phenylketonurie untersucht, bei der die Aktivität des Enzyms Phenylalaninhydroxylase fast bis auf null vermindert ist[2].

Dieser Defekt führt zu einer Anhäufung der Aminosäure Phenylalanin im ganzen Körper und zur Bildung abnormer Abbauprodukte. Sie gehen auf dem Blutwege in das in der Entwicklung befindliche Gehirn über und schädigen es. Die Patienten leiden an schwerem Schwachsinn, der oft mit epileptischen Anfällen und auch mit anderen Nervenstörungen verbunden ist. In solchen Fällen bleibt sogar die Gehirngröße im Durchschnitt hinter der anderer Menschen zurück.

Nun ist die Phenylketonurie eine relativ seltene Krankheit. Ihre Häufigkeit liegt nach den Ergebnissen umfangreicher Untersuchungsprogramme bei Neugeborenen in der Größenordnung von 1:10 000. Außerdem führt der Stoffwechselschaden hier zu einem so schweren Schwachsinn, wie man ihn zum Glück sonst selten findet. Das Studium dieses genetischen Defektes kann uns also wenig über die Gründe für genetische Variabilität im Bereich des Normalen lehren; allerdings indirekt vielleicht doch. Könnte doch ein genaues Studium der biochemischen Mechanismen, durch die Phenylalanin und seine Abbauprodukte das sich entwickelnde Gehirn schädigen, auch Hinweise auf mögliche Ursachen für die viel geringere Variabilität im Bereich des Normalen bieten.

In der Wissenschaft geht man ja häufig so vor, daß man zunächst relativ einfache »Extremfälle« studiert, von denen aus man sich dann zu den weniger extremen, komplizierteren und deshalb schwerer analysierbaren »Normalfällen« vortastet. Geht man vom Beispiel der Phenylketonurie aus, so bietet sich der nächste Schritt geradezu an: Die Patienten sind ja reinerbig (homozygot) für ein rezessives Gen. Sie besitzen dieses Gen in doppelter Dosis, aber kein normales Allel. Anders die Mischerbigen (Heterozygoten): Bei ihnen ist das PKU-Gen nur in einfacher Dosis vorhanden; daneben haben sie ein normales Allel. Dieses Normalallel bestimmt in der Leber die Produktion des normalen Enzyms. Deshalb sind die Heterozygoten nach allen klinischen Kriterien gesund. Sonst würden wir die Phenylketonurie auch nicht als rezessiv bezeichnen.

Entnimmt man jedoch aus der Leber eine kleine Gewebsprobe und führt eine quantitative Bestimmung der Aktivität des Enzyms Phenylalaninhydroxylase durch, so findet man Werte, die im Durchschnitt sogar unterhalb der Hälfte der Normalaktivität liegen. Das ist nicht besonders erstaunlich, da die Heterozygoten in ihren Zellen auch nur die Hälfte der »Produktionsanlage« besitzen; denn eines der beiden allelen Gene ist bei ihnen inaktiv. Für den normalen »Betrieb« bedeutet das nichts. Unsere »Produktionsanlagen« für Enzyme sind fast alle so reichlich dimensioniert, daß selbst die halbe Produktion für den Normalbetrieb noch ausreicht. Nichts anderes bedeutet es, wenn wir feststellen, daß Stoffwechselerkrankungen durch Enzymdefekte in der Regel rezessiv erblich sind. Stärkere Belastungen führen aber doch zu leichten Anomalien des Stoffwechsels; darauf beruht das Prinzip des Heterozygotentests durch Phenylalaninbelastung, wie er gelegentlich für die genetische Beratung angewandt wird.

Wenn Heterozygote Phenylalanin bei Zufuhr größerer Mengen etwas langsamer abbauen als homozygot Normale, könnte das nicht auch dazu führen, daß das Gehirn Schäden erleidet, wenn diese Schäden auch vielleicht minimal sind und sich nur mittels spezieller sehr empfindlicher Untersuchungsverfahren nachweisen lassen? Dazu kommt noch, daß Heterozygote häufig sind. Die relative Häufigkeit Homozygoter und Heterozygoter richtet sich nämlich nach dem sogenannten Hardy-Weinberg-Gesetz: Man nennt die Häufigkeiten zweier alleler Gene A und a in der Bevölkerung p und q ($p+q=1$). Dann folgt die Häufigkeit der drei Genotypen (= Individuen; Kombinationen von je zwei Genen) = p^2AA; $2pqAa$; q^2aa. Hier ist q^2 die Häufigkeit der homozygot Kranken, $2pq$ die Häufigkeit der Heterozygoten. Für die Phenylketonurie folgt daraus: $q^2 = 1/10\,000$; q (Genhäufigkeit) = $1/100$; Häufigkeit der Heterozygoten = $2pq$ = ungefähr $1/50$. Das heißt, ungefähr jeder 50. in unserer Bevölkerung ist heterozygot für das PKU-Gen! Eine auch nur leichte psychologische Besonderheit bei so vielen Menschen hätte also einen durchaus meßbaren Einfluß auf die psychische Variabilität in der Bevölkerung.

Trotzdem hat sich die Wissenschaft bisher erstaunlich wenig mit den Heterozygoten rezessiver Erbleiden beschäftigt. Wahrscheinlich liegt es einfach in der Sozialstruktur der Wissenschaft begründet: Erbliche Stoffwechselkrankheiten führen meist im Kindesalter zu ärztlicher Behandlung und sind deshalb die Domäne des Kinderarztes. Andererseits ist genetisch eindeutig als heterozygot gekennzeichnet nur, wer selbst klinisch gesund ist, also ein Erwachsener, dessen Kind aber als Homozygoter an einem Stoffwechselleiden erkrankt ist. Kinderärzte interessieren

Tabelle 1: Intelligenzquotient (IQ), auch aufgegliedert nach Verbal- und Handlungteil des Tests, bei Vätern und Müttern von Kindern mit Phenylketonurie (PKU) im Vergleich zu Eltern von Kindern mit Histidinämie. Insbesondere im Verbalteil des Intelligenztests erreichen die Eltern von PKU-Kindern geringere Werte als die Kontrollgruppe (aus Thalhammer et al., Hum. Genet. 38, 285–288, 1977)

	PKU		Histidinämie	
	Anzahl Personen	mittlerer IQ	Anzahl Personen	mittlerer IQ
a) Väter				
Gesamt-IQ	48	98	25	104
verbaler IQ	48	96	25	104
Handlungs-IQ	48	100	25	105
b) Mütter				
Gesamt-IQ	52	94	30	99
verbaler IQ	52	92	30	98
Handlungs-IQ	52	97	30	101

sich (mit Recht) jedoch zuerst für die Gesundheit ihrer kleinen Patienten, nicht für subtile Unterschiede im Befinden und Verhalten und in der geistigen Leistungsfähigkeit der Eltern. Trotzdem gibt es einige wenige Untersuchungen an Heterozygoten, und sie weisen in der Tat darauf hin, daß diese Menschen sich als Gruppe von dem normalen Durchschnitt leicht zu unterscheiden scheinen. Vor wenigen Jahren verglich der österreichische Kinderarzt O. Thalhammer Eltern von PKU-Kindern, also Heterozygote für das PKU-Gen, mit Eltern von anderen Kindern gleicher Altersstufen mit Hilfe eines Standardintelligenztests[3]. Er fand bei PKU-Eltern im Durchschnitt eine Verminderung der Testleistungen in demjenigen Testteil, der Schnelligkeit und Geschicklichkeit im Umgang mit der Sprache prüft (Tabelle 1). Die gleiche leichte Verminderung der sprachlichen Leistungsfähigkeit findet sich auch bei PKU-Homozygoten, die seit früher Kindheit mit einer phenylalaninarmen Diät behandelt wurden[4]. Wie bei den Heterozygoten war auch bei diesen Patienten der Phenylalaninspiegel naturgemäß größeren Schwankungen unterworfen als bei normal Homozygoten. Das scheint sich besonders auf die sprachlichen Fähigkeiten auszuwirken. Neuere Untersuchungen Thalhammers deuten darauf hin, daß die Ursache in einer stärkeren Anhäufung von Phenylalanin in den Zellen zu suchen ist. Möglicherweise besteht bei PKU-Heterozygoten auch eine dem allgemeinen Durchschnitt gegenüber etwas vermehrte Neigung zu leicht abnormen EEG-Befunden.

Die Befunde bei Heterozygoten der Phenylketonurie stehen nicht allein[5]. Kürzlich berichtete Helene Christomanou vom Max-Planck-Institut für Psychiatrie in München ausführlich über die Heterozygoten einer anderen Gruppe von Stoffwechselerkrankungen, der Lipidosen[6]. Das sind Krankheiten, bei denen fettähnliche Stoffe (Lipide) in der weißen oder grauen Substanz des Gehirns, insbesondere aber auch in Nervenzellen, gespeichert werden. Bei den Homozygoten führt diese Speicherung dazu, daß die Tätigkeit der Nervenzellen und ihrer Bahnen fortschreitend erschwert wird. Die geistige Leistungsfähigkeit der Patienten nimmt mehr und mehr ab. Bei manchen Formen dieser Krankheiten erblinden sie. Es kommt auch zur Muskelschlaffheit bis zur Unmöglichkeit, die Gliedmaßen willkürlich zu bewegen, und schließlich gehen die Patienten elend zugrunde.

Auch diese Lipidosen lassen sich auf verschiedene Enzymdefekte zurückführen; im Gegensatz zur PKU sind diese Defekte jedoch nicht auf die Leber beschränkt, sondern sie wirken sich in den meisten Zellen des Körpers aus – einschließlich derer des

313

Gehirns. In den Zellen unseres Körpers gibt es eine Art von »Behältern«, die dazu da sind, besonders große Moleküle aufzunehmen und durch Zerlegung in kleine Einzelteile ihre Ausscheidung vorzubereiten. Man nennt sie Lysosomen. Diese großen Moleküle können gelegentlich von außen zugeführt werden. In der Regel fallen sie jedoch im Organismus selbst an. So bestehen zum Beispiel die Zellwände oder auch die Membranen innerhalb der Zellen aus derartigen Verbindungen. Da aber Zellen immer wieder zugrunde gehen, muß auch der weitere Abbau ihrer Bestandteile zügig vorangetrieben werden, wenn der Organismus nicht bald von Schlacken überlagert sein soll. Zu diesem Zweck enthalten die Lysosomen spezielle Enzymsysteme. Der Ausfall eines einzelnen Enzyms in einem solchen System führt zu unvollständigem Abbau. Die großen Moleküle können nicht vollständig eliminiert werden; ihre Speicherung treibt den Zelleib auf und beeinträchtigt seine Funktion.

In Zellen von Heterozygoten ist die Enzymaktivität der beteiligten Enzyme erheblich vermindert, vielfach auf weniger als ein Viertel des Normalen. So verwundert es nicht, daß schon seit Jahren immer wieder Berichte in der Fachliteratur auftauchten, wonach etwa in weißen Blutkörperchen von Heterozygoten eine gewisse, wenn auch geringe, Speicherung von Lipiden beobachtet wurde. Vereinzelt wurde selbst über neurologische Besonderheiten bei den Patienten und auch über leichte Anomalien im Hirnstrombild (EEG) berichtet.

Die Münchener Gruppe studierte nun systematisch eine Serie von achtunddreißig klinisch gesunden Heterozygoten. Als Kontrollen dienten nichtheterozygote Verwandte. Die Heterozygoten wiesen eindeutige Unterschiede zu dieser Kontrollgruppe auf. Im Intelligenztest zeigten sie durchschnittlich eine deutliche und statistisch signifikante Minderleistung, speziell auch in einer Aufgabe, mit der auf räumliches Vorstellungsvermögen geprüft wird. Das ist also gerade eine Testaufgabe, für die PKU-Heterozygote normale Ergebnisse zeigten. In Kapitel 13 war deutlich geworden, daß die Raumvorstellung in erster Linie von einer guten Funktion eines Bereiches der Hirnrinde abhängig ist, der im Parietalhirn zwischen der postzentralen Windung und der Sehrinde des Hinterhauptes gelegen ist. Dieser Bereich ist also möglicherweise bei den Heterozygoten der Lipidosen beeinträchtigt.

Der Vergleich mit den Heterozygoten für das PKU-Gen zeigt noch ein weiteres: Die Schädigung durch eine leichte Anomalie des Stoffwechsels braucht nicht »unspezifisch« zu sein in dem Sinne, daß alle Bereiche des Gehirns gleichermaßen in ihrer Funktion beeinträchtigt werden. Das ist im Grunde nicht erstaunlich: Die Nervenzellen verschiedener Hirnregionen sind in ihrer Funktion spezialisiert. Sie müssen also in ihrem chemischen Aufbau Unterschiede zeigen. Diese Unterschiede können leicht dazu führen, daß die Zellen auch auf Giftstoffe, die im Stoffwechsel entstehen oder von außen zugeführt werden, verschieden reagieren.

Außer der geistigen Leistungsfähigkeit, wie ein Intelligenztest sie zu beurteilen erlaubt, wurden bei diesen Heterozygoten auch die persönlichen Haltungen und Einstellungen untersucht[7]. Für die Diagnose derartiger Persönlichkeitsmerkmale und den Vergleich innerhalb einer Bevölkerung benutzt der Psychologe heute Fragebogen, in denen die Versuchsperson eine große Zahl verschiedenartiger Fragen beantworten muß. Aus den Antworten auf diese Fragen werden dann sogenannte Scores (Maßzahlen) zusammengesetzt, an denen man unter anderem ablesen kann, wie stark ein Mensch (im Vergleich zu anderen) etwa zu depressiven Verstimmungen oder psychosomatischen Beschwerden neigt, ob er eher gesellig ist oder vorzieht, für sich allein zu sein. Heterozygote für Lipidosen zeigten höhere Werte für Depressivität, emotionale Labilität und psychosomatische Beschwerden. Möglicherweise bestehen auch Unterschiede in der Reaktionszeit, die auf ein etwas verringertes Tempo der Informationsverarbeitung im Gehirn hindeuten könnten.

Insgesamt also unterschieden sich Heterozygote für Lipidosen nicht unerheblich von Nichtheterozygoten, obwohl sie nach den üblichen, naturgemäß groben, klinischen Kriterien gesund sind. Es gibt vereinzelte Hinweise in der Literatur, daß es ähnliche leichte Anomalien auch bei Heterozygoten anderer erblicher Stoffwechselerkrankungen geben dürfte. Wie groß allein diese Quelle psychologischer Variabilität sein könnte, wird deutlich, wenn man sich klarmacht, ein wie großer Anteil aller Menschen in unserer Bevölkerung heterozygot für irgendeine Stoffwechselkrankheit ist.

Einen Hinweis bieten hier Daten aus Programmen für die Untersuchung von Neugeborenen mit erblichen Stoffwechselerkrankungen. Eine Untersuchungsreihe, die vor einigen Jahren in den USA, im Staate Massachusetts, durchgeführt wurde, umfaßte besonders viele Diagnosen. Insgesamt vierzehn Krankheiten, häufige und seltene, konnten diagnostiziert werden[8]. Berechnet man die Heterozygotenhäufigkeit für jede dieser Krankheiten einzeln nach der Hardy-Weinberg-Formel und zählt

315

sie zusammen, so ergibt sich, daß etwa 11 Prozent aller Neugeborenen in Massachusetts für eine dieser Krankheiten heterozygot sein müssen. Nun gibt es aber nicht nur vierzehn, sondern mehrere hundert rezessiv erbliche Stoffwechselstörungen. Die meisten von ihnen sind allerdings viel seltener. Trotzdem dürfte ihr gesamter Anteil an den Heterozygoten in der Bevölkerung mindestens noch einmal genauso groß sein. Nimmt man an, es gäbe noch hundert weitere derartige Krankheiten und jede habe eine Häufigkeit von 1:1 000 000, entsprechend einer Genhäufigkeit von 1:1000 und einer Heterozygotenhäufigkeit von 1:500, so wären weitere 20 Prozent der Bevölkerung heterozygot für eines dieser Erbleiden[9]. Diese Modellrechnung stimmt sicher nicht genau; sie zeigt uns aber, mit welcher Größenordnung in der Zahl der Heterozygoten man rechnen muß. Weist nur ein Teil von ihnen leichte Anomalien auf und wird die Leistungsfähigkeit des Gehirns dadurch im Einzelfall auch nur unwesentlich eingeschränkt, so muß das insgesamt doch einen beträchtlichen Einfluß auf die genetisch bedingte psychische Variabilität haben.

Die Heterozygotie für erbliche Stoffwechselkrankheiten ist nur *eine* mögliche physiologische Quelle genetisch bedingter Variabilität in der Gehirnfunktion. Es gibt noch viele andere. Ein weiteres Beispiel: Einen besonderen Einfluß auf die Funktion des Gehirns haben bestimmte *Hormone*. Als Hormone bezeichnet man die Botenstoffe, die auf dem Blutwege die Funktion oft weit entfernt liegender Organe regulieren.

Sie werden von den »Drüsen innerer Sekretion« gebildet. Bekannte Beispiele sind: das Insulin, das von bestimmten Zellen der Bauchspeicheldrüse gebildet wird und die Aufnahme von Zucker in die Zellen reguliert; das Schilddrüsenhormon, das einen wichtigen Einfluß auf die allgemeine Aktivität aller Stoffwechsel- und Verbrennungsvorgänge in unserem Körper hat; und die weiblichen und männlichen Geschlechtshormone, von denen die Funktion der Keimdrüsen bei beiden Geschlechtern abhängt. Eine übergeordnete Regulationszentrale für diese Hormondrüsen ist die Hypophyse, jenes erbsenartige Gebilde an der Unterseite des Gehirns (Kapitel 13).

Störungen in der Funktion einer Hormondrüse können verschiedene Ursachen haben. So braucht die Schilddrüse zum Aufbau ihrer Hormone Jod. In Kapitel 10 wurde dargestellt, wie ein Mangel an Schilddrüsenhormonen in leichteren Fällen zum Kropf, in schwereren Fällen außerdem zu erheblichen psychischen Störungen (Kretinismus) führen kann. Diese Störungen können

316

auf zwei verschiedenen Wegen entstehen: durch Jodmangel in der Nahrung und durch genetische Störungen in der Jodverwertung. Es gibt also für Störungen in der Funktion von Hormondrüsen äußere und innere genetische Ursachen. Sie können auf zwei verschiedenen Ebenen zur Wirkung kommen: Einmal kann die Menge des gebildeten Hormons unzureichend sein, wie das zum Beispiel bei Kretinismus der Fall ist. Die Schilddrüse bietet uns übrigens auch ein Gegenbeispiel: Es kann auch zuviel Hormon gebildet werden. Das führt dann zu der Basedowschen Erkrankung. Die Patienten sind ständig aufgeregt, magern ab und leiden an Herzjagen und Durchfällen. Mit ihren weit aufgerissenen Augen wirken sie wie ein versteinerter Schreck.

Neben einer verminderten oder verstärkten Aktivität der Hormondrüsen können auch Störungen auftreten durch veränderte Eigenschaften derjenigen Zellen, auf welche die Hormone wirken sollen. Damit ein Hormon in einem Organ eine Wirkung auch wirklich entfalten kann, müssen die Zellen dieses Organs in der Lage sein, das Hormon aus dem Blut aufzunehmen und an sich zu binden. Diese Bindung erfolgt durch Strukturen an der Oberfläche der Zellen, die man als Rezeptoren bezeichnet. Derartige Rezeptoren lernten wir bereits kennen, als wir uns in Kapitel 14 mit Aufbau und Funktion der Synapsen befaßten, durch welche die Neuronen ihre Informationen austauschen. Auch in der Synapse müssen die Neurotransmittermoleküle an der Empfängerseite gebunden werden, und auch diese Bindung erfolgt durch Rezeptoren.

In der medizinischen Genetik kennt man seit einigen Jahren Krankheiten, die durch das Fehlen bestimmter Hormonrezeptoren verursacht sind. So gibt es Frauen, die in allen Zellen ein X- und ein Y-Chromosom aufweisen. Demnach müßten sie Männer sein (Kapitel 12); ihr Phänotyp ist jedoch äußerlich rein weiblich. Oft sind sie sogar besonders attraktiv; sie sind schlank, haben relativ lange Beine und gut geformte Brüste. Was an ihnen auffällt, ist die ganz geringe oder fehlende Behaarung der Schamgegend und in den Achselhöhlen. Curt Goetz beschrieb eine derartige Frau in seinem Roman »Die Tote von Beverly Hills«. Diese Patientinnen bekommen niemals ihre Periode; ihre Vagina ist etwas verkürzt und endet blind. Vor allem aber stellt sich bei genauerer Untersuchung heraus, daß sie anstatt der Eierstöcke Hoden besitzen – und diese Hoden produzieren sogar die normale Menge männlicher Hormone, der Androgene. Nur: die Gewebe des Körpers können mit diesen Androgenen nichts Rechtes anfangen. Den Zellen fehlen die Androgenrezeptoren.

Die Geschlechtsmerkmale bilden sich während der Embryonalentwicklung aus. Das erfolgt normalerweise in zwei Schritten: Zuerst werden die Keimdrüsen gebildet. Ist ein Y-Chromosom vorhanden, so entwickeln sich die Keimzellen zu Hoden. Fehlt das Y-Chromosom, dann entwickeln sie sich zu Eierstöcken. Diese Keimdrüsen beginnen nun, Geschlechtshormone zu produzieren. Unter ihrem Einfluß kommt es zur Ausbildung aller äußeren Geschlechtsbesonderheiten im Körperbau, an den inneren und äußeren Geschlechtsorganen, in der Brustentwicklung oder auch im Behaarungstyp. Bei den Patientinnen mit der oben beschriebenen Anomalie, dem Fehlen der Androgenrezeptoren, muß es deshalb äußerlich zur Ausbildung eines weiblichen Phänotyps kommen – genauso, als ob überhaupt keine Androgene vorhanden wären. Dieses Beispiel zeigt, wie wichtig die Hormonrezeptoren, speziell Androgenrezeptoren, für die Entwicklung sind, und vor allem, wie früh in der Entwicklung sie sich auswirken.

Androgenrezeptoren gibt es – mit Ausnahme der oben geschilderten Patientinnen – bei allen Menschen, also bei beiden Geschlechtern. Ob sich der Embryo zu einem Mann oder einer Frau entwickelt, hängt davon ab, ob genügend Androgene gebildet werden, die mit diesen Rezeptoren reagieren und dadurch innerhalb der Zellen bestimmte Differenzierungsvorgänge in Bewegung setzen.

Androgenrezeptoren gibt es aber auch im Gehirn, und so kommt es, daß Androgene auf die Entwicklung und die spätere Funktionsweise des Gehirns nicht ohne Einfluß sind. Unter diesem Einfluß entwickeln sich die Gehirne von Frauen und Männern bereits während der Embryonalzeit etwas verschieden. Die Unterschiede zeigen sich im Laufe des weiteren Lebens. In Kapitel 5 wurde bereits erwähnt, daß bei Frauen die Fähigkeit, sich im Raum zu orientieren, im Durchschnitt etwas weniger gut ausgebildet ist als bei den Männern. Auch die Hirnstrombilder von Frauen unterscheiden sich im Durchschnitt etwas von denen der Männer; Frauen haben nicht selten mehr Wellen rascher Frequenz (β-Wellen)[10].

Daß auch Persönlichkeitszüge, die wir als »typisch männlich« oder »typisch weiblich« bezeichnen und die wir normalerweise den Einflüssen der Erziehung und der sozialen Umwelt zuzuschreiben geneigt sind, wenigstens teilweise durch Hormonwirkung während der Embryonalentwicklung verursacht sind, dafür sprechen Beobachtungen an den Objekten eines unfreiwilligen Experiments[11].

Der Frauenarzt behandelt Schwangere, bei denen er eine drohende Fehlgeburt fürchtet, mit Gelbkörperhormonen, um die Schwangerschaft zu stabilisieren. In den fünfziger Jahren verwendetete man zu diesem Zweck in den USA das Präparat Progestin, das in seiner Struktur den Androgenen ähnlich ist und – wie man inzwischen weiß – auch einen androgenähnlichen Effekt hat. Mädchen, die von einer so behandelten Mutter zur Welt gebracht wurden, zeigten äußerlich leichte Erscheinungen von Vermännlichung, die aber harmlos waren und sich rasch zurückbildeten, da die Hormonzufuhr ja spätestens mit der Geburt endete. In gewisser Weise ungewöhnlich war aber das Verhalten dieser Mädchen im Laufe der gesamten Kindheits- und Jugendentwicklung. Sie zogen es in der Regel vor, mit Jungen herumzutoben, und spielten gern mit Spielsachen von Jungen. In Knabengruppen waren sie selbstbewußt genug, sich in Rangordnungskämpfen zu behaupten, was allerdings nicht Aggressivität bedeuten muß. Oft etablierten diese Mädchen eine Führungsposition unter jüngeren Kindern, von denen sie verehrt wurden. Sie verwendeten weniger Sorgfalt auf ihre Kleidung als ihre Altersgenossinnen, wenn sie auch nicht verschmähten, sich bei besonderen Gelegenheiten gut anzuziehen. Mit Puppen zu spielen zeigten sie keine besondere Neigung; ebenso hatten sie später wenig Vorliebe für Babysitting. Freundschaften und Liebesaffären mit Jungen entwickelten sich bei ihnen durchschnittlich später als bei ihren Altersgenossinnen. In ihren Zukunftsträumen spielte der Erfolg im Beruf eine größere Rolle als Heirat und Kinder.

Ganz ähnlich wie die Töchter mit Progestin behandelter Mütter verhalten sich auch Mädchen, die an einer genetisch-bedingten Hormonbildungsstörung erkrankt sind, dem sogenannten adrenogenitalen Syndrom. Hier ist die Bildung eines Hormons der Nebennierenrinde an einer bestimmten Stelle blockiert. Es häufen sich Zwischenprodukte an, die normalerweise rasch abgebaut werden. Diese Zwischenprodukte haben eine androgenähnliche Wirkung. Wie das Progestin führen sie zu einer gewissen Vermännlichung bei der Geburt, die sich jedoch durch eine Hormonbehandlung – in diesem Fall Ersatz des fehlenden Nebennierenhormons – beheben läßt. Das psychologische Bild, das diese Mädchen bieten, entspricht jedoch genau dem bei Töchtern mit Progestin behandelter Mütter.

Ganz anders dagegen die erwähnten Mädchen mit Hoden und XY-Chromosomensatz, denen die Androgenrezeptoren fehlen. Sie verhalten sich völlig wie normale Mädchen – übrigens genauso wie Mädchen mit dem Turner-Syndrom und Chromosomenstatus X0 (Kapitel 12). Diese Beobachtungen bestätigen die Schlußfolgerung, daß bestimmte geschlechtsspezifische Gefühle und Verhaltensweisen nicht ausschließlich durch Erziehung und soziale Umwelt verursacht sind, sondern daß man auch einen starken biologischen Einfluß – und insbesondere einen Einfluß von Androgenen – auf Entwicklung und Funktionsweise des Gehirns annehmen muß. Freilich ist diese Schlußfolgerung im einzelnen nicht unumstritten, und man hat versucht, die Untersuchungen, auf die sie sich gründete, von verschiedenen Gesichtspunkten aus zu kritisieren. Unserer Ansicht nach ist sie jedoch im ganzen gut begründet.

Auf mehr indirekte Weise werden die Ergebnisse dieser Studien durch Tierversuche bestätigt. Behandelt man nämlich trächtige Rhesusaffenmütter mit Androgenen, so verhalten sich die aus dieser Schwangerschaft hervorgehenden Affenmädchen ebenfalls in vieler Beziehung wie männliche Affenkinder. So reiten sie im Spiel bei ihren gleichaltrigen Spielgefährten und auch bei ihren leiblichen Müttern auf. Auch eine weibliche Ratte, die in den ersten Lebenstagen mit Androgenen behandelt wird, verhält sich im Erwachsenenalter wie ein männliches Tier. Sie nimmt keine weibliche Kopulationshaltung ein und versucht, bei anderen Weibchen aufzureiten, wenn man sie mit dem männlichen Hormon Testosteron behandelt. Andererseits benehmen sich männliche Tiere, die früh kastriert wurden, wie Weibchen. Eine spätere Testosteronbehandlung kann sie nicht zum Aufreiten stimulieren. Behandlung mit weiblichen Hormonen beeinflußt sie dagegen, die weibliche Kopulationshaltung anzunehmen. Bei Ratten ist es sogar gelungen, anatomische Unterschiede im Feinbau des Gehirns zwischen weiblichen und männlichen Tieren festzustellen.

Die verschiedenen Ergebnisse über den Einfluß der Androgene auf die Entwicklung des Gehirns werfen die Frage auf, in welchem Umfang sich Unterschiede im Gefühlsleben und Verhalten im normalen Bereich oder auch das Vorkommen von Anomalien auf genetisch bedingte Unterschiede entweder in der produzierten Menge von Geschlechtshormonen oder in der Zahl und Aktivität von Hormonrezeptoren zurückführen lassen. Es gibt Befunde, die einen solchen Zusammenhang nahelegen. So konnte die klassische, mit anthropologischen Meßmethoden arbeitende Konstitutionsforschung nachweisen, daß es im Körperbau beider Geschlechter eine männlich-weibliche Variationsreihe gibt, das heißt unter Frauen wie Männern findet man mehr nach der männlichen und mehr nach der weiblichen Seite hin tendierende Körperbautypen[12]. Andererseits wurde behauptet, daß männliche Homosexuelle sich in der größeren Breite ihres Beckenausganges im Durchschnitt von heterosexuellen Männern unterscheiden und eher den Frauen ähneln. Zwillingsuntersuchungen deuten darauf hin, daß an der Ausprägung der Homosexualität beim Manne die Erbanlagen sehr wesentlich beteiligt sein dürften[13]. Allerdings scheinen Homosexuelle qualitativ und quantitativ normale Hormon-, insbesondere Androgenwerte zu besitzen. Ihre Androgenrezeptoren hat, so scheint es, noch niemand quantitativ mit denen normaler heterosexueller Männer verglichen. Möglicherweise sind die Methoden für die Untersuchung dieser Rezeptoren noch nicht empfindlich genug für eine derartige Studie.

Bisher ging es um genetische Unterschiede, die sich entweder primär ganz und gar außerhalb des Gehirns manifestieren – wie den Phenylalaninhydroxylasemangel bei der Phenylketonurie – oder die sich sowohl außerhalb als auch innerhalb des Gehirns zeigen – wie die Androgenwirkung. Das Gehirn ist jedoch das am höchsten spezialisierte Organ des Menschen. Es gibt Hinweise darauf, daß in seinen Nervenzellen viel mehr Gene ständig aktiv sind als in den meisten anderen Zellen unseres Körpers. Um dies zu verstehen, wollen wir die bereits in Kapitel 9 erwähnte Tatsache in Erinnerung rufen, daß ein beträchtlicher Anteil der genetischen Information in einer Zelle normalerweise »stumm« ist; der Fachmann sagt, die Gene seien »nicht exprimiert«. Man muß deshalb damit rechnen, daß es im großen Umfange genetische Variabilität gibt, die sich ausschließlich im Gehirn und im Nervensystem manifestiert – vielfach sicher nur in einigen seiner speziellen Teile. Seit langem kennt man Erbkrankheiten, die zunächst ganz speziell nur ein bestimmtes Funktionssystem im Gehirn befallen und sich erst sekundär auf andere Bereiche ausdehnen. Ein Beispiel ist der erbliche Veitstanz, die Chorea Huntington. Hier kommt es – meist im mittleren Lebensalter – zunächst zu merkwürdigen unwillkürlichen, unkoordinierten Bewegungen, die darauf hindeuten, daß die Störung von bestimmten grauen Gehirnkernen innerhalb des Großhirns ausgeht. Erst später erstreckt sie sich auch auf andere Gehirnteile; die geistige Leistungsfähigkeit der Patienten nimmt ab, ihre Persönlichkeit verändert sich, und schließlich gehen sie unter Zeichen eines allgemeinen Gehirnversagens zugrunde. Die Chorea ist eine dominant erbliche Erkrankung. Ähnlich wie bei dieser schweren Erbkrankheit gibt es sicher auch im Normalbereich genetische

Variabilität, die sich ausschließlich, oder vorwiegend, nur in gewissen Teilen des Gehirns manifestiert. Die Schwierigkeit ist nur, einen Zugang zu dieser Variabilität zu finden. Diese Schwierigkeit läßt sich auf zwei verschiedenen Wegen umgehen: Entweder untersucht man die Gehirne Verstorbener, oder man sucht sich eine Untersuchungsmethode, die Aufschluß über den Funktionszustand des Gehirns und seine genetische Grundlage gibt, ohne daß man in das Gehirn selbst eindringen muß. Beide Wege haben ihre auf der Hand liegenden Nachteile. Die Gehirne Verstorbener müssen für eine biochemische Untersuchung noch sehr frisch und nicht durch Fäulnisvorgänge verändert sein. Solche Gehirne zu bekommen ist sehr schwierig. Außerdem weiß man über das frühere Befinden und Verhalten dieser Menschen in der Regel sehr wenig. In den USA hat man kürzlich »Gehirnbanken« eingerichtet, in denen die Gehirne Verstorbener gesammelt und für die Forschung bereitgehalten werden. Man strebt auch an, Daten über die Lebensgeschichte und den Gesundheitszustand der Verstorbenen zu dokumentieren, deren Gehirne in diese Sammlung einbezogen werden. Derartige Gehirnbanken dürften die Forschung auf diesem Gebiet sehr erleichtern. Methoden, mit deren Hilfe man die Gehirnfunktion untersuchen kann, ohne daß man das Organ selbst untersuchen muß, führen nicht so nah an die primäre Genwirkung, wie man es sich wünscht. Die Beziehung vom Gen zum Phänotyp ist deshalb weniger eindeutig. Beide Wege sind jedoch beschritten worden und haben auch zu vielversprechenden Ergebnissen geführt.

In den letzten Jahren hat sich eine besondere Methode in der genetischen Analyse von Eiweißen (Proteinen) eingeführt, bei der man die Proteine eines Gewebes dadurch in ihre Einzelbausteine zerlegt, daß man sie in zwei im rechten Winkel zueinander stehenden Richtungen in einem elektrischen Feld laufen läßt. Man erreicht dadurch eine viel bessere Aufteilung in einzelne Komponenten, als wenn man den Trenngang nur in einer Richtung durchführt. Man trägt das zu untersuchende Proteingemisch auf ein Gel auf, das mit einer Salzlösung getränkt ist. Diese Salzlösung ist für den elektrischen Strom leitfähig. Legt man nun an beiden Enden des Gels eine elektrische Spannung an, so wandern die Eiweiße unterschiedlich weit, ihrem speziellen chemischen Aufbau entsprechend. Diesen Vorgang wiederholt man dann unter veränderten Bedingungen rechtwinklig dazu. Färbt man nun das Gel mit einem Farbstoff, der nur an Eiweiße gebunden wird, so findet man anstatt des einen ursprünglichen Gemisches eine so große Anzahl von Einzelfleckchen, wie das Gemisch Einzelkomponenten mit unterschiedlichen Eigenschaften enthält. Unterscheiden sich zwei Menschen in einem dieser Proteine, so wird ein bestimmter Fleck bei ihnen regelmäßig an verschiedenen Stellen gefunden werden. Der Aufbau und die Eigenschaften von Proteinen werden aber, wie in Kapitel 9 vorgeführt wurde, durch Gene determiniert. Unterschiede im Eiweißmuster deuten also auf genetische Unterschiede hin (Abbildung 2).

Die oben skizzierte Methode benutzte der amerikanische Humangenetiker D. Comings zur Untersuchung von Proteinen aus den Gehirnen Verstorbener[14]. Er entdeckte einen genetischen Polymorphismus: An einer bestimmten Stelle des Musters, das insgesamt aus einigen hundert Flecken bestand, zeigten zweiundsiebzig von hundertdrei Individuen, die aus natürlicher Ursache verstorben waren und über deren psychologische Vorgeschichte

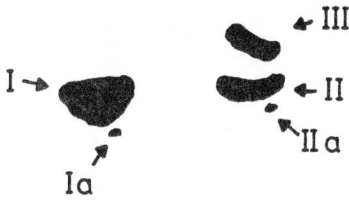

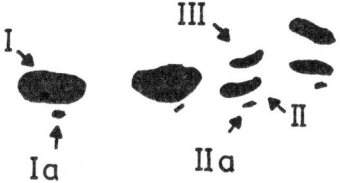

Abbildung 2
Die Auftrennung von Eiweißkörpern des Gehirns in zweidimensionaler Richtung ergibt ein konstantes Muster von Proteinflecken. In einer bestimmten Region dieses Fleckmusters ließen sich Unterschiede zwischen verschiedenen Personen finden, die sich als genetischer Polymorphismus deuten lassen. Oben: Im Normalfall treten in enger Nachbarschaft die drei Proteine I, II, III auf, wobei I und II noch von je einem kleinen »Satelliten« begleitet werden. Unten: Manche Menschen lassen dieses Bild erkennen: Alle drei Proteine I, II, III sind in je zwei zerfallen, so daß jetzt insgesamt sechs Proteinflecke (neben den »Satelliten«) vorliegen. Diese Person dürfte heterozygot für das entsprechende Gen sein (nach Comings, Nature 277, 28–32, 1979).

nichts Auffälliges bekannt war, einen einzigen Fleck. Achtundzwanzig (27,2 Prozent) zeigten dagegen zwei Flecken, die gleich groß waren – jeder etwa halb so groß wie der ursprüngliche Fleck – und von denen der eine gegenüber dem ursprünglichen Fleck etwas verschoben war. Drei Gehirne produzierten wieder nur einen Fleck; dieser lag an der Stelle des zweiten Flecks im Muster mit den Doppelflecken. Eine derartige Aufspaltung eines Flecks in zwei gleich große erwartet der Genetiker, wenn das untersuchte Individuum heterozygot für ein bestimmtes Gen ist, wenn es also zwei Allele mit leicht unterschiedlichen Eigenschaften besitzt. Jedes Allel produziert sein eigenes Produkt, das sich von dem Produkt des anderen Allels unterscheidet. Die Homozygoten des anderen Allels müssen dann nur den zweiten Fleck haben. Das Vorhandensein eines genetischen Polymorphismus gilt normalerweise nur als erwiesen, wenn die Vererbung derartiger Eiweißmuster durch Familienuntersuchungen bestätigt wurde. Bei einem Gehirnprotein ist das offensichtlich praktisch unmöglich. Der Befund stimmt jedoch so genau mit dem überein, den man bei anderen Polymorphismen zu finden gewohnt ist, daß das Vorliegen einer erblichen Variante in einem Gehirnprotein kaum zweifelhaft sein kann.

Besonders interessant waren im Vergleich dazu Befunde, die an den Gehirnen von zweiundvierzig Menschen erhoben wurden, von denen man wußte, daß sie durch eigene Hand gestorben waren, oder die an Depressionen gelitten hatten. Von ihnen zeigten nicht weniger als zweiundzwanzig (52,4 Prozent) den Typ mit den zwei Flecken und fünf (11,9 Prozent) den Typ mit dem einen abweichenden Fleck. Insgesamt waren also abweichende Elektrophoresemuster bei den Depressiven etwa doppelt so häufig wie bei den normalen Kontrollen. Demnach sieht es so aus, als ob hier der genetische Polymorphismus eines Gehirnproteins vorläge, wobei das eine der beiden Allele dazu beitragen würde, daß sein Träger erhöhte Gefahr liefe, an Depression zu erkranken. Die Art der Untersuchung bringt es offenbar mit sich, daß bisher niemand weiß, welche Funktionen dieses Protein hat. Ist es ein Enzym, ein Membranbestandteil, ein Rezeptor? Bisher weiß man auf diese Fragen keine Antwort. Aber der Befund bietet eine gute Handhabe, weiter zu untersuchen.

Der zweite Weg, die Schwierigkeiten bei einer genetischen Untersuchung von Gehirnen zu umgehen, ist die Verwendung von Untersuchungsmethoden, bei denen man vermeidet, in das Gehirn selbst einzudringen. Eine Methode, die sich hier besonders

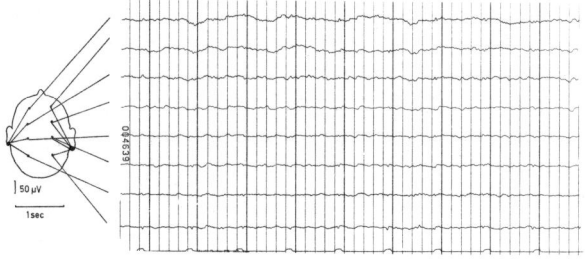

Abbildung 3
Beispiel eines Niederspannungs-EEG.

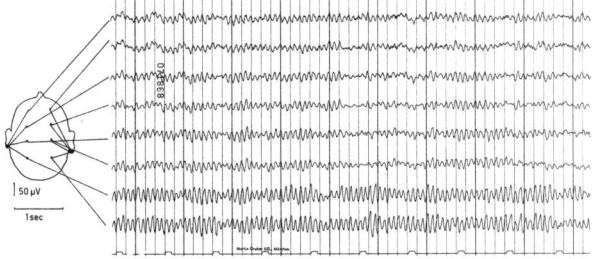

Abbildung 4
Beispiel eines EEG mit regelmäßigen α-Wellen.

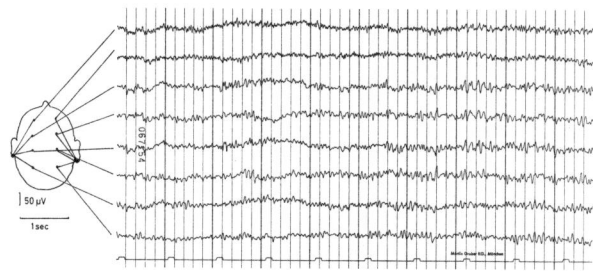

Abbildung 5
Beispiel eines EEG mit diffus über das ganze Gehirn verteilten β-Wellen.

325

bewährt hat, ist die Ableitung der elektrischen Hirnströme: das Elektroenzephalogramm (EEG). Die wichtigsten Eigenschaften des menschlichen EEG und die Mechanismen seiner Entstehung im Gehirn wurden im Kapitel 13 dargestellt. Das EEG wird von meist acht Punkten der intakten Schädeldecke abgeleitet, wobei die Versuchsperson ganz entspannt mit geschlossenen Augen in einem bequemen Stuhl sitzt. Man registriert die Spannungsdifferenz zwischen den auf der Schädeloberfläche angeordneten Elektroden und dem »neutralen« Ohr und zeichnet sie fortlaufend auf Papier auf. Das Ergebnis sahen wir in Abbildung 13 (Kapitel 13). Diese Abbildung zeigte auch die völlig identischen EEG-Bilder eineiiger Zwillinge. Was diese Abbildung bereits nahelegte, wurde durch sehr umfangreiche Zwillingsstudien unter den verschiedensten Bedingungen bestätigt: Die Hirnstrombilder eineiiger Zwillinge sind fast völlig gleich – unabhängig davon, ob man die Zwillinge im Kindes-, Jugend-, Erwachsenen- oder Greisenalter untersucht, ob sie gemeinsam oder getrennt aufgewachsen sind und ob sie psychisch gesund oder neurotisch sind[16]. Unterschiede findet man nur, wenn die Gehirne der eineiigen Zwillinge von verschiedenen Krankheiten betroffen wurden, etwa Epilepsie oder Blutgefäßveränderungen. Das sehr komplexe und von Mensch zu Mensch oft in seinen Einzelheiten unterschiedliche Hirnstrombild ist normalerweise fast ausschließlich genetisch determiniert.

Das Ergebnis dieser Zwillingsstudien ermutigte zur Durchführung von Familienuntersuchungen. Wollte man innerhalb des komplexen EEG-Musters Hinweise für besser durchschaubare genetische Mechanismen, also einfache Erbgänge, finden, so war es erforderlich, EEG-Varianten zu analysieren, die sich eindeutig aufgrund ihres Phänotyps von der großen Masse der EEG abgrenzen ließen. Derartige Varianten kommen in der Tat in einigen Prozent der Erwachsenenbevölkerung vor. Eine von ihnen ist das sogenannte Niederspannungs-EEG. Dieser EEG-Typ findet sich bei etwa 4 Prozent der Erwachsenen. Bei ihm fehlen diejenigen Elemente, die sonst das EEG mehr oder weniger stark beherrschen – die α-Wellen mit einer Frequenz von etwa 10/sec –, fast vollständig (Abbildung 3). Dieser recht auffällige EEG-Typ zeigt einen einfach-autosomal-dominanten Erbgang. Ein bestimmtes Gen führt also in heterozygotem Zustand zum Auftreten eines Niederspannungs-EEG.

Der »Gegentyp« des Niederspannungs-EEG ist eine EEG-Form, bei der die α-Wellen besonders regelmäßig ausgeprägt sind, so daß ein monomorphes Bild entsteht. Insbesondere findet man sie auch über vorderen Hirnarealen, wo die meisten Menschen eine mehr unregelmäßige Wellentätigkeiten zeigen. Diese EEG-Variante der »monomorphen α-Wellen« hat ebenfalls eine Häufigkeit von etwa 4 Prozent unter Erwachsenen. Sie läßt sich nicht ganz so gut abgrenzen wie das Niederspannungs-EEG; Familienstudien sprechen ebenfalls für einen dominanten Erbgang (Abbildung 4).

Schließlich sei noch eine dritte EEG-Variante erwähnt. Hier zeigen die α-Wellen in erheblichem Ausmaß eine diffuse Beimischung von Wellen rascher Frequenz, den sogenannten β-Wellen. Dieser EEG-Typ ist ebenfalls genetisch determiniert, wie durch Zwillings- und Familienuntersuchungen belegt wurde. Ein einfacher Erbgang liegt jedoch nicht vor, sondern die Ausprägung dieses EEG-Musters ist offenbar durch das Zusammenwirken mehrerer Erbanlagen kontrolliert. Außerdem zeigt diese Variante einen Geschlechtsunterschied: Sie ist bei Frauen häufiger als bei Männern. Bei beiden Geschlechtern nimmt ihre Häufigkeit mit dem Alter zu; dieser Anstieg ist bei Frauen ausgeprägter (Abbildung 5).

Neurophysiologische Studien am Versuchstier hatten uns die Entstehung des EEG verstehen lassen: Es entsteht durch Zusammenwirken einer »Batterie« in der Hirnrinde mit einem »Schrittmacher« im Thalamus, mit dem aufsteigenden retikulären System (ARAS) sowie dem limbischen System. Daraus ergab sich eine Hypothese über die Funktion der rhythmischen Erregungsabläufe im Gehirn, die man im EEG vor allem als α-Wellen beobachtet (Kapitel 13): Sie könnten sehr wohl der Modulation und selektiven Verstärkung von der Außenwelt – und auch aus anderen Teilen des Gehirns – hereinkommender Impulse dienen und auf diese Weise die Informationsverarbeitung und damit die allgemeine Leistungsfähigkeit der Hirnrinde beeinflussen. Mit dieser Hypothese wurden vergleichende Untersuchungen an einigen hundert Erwachsenen, gesunden männlichen Trägern verschiedener EEG-Varianten, durchgeführt. Die verschiedenen Varianten wurden einerseits miteinander, andererseits mit den Trägern durchschnittlicher EEG-Muster umfassend verglichen. Es wurde eine Reihe psychologischer Testverfahren angewandt, die es erlaubten, Intelligenzleistungen, persönliche Haltungen und Einstellungen, aber auch Gedächtnis und Konzentrationsfähigkeit sowie Reaktion auf Sinnesreize und motorische Geschicklichkeit zu untersuchen. Die wichtigsten Ergebnisse dieser Studie lassen sich wie folgt zusammenfassen[16]:

1. EEG-Variante mit monotonen α-Wellen: Der durchschnittliche männliche Proband mit dieser Variante ist

emotional stabil und zuverlässig. Bei Aufgaben, die Konzentrationsfähigkeit erfordern, macht er nur wenige Fehler, und er besitzt ein gutes Kurzzeitgedächtnis. Temperamentsmäßig ist er lebhaft und zeigt hohe spontane Aktivität und Durchsetzungsvermögen. Bemerkenswert ist seine Widerstandsfähigkeit gegenüber Streß. Andererseits erfolgt die Informationsverarbeitung bei ihm nicht übermäßig rasch. Haben die α-Wellen in der Tat die Funktion, einkommende Information zu modulieren und selektiv – gemäß den Erfordernissen des Organismus – zu verstärken, so sollte man vermuten, daß diese Funktion bei Menschen mit monotonen α-Wellen besonders gut ausgebildet ist. Fragt man sich, wie sich ein solcher Mensch wohl verhalten wird, so kommt man zu einem Ergebnis, das den tatsächlich erhobenen Befunden recht gut entspricht: Man würde nämlich folgern, daß alle Vorgänge in der Hirnrinde einerseits mit großer Präzision (gute Selektion der relevanten unter den von außen kommenden Impulsen), aber auch mit großer Kraft (gute Verstärkung einkommender Impulse) stattfinden sollten. Andererseits dürften sie nicht allzu rasch ablaufen; denn je stärker die »Zwischenverarbeitung«, desto größer der Zeitbedarf.

2. Bei dem Niederspannungs-EEG fehlen, wie gesagt, die α-Wellen fast vollständig. In gewisser Weise kann man das als den »Gegentyp« der monotonen α-Wellen bezeichnen. Das scheint auch für den psychologischen Bereich zuzutreffen: Der durchschnittliche männliche Proband zeigt wenig spontane Aktivität. Er neigt dazu, sich nach der Gruppe zu orientieren, in der er lebt; er ist extravertiert. Seine Intelligenzleistungen sind gut, jedoch läßt seine Arbeitsgenauigkeit bei Aufgaben, die gute Konzentrationsfähigkeit erfordern, eher etwas zu wünschen übrig. Auffällig ist andererseits ein besonders gutes räumliches Orientierungsvermögen.
    Vergleicht man diese Beschreibung mit der oben diskutierten Hypothese über die Funktion des α-Rhythmus, so ist sie gut mit der Erklärung vereinbar, bei dem durchschnittlichen Probanden mit Niederspannungs-EEG würden die von außen hereinkommenden Impulse weniger stark selektiert (daher nicht ganz so gute Konzentrationsfähigkeit) und weniger hoch verstärkt (daher die eher passive Temperamentslage, der Mangel an Spontaneität und die Gruppenabhängigkeit).

328

3. Bei der dritten Variante sind die α-Wellen mit zahlreichen Wellen rascherer Frequenz intensiv durchmischt (diffuses β-EEG). Der durchschnittliche männliche Proband mit dieser EEG-Form macht relativ viele Fehler bei Aufgaben, in denen Konzentrationsfähigkeit und Genauigkeit gemessen werden, auch bei relativ geringer Arbeitsgeschwindigkeit. Seine Widerstandsfähigkeit gegen Streß erwies sich als relativ gering. Im Intelligenzbereich ist insbesondere das räumliche Vorstellungsvermögen leicht beeinträchtigt.

Wie in Kapitel 13 deutlich wurde, kann man im Tierexperiment eine Aufsplitterung der α-Wellen in rasche Frequenzen vor allem dann erreichen, wenn man elektrische Reize auf den Hirnstamm, speziell das ARAS, einwirken läßt. Es kommt dann zu einer »Desynchronisation« der EEG-Wellen. Andererseits sind die langsamen EEG-Rhythmen im α-Bereich praktisch unstörbar, wenn man Verbindungen vom Hirnstamm zum Thalamus und zur Hirnrinde durchtrennt. Man schloß daraus, daß das ARAS etwas mit der *Wachheit* zu tun hat. Wachheit ist ein spontaner, von innen kommender Zustand; er hat aber auch etwas mit der Art zu tun, wie wir Impulse verarbeiten, die von der Außenwelt auf uns einwirken. Ein zu geringes Maß an Wachheit ist offenbar ungünstig: Wir werden zu träge auf äußere Impulse reagieren. Andererseits ist aber auch ein zu hohes Maß an Wachheit nicht allzu günstig: Es macht uns übersensibel, nervös und unkonzentriert. Wie oft im Leben liegt auch hier das Optimum in der Mitte. Bei den Probanden mit vielen diffusen β-Wellen ist dieses Optimum offenbar nach oben überschritten. Ein hohes Niveau spontaner Aktivität im ARAS führt zu Störungen im geordneten Zusammenspiel zwischen den höheren Stationen, Thalamus und Hirnrinde. Diese Störungen äußern sich im EEG durch Einmischung rascher Frequenzen in das α-Bild. Psychologisch machen sie sich als verminderte Konzentrationsfähigkeit und erhöhte Streßempfindlichkeit bemerkbar.

Außer den hier genannten gibt es (seltener) noch andere EEG-Varianten, bei denen die vorliegenden psychologischen Befunde einen Einfluß der besonderen EEG-Form auf die Art der Informationsverarbeitung und der spontanen Aktivität innerhalb des Gehirns nahelegen. So wurde in Kapitel 13 das limbische System erwähnt – also diejenigen Teile der Großhirnrinde, die das Mittelhirn unmittelbar umgeben (Abbildung 13). Dieser Bereich hat sehr viel mit unseren Emotionen, zum Beispiel mit Aggressivität und Angst, zu tun. Andererseits konnten die Neurophysiologen zeigen, daß vom limbischen System aus bei elektrischer

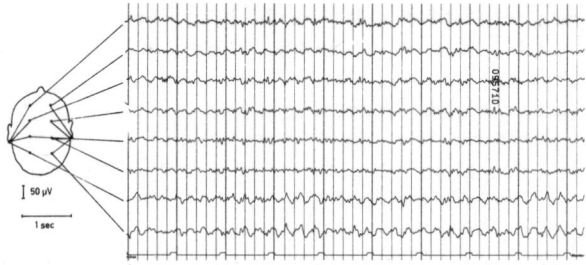

Abbildung 6
Beispiel eines EEG, in dem Wellen mit einer Frequenz von 4–5
Wellen/sec vorkommen.

Reizung vor allem ϑ-(theta-)Wellen zu erzeugen sind, also Wellen
im Frequenzbereich von etwa 4–7/sec. Nun gibt es eine besondere
EEG-Variante, bei der in völliger Ruhe die α-Wellen durch
charakteristische 4–5/sec-δ-Wellen ersetzt werden (Abbildung 6).
Diese – seltene – Grundrhythmusvariante kann genetisch bedingt
sein, wie einige Zwillings- und Familienbeobachtungen zeigen[17].
Sie muß aber nicht immer genetisch bedingt sein, wenn auch die
äußeren Ursachen, die in manchen Fällen zu ihr führen, im
einzelnen noch unbekannt sind. Probanden mit dieser Variante
können psychisch völlig »normal« sein. Nicht selten jedoch sind
sie vegetativ und emotional labil. Manche von ihnen neigen zu
Ausbrüchen von Angst und Aggressivität und sind stärker durch
neurotische Erkrankungen verschiedenster Art gefährdet.

Mit diesen Befunden über Beziehungen zwischen der spontanen
elektrischen Tätigkeit des Gehirns und menschlichem Befinden
und Verhalten hat man die vorderste Front der Forschung in
diesem äußerst komplexen Gebiet erreicht. Ein Wissenschaftler,
der sich auf diese Fragen einläßt, läuft Gefahr, sich sozusagen
zwischen drei Stühle zu setzen: jenen des Neurophysiologen, des
Psychologen und des Humangenetikers. In früheren Jahren sind
Versuche, etwa Beziehungen zwischen EEG und Psychologie
herzustellen, schon öfter gescheitert – nicht selten wegen eines
Mangels an Methodenkritik auf seiten der Untersucher. So darf
der Leser an dieser noch weniger als an anderen Stellen in diesem
Buch erwarten, völlig sichere Ergebnisse zu erfahren. Es ist unsere
Absicht, verständlich zu machen, auf welchen Wegen der Human-
genetiker vorwärtszukommen versucht, wenn er sich mit diesen

330

Problemen beschäftigt. Dabei ist die Möglichkeit von »Holzwe-
gen«, ja auch von Irrtümern ausdrücklich einbezogen (Holzwege
sind bekanntlich Wege, die in einem Wald speziell für die
Holzabfuhr angelegt werden; sie enden abrupt irgendwo im
Walde, führen also nirgendwohin).

Daß die individuelle Form unseres Hirnstrombildes etwas
mit unserer Befindlichkeit zu tun hat und daß diese Befindlich-
keitsunterschiede auch unser Verhalten auf sozial durchaus
bedeutungsvolle Weise beeinflussen können, dafür gibt es noch
einen weiteren Beleg. Bekanntlich verändert der *Alkohol* die
Tätigkeit unseres Gehirns auf eine subjektiv wie objektiv durchaus wahrnehmbare Weise. Nun erhielten sechsundzwanzig eineiige und sechsundzwanzig zweieiige erwachsene männliche
Zwillingspaare eine einmalige Dosis Alkohol, die immerhin so
hoch war, daß vorübergehend Blutalkoholwerte über 1,0 mg %
erreicht wurden[18] (zur Orientierung: der Gesetzgeber nimmt
Fahrtuntüchtigkeit bei 0,8 mg % an). Es stellte sich – nicht sehr
überraschend – heraus, daß die Geschwindigkeit des Alkoholabbaus bei eineiigen Zwillingen ähnlicher war als bei zweieiigen.
Die Unterschiede im Abbau haben also eine deutliche genetische
Komponente (vgl. Kapitel 4). Viel interessanter war jedoch, daß
sich das Hirnstrombild bei den Probanden nach Alkoholgenuß
verschieden stark veränderte. Alkohol erhöht das Ausmaß der
Synchronisation des EEG, was sich auch in der Zwillingsuntersuchung nachweisen ließ. Bei Menschen, die spontan einen recht
regelmäßigen α-Rhythmus aufwiesen, wirkte sich diese Tendenz
jedoch nur geringfügig aus. Ihr EEG veränderte sich wenig
(Abbildung 7). Anders dagegen bei solchen Probanden, deren
Ruhe-EEG vor dem Versuch eine unregelmäßigere, oft unterbro-
chene, wenig intensive α-Tätigkeit zeigte: Hier wurde die α-
Tätigkeit durch Alkohol sehr deutlich verstärkt (Abbildung 8).
Vor allem aber verliefen diese Reaktionen bei eineiigen Zwillingen ganz übereinstimmend. Sie sind also genetisch festgelegt.

Nun wissen wir, daß in unserer Wohlstandsgesellschaft
immer mehr Menschen an Alkoholsucht erkranken. Zwillings-,
Familien- und Adoptionsstudien haben überdies bereits früher
gezeigt, daß die Menschen, auch aus genetischen Gründen, in
verschieden hohem Grade gefährdet sind. Die entsprechenden
Untersuchungen wurden in Kapitel 8 ausführlich diskutiert.
Könnte die genetisch bedingte unterschiedliche Reaktion ihres
EEG etwas mit dieser Gefährdung zu tun haben? Dafür spricht in
der Tat eine Reihe von Befunden. So haben mehrere Untersucher
darüber berichtet, daß Alkoholiker im Durchschnitt ein schlechter

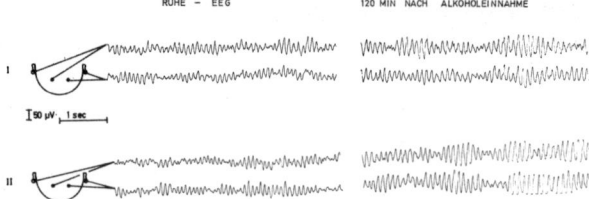

Abbildung 7
Einfluß von Alkohol auf ein EEG, das im Ruhezustand von α-Wellen beherrscht wird. Es handelt sich um eine Alkoholbelastung bei einem eineiigen Zwillingspaar. Man sieht bei beiden Paarlingen eine mäßige Zunahme der Amplituden und eine gewisse Abnahme der Frequenz (nach Propping, aus Vogel und Motulsky 1979).

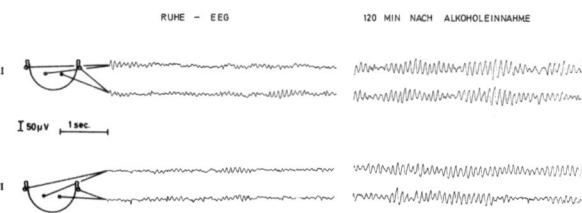

Abbildung 8
Einfluß von Alkohol auf ein EEG, das im Ruhezustand nur eine mäßige α-Aktivität aufweist. Auch hier ist die Alkoholwirkung bei einem eineiigen Zwillingspaar gezeigt. In diesem Fall ist der Einfluß von Alkohol auf das EEG beider Zwillingspaarlinge sehr viel stärker ausgeprägt (nach Propping, aus Vogel und Motulsky 1979).

synchronisiertes EEG aufweisen als die Bevölkerung, aus der sie kommen. Bevor allerdings genetische Untersuchungen vorlagen, wußte man nicht, ob das so ist, weil der Alkoholismus mit seinen langfristigen Folgen für Gehirn- und Leberfunktion das EEG verändert, oder ob der Zustand des Gehirns, der sich in der besonderen EEG-Form äußert, dazu führt, daß bestimmte Menschen mehr für Alkoholismus disponiert sind als andere. Die erwähnten Zwillingsuntersuchungen legten den Gedanken nahe, daß die zweite Möglichkeit zutreffen könnte: Vielleicht fühlen Menschen, deren EEG sich unter Alkoholeinfluß stärker synchronisiert, einen positiven Einfluß auf ihr subjektives Befinden.

In welcher Richtung dieser Einfluß liegen könnte, dafür geben Ergebnisse mit einer anderen Methode Aufschluß, die in

332

den letzten Jahren sehr populär wurde: mit dem »biofeedback«. Verbindet man ein EEG-Gerät mit einem Tongenerator, der einen für die Versuchsperson hörbaren Dauerton erzeugt, solange eine kontinuierliche α-Tätigkeit anhält, und gibt man den Versuchspersonen den Auftrag, den Ton solange wie möglich anhalten zu lassen, so gelingt es manchen Menschen, ihre α-Tätigkeit vorübergehend zu verbessern. Nach ihren subjektiven Empfindungen während dieser Zeit befragt, schildern sie ihren inneren Zustand gelegentlich als besonders ruhevoll[19]. Das überrascht nicht, da – nach den oben geschilderten Ergebnissen – eine Verbesserung der α-Tätigkeit vor allem dann zustande kommt, wenn der Erregungszustand des ARAS im Stammhirn verringert wird. Diese Verminderung wird offenbar als wohltuend empfunden. Aus Tierversuchen weiß man, daß Alkohol – neben seinen anderen Wirkungen – auch in der Lage ist, den Erregungszustand des ARAS herabzustimmen.

Führt der Alkohol bei Menschen mit schlecht ausgebildetem, unregelmäßigem α-Rhythmus besonders deutlich zu einer Herabstimmung des ARAS und damit zu einer Verbesserung ihres subjektiven Befindens, und bringt das die Gefahr einer »Konditionierung«, wie der experimentelle Psychologe sagen würde, und damit einer Suchtentwicklung mit sich? Neuere Untersuchungen an Alkoholikern aus Südwestdeutschland und ihren nahen Verwandten tragen dazu bei, dieses Konzept zu stützen und gleichzeitig zu spezifizieren[20]. Sie zeigten nämlich, daß nicht nur die Alkoholiker selbst, sondern auch viele ihrer Familienangehörigen eine verminderte und unregelmäßige α-Aktivität hatten, obwohl diese Angehörigen selbst nicht Alkoholiker waren. Damit war bewiesen, daß diese EEG-Form auch bei den Probanden genetisch bedingt und nicht Folge des Alkoholmißbrauchs war. Andererseits zeigte sich der Einfluß des EEG in dieser Studie nur bei weiblichen Alkoholikern und deren Verwandten. Nun hat man seit langem schon versucht, die Krankheit »Alkoholismus« nach der Art der Trinkmotivation in verschiedene Unterformen einzuteilen. Versuchte man die unter den Patienten gefundenen Alkoholismusformen, unabhängig von den EEG- und Familienbefunden, aufgrund rein psychologischer Kriterien nach der Ursache des Alkoholismus aufzugliedern, so ergab sich, daß bei Frauen die »inneren«, durch persönliche Konflikte bedingten Ursachen viel häufiger waren, während bei Männern äußere Ursachen, wie Verführung durch die soziale Umwelt, im Vordergrund standen.

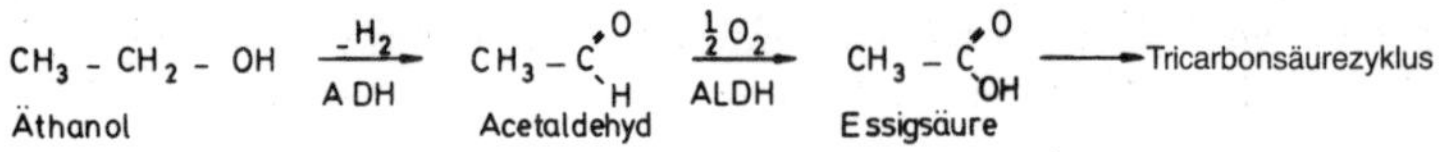

$$CH_3 - CH_2 - OH \xrightarrow[ADH]{-H_2} CH_3 - C\!\!\stackrel{\displaystyle O}{\diagdown}_{H} \xrightarrow[ALDH]{\frac{1}{2}O_2} CH_3 - C\!\!\stackrel{\displaystyle O}{\diagdown}_{OH} \longrightarrow \text{Tricarbonsäurezyklus}$$

Äthanol   Acetaldehyd   Essigsäure

A D H = Alkoholdehydrogenase
AL DH = Acetaldehyd-Dehydrogenase

Abbildung 9
Schema des Abbaus von Alkohol (Äthanol) in der Leber mit Hilfe der Enzyme Alkoholdehydrogenase und Acetaldehyd-Dehydrogenase.

Übrigens wurden genetische Unterschiede, die einen Einfluß auf die Gefährdung für Alkoholismus haben, nicht nur auf der Ebene der mit elektrophysiologischen Methoden erfaßbaren Gehirnfunktionen aufgefunden. Auch in der genetischen Kontrolle von Abbau und Ausscheidung des Alkohols unterschieden sich die Menschen voneinander. Dieser Abbau erfolgt in der Leber; mehrere Enzyme sind daran beteiligt. Abbildung 9 zeigt die ersten beiden Schritte. In einem ersten Schritt wird Alkohol in Acetaldehyd verwandelt; das Enzym, das diese Umwandlung kontrolliert, heißt Alkoholdehydrogenase (ADH). Sodann baut ein zweites Enzym, die Acetaldehyd-Dehydrogenase (ALDH), den entstandenen Acetaldehyd zu noch einfacheren Verbindungen ab. Von der Alkoholdehydrogenase ist eine »atypische« Variante bekannt geworden, die unter Europäern selten ist und eine höhere Aktivität hat. Personen mit der atypischen Variante bilden nach Alkoholaufnahme größere Mengen von Acetaldehyd. Der Aldehyd ist für eine als »flushing«-Phänomen bezeichnete intensive Durchblutung im Kopfbereich mit Hitzewallungen verantwortlich und ruft außerdem einen Anstieg der Pulsfrequenz und später einen »Kater« hervor. Es handelt sich also um subjektiv unangenehme Symptome. Die »atypische« Variante der Alkoholdehydrogenase (ADH_2^2) kommt bei Angehörigen der gelben Rasse sehr viel häufiger vor. Über 85 Prozent der Japaner haben den Enzymtyp in hetero- oder homozygoter Form (Tabelle 2). Asiaten entwickeln daher nach Alkoholgenuß auch das »flushing« sowie bei größeren Trinkmengen die Symptome einer Acetaldehydvergiftung. Alkoholismus ist im Prinzip zwar auch in asiatischen Ländern bekannt, aber ungleich seltener als in Europa oder Nordamerika. Bisher hat man dies immer auf kulturelle Faktoren zurückgeführt. Es sieht aber ganz so aus, als ob auch biologische Besonderheiten der gelben Rasse dazu beitragen, indem ein Teil der Menschen vor übermäßigem Alkoholgenuß geschützt ist. Es wäre ja nicht das erstemal, daß die kulturell begründeten Besonderheiten einer bestimmten Region ganz

Tabelle 2: Ungefähre Gen- und Genotypenhäufigkeit der beiden
Enzymformen der Alkoholdehydrogenase (ADH$_2^1$ und ADH$_2^2$) bei
Europäern und Japanern

	Europäer	Japaner
Genfrequenz für das »Normalallel«	95 %	35 %
Genfrequenz für das »atypische Allel«	5 %	65 %
Häufigkeit der Homozygoten für das »Normalallel«	90,25 %	12,25 %
Häufigkeit der Heterozygoten	9,50 %	45,50 %
Häufigkeit der Homozygoten für das »atypische Allel«	0,25 %	42,25 %

handfeste Gründe haben. Man denke an das Verbot von Schwei-
nefleisch oder die rituelle Beschneidung männlicher Säuglinge in
Vorderasien.

Kürzlich ist bei Japanern auch ein Polymorphismus der
Acetaldehyd-Dehydrogenase (ALDH) beschrieben worden, wo-
bei die »ungewöhnliche« Enzymvariante eine geringere kataly-
tische Aktivität hat, also weniger Acetaldehyd abbauen kann[21].
Träger der »ungewöhnlichen« Enzymvariante werden höhere
Acetaldehydkonzentrationen nach Alkoholgenuß entwickeln.
Menschen, die beide Enzymvarianten, die von ADH und ALDH,
tragen, sollten ganz besondere Zeichen einer Acetaldehydvergif-
tung nach Alkoholaufnahme zeigen. Die Forschung auf diesem
Gebiet ist noch im Fluß, verheißt aber in Zukunft interessante
Ergebnisse.

Für das Verständnis des Alkoholismus in Europa konnte der
genetische Polymorphismus der Alkoholdehydrogenase (ADH)
noch keinen Beitrag liefern. Diese Frage ist allerdings bisher auch
noch nicht untersucht worden. Man sollte erwarten, daß die
Träger der atypischen Enzymvariante einen gewissen physiologischen Schutz vor übermäßigem Alkoholkonsum haben. Insgesamt
also wird die individuelle Anfälligkeit gegenüber dem Alkoholismus selbst aufgrund der bisher vorliegenden, noch ganz unvollständigen, Befunde durch genetisch bedingte Unterschiede auf
zwei verschiedenen Ebenen beeinflußt: innerhalb des Gehirns
durch die am EEG erkennbare physiologische Wechselwirkung
zwischen Hirnrinde, Thalamus und retikulärem System und
außerhalb des Gehirns in der Leber durch unterschiedliche
Varianten zweier verschiedener Enzyme. Wahrscheinlich werden
intensive Forschungen noch weitere genetische Varianten aufdek-
ken, die einen Einfluß auf die Suchtgefährdung haben könnten.

Möglicherweise gilt für andere Suchtformen das gleiche, aber darüber liegen leider überhaupt noch keine Befunde vor. So wurden in den letzten Jahren Stoffe erkannt – die Endorphine –, die etwas mit der Schmerzdämpfung im Gehirn zu tun haben. Die schmerzstillende und das Bewußtsein verändernde Wirkung von Morphium und Heroin wird heute darauf zurückgeführt, daß diese Drogen Rezeptoren besetzen, die normalerweise für Endorphine vorgesehen sind. Genetische Unterschiede auf dieser Ebene könnten sehr wohl etwas mit der Gefährdung für Morphium- oder Heroinsucht zu tun haben.

Die Betrachtungen über genetisch bedingte verschiedene Reaktionen auf Alkohol und Alkoholismus lassen sehr deutlich erkennen, was man sich konkret unter dem *Zusammenwirken von Erbe und Umwelt* vorzustellen hat. Die Exposition einer Bevölkerung gegenüber dem Alkohol ist natürlich ein Umweltfaktor. In einer Gesellschaft, in der es nicht üblich ist, Alkohol zu trinken, kann auch kein Alkoholismus entstehen. Menschen mit einer erhöhten Erregbarkeit ihres Stammhirns würden in einer solchen Gesellschaft vermutlich auf andere Auswege verfallen. In einer buddhistischen Umwelt würden sie sich vielleicht zu besonderen Meistern in der Meditation entwickeln. Wenn andererseits Alkohol in beliebigen Mengen und in sozial akzeptierter Form angeboten wird, werden besonders diejenigen für die Suchtentwicklung gefährdet sein, die durch den Alkohol eine – wenn auch nur vorübergehende – durchgreifende Verbesserung ihres Befindens erfahren und die diese Verbesserung außerdem besonders nötig haben, weil sie sich in einer persönlich besonders schwierigen oder konfliktreichen Situation befinden.

Zu Anfang dieses Kapitels wurde geschildert, wie genetische Variabilität, die auf die Funktion des menschlichen Gehirns und damit auf unser Befinden und Verhalten einen Einfluß haben könnte, auf verschiedenen Ebenen möglich ist – innerhalb wie außerhalb des Gehirns. An einzelnen Beispielen wurde gezeigt, wie man heute versucht, diese genetische Variabilität mit verschiedenen Methoden zu erforschen, indem man sich Erfahrungen zunutze macht, die auf anderen, leichter zugänglichen Gebieten der Humangenetik, aber auch der Physiologie und teilweise der Psychologie gewonnen wurden. Dieser Ansatz kann grundsätzlich nicht zu globalen Erklärungen führen. Wir werden darum nicht schon bald – und möglicherweise niemals – die *gesamten* genetischen Unterschiede in der geistigen Leistungsfähigkeit, die in menschlichen Bevölkerungen vorkommen, durch Analyse einzelner Mechanismen erklären können. Dazu ist das Problem zu kompliziert. Denken wir nur an all die Möglichkeiten für unterschiedliche Gehirnentwicklung, welche die richtige Anordnung der Neurone in der Hirnrinde und ihre »programm«-gemäße Verschaltung (Kapitel 13) beeinflussen können! Wie in Kapitel 12 dargestellt wurde, führen numerische und strukturelle Chromosomenaberrationen in der Regel zu einer Verminderung der geistigen Leistungsfähigkeit, also zu leichtem oder schwererem Schwachsinn. Die Analyse dieser Zustände mit Hilfe gehirnmorphologischer Methoden steht noch in den Anfängen. Wie sich jedoch jetzt herausstellt, ist in solchen Fällen die Anordnung von Neuronen mehr oder weniger stark gestört. Man sieht vermehrt Zellen, die ihren vorbestimmten Platz offenbar nicht gefunden haben[22]. Auch dieser Befund ist ein Stück in einem Mosaik, das sich wohl erst ganz allmählich, durch intensive Forschungsarbeiten auf mehreren Ebenen und mit vielen verschiedenen Methoden, vervollständigen wird. Die Ergebnisse der biochemischen Forschung, wie sie in Kapitel 15 geschildert wurden, können Hinweise für aussichtsreiche Forschungsansätze bieten. Umgekehrt können genetische Resultate dazu beitragen, daß die Biochemiker Hypothesen formulieren und Ansatzpunkte für weitere Forschungen gewinnen.

1   Mourant, A. E., et al.: Blood groups and diseases. London: Oxford University Press 1978.
     Vogel, F., Helmbold, W.: Blutgruppen-Populationsgenetik und Statistik. In: Becker, P. E. (Hrsg.): Humangenetik – ein kurzes Handbuch in 5 Bänden, Bd. I/4. Stuttgart: Thieme 1972, S. 129–558.
     Dausset, J., Svejgaard, J. (Eds.): HLA and Disease. Kopenhagen: Munksgaard 1977.
2   Zur Biochemie der Phenylketonurie vgl.: Bartholomé, K.: Hum. Genet. 51, 241–245 (1979).
3   Thalhammer, E., et al.: Hum. Genet. 38, 285–288 (1977); Hum. Genet. 49, 333–336 (1979); Hum. Genet. 54, 213–216 (1980).
4   Fisch, R. O., et al.: Am. J. Dis. Child 109, 427–431 (1965).
5   Vgl. Vogel, F., Motulsky, A.G.: Human Genetics – Problems and Approaches. Berlin/Heidelberg/New York: Springer 1979, Sect. 8.2.3.2.
6   Christomanou, H., et al., Hum. Genet. 55, 103–110 (1980).
7   Es wurde das sogenannte Freiburger Persönlichkeitsinventar verwendet.

8 Levy, H. L.: Genetic Screening. Adv. Hum. Genet. 4, 1–104 (1973).
9 Vgl. Vogel, F., Motulsky, A. G., a. a. O., S. 431.
10 Friedl, W., Vogel, F.: Z. EEG/EMG 10, 70–79 (1979).
11 Money, J., Ehrhardt, A. A.: Man and woman, boy and girl. Baltimore: Johns Hopkins University Press 1972.
12 Knußmann, R.: Entwicklung, Konstitution and Geschlecht. In: Becker, P. E. (Hrsg.): Humangenetik – ein kurzes Handbuch in 5 Bänden, Bd. I/1. Stuttgart: Thieme 1968, S. 280–437.
13 Vgl. Vogel, F., Motulsky, A. G., a. a. O., Sect. 8.2.3.3.
14 Comings, D. E.: Nature 277, 28–32 (1979).
15 Vogel, F., et al.: Hum. Genet. 10, 91–114 (1970); Hum. Genet. 54, 327–334 (1980).
Juel-Nielsen, N., Harvald, B.: Acta Genet. (Basel) 9, 57–64 (1958).
16 Vogel, F., et al.: Hum. Genet. 47, 1–111 (1979).
17 Kuhlo, W., et al.: EEG Clin. Neurophysiol. 26, 613–619 (1969).
18 Propping, P.: Hum. Genet. 35, 309–334 (1977).
Propping, P., et al.: Psychiatr. Res. 2, 85–98 (1980).
19 Vgl. Birbaumer, N.: Physiologische Psychologie. Berlin/Heidelberg/New York: Springer 1975.
20 Propping, P., et al.: Hum. Genet. (1981).
21 Goedde, H. W., et al.: Hum. Genet. 51, 331–334 (1979).
22 Gulotta et al., Hum. Genet. 57, 337–344 (1981).

17. Segen und Fluch der Selbsterkenntnis

»Erkenne dich selbst!« Das ist das Grundmotiv der Wissenschaften, die den Menschen zum Forschungsgegenstand haben, und eine dieser Wissenschaften ist die Vererbungsforschung. Wie viele andere Wissenschaften vom Menschen hat auch diese eine doppelte Wurzel: zunächst das Streben nach Erkenntnis – die verständliche und berechtigte Neugier auf uns selbst. Dazu kommen aber der Wunsch und die Hoffnung, diese Erkenntnis möge Nutzen bringen: Sie soll uns helfen, künftige Generationen vor vermeidbarem Unglück zu bewahren und mehr Menschen als bisher ein erfülltes und glückliches Leben zu ermöglichen.

Gerade dieser zweiten Wurzel unseres Erkenntnisstrebens ist es zuzuschreiben, daß der Wissenschaftler seine Arbeit nicht nur mit seinem Intellekt leistet, sondern als ganzer Mensch mit all seinen Gefühlen, Vorlieben und Abneigungen – schließlich auch mit seinen Vorurteilen. Wie groß war doch der Einfluß, den die biologischen Bewegungen des späten 19. und des 20. Jahrhunderts auch auf das Denken von Wissenschaftlern ausgeübt haben, die sich mit Vererbungsproblemen befaßten (Kapitel 3). In den folgenden Kapiteln wurden dann die Versuche vorgeführt, Einzelprobleme über den Einfluß der Erbanlagen etwa auf Intelligenz und Befindlichkeit, aber auch die Gefährdung durch geistig-seelische Störungen einer Lösung näherzubringen. Hier traten zwei wissenschaftliche Paradigmen miteinander in Wettstreit: das von Francis Galton, das den genetischen Anteil an der Variabilität eines Merkmals als ganzes behandelt und mit Hilfe von Zwillings- und Familienuntersuchungen zu bestimmen sucht, und das Paradigma der kausalen Einzelanalyse von Genwirkungen, wie Gregor Mendel es zuerst angewandt hatte (Kapitel 2). Am Ende von Kapitel 3 wurde die Frage aufgeworfen, woher es denn kommt, daß gerade bei der Genetik des Befindens und Verhaltens das biometrische Paradigma so lange und fast ausschließlich die Forschung beherrschte – ganz im Gegensatz zu anderen Bereichen der Humangenetik, wo der Mendelsche Ansatz mit viel Erfolg angewandt wurde. Die Beschäftigung mit den Einzelproblemen erlaubt es nun, die Frage wenigstens teilweise zu beantworten:

Es gibt ja jene geschilderten zwei großen ideologischen Strömungen – eine mehr »konservative«, die an einem möglichst großen genetischen Anteil an menschlichen Unterschieden interessiert ist, und eine mehr »progressive«, welche die Menschen am liebsten als möglichst gleich und unbegrenzt formbar ansehen möchte. Diese beiden Strömungen hatten offenbar einen Einfluß auf die Entwicklung der Wissenschaft. Mehr noch: Dieser Einfluß ging offenbar in gleicher Richtung. Er führte dazu, daß man die entscheidende Frage auf wenig fruchtbare Art stellte. Die Frage »Erbe oder Umwelt?« ist nämlich in dieser Form gar nicht sehr sinnvoll. Selbst die präzisere Formulierung: »Ein wie großer Anteil an den gefundenen Unterschieden in einem Merkmal – etwa in der am IQ gemessenen Intelligenz – ist durch Unterschiede in den Erbanlagen bedingt?«, ist wissenschaftlich nicht wesentlich ergiebiger. Was kann dabei herauskommen? Entweder ist der genetische Anteil groß oder mittelgroß oder klein. Das ist in jedem Fall eine wenig spezifische, ja, man möchte sagen eine fast triviale Auskunft. Ihre Trivialität wird nur unvollständig – wenn auch für den Laien eindrucksvoll – verdeckt, wenn man ihr – etwa durch Errechnung eines »Heritabilitätskoeffizienten« – ein mathematisches Mäntelchen umhängt, wie das häufig geschieht (vgl. Kapitel 5). Denn wir erfahren so weder, *welche* Erbanlagen auf die Psyche einwirken, noch *warum* und auf welchen Wegen sie das tun oder wie man eingreifen könnte, um unerwünschte Wirkungen zu unterbinden. Der genetische Einfluß wird allzu global behandelt. Die Vielfalt der Erbanlagen und die ganz unterschiedlichen Wege, auf denen sie die Psyche beeinflussen können, alles das bleibt unberücksichtigt. Man hantiert mit einer »black box« (schwarzen Kiste), ohne sich im einzelnen für ihren Inhalt zu interessieren.

Zu Anfang hatte es allerdings auch gute, innerwissenschaftliche Gründe, daß der biometrische Ansatz allgemeiner anwendbar und auch erfolgreicher war.

Eine klare 1 : 1-Beziehung zwischen Gen und Merkmal, wie sie die Mendelsche Analyse voraussetzt, besteht nun einmal bei sehr vielen Merkmalen des Menschen nicht, insbesondere nicht bei psychischen Merkmalen. Die in der Tat bestehenden Beziehungen zwischen Gen und Merkmal müssen erst allmählich mit Hilfe zusätzlicher, meist biochemischer, Methoden aufgedeckt werden. Der Ansatz von Mendel ist zwar erklärungskräftiger; aber gerade zu Anfang der Forschung war er das für das einzelne Problem nur *potentiell,* nicht tatsächlich. So war es verständlich, daß sich – nach naiven und zum Scheitern verurteilten Versuchen, Mendelsche Prinzipien anzuwenden – zunächst der biometrische Ansatz Galtons in der psychologischen und psychiatrischen Genetik durchsetzte. Gerade in der psychiatrischen Genetik beruht ein großer Teil der Information, die für die genetische Familienberatung unentbehrlich ist, auf rein empirischen, mit biometrischen Methoden erarbeiteten Statistiken.

In den letzten Jahren und Jahrzehnten hat die sich auf Mendels Paradigma stützende Genetik jedoch Konzepte und Methoden entwickelt, die es möglich machen, auch psychische Unterschiede zwischen den Menschen genetisch zu analysieren. Sie werden zwar noch zögernd und in aller Welt nur erst an wenigen Orten konsequent angewandt, im Gegensatz zu der raschen Entwicklung, welche auch die Genetik des Menschen auf anderen Gebieten nimmt. Das hat zunächst praktische Ursachen. Unsere Möglichkeiten, genetische und biochemische Untersuchungen über die Funktion des menschlichen Gehirns anzustellen, sind aus naheliegenden Gründen beschränkt. Tatsächlich ist es zum Beispiel sehr leicht, eine Blutprobe zu gewinnen, die man dann im Laboratorium in aller Ruhe untersuchen kann. Nicht zufällig ist so das Blut das genetisch am besten bekannte Gewebe des Menschen, und viele grundsätzliche Probleme der Humangenetik wurden an erblichen Merkmalen des Blutes geklärt. Aber dieser praktische Grund war sicher nicht allein ausschlaggebend. Die eigentliche Ursache dürfte tiefer liegen. So paradox es auch klingen mag: Sie liegt wohl in dem unmittelbaren, breiten und durch die persönliche Einstellung der beteiligten Forscher noch verstärkten Interesse, das dieses Problem besitzt. Dieses Interesse führte zu der Streitfrage, wie groß der Anteil der genetisch bedingten und der durch Umweltfaktoren verursachten Variabilität an den gefundenen Unterschieden im Befinden und Verhalten sei. Die letztlich unproduktive Kontroverse bestimmte unmittelbar den Forschungsansatz und verbaute damit den Weg zu ergiebigeren Fragestellungen.

Das Vorurteil stand also der wissenschaftlichen Entwicklung im Wege. Die meisten auf diesem Gebiet arbeitenden Wissenschaftler gaben sich ehrlich Mühe, ihre Vorurteile nicht in die *Ergebnisse* ihrer Forschung eingehen zu lassen. Cyril Burt (Kapitel 6) war hier sicher eine Ausnahme. Die Vorurteile gingen aber in die *Voraussetzungen* ein. Der Wissenschaft – und auch der Gesellschaft, die von ihr mit Recht praktisch verwertbare Ergebnisse erwartet – ist jedoch nicht damit gedient, Fragen, die aus der Gesellschaft heraus gestellt werden, direkt und unreflektiert in Forschungsprogramme umzusetzen; sondern man sollte über diese Fragen zunächst kritisch nachdenken. Dabei empfiehlt es sich, die Entwicklung von Theorien, Konzepten und empirischen Ergebnissen *innerhalb* der Wissenschaft selbst zu beachten. Sollte dieses Nachdenken zu dem Ergebnis führen, daß die Frage so, wie sie gestellt wurde, entweder überhaupt nicht oder beim gegenwärtigen Stande der Wissenschaft *noch* nicht beantwortet werden kann, so erfordert es die Ehrlichkeit, daß man das klar sagt. Deshalb ist auch der häufig geäußerte Vorwurf, die Wissenschaft ziehe sich hochmütig in einen Elfenbeinturm zurück, unangebracht. Viele Fragen können so, wie sie zunächst gestellt werden, *nicht* direkt beantwortet werden, sondern es muß auf dem betreffenden Gebiet erst Grundlagenforschung betrieben werden. Oft führt diese Grundlagenforschung dann auf ganz unerwarteten Wegen zu praktischen Anwendungen – und damit zu neuen Problemen.

In mehreren Kapiteln dieses Buches wurde deutlich, daß die humangenetische Forschung viel dazu beigetragen hat, vermeidbarem Unglück vorzubeugen und damit mehr Menschen als bisher ein erfülltes und glückliches Leben zu ermöglichen. Immer häufiger können wir die Wahrscheinlichkeit dafür angeben, ob genetische Defekte und Krankheiten in bestimmten Familien auftreten werden. Darüber hinaus machen es die Methoden der vorgeburtlichen Diagnostik möglich, eine immer größere Zahl von Krankheiten schon während der Schwangerschaft mit Sicherheit zu diagnostizieren. Auf diese Weise kann man menschlichem Leiden, das man früher als unvermeidlich hinnahm, in vielen Fällen vorbeugen. Wenn Glück in der Abwesenheit von Unglück besteht, dann haben die Humangenetiker die Menschen um einiges glücklicher gemacht. – Aber worin erfüllt sich ein Leben wirklich, und was ist Glück?

Nehmen wir an, eine Schwangerschaft wird abgebrochen, weil wir bei dem Embryo ein Down-Syndrom diagnostiziert haben (Kapitel 12). Dann haben wir der Familie die Last abgenommen, auf diesen geistig behinderten Menschen ein Leben lang Rücksicht nehmen und – oft unter Hintansetzung eigener Wünsche – für ihn sorgen zu müssen. Vielleicht haben wir sie aber gleichzeitig der Chance beraubt, im Dienst am Schwächeren, in der ständigen Fürsorge für ihn ein tieferes Glück zu finden, als die Erfüllung eigener Wünsche zu bringen vermag. Oder sind das nur Gedanken, die am Schreibtisch leicht in die Feder fließen, die jedoch an der harten Wirklichkeit lebenslanger Sorge für einen Schwerbehinderten zerbrechen würden? Das sind Fragen, die niemand verbindlich beantworten kann. Der Wissenschaftler kann nur Informationen bereitstellen; der Arzt kann Entscheidungshilfen geben. Aufgrund dieser Informationen und durch diese Hilfen unterstützt muß jeder Mensch und muß jede Familie die für sie wichtigen Entscheidungen in eigener Verantwortung treffen. Macht es aber nicht die zunehmende Informationsfülle immer schwerer, die persönlichen Entscheidungen richtig zu treffen? Muten wir uns damit vielleicht zuviel zu?

342

Durch alle Kapitel dieses Buches zieht sich wie ein roter Faden eine Erkenntnis: Die Menschen sind verschieden. Und diese Verschiedenheit ist großenteils durch unterschiedliche Erbanlagen verursacht. Keineswegs ist dadurch aber der Ablauf des Lebens schicksalhaft vorherbestimmt. Sogar erbgleiche Zwillinge können ja (Kapitel 4) ein ganz verschiedenes Schicksal haben. Aber die Bandbreite der Möglichkeiten ist für jeden Menschen von vornherein aufgrund unterschiedlicher genetischer Ausstattung eingeschränkt, beim einen mehr, beim anderen weniger. Solange diese individuellen Unterschiede noch unbekannt sind, haben sie noch keine sozialen Folgen. Es ist relativ leicht, einen Verhaltenskodex für alle Menschen zu erstellen und ein Netz sozialer Sicherungen zu etablieren, indem die Solidargemeinschaft aller für diejenigen aufkommt, die sich im Laufe des Lebens in besonderem Maße als hilfsbedürftig erweisen. Wie aber, wenn man frühzeitig voraussagen könnte, wo die Stärken und Schwächen des einzelnen im Laufe seines Lebens liegen werden? Die Erkenntnisse der Humangenetik machen derartige Voraussagen teilweise heute schon möglich. Es gehört keine besondere Prophetengabe dazu, zu vermuten, daß die Zahl dieser Voraussagemöglichkeiten in Zukunft rasch zunehmen wird. Niemand wird bestreiten, daß diese Entwicklung sich in vielen Fällen bisher schon segensreich ausgewirkt hat. Die Diagnose erblicher Stoffwechselkrankheiten, zum Beispiel der Phenylketonurie, hat es ja möglich gemacht, rechtzeitig eine spezifische Diätbehandlung einzuleiten und damit einer schweren geistigen Behinderung vorzubeugen. Tausende von Kindern wurden auf diese Weise vor schwerem Siechtum bewahrt (Kapitel 10).

Aber über die Auswirkung einer anderen diagnostischen Möglichkeit kann man schon im Zweifel sein: Das Klinefelter-Syndrom, eine genetische Anomalie der Geschlechtsentwicklung und der geistig-seelischen Entwicklung des Mannes, wird verursacht durch die Anwesenheit eines zusätzlichen X-Chromosoms (Karyotyp XXY). Die ersten deutlichen Entwicklungsstörungen werden zur Zeit der Pubertät sichtbar, und erst zu diesem Zeitpunkt konnte man früher dieses Syndrom diagnostizieren. Heute stellt man es oft schon während der Schwangerschaft durch vorgeburtliche Chromosomendiagnostik fest, was die schwierige Frage aufwirft, ob es eine Indikation zum Schwangerschaftsabbruch darstellt. Mindestens aber könnte man es unmittelbar nach der Geburt diagnostizieren, wenn einmal die Chromosomenuntersuchung bei allen Neugeborenen eingeführt werden sollte. Im Unterschied zur Phenylketonurie macht aber die Diagnose

»Klinefelter-Syndrom« es nicht möglich, durch eine einfache Maßnahme der Umweltmanipulation, wie sie die Diättherapie darstellt, die Auswirkungen der genetischen Anomalie zu verhindern. Sie hilft uns jedoch, dem betroffenen Kinde von vornherein die notwendigen erzieherischen Hilfen zu bieten und auch rechtzeitig männliche Geschlechtshormone zu erstellen. Sehr wahrscheinlich kann man auf diese Weise den körperlichen und seelischen Entwicklungsstörungen wenigstens bis zu einem gewissen Grade vorbeugen. Manche Humangenetiker propagieren aus diesem Grunde eine Chromosomenuntersuchung bei allen Neugeborenen (Kapitel 12). Aber kann sich die frühzeitige Kenntnis der kindlichen Anomalie nicht auch schädlich auswirken? Wird sie nicht vielen Eltern die Unbefangenheit bei der Erziehung nehmen? Werden sie nicht – gerade weil sie von der besonderen Gefährdung des Kindes wissen – den richtigen Mittelweg zwischen einengender Strenge und richtungsloser Permissivität häufig eher verfehlen? Vergrößert das nicht auch die Gefahren für das Kind? Aufgrund derartiger Bedenken mußte in den USA vor einigen Jahren eine Längsschnittstudie an Kindern mit dem XYY-Karyotyp, demjenigen Karyotyp, der eine erhöhte Gefährdung für dissoziales Verhalten bis zur Kriminalität zur Folge hat (Kapitel 12), auf den Druck der Öffentlichkeit hin eingestellt werden. Das zeigt, wie ein spezifisches Wissen, bei geeigneter Anwendung zum Segen für die Betroffenen, unter anderen Voraussetzungen aber zum Fluch werden kann.

Ein Vorauswissen zukünftiger Möglichkeiten und Gefährdungen aufgrund früher humangenetischer Untersuchungen kommt aber nicht nur bei relativ seltenen Anomalien wie der Phenylketonurie oder den numerischen Aberrationen der Geschlechtschromosomen in Frage. In gewissen Grenzen ist es schon heute auch für häufige genetische Varianten möglich, die kurz nach der Geburt diagnostiziert werden können. In Kapitel 11 lernten wir die genetischen Polymorphismen kennen, erbliche Unterschiede in gengesteuerten Merkmalen, die man meist im Blut diagnostizieren kann und die einem einfachen Mendelschen Erbgang folgen. Die Bedeutung der meisten Polymorphismen für unser Wohlbefinden und für individuelle Gefährdungen ist noch unbekannt, obwohl sehr viel dafür spricht, daß viele von ihnen eine Bedeutung haben dürften. Bei manchen aber wurde der Vorhang wenigstens teilweise gelüftet. So sind Träger der Blutgruppe A etwas stärker gefährdet, an manchen Krebsformen zu erkranken, als Träger der Gruppe 0. Diese wieder sind durch Magen- oder Zwölffingerdarmgeschwüre stärker bedroht. Es gibt eine variable Enzymaktivität, die einen unterschiedlichen Umbau bestimmter Kohlenwasserstoffe und manchmal das Entstehen krebserregender Verbindungen aus Bestandteilen des Zigarettenrauches und damit eine individuell verschieden starke Gefährdung für das Auftreten von Lungenkrebs durch Rauchen zur Folge zu haben scheint. Wieder andere Polymorphismen beeinflussen die Verträglichkeit von alltäglichen Nahrungsmitteln wie Milchzucker oder die Wirkung von Medikamenten.

Die humangenetische Forschung entdeckt ständig weitere genetische Polymorphismen, und unsere Kenntnis von der Bedeutung polymorpher Systeme für spezifische Gefährdungen wächst rasch. Es liegt nahe, daraus eine praktische Schlußfolgerung zu ziehen: Man könnte auf den Gedanken kommen, bei jedem Neugeborenen die meisten bekannten genetischen Polymorphismen zu bestimmen. Aufgrund dieser Bestimmungen könnte dann eine gute Fee dem Kinde eine Liste in die Wiege legen, auf der sein Genotyp in all diesen Merkmalen verzeichnet wäre. Außerdem müßte diese Liste Hinweise auf spezifische Gefährdungen und entsprechende Verhaltensvorschläge enthalten. Einem bestimmten Menschen müßte man raten, sich vor dem Zigarettenrauchen besonders in acht zu nehmen, ein anderer müßte vor bestimmten Medikamenten gewarnt werden, und ein dritter bekäme den Rat, seinen Kalorienbedarf vorwiegend durch Eiweiß und weniger durch Zucker zu decken, damit er nicht früher oder später an Diabetes erkrankt. Mit einem Wort: Man kann sich die konkrete Utopie einer Gesellschaft vorstellen, in der jeder Mensch aufgrund der Kenntnis seiner persönlichen Stärken oder Schwächen seinen individuellen Lebensweg möglichst optimal einrichtet. Aber wieder erhebt sich die Frage: Wird der Mensch durch dieses Wissen überfordert? Ist die gute Fee in Wirklichkeit eine böse Fee? Schon heute wissen wir genau, daß Zigarettenrauchen uns in vieler Beziehung gesundheitlichen Schaden bringt – und trotzdem stellen viel zu viele das Rauchen nicht ein. Uns ist bekannt, daß unvernünftige Ernährungsgewohnheiten die Gefahr des Herzinfarkts erhöhen und daß übermäßiger Alkoholgenuß das Gehirn und die Leber schädigt, und doch überfüttern wir uns immer mehr oder werden zu Alkoholikern.

Und weiter: Kann solches Wissen nicht auch zur Belastung werden? Wie wird die Gruppensolidarität darauf reagieren, auf der unser soziales System beruht? Schon heute erhebt die Kraftfahrzeugversicherung je nach dem Gruppenrisiko abgestufte Prämien. Der Anfänger bezahlt mehr als der erfahrene Autofahrer, der jahrelang keinen Unfall hatte. Bestimmte Berufsgruppen und Bewohner ländlicher Gebiete haben besondere Vorteile. Wir empfinden diese Differenzierung als gerecht. Wie, wenn die Krankenversicherungen auf die Idee kämen, in analoger Weise ihre Prämien den unterschiedlichen Risiken genetisch definierter Gruppen anzupassen? Was bedeutet hier »Gerechtigkeit«? Ist ein soziales System gerecht, wenn der zufällig besser Weggekommene einen Teil des Risikos für den weniger Glücklichen mitträgt und mehr bezahlt, als seinem eigenen Risiko angemessen wäre, oder wenn jeder möglichst genau seinem eigenen Risiko entsprechend versichert ist? Und das ist nur *ein* Beispiel für die Probleme, die mit einer besseren Kenntnis individueller, genetisch bedingter Unterschiede auf unsere Gesellschaft zukommen. Sind diese Unterschiede einmal voll verstanden, so kann diese Kenntnis zu einer gefährlichen Quelle sozialen Unfriedens werden.

Wie in diesem Buch gezeigt wurde, ist die Erforschung der genetischen Grundlagen psychischer Merkmale beim Menschen längst noch nicht so weit fortgeschritten wie die Forschung in anderen Bereichen der Humangenetik. Das Gebiet ist noch vielfach von biometrischen Konzepten beherrscht, die keinen Einblick in die den psychischen Unterschieden zugrundeliegenden genetischen Mechanismen gestatten. So sind auch Voraussagen analog denen, die sich für spezifische Krankheitsanfälligkeiten aufgrund genetischer Polymorphismen abzeichnen, bisher noch unmöglich. In naher Zukunft wird sich das jedoch mit Sicherheit ändern. Schon heute sind einzelne, häufige genetische Varianten bekannt, die spezifische Folgen für die Hirnfunktion haben. So wurde in Kapitel 16 deutlich, daß Heterozygote des Phenylketonurie-Gens in der verbalen Intelligenz durchschnittlich um einige Testpunkte niedriger liegen als andere Menschen. Ungefähr jeder Fünfzigste in unserer Bevölkerung ist heterozygot für dieses Gen. Die Homozygoten dieses Gens, also Patienten mit Phenylketonurie, werden schwer geschädigt, wenn man ihnen zuviel der Aminosäure Phenylalanin zuführt, die ein Bestandteil aller Eiweißkörper ist. Schadet es der Gehirnentwicklung auch der Heterozygoten, wenn sie in Kindheit und Jugend zuviel eiweißreiche Nahrung bekommen? Diese Frage ist bisher noch ganz offen. Hinzu kommt, daß die Phenylketonurie ja nicht die einzige rezessive Erbkrankheit des Aminosäuren-Stoffwechsels ist, welche die Gehirnentwicklung beeinträchtigt. Es gibt noch viele weitere Erbkrankheiten, und daneben kennt man Stoffwechselkrankheiten, die andere Funktionsbereiche im Gehirn beeinträchtigen. Dabei sind die geistige Leistungsfähigkeit und die psychische Beschaffenheit der klinisch gesunden Heterozygoten, die ja

346

viel häufiger sind als die homozygot Kranken, praktisch noch ganz unerforscht. Und wahrscheinlich gibt es darüber hinaus noch viele andere erbliche Enzymvarianten, die auch im homozygoten Zustand einen weniger spektakulären Einfluß auf die Funktion des Gehirns haben. Für etwa ein Drittel aller daraufhin untersuchten Enzyme des Blutes gibt es häufige genetische Varianten (Kapitel 11). Sie sind in der Regel mit kleinen Unterschieden in der Enzymaktivität verbunden, die wahrscheinlich für die Funktion eine gewisse Bedeutung haben. Es ist vernünftig, zu vermuten, daß häufige genetische Varianten auch bei solchen Enzymen vorkommen, die auf den Stoffwechsel des Gehirns einen – direkten oder indirekten – Einfluß haben. Die frühzeitige Kenntnis all dieser genetischen Variabilität wird es vielleicht einmal ermöglichen, die Ernährung und andere Einflüsse der Umwelt bei einer zunehmenden Zahl von Kindern so zu manipulieren, daß sie sich, wenn sie erwachsen sind, glücklicher fühlen, den normalen psychischen Belastungen des Lebens besser gewachsen sein und intellektuell mehr leisten werden.

Heute richtet man sich in der Kindererziehung nach den Gesetzmäßigkeiten der Entwicklung, die für alle Menschen gelten und die von der Entwicklungspsychologie zusammen mit der Verhaltensbiologie herausgearbeitet wurden. Man berücksichtigt mehr und mehr, was ein Kind in einer bestimmten Entwicklungsphase braucht und welche Lernvorgänge in welchem Alter besonders unterstützt werden sollten. Bei manchen Tieren hat man beobachtet, daß bestimmte lebenswichtige Verhaltensweisen nur in einer ganz eng umschriebenen Lebensphase erlernt werden können. So folgt die junge Graugans demjenigen, den sie nach dem Schlüpfen aus dem Ei zum erstenmal erblickt. In der Regel ist das natürlich die Mutter. Konrad Lorenz hat für diese Art des Lernens den Begriff »Prägung« geschaffen. Beim Menschen gibt es sehr wahrscheinlich eine Prägung in diesem engen Sinne nicht. Trotzdem aber müssen bestimmte Verhaltensweisen auch von dem Kind in bestimmten Lebensphasen erlernt werden, wenn es sich gesund weiterentwickeln soll. Man spricht daher von »prägungsähnlichen« Lernvorgängen. So hängt erfolgreiches soziales Lernen unter anderem davon ab, daß sich im Alter von etwa sechs bis achtzehn Monaten eine stabile Beziehung zu einer einzigen Bezugsperson bilden kann. Im Alter von etwa zehn bis vierzehn Monaten lernt das Kind laufen; und so gibt es viele andere altersspezifische Entwicklungen. Einerseits hängen sie von der biologischen Reifung des Gehirns ab; andrerseits aber müssen zum geeigneten Zeitpunkt bestimmte äußere Reize dazukommen, damit aus dem Kind ein seelisch gesunder und tüchtiger Erwachsener wird.

Innerhalb dieses allgemeinen, für alle Menschen geltenden Rahmens gibt es jedoch deutliche individuelle Unterschiede. Eines schickt sich nicht für alle – auch nicht in der Erziehung. Schon heute bemüht sich der einfühlsame Erzieher, diesen Unterschieden gerecht zu werden, etwa indem er ein Kind ein Jahr später einschult als ein anderes oder indem ein anderes Kind Spezialunterricht zur Überwindung seiner Schreib-Lese-Schwäche erhält. Im weiteren Verlauf der Kindheit und Jugend sind es dann immer mehr die Schulnoten, mit deren Hilfe man sich bemüht, individuellen Unterschieden in der »Begabung« und im Leistungswillen gerecht zu werden. Das führt – unbeabsichtigt, aber zwangsläufig – zur unterschiedlichen Verteilung von Lebenschancen. Darum bemüht man sich, die Lenkung durch Schul- und Examensnoten durch objektivere Testverfahren zu ergänzen. Biologische Parameter dagegen werden fast nicht herangezogen, obwohl das aufgrund unseres gegenwärtigen und leicht erreichbaren Wissens schon möglich wäre. So gibt es im Kindesalter erhebliche individuelle Unterschiede in der Reifung des Gehirns, die sich im Hirnstrombild (EEG) zeigen. Solche Unterschiede sind weitgehend genetisch determiniert, wie Zwillingsuntersuchungen gezeigt haben (Kapitel 16). Ihre Beziehung zur geistig-seelischen Reifung im Bereich des »Normalen« sind jedoch noch fast unerforscht. Genetische Unterschiede in Art und Rhythmus der Hirnreifung, die einen Einfluß auf das Befinden und Verhalten haben, dürfte es auch sonst geben, etwa im biochemischen Bereich. Sind sie einmal genauer erforscht, so wird man auch hier den individuellen Bedürfnissen des einzelnen Menschen im Laufe seiner Entwicklung besser gerecht werden können.

Werden die damit verbundenen Voraussagen über die Bandbreiten zukünftiger Möglichkeiten des Erlebens, spezieller Gefährdungen und möglicher Einschränkungen der Leistungsfähigkeit bei manchen Menschen zu hoffnungsloser Frustration führen, die heute noch voller – wenn auch letztlich vergeblicher – Hoffnung in die Zukunft sehen? Im Alten Testament war es die Schlange, die die ersten Menschen verführt hat mit dem Versprechen: »Ihr werdet sein wie Gott, wissend das Gute und das Böse«.

Man könnte aus diesen skeptischen Betrachtungen die radikale Schlußfolgerung ziehen, die Erforschung der genetischen Vielgestaltigkeit und ihre Bedeutung für den Menschen solle

eingestellt werden. Die möglichen Konsequenzen seien zu gefährlich. Spätestens, seitdem die Entdeckung der Kernspaltung zur
Entwicklung der Atombombe geführt hat, muß der Wissenschaftler sich ernstlich nach den Folgen seiner Entdeckungen fragen
lassen. Er darf nicht mehr »alles machen« wollen. Aber damit ist
das Problem noch nicht gelöst. Denn Realität ist ja beides – die
Vorteile wie die Gefahren. Sollen wir auf die unabsehbaren
Chancen verzichten, die in der besseren Kenntnis unserer
genetischen Konstitution liegen, nur um den mit dieser Kenntnis
verbundenen Risiken zu entgehen? Sollten wir der guten Fee das
Haus verbieten, nur damit die böse Fee nicht mit hereinkommt?

Unserer Meinung nach ist das nicht die richtige Folgerung.
Aber man sollte die Gefahren rechtzeitig sehen und sich auf die
Probleme einstellen, die hier auf unsere Gesellschaft zukommen.
Der Forscher sollte sich immer selbst fragen, welche Folgen die
Anwendung seiner Ergebnisse haben könnte. Die Gemeinschaft
der Wissenschaftler ist das beste Regulativ gegenüber Mißbräu-
chen. Nur sie können auch kompetent beurteilen, wo derartige
Mißbräuche zu erwarten sind. Erfahrungsgemäß üben sie meist
die schärfste Kritik an den Kollegen, die den Eindruck erwecken,
als ob sie hier nicht sorgfältig genug abwägen würden. Aber meist
dringt diese Kritik nicht über den engen Bereich der Fachtagun-
gen hinaus. Dadurch entsteht oft der falsche Eindruck in der
Öffentlichkeit, als übe die Wissenschaft nicht genügend Selbstkritik. Die Gesellschaft muß jedoch soweit wie möglich darüber
aufgeklärt werden, was in der Wissenschaft vorgeht und welche
Probleme ihre Ergebnisse mit sich bringen. Dann – und nur dann –
wird die verbesserte Selbsterkenntnis nicht zum Fluch, sondern
zum Segen werden.

Glossar

Affektpsychosen
(manisch-depressive Krankheit, Gemütsleiden)
Krankheitsgruppe, die durch vom Gesunden nicht nachvollziehbare, phasenhaft verlaufende Schwankungen der Stimmung gekennzeichnet ist.

Allel
Verschiedene Formen eines Gens am selben Genort.

Amnion
Die innere, dem Fruchtwasser zugewandte Eihaut.

Androgene
Männliche Geschlechtshormone.

ARAS (aufsteigendes retikuläres aktivierendes System)
System von Nervenzellen im Hirnstamm, das im Wachzustand beständig eine erregende (»weckende«) Wirkung auf höhere Hirnstrukturen ausübt.

Autosomen
Alle Chromosomen, die nicht Geschlechtschromosomen (Y, X) sind.

Chorion (Zottenhaut)
Die äußere, der Uteruswand zugewandte Eihaut.

Chromosomen
Lichtmikroskopisch erkennbare Träger der Erbanlagen.

Chromosomenaberrationen
Abweichungen von der normalen Form eines Chromosoms (strukturelle Aberrationen) oder Abweichungen von der normalen Chromosomenzahl (numerische Aberrationen). Eine Chromosomenaberration hat phänotypische Konsequenzen, wenn es zu einem Zuviel oder Zuwenig an genetischem Material kommt.

Chromosomensatz
Die Gesamtheit aller Chromosomen einer Zelle. Der Chromosomensatz in Keimzellen ist einfach oder haploid (beim Menschen 23), in Körperzellen doppelt oder diploid (beim Menschen 46).

Desoxyribonucleinsäure (DNS; engl. DNA)
Die im Zellkern lokalisierte chemische Verbindung, aufgebaut aus Zucker-, Phosphat- und Basenbausteinen (Pyrimidin- und Purinkörper), die die genetische Information enthält. Die Spezifität der Information wird durch die charakteristische Sequenz von vier verschiedenen Basen erreicht.

Diskordanzrate
Die Häufigkeit, mit der die Partner von merkmaltragenden Zwillingen frei von dem betreffenden Merkmal sind, ausgedrückt in Prozent.

Dominante Genwirkung
Äußerlich faßbare Ausprägung der Wirkung eines Gens bereits in heterozygoter (mischerbiger) Form.

EEG (Elektroenzephalogramm)
Die von der Schädeloberfläche ableitbaren elektrischen Spannungs-schwankungen, die durch mehr oder weniger rhythmische Entladungen von Nervenzellengruppen im Cortex (Hirnrinde) zustande kommen.

Eineiige Zwillinge (EZ)
Erbgleiche, in der frühen Embryonalentwicklung durch Teilung aus einer ursprünglich einzeln vorhandenen Zygote entstandene Zwillinge.

Endogene Psychosen
Oberbegriff für die Geisteskrankheiten, die aus unerklärlichen Gründen entstehen und deren Symptome vom Gesunden nicht nachfühlbar sind. Die wesentlichen Psychosen sind die Schizophrenie und die manisch-depressive Krankheit.

Enzym
Ein Katalysator, der chemische Reaktionen im Organismus, die allein nur langsam ablaufen würden, sehr spezifisch und sehr rasch vor sich gehen läßt. Die Spezifität des Enzyms wird durch die Aminosäuresequenz des Proteinanteils erreicht.

Eugenik
Das Bemühen, durch Einschränkung der Fortpflanzung von Personen mit ungünstigen Erbanlagen (negative Eugenik) oder durch Förderung von Personen mit günstig wirkenden Erbanlagen (positive Eugenik) zu einer verbesserten genetischen Beschaffenheit einer Bevölkerung beizu-tragen.

Gen
Der Abschnitt auf der DNS-Kette, der die Information für ein Genprodukt (zum Beispiel ein Enzymprotein) trägt.

Genotyp
Die Gesamtheit der Erbanlagen eines Individuums; auch bezogen auf bestimmte einzelne Erbanlagen gebräuchlich.

Heritabilität
Der genetische Anteil an der Variabilität eines Merkmals in der Bevölkerung, ausgedrückt in Prozent oder in Anteilen von 1.

Heterogenie
Die Aufsplitterung von genetischen Merkmalen oder Krankheiten, die äußerlich gleichartig erscheinen, in Untergruppen. Das äußere Erscheinungsbild ist also der Endzustand, zu dem verschiedene genetische Mechanismen führen können.

Heterozygotie (Mischerbigkeit)
Vorkommen von verschiedenen Allelen an den beiden homologen Genorten.

Homogamie (Paarungssiebung)
Die Träger eines mehr oder weniger stark genetisch determinierten Merkmals heiraten einander bevorzugt (»gleich und gleich gesellt sich gern«).

Homozygotie (Reinerbigkeit)
Vorkommen der gleichen Allele an den beiden homologen Genorten.

Hormone
Botenstoffe, die in den endokrinen Drüsen produziert werden, von ihnen an das Blut abgegeben werden und sehr spezifisch bestimmte regulierende Einflüsse auf Einzelstoffwechselschritte ausüben.

Hybride
Organismen, die aus einer Kreuzung von zwei Elternindividuen hervorgegangen sind, die an jeweils einem oder mehreren Genorten reinerbig (homozygot) für verschiedene Gene sind. Hybride sind damit für eines oder mehrere Gene mischerbig (heterozygot).

Intelligenzquotient (IQ)
Das Maß für die testpsychologisch faßbare Intelligenz, gemessen mit einem an einer Normalbevölkerung geeichten Test.

Karyotyp
Die Anordnung der einzelnen Chromosomen eines Chromosomensatzes nach bestimmten festgelegten Regeln, zum Beispiel nach der Größe, der Lage des Zentromers, den Bandenmustern.

Konkordanzrate
Die Häufigkeit der Übereinstimmung in einem Merkmal bei Zwillingen, ausgedrückt in Prozent.

Korrelation
Ein mathematischer Zusammenhang zwischen zwei (oder mehr) quantitativen Variablen, ohne daß damit etwas über Ursache und Wirkung gesagt ist. Eine Maßzahl für die Korrelation ist der Korrelationskoeffizient, der zwischen $+1$ (strikter Zusammenhang) und -1 (strikt umgekehrter Zusammenhang) schwanken kann; 0 bedeutet fehlende Korrelation.

Mendelscher (=einfacher) Erbgang
Vererbung eines Merkmals entsprechend den von Mendel gefundenen Aufspaltungsverhältnissen.

Mutation
Veränderung der genetischen Information von einzelnen Genen (Genmutationen) oder von Chromosomen (Chromosomenmutationen oder -aberrationen) mit phänotypischen Auswirkungen.

Neuron
Nervenzelle mit der Gesamtheit aller ihrer Strukturen, wie Zellkörper, Dendriten, Neurit (Axon).

Phänotyp
Die Gesamtheit der äußeren Ausprägungen eines Organismus; häufig auch bezogen auf die Ausprägung eines bestimmten Merkmals gebraucht.

Phenylketonurie
Rezessiv erbliche Stoffwechselkrankheit, die durch das Fehlen des Enzyms, das die Aminosäure Phenylalanin in Tyrosin überführt, bedingt ist. Unbehandelt führt die Erkrankung zu schwerem Schwachsinn.

Polymorphismus
Vorkommen von verschiedenen (mindestens zwei) Allelen in einer Bevölkerung, so daß die Möglichkeit zur Kombination verschiedener

354

Gene (Heterozygotie) oder gleicher Gene (Homozygotie) in einer Person besteht. Konventionellerweise spricht man von genetischem Polymorphismus erst, wenn die Genfrequenz des seltensten Allels mindestens 1 % beträgt.

Proband
Der in einer genetisch-epidemiologischen Untersuchung unabhängig von anderen erfaßte Träger eines Merkmals.

Proteine (Eiweiße)
Kettenartige, aus aneinandergereihten Aminosäuren aufgebaute Moleküle, deren Spezifität durch die Art der aufeinanderfolgenden Aminosäuren erreicht wird.

Rassenhygiene
Das Bemühen um die Förderung der biologischen »Qualität« einer Bevölkerung, wobei mit »Rasse« nicht eine Systemrasse der Anthropologen gemeint ist.

Rezessive Genwirkung
Äußerlich faßbare Ausprägung der Wirkung eines Gens nur in homozygoter (reinerbiger) Form. Empfindliche Labormethoden lassen heute allerdings vielfach auch Heterozygotie für ein rezessives Gen erkennbar werden.

Schizophrenie
Eine Form der endogenen Psychosen mit ungemein vielfältiger Symptomatik, wobei die Spaltung der Persönlichkeit den verschiedenen Erscheinungsbildern gemeinsam ist.

Sozialdarwinismus
In der Geistesgeschichte des späten 19. und frühen 20. Jahrhunderts einflußreiche Denkrichtung, die sich auf Darwins Evolutionstheorie und vor allem auf sein Konzept des »Kampfes ums Dasein« berief. Unter anderem vertrat sie die Vorstellung, die sozialen Unterschiede innerhalb einer Bevölkerung seien Folgen der biologischen Ungleichheit der Menschen und damit naturgewollt.

Synapse
Neuronale Struktur, die der Erregungsübertragung von einer Nervenzelle zur nächsten dient, wobei dieser Vorgang »humoral«, also durch in Flüssigkeit gelöste Überträgerstoffe, vermittelt wird.

Thalamus
Teil des Zwischenhirns, der für die Umschaltung von außen kommender Nervenerregungen und außerdem für Rhythmisierung der Nervenzell- aktivität in der Hirnrinde verantwortlich ist.

Transmitter
Chemischer Überträgerstoff an der Synapse.

Zweieiige Zwillinge (ZZ)
Entstanden durch Befruchtung von zwei Eizellen, die ausnahmsweise in demselben Menstruationszyklus ovuliert waren. ZZ sind miteinander genetisch ebenso verwandt wie normale Geschwister, haben also die Hälfte der Erbanlagen aufgrund der Abstammung miteinander ge- meinsam.

Register

359